भारत के वीर: शौर्य और बलिदान की अमर गाथाएँ

मुकेश दुबे

प्रिय पाठक,

जब मैंने "भारत के वीर" किताब के लिए कलम उठाई, तो मेरे सामने एक विशाल समंदर था—भावनाओं का, बलिदान का, और उन अनगिनत कहानियों का, जो भारत की मिट्टी में बिखरी पड़ी हैं। यह किताब मेरे लिए सिर्फ शब्दों का संग्रह नहीं है; यह एक कर्ज़ है, उन वीरों का कर्ज़ जिन्होंने अपने खून से इस देश को सींचा। और आज, जब यह किताब आपके हाथों में है, तो मैं आपसे कुछ कहना चाहता हूँ—दिल से दिल तक, एक भारतीय से दूसरे भारतीय तक।

इस किताब को लिखते वक्त मेरी आँखें बार-बार नम हुईं। राणा प्रताप की तलवार की गूँज, छत्रपति शिवाजी महाराज की माँ की दुआ, भगत सिंह की फाँसी की रस्सी, और योगेंद्र सिंह यादव के खून से सनी चट्टानों का दर्द—हर कहानी ने मुझे झकझोरा। मैंने उन माँओं की सिसकियाँ सुनीं, जो अपने बेटों को वर्दी में विदा कर चुपके से रोईं। मैंने उन बच्चों की पुकार महसूस की, जो अपने पिता की गोद के लिए तरसते रहे। और मैंने उन पत्नियों की चुप्पी देखी, जिन्होंने अपने पति की शहादत पर गर्व से सिर ऊँचा किया। यह किताब मेरे लिए एक यात्रा थी—गर्व और दर्द की यात्रा। और अब मैं चाहता हूँ कि आप भी इस यात्रा का हिस्सा बनें।

प्रिय पाठक, जब आप इन पन्नों को पलटेंगे, तो सिर्फ कहानियाँ नहीं पढ़ेंगे। आप उन वीरों की साँसें महसूस करेंगे, जो देश के लिए थम गईं। आप उन आँसुओं को छू सकेंगे, जो तिरंगे में लिपटे शहीदों के लिए बहे। यह किताब आपसे कुछ माँगती है—कि आप रोएँ, लेकिन गर्व से रोएँ। कि आप इन वीरों के दर्द को अपने दिल में उतारें, और उनकी वीरता को अपनी आत्मा में बसाएँ। यह किताब आपको याद दिलाएगी कि आज की आज़ादी, आज का सम्मान, किसी के खून का उपहार है।

मैं आपसे एक वादा चाहता हूँ। जब आप इस किताब को पढ़ें, तो एक पल रुकें। अपनी आँखें बंद करें और उन माँओं को याद करें, जिन्होंने अपने लाल खोए। उन बच्चों को याद करें, जो अनाथ हुए। और उन वीरों को सलाम करें, जिन्होंने अपनी आखिरी साँस तक देश को जिया। यह किताब मेरी ओर से आपके लिए एक निमंत्रण है—अतीत को जानने का, उसे महसूस करने का, और उससे प्रेरणा लेने का।

अंत में, मैं बस इतना कहूँगा—यह किताब मेरी नहीं, आपकी है। यह हर भारतीय की है। इसे पढ़ें, इसे जिएँ, और इसे अपने बच्चों तक पहुँचाएँ। क्योंकि इन वीरों की कहानी भूल जाना, अपने देश को भूल जाना है। रोएँ इनके लिए, गर्व करें इन पर, और वादा करें कि उनकी कुर्बानी कभी व्यर्थ नहीं जाएगी।

आपका अपना,
मुकेश दुबे

क्रम-सूची

क्रम-सूची

क्रम-सूची

क्रम-सूची

बना

क्रम-सूची

क्रम-सूची

प्रस्तावना

भारत की मिट्टी कोई साधारण मिट्टी नहीं है। यह वह पवित्र धरती है, जहाँ हर कण में वीरता की गाथाएँ बसती हैं। यह वह मिट्टी है, जो पिछले एक हज़ार साल से अपने सपूतों के खून से सींची गई है। यहाँ की हवा में उनके बलिदान की महक है, यहाँ के पहाड़ उनकी गर्जना गाते हैं, और यहाँ की नदियाँ उनके आँसुओं से बहती हैं। यह किताब, "भारत के वीर", उस मिट्टी की कहानी है—उन अनगिनत योद्धाओं, क्रांतिकारियों और सैनिकों की कहानी, जिन्होंने अपने प्राणों की आहुति देकर इस देश को जीवित रखा। यह किताब लिखना इसलिए ज़रूरी था, क्योंकि इन वीरों की गाथाएँ अगर हम भूल गए, तो हम अपनी आत्मा को भूल जाएँगे। यह किताब सिर्फ शब्दों का संग्रह नहीं, बल्कि उन माँओं के आँसुओं का दस्तावेज़ है, जो अपने बेटों को खोकर भी गर्व से सिर ऊँचा किए रहीं। यह उन पिताओं की चुप्पी की कहानी है, जो अपने लाल की शहादत पर रोए बिना मुस्कुराए। और यह उन बच्चों की पुकार है, जो अपने पिता की गोद के लिए तरसते रह गए।

जब मैंने इस किताब को लिखने का फैसला किया, तो मेरे सामने एक सवाल था—क्या मैं इन वीरों के दर्द, उनकी कुर्बानी और उनके परिवारों की तड़प को शब्दों में पिरो पाऊँगा? क्या मैं उस माँ के आँसुओं को कागज़ पर उतार पाऊँगा, जिसने अपने बेटे को वर्दी पहनाकर विदा किया और फिर उसकी देह को तिरंगे में लिपटा देखा? क्या मैं उस बच्चे की चीख को बयान कर पाऊँगा, जिसने अपने पिता को आखिरी बार गले लगाया और फिर कभी उनकी आवाज़ नहीं सुनी? लेकिन फिर मैंने सोचा, अगर मैंने यह कोशिश नहीं की, तो इन वीरों का बलिदान व्यर्थ चला जाएगा। यह किताब लिखना मेरे लिए सिर्फ एक कर्तव्य नहीं, बल्कि एक कर्ज़ चुकाने की कोशिश है—उन वीरों का कर्ज़, जिनके खून से यह देश आज़ाद है।

हज़ार साल पहले की बात है। जब मुगलों की तलवारें भारत की सीमाओं पर चमकीं, तो इस धरती के सपूतों ने अपनी छाती आगे कर

दी। राणा प्रताप की वह तलवार आज भी मेवाड़ के पहाड़ों में गूँजती है। उनकी आँखों में आग थी, और दिल में एक ही संकल्प—मातृभूमि को गुलाम नहीं होने देंगे। जब उनकी बहनें और माँएँ जंगल में भूखी रहीं, जब उनके बच्चे ठंड में ठिठुरते रहे, तब भी राणा ने हार नहीं मानी। हल्दीघाटी की वह लड़ाई, जहाँ उनका खून मिट्टी में मिल गया, वह सिर्फ एक जंग नहीं थी—वह एक माँ के बेटे की मातृभूमि के लिए कुर्बानी थी। क्या आप उस माँ की आँखों का दर्द महसूस कर सकते हैं, जिसने अपने राणा को घोड़े पर चढ़ते देखा और फिर कभी उसकी हँसी नहीं सुनी?

फिर आए छत्रपति शिवाजी महाराज। एक ऐसा योद्धा, जिसने अपनी माँ जीजाबाई की गोद में देशभक्ति का पहला पाठ पढ़ा। जब मुगल सेनाएँ मराठा धरती को रौंदने आईं, तो शिवाजी ने अपनी तलवार उठाई। उनकी माँ की आँखों में आँसू थे, लेकिन होंठों पर दुआ— "बेटा, देश को आज़ाद कर।" हर किले पर चढ़ते हुए, हर जंग लड़ते हुए, शिवाजी ने अपनी माँ का वह सपना पूरा किया। लेकिन क्या आपने कभी सोचा कि जब वह रातों को जंगल में छिपते थे, जब उनके सैनिक भूख से तड़पते थे, तो उनकी माँ की आत्मा कितना रोई होगी?

और फिर सिख गुरु—गुरु तेग बहादुर, गुरु गोबिंद सिंह। जब औरंगजेब की तलवार धर्म और स्वतंत्रता को कुचलने आई, तो इन गुरुओं ने अपने प्राण दे दिए। गुरु गोबिंद सिंह के चार बेटों की शहादत—उन नन्हे साहिबज़ादों की चीखें आज भी पंजाब की हवा में गूँजती हैं। क्या आप उस पिता का दर्द समझ सकते हैं, जिसने अपने बच्चों को दीवार में चिनवाते देखा, और फिर भी कहा, "यह देश के लिए है"? क्या आप उस माँ माता गुजरी की तड़प महसूस कर सकते हैं, जिसने अपने नाती-पोतियों को खो दिया, और फिर भी सिर झुकने नहीं दिया?

समय बदला। मुगल गए, और अंग्रेज आए। उनकी गुलामी की जंजीरें भारत की आत्मा को जकड़ने लगीं। लेकिन इस धरती ने फिर अपने वीरों को जन्म दिया। रानी लक्ष्मीबाई की वह तलवार, जो झाँसी के मैदान में चमकी, वह सिर्फ हथियार नहीं थी—वह एक माँ का अपने देश के लिए विद्रोह थी। जब अंग्रेजों ने उनकी झाँसी छीनी, तो रानी ने अपने बेटे को पीठ पर बाँधा और रण में कूद पड़ी। उनकी आखिरी साँस

तक वह लड़ीं। क्या आप उस माँ की चीख सुन सकते हैं, जो अपने बेटे को बचाने के लिए दुश्मन से भिड़ गई, और फिर खून से लथपथ होकर धरती पर गिर पड़ी?

फिर आए भगत सिंह। एक ऐसा नौजवान, जिसकी हँसी में आज़ादी की गूँज थी। 23 साल की उम्र में जब वह फाँसी के फंदे पर झूला, तो उसकी माँ विद्या वती की आँखों में आँसू नहीं थे—गर्व था। लेकिन क्या आप उस माँ के दिल का दर्द समझ सकते हैं, जिसने अपने लाल को जन्म दिया, उसे बड़ा किया, और फिर उसे तिरंगे में लिपटा देखा? चंद्रशेखर आज़ाद, जिनकी माँ जगरानी देवी ने अपने बेटे को देश के लिए समर्पित कर दिया। जब आज़ाद इलाहाबाद के पार्क में अंग्रेजों से लड़ते हुए शहीद हुए, तो उनकी माँ की चुप्पी में कितना दर्द छिपा था—यह कोई नहीं जान सका।

मंगल पांडे, सुभाष चंद्र बोस, सरदार पटेल—हर नाम एक कहानी है। हर कहानी में एक परिवार की कुर्बानी है। क्या आप उस बहन की सिसकियाँ सुन सकते हैं, जिसने अपने भाई को विदा किया और फिर उसकी चिता की आग देखी? क्या आप उस पत्नी की तड़प महसूस कर सकते हैं, जिसने अपने पति को आज़ादी की राह पर भेजा और फिर उसकी शहादत की खबर सुनी?

फिर आया आधुनिक काल। जब आज़ादी मिली, तो लगा कि अब शांति होगी। लेकिन सरहद पर दुश्मन ने आँखें तरेरीं। 1947-48 में लांस नायक करम सिंह ने रीछमार गली पर दुश्मन को पीछे धकेला। उनके सीने में गोलियाँ थीं, पैर से खून बह रहा था, लेकिन वे लड़े। उनकी पत्नी गुरदयाल कौर की आँखों में इतज़ार था, और जब वे जिंदा लौटे, तो वह गर्व से रो पड़ीं। लेकिन क्या आप उन माँओं का दर्द समझ सकते हैं, जिनके बेटे कभी लौटे ही नहीं?

1962 में अल्बर्ट एक्का ने गंगासागर में अपनी जान दी। उनकी पत्नी बलमदीन की गोद सूनी हो गई। 1971 में उनकी शहादत की खबर सुनकर क्या वह रोई होगी? नहीं, उसने गर्व से सिर उठाया, पर उसकी आँखों में छिपे आँसू कौन देख सका? 1999 में कारगिल की बर्फीली चोटियों पर योगेंद्र सिंह यादव ने टाइगर हिल फतह की। तीन गोलियाँ

खाकर भी वे लड़े। उनकी माँ रामवती की साँसें अटकी थीं, जब उन्हें अस्पताल में देखा। क्या आप उस माँ की तड़प महसूस कर सकते हैं, जिसने अपने बेटे को खून में डूबा देखा?

कैप्टन विक्रम बत्रा की वह आवाज़—"ये दिल माँगे मोर"—आज भी गूँजती है। उनकी मंगेतर डिंपल की आँखों में आँसू थे, जब वह शहीद हुए। क्या आप उस प्रेमिका की चीख सुन सकते हैं, जिसने अपने प्यार को खो दिया? हर जंग में ऐसे अनगिनत सैनिकों ने अपनी जान दी। उनकी माँएँ, पत्नियाँ, बच्चे—सब रोए, पर गर्व से सिर ऊँचा रखा।

यह किताब क्यों ज़रूरी थी?

यह किताब इसलिए ज़रूरी थी, क्योंकि इन वीरों का खून हमारे लिए बहा। यह किताब इसलिए ज़रूरी थी, क्योंकि इनकी कुर्बानी को भूलना अपने देश को भूलना है। क्या आप उस माँ की सिसकियाँ सुन सकते हैं, जिसने अपने बेटे को वर्दी में देखा और फिर उसकी शहादत की खबर सुनी? क्या आप उस बच्चे की पुकार महसूस कर सकते हैं, जो अपने पिता की गोद के लिए तरसता रहा? यह किताब हर उस आँसू की कहानी है, हर उस बलिदान की गाथा है, जिसने हमें आज़ादी दी, हमें सम्मान दिया।

जब आप इस किताब के पन्ने पलटेंगे, तो राणा प्रताप की तलवार की गूँज सुनाई देगी। शिवाजी की माँ की दुआएँ कानों में गूँजेंगी। भगत सिंह की फाँसी की रस्सी का दर्द महसूस होगा। और योगेंद्र के खून से सनी चट्टानों की ठंडक आपके रोंगटे खड़े कर देगी। यह किताब लिखना ज़रूरी था, ताकि हम रो सकें—उनके दर्द के लिए, उनकी कुर्बानी के लिए। ताकि हम गर्व कर सकें—उनके साहस पर, उनकी वीरता पर। यह किताब हर भारतीय के लिए एक आईना है, जो हमें दिखाती है कि हम कौन हैं, और हमें क्या बनना है।

इस किताब को लिखते वक्त मेरी आँखें बार-बार नम हुईं। हर कहानी में एक माँ का रोना, एक पिता की चुप्पी, और एक बच्चे की तड़प छिपी थी। मैं चाहता हूँ कि जब आप इसे पढ़ें, तो आपकी आँखें भी नम हों। आप रोएँ—उन वीरों के लिए, उनके परिवारों के लिए। लेकिन साथ ही आपका सीना गर्व से चौड़ा हो—क्योंकि ये वीर हमारे हैं। यह किताब

उनकी शहादत का एक छोटा सा कर्ज़ है, एक श्रद्धांजलि है, और एक पुकार है—कि हम कभी न भूलें, कि हम हमेशा याद रखें। "भारत के वीर" सिर्फ एक किताब नहीं—यह हमारी आत्मा की आवाज़ है।

1

हिंदवी स्वराज्य के शिल्पी: छत्रपति शिवाजी महाराज

सह्याद्रि की ऊँची चोटियाँ जब रात के काले आवरण में लिपट जाती थीं, तो चारों ओर एक गहरा सन्नाटा पसर जाता था। नीचे दक्कन की धरती सो रही होती थी—खेत चुप, गाँव शांत, और नदियाँ भी अपनी लहरों को थाम लेती थीं। मगर उस सन्नाटे को चीरती थी एक किले की साँसें। वह कोई साधारण किला नहीं था। उसकी दीवारों पर पत्थर नहीं, स्वतंत्रता की उम्मीदें टिकी थीं। उसके भीतर एक पुरुष जाग रहा था—नहीं, वह सिर्फ एक पुरुष नहीं था, वह एक तूफान था, एक सपना था, एक ऐसा नायक था जो इतिहास के पन्नों को अपनी तलवार से लिखने चला था। उसका नाम था शिवाजी, जो आगे चलकर छत्रपति शिवाजी गहाराज कहलाया। उनकी कहानी केवल युद्ध की गाथा नहीं थी; वह स्वराज्य की नींव थी, आत्मसम्मान की मशाल थी, और हर उस इंसान के लिए प्रेरणा थी जो गुलामी की जंजीरों को तोड़ना चाहता था।

19 फरवरी, 1630 की वह सुबह। शिवनेरी किला सह्याद्रि की गोद में बसा था। हवा में ठंडक थी, और किले की दीवारें सूरज की पहली

किरणों से चमक रही थीं। उसी दिन एक बालक ने जन्म लिया। जब माँ जीजाबाई ने उसे पहली बार अपनी बाहों में उठाया, तो उनकी आँखों में सिर्फ ममता नहीं, एक अजीब-सा विश्वास भी था। शायद उन्हें एहसास हो गया था कि यह बच्चा कोई साधारण संतान नहीं, बल्कि एक युग का सूरज बनने वाला है। उसका नाम रखा गया शिवाजी—शिव के नाम पर, जो विध्वंस भी करता है और निर्माण भी। उनके पिता शाहजी भोंसले बीजापुर सल्तनत के सेनानायक थे। वह अक्सर जंग के मैदानों में व्यस्त रहते, घर से दूर। मगर जीजाबाई थीं—एक ऐसी माँ, जिसने अपने बेटे को सिर्फ दूध नहीं पिलाया, बल्कि वीरता का रस भी उसमें घोल दिया। वह उसे रातों को कहानियाँ सुनातीं—राम की, कृष्ण की, और मराठा वीरों की। उन कहानियों ने शिवाजी के नन्हे मन में बीज बो दिए—साहस के, न्याय के, और स्वतंत्रता के।

छत्रपति शिवाजी महाराज का बचपन महलों की चकाचौंध में नहीं बीता। जहाँ बाकी राजकुमार सोने की थालियों में खाते और रेशम के बिस्तरों पर सोते थे, वहीं शिवाजी की दुनिया अलग थी। वह पहाड़ों पर चढ़ते, जंगलों में भटकते, और अपनी माँ से पूछते, "हमारी धरती पर ये विदेशी क्यों हुकूमत करते हैं?" जीजाबाई जवाब देतीं, "बेटा, क्योंकि हमने अपनी तलवारें सोने दीं। अब वक्त है उन्हें जगाने का।"फिर दादाजी कोंडदेव आए—एक गुरु, एक मार्गदर्शक। उन्होंने शिवाजी को घोड़े की लगाम थामना सिखाया, तलवार को हवा में नचाना सिखाया, और कूटनीति की बारीकियाँ समझाईं। मगर सबसे बड़ी सीख थी वह जो उनकी माँ ने दी—स्वराज्य का सपना। वह सपना जो कहता था कि यह धरती हमारी है, और इसे कोई छीन नहीं सकता।

छत्रपति शिवाजी महाराज ने छोटी उम्र में ही वह सब देख लिया था, जो एक बच्चे को डरा देता। मंदिरों को तोड़ा जा रहा था, गाँवों को लूटा जा रहा था, और लोग गुलामी की जंजीरों में जकड़े जा रहे थे। बीजापुर की सल्तनत हो या मुगलों का शासन, हर तरफ अत्याचार की आग जल रही थी। उनके मन में एक ठन गई—अब बहुत हुआ। वह सोलह साल के थे, जब उन्होंने अपनी पहली जंग लड़ी। तोरणा किला—सह्याद्रि का एक अभेद्य गढ़। उनकी सेना छोटी थी, मगर हौसले बड़े थे। रात के अंधेरे

में उन्होंने हमला बोला, और सुबह होते-होते किला उनका हो गया। यह जीत छोटी थी, मगर इसके पीछे का मकसद विशाल था। फिर एक के बाद एक किले उनके कब्जे में आए—राजगढ़ की ऊँचाइयाँ, सिंहगढ़ की चट्टानें, पुरंदर की मज़बूती। हर किला एक नई कहानी लिख रहा था। अब शिवाजी सिर्फ शाहजी के बेटे नहीं थे; वह स्वतंत्रता की पहली किरण बन चुके थे।

उनकी बढ़ती ताकत से बीजापुर का सुल्तान परेशान हो गया। उसने सोचा, "यह लड़का अगर यूं ही बढ़ता रहा, तो हमारा राज खतरे में पड़ जाएगा।" उसने अपने सबसे खूंखार सेनापति को बुलाया—अफजल खान। अफजल खान एक पहाड़-सा था—लंबा, चौड़ा, और क्रूर। उसने छत्रपति शिवाजी महाराज को खत्म करने की ठानी। उसने दोस्ती का ढोंग रचा, और उन्हें मिलने बुलाया। मगर छत्रपति शिवाजी महाराज उसकी चाल समझ गए। वह खाली हाथ नहीं गए। उनकी ढाल में वाघनख छुपा था—एक ऐसा हथियार, जो बाघ के पंजों-सा जानलेवा था। जब अफजल खान ने उन्हें गले लगाने के बहाने दबोचना चाहा, तो छत्रपति शिवाजी महाराज ने एक झटके में उसका पेट चीर दिया। अफजल खान ढेर हो गया। चारों तरफ हाहाकार मच गया। यह सिर्फ एक हत्या नहीं थी; यह एक संदेश था—छत्रपति शिवाजी महाराज को हराना आसान नहीं।

अब मुगल बादशाह औरंगजेब की नींद उड़ गई। उसने सोचा, "यह मराठा लड़का मेरे तख्त के लिए खतरा बन रहा है।" उसने अपने मामा शायस्ता खान को भेजा। शायस्ता खान पुणे में डेरा डाले हुए था। उसके पास हजारों सैनिक थे, मगर छत्रपति शिवाजी महाराज के पास हिम्मत थी। एक रात, जब चाँद छिपा हुआ था, छत्रपति शिवाजी महाराज अपने चंद योद्धाओं के साथ महल में घुस गए। अंधेरे में तलवारें चमकीं, और शायस्ता खान पर हमला हुआ। उसकी उंगलियाँ कट गईं, और वह जान बचाकर आगरा भागा। मगर औरंगजेब हारा नहीं। उसने फिर हमला बोला। पुरंदर की संधि हुई, और छत्रपति शिवाजी महाराज को कुछ किले गंवाने पड़े। फिर औरंगजेब ने उन्हें आगरा बुलाया, और कैद कर लिया। मगर शिवाजी सिर्फ तलवारबाज नहीं थे; उनकी बुद्धि भी लाजवाब

थी। फल की टोकरी में छिपकर वह आगरा से निकल भागे। यह उनकी चतुराई थी, जो उन्हें हर बार बचा लेती थी।

6 जून, 1674 का वह दिन। रायगढ़ किला सजा हुआ था। ढोल-नगाड़े बज रहे थे, और मंत्रों की गूंज हवा में तैर रही थी। उसी दिन छत्रपति शिवाजी महाराज का राज्याभिषेक हुआ। वह अब छत्रपति थे—एक स्वतंत्र हिंदवी स्वराज्य के राजा। उन्होंने अपने राज्य को नई ताकत दी। अष्टप्रधान मंडल बनाया—आठ मंत्रियों का समूह, जो उनके साथ कंधे से कंधा मिलाकर चला। करों को ठीक किया, जमींदारों का दबदबा खत्म किया, और व्यापार को बढ़ावा दिया। उनकी सेना भी कमाल की थी। गुरिल्ला युद्ध की तरकीब ऐसी थी कि मुगल फौजें घबरा जाती थीं। फिर उन्होंने नौसेना बनाई—समुद्र पर भी मराठा झंडा लहराने लगा।

मगर हर सूरज को डूबना होता है। 3 अप्रैल, 1680 को रायगढ़ में वह पल आया, जब शिवाजी महाराज की साँसें थम गईं। पचास साल की उम्र में वह इस दुनिया से चले गए। उनका शरीर मिट्टी में मिल गया, मगर उनकी आत्मा नहीं मरी। वह आज भी हर उस चट्टान में जिंदा है, हर उस हवा में गूंजती है, जो सह्याद्रि से बहती है। उनकी बनाई राह पर उनके बेटे संभाजी चले, उनके वंशज चले, और मराठा साम्राज्य की शान बनी रही।

छत्रपति शिवाजी महाराज सिर्फ एक योद्धा नहीं थे। वह एक विचार थे, एक आग थे, एक ऐसी मशाल थे जो कभी नहीं बुझी। उन्होंने सिखाया कि स्वतंत्रता तलवार से नहीं, बल्कि हौसले से जीती जाती है। उनकी तलवार चुप हो गई, मगर उनकी गाथा आज भी गूंजती है—हर किले में, हर पहाड़ में, हर उस दिल में जो स्वराज्य के लिए धड़कता है। वह अमर हैं, क्योंकि स्वतंत्रता का सपना कभी मरता नहीं। "जय भवानी, जय शिवाजी!"—यह नारा सिर्फ शब्द नहीं, एक युग की हुंकार है।

৩৩

2

धर्मवीर छत्रपति संभाजी महाराज: अमर बलिदान की गाथा

रात गहरी हो चली थी। पुरंदर किले की ऊँची दीवारों पर जल रही मशालों की लौ टिमटिमा रही थी। पहरेदार अपनी तलवारें कसकर चारों ओर सतर्क दृष्टि दौड़ा रहे थे। लेकिन किले के भीतर एक अन्य ही संसार था। एक कक्ष में एक बालक ध्यानमग्न बैठा था। उसकी आँखों में अद्भुत चमक थी, माथे पर तेजस्विता की आभा थी। गुरु संस्कृत के श्लोक सुना रहे थे, और वह बालक उन्हें बिना किसी प्रयास के दोहरा रहा था। यह कोई साधारण बालक नहीं था। यह वही बालक था, जो आगे चलकर मराठा साम्राज्य की रक्षा के लिए सबसे कठिन परीक्षा देगा, धर्म और स्वाभिमान की रक्षा के लिए यातनाओं को सहकर भी नहीं झुकेगा, और अपने बलिदान से इतिहास में अमर हो जाएगा—धर्मवीर छत्रपति संभाजी महाराज।

छत्रपति संभाजी महाराज का जन्म 14 मई 1657 को पुरंदर किले में हुआ था। उनके पिता, छत्रपति शिवाजी महाराज, मराठा स्वराज्य के संस्थापक थे, और उनकी माता, सईबाई, एक सौम्य और साहसी महिला थीं। जन्म से ही संभाजी में कुछ खास था—एक तेजस्वी चेहरा और जिज्ञासु मन।

संभाजी महाराज केवल एक योद्धा नहीं, बल्कि एक विद्वान भी थे। उन्होंने संस्कृत, मराठी, हिंदी, फारसी और कई अन्य भाषाओं में गहरी निपुणता प्राप्त की थी। उनका पालन-पोषण तलवार की धार और शास्त्रों की गहराइयों दोनों में हुआ था। उनके पिता, शिवाजी महाराज, ने उन्हें बचपन से ही युद्धनीति, राजनीति और प्रशासन की कठोर शिक्षा दी। वे चाहते थे कि उनका पुत्र केवल तलवार चलाने में नहीं, बल्कि नीति और कूटनीति में भी निपुण हो। संभाजी ने कविता लिखी, शास्त्र पढ़े, और अपने गुरुओं से गहन ज्ञान प्राप्त किया।

9 वर्ष की आयु में, 1666 में, संभाजी अपने पिता के साथ आगरा दरबार में गए। वहाँ मुगल सम्राट औरंगजेब ने छत्रपति शिवाजी महाराज को छल से बंदी बना लिया। संभाजी अपने पिता के साथ मुगलों की कैद में रहे। वहाँ के कठिन दिन, औरंगजेब की कुटिलता, और अपने पिता की चतुराई को उन्होंने करीब से देखा। जब छत्रपति शिवाजी महाराज ने फलों की टोकरियों में छिपकर आगरा से भागने की योजना बनाई, तो संभाजी उनके साथ थे। इस अनुभव ने उनके मन में यह विश्वास दृढ़ कर दिया कि छल और अन्याय का जवाब केवल प्रतिरोध और पराक्रम से ही दिया जा सकता है।

1680 में, जब छत्रपति शिवाजी महाराज स्वर्ग सिधार गए, मराठा साम्राज्य संकट में पड़ गया। सत्ता के उत्तराधिकार को लेकर षड्यंत्र शुरू हो गए। कुछ दरबारियों और संभाजी की सौतेली माँ, सोयराबाई, ने उनके खिलाफ साजिश रची, उनके छोटे भाई राजाराम को गद्दी पर बिठाने की कोशिश की। संभाजी उस समय पुणे में थे, और उन्हें यह खबर मिली कि उनका राज्य खतरे में है।

लेकिन वे छत्रपति शिवाजी महाराज के पुत्र थे—जो कठिनाइयों से लड़ना जानते थे। छत्रपति संभाजी महाराज ने साहस और बुद्धिमत्ता

से अपने समर्थकों को एकत्र किया। उन्होंने विद्रोहियों को परास्त किया और रायगढ़ में छत्रपति की गद्दी संभाली। अब उनके सामने चुनौतियाँ थीं—उत्तर में औरंगजेब की विशाल सेना, दक्षिण में बीजापुर और गोलकुंडा की सल्तनतें, और पश्चिमी तट पर पुर्तगाली और अंग्रेज। हर ओर दुश्मन थे, लेकिन संभाजी महाराज को झुकाना असंभव था।

औरंगजेब ने मराठा शक्ति को कुचलने के लिए दक्कन में अपनी पूरी ताकत झोंक दी। उसने लाखों सैनिकों की सेना भेजी, लेकिन संभाजी महाराज ने उसकी हर चाल को नाकाम कर दिया। उन्होंने अपने पिता की छापामार युद्धनीति को अपनाया। उनके सैनिक जंगलों, पहाड़ियों और गुफाओं में छिपकर दुश्मन पर अचानक हमला करते। मुगलों के रसद भंडारों को नष्ट कर दिया जाता, उनकी सेना को छोटे-छोटे युद्धों में फँसाकर थका दिया जाता।

संभाजी ने कई लड़ाइयाँ लड़ीं—1681 में बुरहानपुर पर हमला, 1685 में पुर्तगालियों के खिलाफ जंग, और मुगलों के कई किलों पर कब्जा। औरंगजेब की सेना को बार-बार पीछे हटना पड़ा। 22 वर्षों तक औरंगजेब दक्कन में लड़ता रहा, लेकिन छत्रपति संभाजी के नेतृत्व में मराठों ने उसे पराजित किया। दक्कन में औरंगजेब का घमंड टूट गया, और यह सिद्ध हो गया कि मराठा शक्ति अपराजेय है।

लेकिन इतिहास में कुछ युद्ध तलवार से नहीं, विश्वासघात से हारे जाते हैं। 1689 में, संभाजी अपने विश्वासघाती साले गणोजी शिर्के के धोखे का शिकार हुए। गणोजी ने मुगलों से मिलकर छत्रपति संभाजी महाराज को संगमेश्वर में एक छोटे से पड़ाव के दौरान बंदी बना लिया। उन्हें और उनके वफादार साथी कवि कलश को मुगलों के सामने पेश किया गया।

औरंगजेब जानता था कि छत्रपति संभाजी महाराज केवल एक व्यक्ति नहीं, मराठा शक्ति की आत्मा थे। उसने सोचा कि अगर वह संभाजी को इस्लाम कबूल करने के लिए मजबूर कर ले, तो मराठा साम्राज्य टूट जाएगा। उसने छत्रपति संभाजी महाराज के सामने प्रस्ताव रखा—"इस्लाम कबूल कर लो, तो मैं तुम्हें वैभव और विलासिता दूँगा।" लेकिन छत्रपति संभाजी महाराज की आँखों में जलती ज्वाला थी।

उन्होंने गरजकर कहा—"मैं मर जाऊँगा, लेकिन अपना धर्म नहीं छोड़ूँगा!"

औरंगजेब क्रोधित हो उठा। उसने छत्रपति संभाजी महाराज पर सबसे क्रूर यातनाएँ ढाईं—उनकी आँखें निकाल दी गईं, जीभ काट दी गई, लोहे की गर्म सरियों से शरीर दागा गया, हड्डियाँ तोड़ दी गईं। लेकिन संभाजी ने एक बार भी घुटने नहीं टेके। 11 मार्च 1689 को, तुलापुर में वाघ नदी के किनारे, उन्हें भयंकर यातनाओं के बाद शहीद कर दिया गया। उनकी शहादत ने मराठा सेना में प्रतिशोध की आग जला दी।

छत्रपति संभाजी महाराज की मृत्यु मराठा साम्राज्य का अंत नहीं, बल्कि एक नई शुरुआत थी। उनके बलिदान ने मराठों में नई शक्ति भरी। अगले कुछ वर्षों में, मराठों ने मुगलों के खिलाफ और भी शक्तिशाली विद्रोह किया। औरंगजेब का साम्राज्य धीरे-धीरे बिखरने लगा, और उसकी मृत्यु के बाद मराठों ने दक्कन पर अधिकार कर लिया।

छत्रपति संभाजी महाराज की विरासत इसलिए अमर है क्योंकि वे केवल योद्धा नहीं, बल्कि विद्वान थे। उन्होंने धर्म, संस्कृति और स्वतंत्रता की रक्षा के लिए अपना जीवन समर्पित किया। उनकी मृत्यु हार नहीं, बल्कि हिंदवी स्वराज्य की विजय थी। आज भी उनके बलिदान की कहानी मराठों के गीतों में गूँजती है और आने वाली पीढ़ियों को साहस व राष्ट्रभक्ति की प्रेरणा देती है।

धर्मवीर छत्रपति संभाजी महाराज केवल एक नाम नहीं, बल्कि बलिदान, शौर्य और राष्ट्रभक्ति का प्रतीक हैं। उन्होंने यह सिद्ध कर दिया कि स्वतंत्रता और धर्म की रक्षा के लिए यदि प्राण भी देने पड़ें, तो वह बलिदान महान होता है। उनकी गाथा हर उस व्यक्ति के लिए प्रेरणा है, जो अपने सिद्धांतों के लिए लड़ता है। "धर्मवीर संभाजी महाराज अमर रहें! जय भवानी, जय शिवाजी!"

3

कवि कलश: शब्दों का योद्धा, संभाजी महाराज का सखा

कवि कलश की कहानी एक ऐसी गाथा है, जो वीरता, निष्ठा और बलिदान की मिसाल पेश करती है। यह एक कवि, योद्धा और मराठा साम्राज्य के छत्रपति संभाजी महाराज के सबसे करीबी साथी की कहानी है, जिसने अपनी कविता की ताकत और तलवार की धार से इतिहास के पन्नों पर अपनी छाप छोड़ी।

कवि कलश का जन्म उत्तर प्रदेश के उन्नाव जिले में एक कन्यकुब्ज ब्राह्मण परिवार में हुआ शा। उनका असली नाम कलशदेव था, लेकिन उनकी काव्य प्रतिभा और संभाजी महाराज के प्रति उनकी निष्ठा ने उन्हें "कवि कलश" की पहचान दी। बचपन से ही उनकी रुचि शास्त्रों, कविता और ज्ञान की गहराइयों में थी। संस्कृत और मराठी में उनकी महारत ने उन्हें विद्वानों की नजर में ला खड़ा किया। लेकिन यह केवल किताबों का ज्ञान नहीं था—उनके भीतर एक योद्धा की आग भी सुलग रही थी, जो समय आने पर धधक उठी।

कहते हैं कि कवि कलश छत्रपति शिवाजी महाराज के समय से ही मराठा दरबार से जुड़े थे। जब शिवाजी महाराज अपने पुत्र संभाजी के साथ आगरा में मुगल बादशाह औरंगजेब की कैद में थे, तब कवि कलश ने उनकी मदद की थी। कुछ इतिहासकार मानते हैं कि वे कविंद्र परमानंद के साथ आगरा गए थे और छत्रपति शिवाजी महाराज की भागने की योजना में शामिल थे। इस साहसिक कदम ने उनकी जिंदगी को मराठा स्वराज्य से जोड़ दिया।

शिवाजी महाराज की मृत्यु के बाद, जब संभाजी महाराज ने मराठा गद्दी संभाली, तब कवि कलश उनके सबसे विश्वसनीय सलाहकार और मित्र बन गए। संभाजी का शासनकाल (1680-1689) मुगलों के खिलाफ लगातार संघर्ष का समय था। कवि कलश न सिर्फ एक कवि थे, बल्कि एक कुशल प्रशासक और योद्धा भी थे। संभाजी ने उन्हें "चंदोगमात्य" की उपाधि दी, जो उनकी काव्य कला और वैदिक ज्ञान का सम्मान था। यह उपाधि उनके चंदोग्य उपनिषद के अध्ययन और काव्य में छंदों की महारत को दर्शाती थी।

कवि कलश संभाजी के हर अभियान में उनके साथ रहे। सन् 1684 में रायगढ़ किले के पास शहाबुद्दीन खान के खिलाफ हुई भयंकर लड़ाई में उन्होंने अपनी तलवार का जौहर दिखाया। उनकी वीरता ऐसी थी कि शहाबुद्दीन खान को घुटने टेकने पड़े। यह जीत मराठा सेना के लिए एक मिसाल बनी। कवि कलश का मन कविता में रमता था, लेकिन जब युद्ध का बिगुल बजा, तो उनकी तलवार दुश्मनों के लिए काल बनकर नाची।

सन् 1689 में संभाजी महाराज और कवि कलश का जीवन एक दुखद मोड़ पर आ पहुंचा। संगमेश्वर में मुगल सेनापति मुकर्रब खान ने छल से संभाजी और कवि कलश को पकड़ लिया। यह खबर सुनकर औरंगजेब की खुशी का ठिकाना न रहा। उसने अपने सिंहासन से उतरकर अल्लाह का शुक्रिया अदा किया। लेकिन कवि कलश का दिल अभी टूटा नहीं था। कैद में भी उनकी कविता की ताकत जिंदा थी।

औरंगजेब के दरबार में जब संभाजी और कवि कलश को पेश किया गया, तो कवि कलश ने एक ऐसी कविता सुनाई, जो इतिहास में अमर

हो गई। उन्होंने कहा:

"यावन रावन की सभा, संभू बंध्यो बजरंग।

लहू लसत सिंदूर सम, खूब खेल्यो रनरंग।

ज्यो रवि छवि लखत ही, नथीत होत बदरंग।

त्यो तव तेज निहारके, तख्त त्यजो औरंग।"

इसका मतलब था—जैसे रावण की सभा में हनुमान बंधे थे, वैसे ही संभाजी यहाँ हैं। उनका तेज ऐसा है कि उसे देखकर औरंगजेब का सिंहासन भी फीका पड़ गया। यह कविता सुनकर औरंगजेब आगबबूला हो गया। उसने कवि कलश की जुबान काटने का हुक्म दिया, लेकिन उनकी आवाज को चुप नहीं कर सका।

औरंगजेब ने संभाजी महाराज और कवि कलश को तोड़ने के लिए हर हद पार कर दी। उन्हें जंजीरों में जकड़ा गया, जोकरों के कपड़े पहनाकर मुगल इलाकों में घुमाया गया। उनकी दाढ़ियाँ उखाड़ी गईं, नाखून निकाले गए, लाल-गर्म सलाखों से शरीर जलाया गया। नमक और मिर्च उनके जख्मों पर रगड़े गए। यह यातना 40 दिनों तक चली। लेकिन कवि कलश ने न तो अपनी वफादारी छोड़ी, न ही संभाजी को धोखा दिया।

अंत में, 11 मार्च 1689 को तुलापुर में संभाजी महाराज और कवि कलश को क्रूरता से मार डाला गया। कुछ कहानियों के अनुसार, उनकी हत्या बाघ के पंजों से की गई, ताकि मौत धीमी और दर्दनाक हो। उनके क्षत-विक्षत शरीर को नदी में फेंक दिया गया, ताकि मराठा परंपरा से उनका अंतिम संस्कार भी न हो सके। लेकिन मराठा योद्धाओं ने चुपके से उनके अवशेष निकाले और सम्मान के साथ उनकी समाधि बनाई।

कवि कलश की कहानी खत्म नहीं हुई। उनकी कविताएँ, उनकी वीरता और संभाजी के प्रति उनकी अटूट निष्ठा मराठा इतिहास में हमेशा जिंदा रहेगी। तुलापुर में उनकी समाधि आज भी खड़ी है, जो उनके बलिदान की गवाही देती है। वे एक ब्राह्मण थे, लेकिन कर्म से योद्धा। वे एक कवि थे, लेकिन उनकी कविता विद्रोह की आग बनी।

कवि कलश की गाथा हमें सिखाती है कि सच्ची वफादारी और साहस कभी मरते नहीं। उनकी तलवार भले ही थम गई, लेकिन उनकी कविता

की गूंज आज भी हिंदुस्तान के कोने-कोने में सुनाई देती है। वे संभाजी के साये में रहे, उनके साथ जिए और उनके साथ ही शहीद हुए—एक ऐसी मिसाल बनकर, जो आने वाली पीढ़ियों को प्रेरणा देती रहेगी।

4

तानाजी मालुसरे: एक शेर की गाथा

महाराष्ट्र की धरती पर, जहाँ पहाड़ों की चोटियाँ आकाश को छूती हैं और नदियाँ जीवन का गीत गाती हैं, वहाँ एक छोटे से गाँव गोडोली में एक बालक का जन्म हुआ। उसका नाम था तानाजी मालुसरे। यह 17वीं शताब्दी का समय था, जब चारों ओर मुगलों और अन्य विदेशी शक्तियों का दबदबा था। लेकिन तानाजी का मन उस धरती को आजाद देखना चाहता था, जिसे वह अपना स्वराज्य कहते थे। उनके पिता कालोजी मालुसरे एक साधारण मराठा थे, पर तानाजी के भीतर कुछ असाधारण था—एक ज्वाला जो स्वतंत्रता के लिए जलती थी।

बचपन में ही तानाजी की मुलाकात एक अन्य बालक से हुई, जिसका नाम था शिवाजी। दोनों की दोस्ती ऐसी थी मानो दो नदियाँ एक साथ बह रही हों। साथ में खेलते, घोड़ों पर सवार होते, तलवारें चलाना सीखते—ये दोस्ती केवल खेल तक सीमित नहीं थी, बल्कि एक बड़े सपने की नींव थी। छत्रपति शिवाजी महाराज का सपना था एक स्वतंत्र मराठा साम्राज्य का, और तानाजी उस सपने का सबसे मजबूत स्तंभ बन गए।

जैसे-जैसे समय बीता, छत्रपति शिवाजी महाराज ने अपने सपने को साकार करना शुरू किया। तानाजी उनके साथ कंधे से कंधा मिलाकर खड़े थे। जब छत्रपति शिवाजी महाराज ने तोरणा किले पर पहली विजय

हासिल की, तो तानाजी की तलवार भी वहाँ लहराई थी। उनकी बहादुरी और रणनीति ने उन्हें छत्रपति शिवाजी महाराज का सबसे भरोसेमंद सेनानायक बना दिया। वे केवल योद्धा ही नहीं, बल्कि एक भाई, एक मित्र और स्वराज्य का प्रहरी थे।

लेकिन स्वराज्य का रास्ता आसान नहीं था। मुगल सम्राट औरंगजेब की सेनाएँ हर ओर छाई हुई थीं। 1665 में, पुरंदर की संधि के तहत छत्रपति शिवाजी महाराज को अपने कई किले मुगलों को सौंपने पड़े। इनमें से एक था कोंढाणा का किला—पुणे के पास पहाड़ों में बसा एक अभेद्य गढ़। यह किला मराठाओं के लिए न केवल रणनीतिक महत्व रखता था, बल्कि उनकी शान का प्रतीक भी था। जब छत्रपति शिवाजी महाराज ने आगरा से भागकर अपने खोए हुए किलों को वापस लेने का संकल्प लिया, तो कोंढाणा को जीतने का जिम्मा तानाजी को सौंपा गया।

यह 1670 की सर्द रात थी। चार फरवरी का दिन था। तानाजी अपने घर में अपने बेटे रायबा की शादी की तैयारियों में व्यस्त थे। तभी छत्रपति शिवाजी महाराज का संदेशवाहक आया। उसने कहा, "महाराज ने आपको बुलाया है। कोंढाणा को वापस लेना है।" तानाजी के सामने एक धर्मसंकट था—अपने बेटे की शादी या स्वराज्य का कर्तव्य। लेकिन तानाजी ने बिना हिचकिचाए कहा, "पहले स्वराज्य, फिर परिवार। शादी का मुहूर्त तो फिर आ सकता है, पर कोंढाणा को जीतने का यह मौका बार-बार नहीं मिलेगा।" अपनी पत्नी सावित्री से विदा लेते हुए उन्होंने कहा, "मैं लौटूँगा—विजयी होकर।"

तानाजी ने अपने 300-500 मावळे (मराठा सैनिकों) को इकट्ठा किया। कोंढाणा की ऊँची चट्टानें और मुगल सेनापति उदयभान सिंह राठौड़ की मजबूत सेना उनके सामने थी। उदयभान एक क्रूर और शक्तिशाली योद्धा था, जिसके पास 1000 से अधिक सैनिक थे। लेकिन तानाजी का हौसला पहाड़ों से भी ऊँचा था।

रात का अंधेरा उनके पक्ष में था। तानाजी ने एक अनोखी योजना बनाई। उन्होंने "यशवंती" नामक एक गोह को चुना, जिसके पंजों में रस्सियाँ बाँधी गईं। गोह ने चट्टानों पर चढ़कर रस्सियों को ऊपर पहुँचाया, और मराठा सैनिक एक-एक कर किले की दीवारों तक पहुँचे।

यह जोखिम भरा था—एक गलती और सारा प्रयास बेकार हो सकता था। लेकिन तानाजी के नेतृत्व में मावळों का विश्वास अडिग था।

जैसे ही वे किले में घुसे, मुगल सैनिकों पर बिजली की तरह टूट पड़े। तलवारें चमकीं, चीखें गूँजीं, और रक्त की नदियाँ बहने लगीं। तानाजी आगे बढ़े, और सामने आए उदयभान। दोनों के बीच एक भयंकर द्वंद्व शुरू हुआ। तानाजी की तलवार तेज थी, लेकिन उदयभान का बल भी कम नहीं था। युद्ध के बीच तानाजी की ढाल टूट गई। फिर भी, वे पीछे नहीं हटे। एक हाथ से तलवार चलाते हुए उन्होंने उदयभान पर वार किए। लेकिन तभी उदयभान की तलवार ने तानाजी के सीने को चीर दिया। खून से लथपथ तानाजी जमीन पर गिरे, पर उनकी आँखों में हार नहीं, बल्कि स्वराज्य का सपना अब भी जल रहा था।

तानाजी के गिरते ही मावळों का मन डगमगा गया। लेकिन उनके भाई सूर्याजी ने कमान संभाली। उन्होंने सैनिकों को प्रेरित किया, "यह तानाजी का बलिदान व्यर्थ नहीं जाएगा।" मराठाओं ने दोगुने जोश से हमला किया और उदयभान को मार गिराया। किला उनके हाथों में आ गया। सुबह की पहली किरण के साथ मराठा ध्वज कोंढाणा पर लहराया।

जब यह खबर छत्रपति शिवाजी महाराज तक पहुँची, तो उनकी आँखें नम हो गईं। उन्होंने कहा, "गढ़ आला, पण सिंह गेला।" (किला मिल गया, पर मेरा शेर चला गया।) उस दिन से कोंढाणा का नाम "सिंहगढ़" पड़ गया—तानाजी की वीरता का स्मारक।

तानाजी की पत्नी सावित्री और बेटे रायबा को जब यह समाचार मिला, तो उनके आँसुओं में गर्व था। तानाजी केवल एक योद्धा नहीं थे—वे स्वराज्य की आत्मा थे। उनकी गाथा मराठा लोककथाओं में गाई गई। कवियों ने पोवाड़े लिखे, और उनकी कहानी पीढ़ी-दर-पीढ़ी चली।

तानाजी मालुसरे पर पोवाडा

"गढ़ आला पण सिंह गेला!"

सिंहगढ़ के रण में गर्जे, तानाजी बलशाली!

मोगलांची सेना गड़गडली, धरती झाली खाली!

गोह यशवंती घेऊनी आला, तानाजी रणधीर!

कोंढाणा गड मराठ्यांनी घेतला, फडकवी भगवा ध्वज वीर!

परंतु दुर्दैव, सिंह गेला, युद्ध खेळता रणात!
शिवराय बोलले हृदय भरूनी, विरला सिंह घाटात!

आज भी, जब कोई सिंहगढ़ की चोटी पर खड़ा होता है, तो हवा में तानाजी की वीरता की गूँज सुनाई देती है। यह कहानी केवल एक युद्ध की नहीं, बल्कि मित्रता, निष्ठा और बलिदान की है—एक शेर की, जिसने अपने प्राण दिए, ताकि स्वराज्य का सूरज उग सके।

5

महारानी ताराबाई: मराठा साम्राज्य की वीरांगना

महारानी ताराबाई की कहानी एक ऐसी वीरांगना की गाथा है, जो साहस, बुद्धिमत्ता और नेतृत्व की प्रतीक बनी। यह एक ऐसी नारी की कहानी है, जिसने मराठा साम्राज्य के सबसे कठिन समय में अपनी तलवार और सूझबूझ से स्वराज्य की रक्षा की। ताराबाई का जीवन न केवल मराठा गौरव का एक अध्याय है, बल्कि यह भी दिखाता है कि एक महिला कैसे विपत्तियों के बीच साम्राज्य को संभाल सकती है।

सन् 1675 गें महारानी ताराबाई का जन्म महाराष्ट्र के कोल्हापुर में एक मराठा सरदार परिवार में हुआ था। उनके पिता हंबीरराव मोहिते एक प्रसिद्ध सेनापति थे, जो छत्रपति शिवाजी महाराज के विश्वस्त सहयोगी रहे। ताराबाई का बचपन युद्ध की कहानियों और घोड़ों की टापों के बीच बीता। उनकी माँ ने उन्हें नन्ही उम्र से ही शास्त्रों का ज्ञान और युद्ध कला की शिक्षा दी। उनकी आँखों में सपने नहीं, बल्कि एक संकल्प था—अपने स्वराज्य को हर कीमत पर बचाने का संकल्प।

सन् 1684 में, जब ताराबाई केवल नौ साल की थीं, उनकी शादी छत्रपति शिवाजी महाराज के छोटे पुत्र राजाराम से हुई। यह विवाह एक राजनीतिक गठजोड़ था, जो मराठा साम्राज्य को मजबूत करने के लिए किया गया। लेकिन ताराबाई ने इसे केवल एक रस्म नहीं माना—उन्होंने इसे अपने जीवन का मकसद बना लिया।

छत्रपति शिवाजी महाराज की मृत्यु (1680) के बाद मराठा साम्राज्य मुश्किल दौर से गुजर रहा था। उनके बड़े पुत्र छत्रपति संभाजी महाराज को औरंगजेब ने 1689 में क्रूरता से मार डाला। इसके बाद राजाराम ने मराठा गद्दी संभाली। लेकिन औरंगजेब का कहर थमने का नाम नहीं ले रहा था। उसने अपनी विशाल सेना के साथ मराठा किलों पर हमले शुरू कर दिए। सन् 1699 में रायगढ़ किला मुगलों के हाथों में चला गया। राजाराम और ताराबाई को जिनगढ़ (विशालगढ़) की ओर भागना पड़ा।

11 मार्च 1700 को राजाराम की मृत्यु हो गई। उस समय ताराबाई की उम्र मात्र 25 साल थी। उनके बेटे शिवाजी द्वितीय की उम्र केवल चार साल थी। मराठा साम्राज्य चारों ओर से घिरा हुआ था। औरंगजेब की सेना किलों को तोड़ रही थी, और मराठा सरदारों में आपसी फूट बढ़ रही थी। ऐसे में ताराबाई ने हार नहीं मानी। उन्होंने अपने नन्हे बेटे को छत्रपति घोषित किया और खुद रानी संरक्षक बनकर मराठा सेना का नेतृत्व संभाला।

ताराबाई का शासनकाल मराठा इतिहास का एक स्वर्णिम अध्याय है। उन्होंने औरंगजेब के खिलाफ गुरिल्ला युद्ध की रणनीति अपनाई, जिसे छत्रपति शिवाजी महाराज ने शुरू किया था। उनकी सेना पहाड़ों और जंगलों से निकलकर मुगल शिविरों पर हमला करती थी। ताराबाई ने अपने सेनापतियों—धनाजी जाधव और संताजी घोरपड़े—को एकजुट किया और उन्हें मुगलों के खिलाफ लड़ने के लिए प्रेरित किया।

सन् 1700 में ताराबाई ने सतारा को अपनी राजधानी बनाया और वहाँ से शासन चलाया। उनकी सबसे बड़ी ताकत उनकी बुद्धिमत्ता थी। वे न केवल युद्ध के मैदान में वीर थीं, बल्कि कूटनीति में भी माहिर थीं। उन्होंने मुगल सेनापतियों को आपस में लड़वाया और मराठा सरदारों को एकजुट रखा। सन् 1705 में खेड़ की लड़ाई में मराठा सेना ने मुगलों को

करारी शिकस्त दी। यह जीत ताराबाई की रणनीति का कमाल थी।

औरंगजेब की मृत्यु 1707 में हुई। उसकी मौत के साथ ही मुगल साम्राज्य कमजोर पड़ने लगा। ताराबाई ने इस मौके का फायदा उठाया और मराठा स्वराज्य को फिर से मजबूत किया। उन्होंने सतारा और कोल्हापुर को मराठा शक्ति के दो बड़े केंद्र बनाए। उनकी सूझबूझ ने मराठा साम्राज्य को टूटने से बचा लिया।

ताराबाई की जिंदगी में शांति ज्यादा दिन नहीं रही। सन् 1707 में संभाजी महाराज की पत्नी येसुबाई और उनके बेटे शाहू को मुगलों ने कैद से रिहा कर दिया। शाहू ने मराठा गद्दी पर दावा ठोका। ताराबाई ने इसे स्वीकार नहीं किया। उनका मानना था कि उनका बेटा शिवाजी द्वितीय ही असली वारिस है। यह विवाद मराठा साम्राज्य को दो हिस्सों में बाँट गया—सतारा में शाहू का शासन और कोल्हापुर में ताराबाई का प्रभाव।

सन् 1714 में ताराबाई को उनके ही परिवार के लोगों ने कैद कर लिया। उनके सौतेले बेटे संभाजी द्वितीय ने कोल्हापुर की गद्दी हथिया ली। ताराबाई को पन्हाला किले में बंद कर दिया गया। लेकिन उनकी हिम्मत अभी बाकी थी। सन् 1730 में उन्होंने एक साहसिक कदम उठाया। वे कैद से भाग निकलीं और अपने समर्थकों को इकट्ठा किया। उन्होंने संभाजी द्वितीय को हटाकर फिर से कोल्हापुर पर कब्जा कर लिया। इस बार उन्होंने अपने पोते रामराजा को गद्दी पर बिठाया और खुद उसकी संरक्षक बनीं।

ताराबाई ने अपने जीवन के अंतिम साल कोल्हापुर में बिताए। सन् 1761 में, 86 साल की उम्र में, उनकी मृत्यु हुई। लेकिन उनकी कहानी कभी खत्म नहीं हुई। वे एक ऐसी महारानी थीं, जिन्होंने अपने पति की मृत्यु के बाद, अपने बेटे की नन्ही उम्र में, और अपने परिवार के विद्रोह के बावजूद हार नहीं मानी। उनकी तलवार ने मुगलों को थर्राया, और उनकी बुद्धि ने मराठा स्वराज्य को बचाया।

ताराबाई की समाधि कोल्हापुर में आज भी खड़ी है, जो उनकी वीरता की गवाही देती है। वे एक माँ थीं, एक पत्नी थीं, लेकिन सबसे बढ़कर एक योद्धा थीं। उनकी गाथा हर उस नारी को प्रेरणा देती है, जो मुश्किलों के सामने झुकने से इनकार करती है।

ताराबाई का नाम मराठा इतिहास में सुनहरे अक्षरों में लिखा गया है। उन्होंने औरंगजेब जैसे शक्तिशाली शत्रु को चुनौती दी और मराठा साम्राज्य को बिखरने से रोका। उनकी कूटनीति और युद्ध कौशल ने मराठा सेना को नई ताकत दी। कोल्हापुर का ताराबाई वंश उनकी देन है, जो आज भी उनकी स्मृति को जीवित रखता है।

ताराबाई एक तूफान थीं—जो संकट के बादलों के बीच उभरीं, दुश्मनों को चीरती हुई आगे बढ़ीं और अपने स्वराज्य के लिए सब कुछ न्योछावर कर दिया। उनकी कहानी हमें सिखाती है कि साहस और संकल्प के आगे कोई ताकत नहीं टिकती। कोल्हापुर की धरती आज भी उनकी वीरता की गूंज से थरथराती है, और उनकी तलवार की चमक इतिहास के आकाश में हमेशा चमकती रहेगी।

6

राजाराम महाराज: मराठा साम्राज्य के संघर्षशील और वीर योद्धा

मराठा साम्राज्य के इतिहास में कुछ शासक ऐसे हैं, जिन्होंने अपनी वीरता और संकल्प से संकट के समय साम्राज्य को नई ताकत दी। इनमें से एक थे छत्रपति राजाराम महाराज—छत्रपति शिवाजी महाराज के छोटे पुत्र, जिन्होंने मुगलों की विशाल सेना के सामने भी हिम्मत नहीं हारी और मराठा शक्ति को जीवित रखा। उनका जीवन साहस, रणनीति और बलिदान का प्रतीक है, जिसने मराठा साम्राज्य को उस दौर में बचाया, जब वह बिखरने की कगार पर था।

राजाराम महाराज का जन्म 24 फरवरी 1670 को हुआ था। उनके पिता छत्रपति शिवाजी महाराज मराठा साम्राज्य के संस्थापक और एक महान योद्धा थे, जबकि उनकी माता सोयराबाई एक धार्मिक और संयमी महिला थीं। बड़े भाई संभाजी महाराज के साथ राजाराम का बचपन मराठा साम्राज्य के स्वर्णिम काल में बीता। वह बचपन से ही

कुशाग्र बुद्धि और साहसी थे। छत्रपति शिवाजी महाराज के दरबार में रहते हुए उन्होंने युद्धकला, घुड़सवारी और रणनीति के गुण सीखे। उनके व्यक्तित्व में पिता की वीरता और नेतृत्व क्षमता की स्पष्ट झलक दिखाई देती थी।

हालांकि राजाराम का बचपन और युवावस्था युद्ध के साये में बीती, लेकिन उन्होंने कभी हिम्मत नहीं हारी। वह अपने पिता और भाई के संघर्ष को करीब से देखते हुए बड़े हुए, और यह अनुभव उनके जीवन का आधार बना।

1680 में छत्रपति शिवाजी महाराज की मृत्यु के बाद उनके बड़े पुत्र संभाजी महाराज छत्रपति बने। संभाजी ने मुगल शासक औरंगजेब के खिलाफ मराठा साम्राज्य को मजबूत किया, लेकिन 1689 में मुगलों ने छल से उन्हें बंदी बना लिया और उनकी क्रूर हत्या कर दी। संभाजी की शहादत ने मराठा साम्राज्य को गहरे संकट में डाल दिया। औरंगजेब ने इस मौके का फायदा उठाकर मराठा किलों पर हमले तेज कर दिए। ऐसे में राजाराम महाराज को छत्रपति घोषित किया गया।

19 साल की उम्र में राजाराम ने मराठा साम्राज्य की बागडोर संभाली। यह वह समय था, जब मुगल सेना मराठा क्षेत्रों को रौंद रही थी। लेकिन राजाराम ने हार नहीं मानी। उन्होंने मराठा सरदारों को एकजुट किया और मुगलों को चुनौती देने का फैसला किया।

मुगलों का दबाव इतना बढ़ गया कि राजाराम को महाराष्ट्र छोड़कर दक्षिण की ओर जाना पड़ा। उन्होंने तमिलनाडु में स्थित जिंजी किले को अपना मुख्यालय बनाया। यह किला अपनी अभेद्यता के लिए मशहूर था—तीन पहाड़ियों पर बना यह गढ़ मुगलों के लिए आसान शिकार नहीं था। राजाराम ने लगभग 7 साल (1690-1697) तक जिंजी से मुगलों के खिलाफ संघर्ष चलाया।

जिंजी में रहते हुए उन्होंने मराठा सेना को फिर से संगठित किया। मुगल सेना ने किले को घेर लिया, लेकिन राजाराम ने हिम्मत नहीं हारी। उनकी अगुआई में मराठा सैनिकों ने मुगलों पर छापेमारी हमले किए और उनकी आपूर्ति को बाधित किया। इस दौरान उनकी पत्नी ताराबाई भी उनके साथ थीं और हर कदम पर उनका साथ दे रही थीं।

राजाराम महाराज ने अपने पिता शिवाजी महाराज की गुरिल्ला युद्ध नीति को अपनाया। वह जानते थे कि मुगल सेना की विशालता के सामने सीधा मुकाबला करना मुश्किल है। इसलिए उन्होंने तेज़ और अप्रत्याशित हमलों की रणनीति बनाई। मराठा सेनानायक संताजी घोरपड़े और धनाजी जाधव ने उनके नेतृत्व में मुगलों के खिलाफ कई सफल अभियान चलाए। ये सेनानायक मुगल चौकियों पर हमला करते, उनकी संपत्ति लूटते और फिर जंगलों में गायब हो जाते।

इस रणनीति ने मुगलों को दक्कन में निर्णायक जीत से वंचित रखा। औरंगजेब की सेना थकने लगी, और उसका खजाना खाली होने लगा। राजाराम की यह चतुराई मराठा साम्राज्य के लिए जीवन रेखा बन गई।

राजाराम महाराज सिर्फ एक योद्धा नहीं थे, बल्कि एक दूरदर्शी नेता भी थे। उन्होंने मराठा सरदारों को एकजुट रखा और उन्हें मुगलों के खिलाफ लड़ने के लिए प्रेरित किया। उनकी कूटनीति और नेतृत्व ने मराठा साम्राज्य को उस दौर में टूटने से बचाया। वह अपने सैनिकों और सरदारों के बीच नियमित संपर्क में रहते थे और हर स्थिति पर नजर रखते थे। उनकी यह क्षमता मराठा शक्ति के लिए संजीवनी साबित हुई।

लंबे संघर्ष और तनाव के बीच राजाराम महाराज की सेहत बिगड़ने लगी। 2 मार्च 1700 को सातारा में मात्र 30 साल की उम्र में उनकी मृत्यु हो गई। उनकी मृत्यु के समय मराठा साम्राज्य अभी भी मुगलों से जूझ रहा था। लेकिन उनके निधन के बाद उनकी पत्नी महारानी ताराबाई ने उनके चार साल के बेटे शिवाजी द्वितीय को छत्रपति बनाकर सत्ता संभाली और संघर्ष को आगे बढ़ाया।

राजाराम की मृत्यु ने मराठा साम्राज्य को झकझोरा, लेकिन उनके प्रयासों ने इसे नई ऊर्जा दी। उनके द्वारा बनाई गई नींव पर ताराबाई और अन्य मराठा सरदारों ने मराठा शक्ति को और मजबूत किया।

राजाराम महाराज को मराठा साम्राज्य के रक्षक के रूप में याद किया जाता है। जब संभाजी की हत्या के बाद सब कुछ खत्म लग रहा था, तब राजाराम ने हिम्मत दिखाई और साम्राज्य को संभाला। जिंजी किले से लेकर दक्कन तक उनके संघर्ष ने मराठा साम्राज्य को जीवित रखा। उनकी वीरता और बलिदान ने यह साबित किया कि सबसे मुश्किल

हालात में भी साहस और रणनीति से जीत हासिल की जा सकती है।

उनकी गाथा मराठा संस्कृति और भारतीय इतिहास में एक प्रेरणा स्रोत है। वह एक ऐसे योद्धा थे, जिन्होंने अपने छोटे से जीवन में मराठा शक्ति को नई दिशा दी और आने वाली पीढ़ियों के लिए एक मिसाल छोड़ी।

7

महादजी शिंदे: मराठा साम्राज्य के पुनर्जनन के शिल्पी

मराठा साम्राज्य के इतिहास में कुछ नाम ऐसे हैं जो अपनी वीरता, दूरदर्शिता और नेतृत्व के लिए अमर हो गए। इनमें से एक हैं महादजी शिंदे या सिंधिया, जिन्होंने 18वीं सदी में मराठा शक्ति को नई ऊँचाइयों पर पहुँचाया। 1730 से 1794 तक के अपने जीवनकाल में महादजी ने न केवल पानीपत के तृतीय युद्ध की हार से उबरकर मराठा साम्राज्य को पुनर्जनन दिया, बल्कि उत्तरी भारत में मराठा प्रभुत्व को फिर से स्थापित किया। ग्वालियर के इस शासक ने अपनी कुशाग्र बुद्धि, सैन्य प्रतिभा और राजनीतिक चतुराई से मराठा इतिहास में एक स्वर्णिम अध्याय लिखा।

महादजी शिंदे का जन्म 1730 में एक कुर्मी मराठा परिवार में हुआ था। वह शिंदे वंश के संस्थापक राणोजी राव शिंदे के पाँचवें और सबसे छोटे पुत्र थे। राणोजी छत्रपति शाहूजी महाराज के एक विश्वसनीय सरदार थे, जिन्होंने मराठा साम्राज्य के विस्तार में महत्वपूर्ण योगदान दिया। महादजी का बचपन उस दौर में बीता, जब मराठा साम्राज्य

मुगलों और अन्य शक्तियों के साथ निरंतर संघर्ष में था। उनके बड़े भाइयों ने उन्हें युद्धकला और नेतृत्व के गुण सिखाए, लेकिन उनकी असली परीक्षा तब शुरू हुई, जब 1761 में पानीपत का तृतीय युद्ध हुआ।

इस युद्ध में मराठा सेना को अफगान शासक अहमद शाह अब्दाली से करारी हार मिली। महादजी के चारों बड़े भाई इस युद्ध में शहीद हो गए, और वह खुद घायल होकर किसी तरह बच निकले। इस हार ने मराठा साम्राज्य को झकझोर दिया, लेकिन महादजी के लिए यह एक नई शुरुआत थी। अगले सात साल (1761-1768) उन्होंने उत्तराधिकार के संघर्ष में बिताए। इस दौरान उन्होंने अपनी स्थिति मजबूत की और 1768 में अपने अधिकार को स्थापित कर लिया। यह वह पल था, जब महादजी का असली उत्कर्ष शुरू हुआ।

पानीपत की हार के बाद मराठा साम्राज्य बिखराव के कगार पर था। लेकिन महादजी ने हार नहीं मानी। उन्होंने पेशवा की शक्ति को बढ़ाने के साथ-साथ अपनी ताकत को भी सुदृढ़ किया। 1771 में उन्होंने दिल्ली पर कब्जा किया और 6 जनवरी 1772 को मुगल सम्राट शाह आलम द्वितीय को सिंहासन पर बैठाया। इस कदम से उत्तरी भारत में मराठा प्रभुत्व फिर से स्थापित हुआ। उनकी यह उपलब्धि पानीपत की हार का बदला लेने जैसी थी।

1772 में पेशवा माधवराव की मृत्यु के बाद मराठा साम्राज्य में अराजकता फैल गई। रघुनाथराव (राघोबा) ने पेशवाई हथियाने की कोशिश की, जिसके लिए उन्होंने अंग्रेजों का साथ लिया। लेकिन महादजी ने नाना फड़नवीस और नवजात पेशवा सवाई माधवराव का पक्ष लिया। प्रथम आंग्ल-मराठा युद्ध (1775-1782) में महादजी ने अपनी सैन्य कुशलता का परिचय दिया। जनवरी 1779 में तालेगाँव की लड़ाई में उन्होंने अंग्रेजों को हराया और मध्य भारत में उनकी बढ़ती ताकत को रोका। उनकी मध्यस्थता से ही 1782 में सालबाई की संधि हुई, जिसने मराठा-अंग्रेज संघर्ष को खत्म किया और महादजी की प्रतिष्ठा को नई ऊँचाई दी।

सालबाई संधि के बाद महादजी ने अपना ध्यान फिर से उत्तर भारत पर केंद्रित किया। 1783 में उन्होंने ग्वालियर पर कब्जा किया और

1784 में गोहद के राणा को पराजित किया। फ्रांसीसी सैनिक बेनोइट डी बोइंग की मदद से उन्होंने अपनी सेना को यूरोपीय शैली में प्रशिक्षित किया। उनकी सेना में फ्रांसीसी सैनिक भी शामिल थे, और आगरा जैसे शहरों में सैन्य प्रशिक्षण शिविर स्थापित किए गए। उनकी सेना इतनी सशक्त थी कि मुगल सम्राट ने उन्हें "वकील-ए-मुतलक" (सर्वोच्च प्रतिनिधि) की उपाधि दी और मुगल राज्य का संचालन उनके हाथों में सौंप दिया।

महादजी ने मुगल राज्य में फैली अव्यवस्था को नियंत्रित किया और कई विद्रोहों को कुचला। 1787 में जयपुर अभियान में उन्हें असफलता मिली, लेकिन 1788 में इस्माइल बेग को हराकर उन्होंने अपनी साख फिर से स्थापित की। 1789 में उन्होंने क्रूर गुलाम कादिर को दिल्ली से खदेड़ा और नेत्रहीन मुगल सम्राट को फिर से सिंहासन पर बिठाया। 1791 तक उन्होंने राजपूतों को भी अपने अधीन कर लिया। अब नर्मदा से सतलज तक पूरा उत्तरी भारत उनके आधिपत्य में था। यह उनकी सैन्य और राजनीतिक सफलता का चरम था।

1792 में महादजी पूना लौटे और दो साल तक (1792-1794) मराठा संघ को संगठित करने की कोशिश की। लेकिन नाना फड़नवीस का विरोध और तुकोजी होल्कर की शत्रुता ने उनके प्रयासों को कमजोर किया। जून 1793 में लाखेरी की लड़ाई में उन्होंने तुकोजी होल्कर को पूरी तरह हराया। यह उनकी आखिरी बड़ी जीत थी। लेकिन मराठा नेताओं के आपसी मतभेद से दुखी महादजी ने इसे "शोक दिवस" कहा। 12 फरवरी 1794 को वानवडी (पूना) में उनकी मृत्यु हो गई। वह उस समय 64 साल के थे।

महादजी शिंदे कुशाग्र बुद्धि, सहनशील और उदार स्वभाव के थे। वह व्यक्तिगत जीवन में सादगी पसंद थे, लेकिन युद्ध के मैदान में उनकी शक्ति और रणनीति बेजोड़ थी। उनके मुख्य सलाहकार और सेनापति शेणवी (रेगे, केरकर, लाड परिवार) से थे, जिन्होंने उनकी सफलता में अहम भूमिका निभाई। उनकी सबसे बड़ी खासियत थी उनकी स्वार्थरहित दृष्टि। नाना फड़नवीस और होल्कर जैसे नेताओं के विरोध के बावजूद उन्होंने सिर्फ अपने दम पर मराठा साम्राज्य को फिर

से खड़ा किया।

इतिहासकार कीनी ने महादजी को 18वीं सदी के भारतीय उपमहाद्वीप का सबसे महान सेनापति कहा। उनके बिना पानीपत की हार के बाद मराठा साम्राज्य का पुनरुत्थान असंभव था। उन्होंने अंग्रेजों, मुगलों और राजपूतों को हराकर मराठा शक्ति को नई ताकत दी। उनकी सेना की आधुनिकता और उनकी कूटनीति ने उन्हें अपने समय का सबसे प्रभावशाली नेता बनाया।

महादजी शिंदे का नाम मराठा इतिहास में स्वर्ण अक्षरों में लिखा गया है। ग्वालियर में उनकी स्थापित शिंदे राजवंश आज भी उनकी गाथा का साक्षी है। वह एक ऐसे सेनापति थे, जिन्होंने हार को जीत में बदला और मराठा साम्राज्य को उसके सबसे मुश्किल दौर से निकाला। उनकी कहानी हमें सिखाती है कि साहस, धैर्य और एकता से कोई भी लक्ष्य हासिल किया जा सकता है।

8

धनाजी जाधव: रणभूमि का अजेय योद्धा

धनाजी जाधव की कहानी एक ऐसी वीरगाथा है, जो मराठा साम्राज्य के स्वर्णिम इतिहास का एक चमकता अध्याय है। यह एक ऐसे योद्धा की कथा है, जिसने अपनी तलवार की धार और अडिग साहस से मुगल सेना को थर्रा दिया। धनाजी का जीवन संघर्ष, वफादारी और बलिदान की मिसाल है, जो संताजी घोरपड़े के साथ मिलकर मराठा स्वराज्य की रक्षा के लिए लड़ा।

सन् 1650 के आसपास महाराष्ट्र के सिंदखेड़ में जाधव कुल में एक बालक ने जन्म लिया। नाम रखा गया धनाजी। यह परिवार यदुवंशियों की परंपरा से जुड़ा था, जिनका गौरव देवगिरी के यदुवंश से माना जाता था। धनाजी के परदादा अचलोजी, छत्रपति शिवाजी महाराज की माँ जीजाबाई के भाई थे, जिनकी हत्या कर दी गई थी। इसके बाद धनाजी के दादा संताजी और पिता शंभुसिंह को जीजाबाई ने अपने संरक्षण में पाला। जीजाबाई के साये में धनाजी का बचपन बीता, जहाँ उन्हें शिवाजी के साथ खेलते हुए युद्ध की कला और स्वराज्य के सपने सिखने को

मिले। उनकी नसों में वीरता का खून दौड़ रहा था, जो आगे चलकर मराठा इतिहास का आधार बना।

धनाजी ने छोटी उम्र में ही मराठा सेना में कदम रखा। शिवाजी महाराज के सेनापति प्रतापराव गुर्जर के अधीन उन्होंने युद्ध का पहला पाठ पढ़ा। उमरानी और नेसरी की लड़ाइयों में उनकी वीरता ने छत्रपति शिवाजी महाराज का ध्यान खींचा। कहते हैं, छत्रपति शिवाजी महाराज ने अपने अंतिम समय में धनाजी का नाम उन छह स्तंभों में लिया था, जो संकट के समय मराठा साम्राज्य को संभालेंगे। यह भविष्यवाणी सच साबित हुई।

संभाजी महाराज की क्रूर हत्या (1689) के बाद मराठा साम्राज्य पर संकट के बादल मंडराने लगे। औरंगजेब को लगा कि मराठों का मनोबल टूट गया है। लेकिन धनाजी जाधव और संताजी घोरपड़े ने उसके सपनों को चूर कर दिया। सन् 1689 से 1696 तक दोनों ने मुगल सेना के खिलाफ भयंकर अभियान छेड़े। उनकी गुरिल्ला रणनीति—पहाड़ों से छिपकर हमला करना, दुश्मन को थकाना और फिर तेज प्रहार करना—ने मुगलों को हैरान कर दिया।

सन् 1689 में धनाजी और संताजी ने पन्हाला किले की घेराबंदी कर रहे औरंगजेब के सेनापति शेख निज़ाम पर हमला बोला। निज़ाम की सेना तितर-बितर हो गई, उसके घोड़े, हाथी और खजाना मराठों के हाथ लग गया। यह जीत मराठा सेना के लिए एक नई उम्मीद बनकर उभरी। सन् 1690 में राजाराम महाराज के जिंजी जाने के बाद धनाजी और संताजी को महाराष्ट्र में मुगल सेना को रोकने का जिम्मा सौंपा गया। 25 मई 1690 को सतारा के पास सरजाह खान उर्फ रुस्तम खान को हराकर उन्होंने औरंगजेब को करारा झटका दिया। इस जीत में रामचंद्र पंत अमात्य और शंकराजी नारायण के साथ उनकी जोड़ी अजेय साबित हुई।

सन् 1692 में दोनों योद्धाओं को जिंजी की मुगल घेराबंदी तोड़ने के लिए कर्नाटक भेजा गया। रास्ते में 8 अक्टूबर को धारवाड़ पर कब्जा कर लिया गया। दिसंबर 1692 में जुल्फिकार अली खान की सेना को जिंजी के पास धूल चटा दी। जुल्फिकार को राजाराम से संधि कर भागना पड़ा।

9 जनवरी 1693 को धनाजी ने औरंगजेब के सेनापति इस्माइल खान मखा को गिरफ्तार कर जिंजी पहुँचाया। इन जीतों ने मराठा स्वराज्य को नई ताकत दी।

सन् 1695 में चंदन-वंदन की लड़ाई में धनाजी ने अपने एक बेटे को खो दिया। यह नुकसान उनके लिए गहरा आघात था, लेकिन उन्होंने हिम्मत नहीं हारी। 20 नवंबर 1695 को कर्नाटक में दोदेरी के पास औरंगजेब के शक्तिशाली सेनापति कासिम खान को संताजी के साथ मिलकर हराया और मार डाला। यह जीत मराठा सेना की सबसे बड़ी उपलब्धियों में से एक थी। लेकिन सन् 1696 में संताजी और धनाजी के बीच मतभेद उभरे। राजाराम के आदेश पर धनाजी ने संताजी पर हमला किया, लेकिन हार गए। संताजी की मृत्यु के बाद धनाजी को मराठा सेना का सेनापति बनाया गया। अब स्वराज्य की पूरी जिम्मेदारी उनके कंधों पर थी।

सन् 1696 से 1708 तक धनाजी ने सेनापति के रूप में मराठा सेना का नेतृत्व किया। उन्होंने ताराबाई के शासन में मुगलों के खिलाफ लड़ाई जारी रखी। उनकी सबसे बड़ी ताकत उनकी तेजी और रणनीति थी। तुलापुर में औरंगजेब के शिविर पर हमला उनकी वीरता का एक और प्रमाण था। इस हमले में मराठा सैनिकों ने शिवाजी की नीतियों का पालन करते हुए औरंगजेब को नहीं मारा, क्योंकि वह नमाज पढ़ रहा था। यह घटना मराठा नैतिकता की मिसाल बनी।

सन् 1707 में औरंगजेब की मृत्यु के बाद शाहू महाराज को मुगलों ने रिहा कर दिया। शाहू ने मराठा गद्दी पर दावा ठोका, जिसका ताराबाई ने विरोध किया। सन् 1708 में खेड़ की लड़ाई में धनाजी ने शुरू में ताराबाई का साथ दिया। लेकिन उनके सहायक बालाजी विश्वनाथ, जो बाद में पेशवा बने, ने उन्हें शाहू का समर्थन करने के लिए मना लिया। धनाजी ने ताराबाई का साथ छोड़ दिया और शाहू के पक्ष में चले गए। यह निर्णय मराठा इतिहास में एक बड़ा बदलाव लाया।

लेकिन नियति को कुछ और मंजूर था। खेड़ की लड़ाई के बाद धनाजी को पैर में चोट लग गई। यह चोट गंभीर हो गई और 27 जून 1708 को कोल्हापुर के वडगाँव में उनकी मृत्यु हो गई। उनके बाद उनके बेटे

चंद्रसेन जाधव ने सेनापति का पद संभाला।

धनाजी जाधव की कहानी एक योद्धा की जिंदगी की सच्ची मिसाल है। उन्होंने संभाजी की मृत्यु के बाद, राजाराम के संकट में और ताराबाई के शासन में मराठा स्वराज्य को बचाया। उनकी तलवार ने मुगलों को थकाया, और उनकी वफादारी ने मराठा सेना को एकजुट रखा। कोल्हापुर में उनका स्मारक आज भी उनकी शौर्यगाथा की गवाही देता है।

धनाजी एक तूफान थे—जो मुश्किलों के बीच उभरे, दुश्मनों को चीरते हुए आगे बढ़े और अपने स्वराज्य के लिए सब कुछ न्योछावर कर दिया। उनकी गाथा हमें सिखाती है कि साहस और संकल्प के आगे कोई ताकत नहीं टिकती। सिंदखेड़ की मिट्टी से उठा यह सितारा मराठा इतिहास के आकाश में हमेशा चमकता रहेगा।

9

संताजी घोरपड़े: स्वराज्य का अजेय योद्धा

सन् 1660 के आसपास महाराष्ट्र के सांगली जिले के भालवणी गाँव में घोरपड़े परिवार में एक बालक ने जन्म लिया। नाम रखा गया संताजी। उनके पिता मालोजी घोरपड़े एक सम्मानित मराठा सरदार थे, जिनका कुल बीजापुर की आदिलशाही से जुड़ा था। मालोजी की वीरता और नेतृत्व की कहानियाँ भालवणी की गलियों में गूंजती थीं। संताजी की माँ, जिनका नाम इतिहास में स्पष्ट नहीं है, एक साहसी और संस्कारी गहिला थीं, जिन्होंने अपने बेटे को नन्ही उम्र से ही युद्ध और सम्मान का पाठ पढ़ाया।

भालवणी की धूल भरी धरती पर संताजी का बचपन घोड़ों की टापों और तलवारों की झंकार के बीच बीता। उनके पिता मालोजी ने उन्हें घुड़सवारी और युद्ध कला में पारंगत किया। संताजी की फुर्ती और साहस ने उन्हें कम उम्र में ही एक उभरते योद्धा के रूप में पहचान दिलाई। घोरपड़े परिवार का इतिहास गर्व से भरा था—उनके पूर्वजों ने किलों को जीतने और दुश्मनों को हराने में अपनी शक्ति दिखाई थी।

संताजी ने इस विरासत को न केवल संभाला, बल्कि इसे नई ऊँचाइयों तक पहुँचाया।

छत्रपति शिवाजी महाराज की मृत्यु (1680) के बाद उनके पुत्र संभाजी महाराज ने मराठा गद्दी संभाली। संताजी उस समय एक युवा योद्धा थे, जिनकी बहादुरी ने संभाजी का ध्यान खींचा। सन् 1681 में संभाजी ने उन्हें "मानेकर" की उपाधि दी, जो उनकी वीरता और निष्ठा का सम्मान था। संताजी की घुड़सवारी और गुरिल्ला युद्ध की महारत ने उन्हें संभाजी का विश्वस्त साथी बना दिया। उनकी तलवार की चमक और घोड़े की रफ्तार मराठा सेना का गर्व बन गई।

सन् 1689 में औरंगजेब ने छत्रपति संभाजी महाराज को संगमेश्वर में छल से पकड़ लिया और उनकी क्रूर हत्या कर दी। यह मराठा साम्राज्य के लिए एक काला दिन था। औरंगजेब को लगा कि मराठा शक्ति अब खत्म हो जाएगी। लेकिन संताजी घोरपड़े और धनाजी जाधव ने उसके सपनों को राख में मिला दिया। संभाजी की मृत्यु के बाद संताजी ने राजाराम महाराज की सेवा में खुद को समर्पित कर दिया। उनके मन में एक आग जल रही थी—स्वराज्य को बचाने की आग।

संताजी का असली परचम सन् 1689 से 1696 तक लहराया, जब उन्होंने मुगल सेना के खिलाफ एक के बाद एक तूफानी हमले किए। उनकी गुरिल्ला रणनीति—पहाड़ों और जंगलों से छिपकर हमला करना, दुश्मन को थकाना और फिर तेज प्रहार करना—ने औरंगजेब को हैरान कर दिया। संताजी और धनाजी की जोड़ी मराठा सेना की रीढ़ बन गई।

सन् 1689 में संताजी ने पन्हाला किले की घेराबंदी कर रहे मुगल सेनापति शेख निज़ाम पर धावा बोला। उनकी सेना ने मुगल शिविर को तहस-नहस कर दिया, और निज़ाम को भागना पड़ा। सन् 1690 में सतारा के पास सरजाह खान उर्फ रुस्तम खान को हराकर संताजी ने मराठा स्वराज्य की उम्मीद को जिंदा रखा। उनकी खासियत उनकी तेजी थी—वे हवा की तरह आते और दुश्मन को चकमा देकर गायब हो जाते।

सन् 1692 में संताजी को जिंजी किले की रक्षा के लिए भेजा गया, जहाँ राजाराम मुगल घेराबंदी में फँसे थे। रास्ते में 8 अक्टूबर को धारवाड़

पर कब्जा किया। दिसंबर 1692 में जुल्फिकार अली खान की सेना को जिंजी के पास हराया। संताजी की सेना ने मुगल घेराबंदी को तोड़ दिया, और जुल्फिकार को संधि कर भागना पड़ा। सन् 1693 में संताजी ने औरंगजेब के सेनापति इस्माइल खान मखा को गिरफ्तार कर जिंजी पहुँचाया। इन जीतों ने मराठा साम्राज्य को नई ताकत दी।

सन् 1695 में कर्नाटक के दोदेरी के पास संताजी और धनाजी ने औरंगजेब के शक्तिशाली सेनापति कासिम खान को घेर लिया। 20 नवंबर को हुई इस लड़ाई में कासिम खान मारा गया। यह जीत मराठा सेना की सबसे बड़ी उपलब्धियों में से एक थी। संताजी की वीरता की गूंज औरंगजेब के दरबार तक पहुँची, और उसने उन्हें पकड़ने के लिए अपनी पूरी ताकत झोंक दी।

संताजी की शक्ति बढ़ती गई, लेकिन सन् 1696 में उनके और धनाजी जाधव के बीच मतभेद उभरे। कुछ इतिहासकार मानते हैं कि यह ताराबाई और राजाराम के दरबार में सत्ता की राजनीति का नतीजा था। संताजी की लोकप्रियता और स्वतंत्र निर्णय लेने की आदत ने कुछ सरदारों में जलन पैदा की। राजाराम के आदेश पर धनाजी ने संताजी पर हमला किया, लेकिन हार गए। इसके बाद संताजी अकेले पड़ गए।

सन् 1697 में संताजी अपने परिवार के साथ निंबगाँव (सतारा के पास) में थे। वहाँ उनके अपने ही रिश्तेदारों—निंबालकर परिवार—ने उन पर हमला कर दिया। यह हमला छल से किया गया। संताजी की पत्नी और बेटे को पकड़ लिया गया, और उनकी आँखों के सामने संताजी का सिर काट दिया गया। उनकी मृत्यु की तारीख को लेकर विवाद है, कुछ स्रोतों के अनुसार, संताजी की मृत्यु के बाद उनका कटा हुआ सिर मुगलों को भेज दिया गया था ताकि वे इसे अपनी जीत के प्रतीक के रूप में दिखा सकें।, लेकिन मराठा योद्धाओं ने उनके अवशेषों को बचाकर सम्मान के साथ समाधि दी।

संताजी घोरपड़े की कहानी एक योद्धा की जिंदगी की सच्ची मिसाल है। उन्होंने संभाजी की मृत्यु के बाद, राजाराम के संकट में और ताराबाई के शासन में मराठा स्वराज्य को बचाया। उनकी तलवार ने मुगलों को थकाया, और उनकी फुर्ती ने मराठा सेना को अजेय बनाया। भालवणी

और सांगली की धरती उनकी जन्मस्थली रही, और उनका स्मारक उनकी शौर्यगाथा की गवाही देता है।

संताजी एक बिजली थे—जो संकट के बादलों के बीच कौंधे, दुश्मनों को भस्म करते हुए आगे बढ़े और अपने स्वराज्य के लिए सब कुछ न्योछावर कर दिया। उनकी गाथा हमें सिखाती है कि साहस और वफादारी की कोई सीमा नहीं होती। मालोजी घोरपड़े का यह पुत्र मराठा इतिहास के आकाश में एक चमकता सितारा बनकर हमेशा चमकता रहेगा।

10

वीर बाजी प्रभु देशपांडे : भोर की मिट्टी से जन्मा वीर

सन् 1615 के आसपास महाराष्ट्र के पुणे जिले के भोर तालुका में शिंद गाँव की पवित्र धरती पर एक बालक ने जन्म लिया। नाम था बाजी। वे चंद्रसेनीय कायस्थ प्रभु परिवार में पैदा हुए, एक ऐसा कुल जो विद्या और लेखन के लिए जाना जाता था। लेकिन बाजी के दिल में कलम से ज्यादा तलवार का जोश था। उनके पिता का नाम इतिहास के पन्नों में स्पष्ट नहीं मिलता, पर उनकी माँ ने उन्हें देशभक्ति और साहस की कहानियाँ सुनाकर बड़ा किया। भोर की पहाड़ियों और जंगलों के बीच बाजी का बचपन बीता, जहाँ उन्होंने घोड़ों की सवारी और युद्ध कला सीखी। उनकी आँखों में एक सपना था—अपनी मातृभूमि को गुलामी की जंजीरों से आजाद करने का सपना।

शुरुआत में बाजी ने रोहिडा के पास कृष्णाजी बंदाल की सेना में अपनी सेवाएँ दीं। लेकिन जब शिवाजी महाराज ने रोहिडा किले पर विजय प्राप्त की, तो बाजी की मुलाकात उस युवा वीर से हुई, जिसके सपने उनके अपने सपनों से मिलते थे। शिवाजी ने बाजी की प्रतिभा को

पहचाना और उन्हें अपनी सेना में शामिल कर लिया। यह वह पल था, जब बाजी प्रभु देशपांडे का नाम मराठा इतिहास में लिखा जाने लगा।

सन् 1659 में छत्रपति शिवाजी महाराज ने अफजल खान को प्रतापगढ़ में हराकर बीजापुर की सेना को धूल चटाई। इस जीत के बाद मराठा सेना का हौसला सातवें आसमान पर था। शिवाजी ने बीजापुर के इलाकों में अपनी ताकत बढ़ाई और कुछ ही दिनों में पन्हाला किला (कोल्हापुर के पास) पर कब्जा कर लिया। लेकिन बीजापुर के सुल्तान ने इसे बर्दाश्त नहीं किया। उसने अपने अबीसीनियाई सेनापति सिद्दी जौहर को विशाल सेना के साथ पन्हाला को घेरने भेजा। सिद्दी जौहर ने किले को चारों ओर से घेर लिया, और मराठा सेना के लिए रसद का रास्ता बंद हो गया।

शिवाजी और उनके सरदारों ने एक जोखिम भरा फैसला लिया। वे रात के अंधेरे में घेराबंदी तोड़कर विशालगढ़ की ओर निकलने वाले थे। इस योजना में बाजी प्रभु देशपांडे को अहम जिम्मेदारी दी गई। बीजापुर की सेना को धोखा देने के लिए शिवा काशिद नाम के एक नाई ने, जो छत्रपति शिवाजी महाराज से मिलता-जुलता था, खुद को पकड़वाने का फैसला किया। 13 जुलाई 1660 की गुरु पूर्णिमा की तूफानी रात में छत्रपति शिवाजी महाराज और बाजी प्रभु 600 चुनिंदा मावळे सैनिकों के साथ घेराबंदी तोड़कर निकल पड़े।

बीजापुर की सेना को जब पता चला कि छत्रपति शिवाजी महाराज भाग गए हैं, तो सिद्दी मसूद के नेतृत्व में हजारों सैनिक उनके पीछे लग गए। मराठा सेना घोडखिंड (घोड़े की खाई) नामक संकरे रास्ते तक पहुँची। यहाँ बाजी प्रभु ने एक साहसिक निर्णय लिया। उन्होंने छत्रपति शिवाजी महाराज से कहा, "महाराज, आप 300 सैनिकों के साथ विशालगढ़ की ओर बढ़ें। मैं और मेरे 300 मावळे यहाँ दुश्मन को रोकेंगे, ताकि आप सुरक्षित पहुँच सकें। जब आप विशालगढ़ पर कब्जा कर लें, तो तोपों की गड़गड़ाहट से हमें संकेत दें।"

छत्रपति शिवाजी महाराज ने अनिच्छा से यह योजना मानी। बाजी प्रभु और उनके 300 वीरों ने घोडखिंड में डटकर मुगल सेना का सामना किया। यह एक असमान युद्ध था—एक ओर 300 मराठा सैनिक, दूसरी

और 10,000 से ज्यादा बीजापुरी सैनिक। लेकिन बाजी की तलवार और मावळों का जोश किसी तूफान से कम नहीं था। बाजी ने दो दांडपट्टों (दोनों हाथों में तलवारें) से दुश्मनों को काटना शुरू किया। उनकी हर चाल मौत का नृत्य थी। घंटों तक चले इस युद्ध में बाजी बुरी तरह घायल हो गए। उनके शरीर से खून बह रहा था, पर उनकी आँखों में चमक कम नहीं हुई।

पाँच घंटे बाद विशालगढ़ से तोपों की गड़गड़ाहट सुनाई दी। यह संकेत था कि शिवाजी सुरक्षित पहुँच गए थे। बाजी ने "हर हर महादेव" का नारा लगाया और अपनी आखिरी साँस ली। उनके साथ उनके भाई फुलाजी और 299 मावळे भी शहीद हो गए। लेकिन इस बलिदान ने छत्रपति शिवाजी महाराज को बचाया और मराठा स्वराज्य को जिंदा रखा। इस युद्ध में 4000 से ज्यादा बीजापुरी सैनिक मारे गए। छत्रपति शिवाजी महाराज ने इस संकरे रास्ते का नाम बदलकर " पावन खिंड" (पवित्र खाई) रखा, जो बाजी और उनके वीरों के खून से पवित्र हो गई थी।

बाजी प्रभु की मृत्यु के बाद छत्रपति शिवाजी महाराज ने उनके परिवार का सम्मान किया। वे खुद उनके गाँव कसबे सिंध गए। बाजी के बड़े बेटे को सेना में ऊँचा पद दिया गया, और बाकी सात बेटों को पालकी का सम्मान मिला। उनकी पत्नी और परिवार को "मानाचे पहिले पान" (दरबार का सर्वोच्च सम्मान) दिया गया। आज भी बाजी के वंशज भोर में रहते हैं और उनकी वीरता की गाथा को जीवित रखते हैं।

बाजी प्रभु देशपांडे की कहानी एक योद्धा की जिंदगी की सच्ची मिसाल है। वे एक तूफान थे—जो संकट के बीच उभरे, दुश्मनों को चीरते हुए आगे बढ़े और अपने स्वराज्य के लिए सब कुछ न्योछावर कर दिया। उनकी तलवार भले ही थम गई, पर उनकी वीरता की गूंज आज भी महाराष्ट्र की पहाड़ियों में सुनाई देती है। पवन खिंड की वह संकरी खाई आज भी उनके बलिदान की गवाही देती है। यह गाथा हमें सिखाती है कि सच्ची वफादारी और साहस कभी मरते नहीं—वे इतिहास के पन्नों में हमेशा जिंदा रहते हैं।

बाजी प्रभु देशपांडे मराठा इतिहास के एक ऐसे नायक हैं, जिनका नाम सुनते ही सीने में जोश भर जाता है। उनकी कहानी हर उस इंसान को प्रेरणा देती है, जो अपने कर्तव्य के लिए जान देने को तैयार हो।

11

हंबीरराव मोहिते : तालवड़े की मिट्टी से जन्मा शूरवीर

सन् 1630 के आसपास महाराष्ट्र के सातारा जिले के तालवड़े गाँव में एक मराठा कुल में एक बालक ने जन्म लिया। नाम था हंसाजी राव मोहिते, जो आगे चलकर हंबीरराव मोहिते के नाम से प्रसिद्ध हुए। उनके पिता का नाम स्पष्ट रूप से इतिहास में दर्ज नहीं है, पर उनका परिवार मराठा योद्धाओं की परंपरा से जुड़ा था। हंबीरराव का बचपन उस दौर में बीता, जब मराठा स्वराज्य की नींव रखी जा रही थी। उनकी माँ ने उन्हें शिवाजी के सपनों की कहानियाँ सुनाईं, और गाँव की पहाड़ियों ने उन्हें घोड़ों की सवारी और तलवारबाजी का पहला पाठ पढ़ाया। उनकी नसों में वीरता का खून दौड़ता था, जो समय आने पर मराठा इतिहास का गौरव बना।

हंबीरराव की बहन सोयराबाई थीं, जो बाद में छत्रपति शिवाजी महाराज की पत्नी बनीं। इस रिश्ते ने हंबीरराव को शिवाजी के करीब ला दिया। सोयराबाई के कारण शिवाजी उन्हें प्यार से "हंबीर मामा" कहते थे। लेकिन यह केवल पारिवारिक रिश्ता नहीं था—हंबीरराव ने अपनी वीरता से इस नाम को सार्थक किया।

हंबीरराव ने युवावस्था में ही शिवाजी महाराज की सेना में कदम रखा। उनकी बहादुरी और रणनीतिक बुद्धि ने उन्हें जल्द ही सेना का एक महत्वपूर्ण हिस्सा बना दिया। सन् 1656 में जब शिवाजी ने अपनी सेना को संगठित करना शुरू किया, तो हंबीरराव उनके विश्वस्त सरदारों में से एक बन गए। उनकी सबसे बड़ी खासियत थी उनकी निष्ठा और दुश्मन को चकमा देने की कला।

सन् 1665 में हंबीरराव ने माल्हेर किले पर एक ऐसी विजय हासिल की, जिसने उनकी कीर्ति को चारों दिशाओं में फैला दिया। यह किला बीजापुर की सल्तनत का मजबूत गढ़ था। हंबीरराव ने अकेले एक जासूस के रूप में किले में प्रवेश किया। उन्होंने दुश्मन की कमजोरियों को भाँपा और रात के अंधेरे में मराठा सेना को हमले का संकेत दिया। उनकी चालाकी और साहस से माल्हेर किला मराठों के हाथ में आ गया। इस जीत के बाद शिवाजी ने उन्हें "हंबीरराव" की उपाधि दी, जो उनकी वीरता का प्रतीक बनी।

हंबीरराव का जीवन युद्धों की एक शृंखला था। वे शिवाजी के हर बड़े अभियान में शामिल रहे। सन् 1665 में औरंगजेब के साथ हुई पुरंदर की संधि के बाद, जब शिवाजी को आगरा में कैद कर लिया गया, तो हंबीरराव ने उनकी वापसी के लिए सेना को संगठित करने में मदद की। उनकी रणनीति और नेतृत्व ने मराठा स्वराज्य को उस संकट से उबारा।

सन् 1670 में सूरत की दूसरी लूट में हंबीरराव ने छत्रपति शिवाजी महाराज के साथ कंधे से कंधा मिलाकर लड़ाई लड़ी। उनकी घुड़सवार सेना ने मुगल चौकियों को तहस-नहस कर दिया, और मराठा खजाने में धन भर गया। हंबीरराव की सबसे बड़ी ताकत उनकी तेजी और दुश्मन को भ्रमित करने की कला थी। वे पहाड़ों और जंगलों से निकलकर अचानक हमला करते और चुपके से गायब हो जाते।

छत्रपति शिवाजी महाराज की मृत्यु (1680) के बाद मराठा साम्राज्य में उथल-पुथल मच गई। उनके पुत्र छत्रपति संभाजी महाराज ने गद्दी संभाली, और हंबीरराव उनके सबसे करीबी सलाहकार बन गए। हंबीरराव ने संभाजी को युद्ध कला और शासन की बारीकियाँ सिखाईं। लेकिन उनका जीवन ज्यादा लंबा नहीं चला। सन् 1687 में एक युद्ध के दौरान

हंबीरराव गंभीर रूप से घायल हो गए। कुछ इतिहासकार मानते हैं कि यह युद्ध मुगल सेना के खिलाफ था, जिसमें वे संभाजी के साथ लड़ रहे थे। उनकी मृत्यु ने मराठा सेना को एक बड़ा झटका दिया।

हंबीरराव की मृत्यु की सटीक तारीख और स्थान इतिहास में स्पष्ट नहीं है, पर उनकी समाधि तालवड़े में आज भी उनकी वीरता की गवाही देती है। उनकी मृत्यु के बाद उनकी बेटी ताराबाई ने मराठा साम्राज्य को संभाला, जो उनकी बहादुरी की जीवित मिसाल बनीं।

हंबीरराव की पत्नी का नाम इतिहास में दर्ज नहीं है, लेकिन उनकी बेटी ताराबाई मराठा इतिहास की महान नायिका बनीं। ताराबाई ने अपने पिता की वीरता और नेतृत्व को आगे बढ़ाया और औरंगजेब के खिलाफ मराठा स्वराज्य की रक्षा की। हंबीरराव की बहन सोयराबाई के जरिए उनका रिश्ता छत्रपति शिवाजी महाराज के परिवार से जुड़ा था, और यह पारिवारिक बंधन उनकी वफादारी का आधार बना।

हंबीरराव मोहिते एक तूफान थे—जो संकट के बीच उभरे, दुश्मनों को चीरते हुए आगे बढ़े और अपने स्वराज्य के लिए सब कुछ न्योछावर कर दिया। उनकी तलवार ने मुगलों को थर्राया, और उनकी बुद्धि ने मराठा सेना को दिशा दी। तालवड़े की धरती से उठा यह वीर मराठा इतिहास के आकाश में हमेशा चमकता रहेगा। उनकी गाथा हमें सिखाती है कि साहस और निष्ठा से कोई भी किला जीता जा सकता है—चाहे वह पत्थर का हो या मुश्किलों का।

12

येसाजी कांक : भाकरी की धरती से उठा सूरमा

सन् 1630 के आसपास महाराष्ट्र के पुणे जिले के भाकरी गाँव में एक साधारण मराठा परिवार में एक बालक ने जन्म लिया। नाम था येसाजी कांक। उनका परिवार खेती-बाड़ी से गुजर-बसर करता था, और उनके पिता का नाम इतिहास के पन्नों में स्पष्ट नहीं मिलता। लेकिन येसाजी की माँ ने उन्हें मेहनत और हिम्मत की कहानियाँ सुनाईं, जो उनके दिल में बस गईं। भाकरी की पहाड़ियों और खेतों के बीच उनका बचपन बीता, जहाँ वे भैंसों को चराते और गाँव की मिट्टी से खेलते थे। उनकी मजबूत कद-काठी और तेज नजर ने उन्हें कम उम्र में ही अलग पहचान दी।

येसाजी का जीवन तब बदला, जब उनकी मुलाकात एक युवा वीर से हुई, जिसका नाम था शिवाजी। शिवाजी उस समय स्वराज्य का सपना देख रहे थे और अपनी सेना को इकट्ठा कर रहे थे। येसाजी की ताकत और साहस ने छत्रपति शिवाजी महाराज का ध्यान खींचा। एक बार गाँव में कुश्ती के दंगल में येसाजी ने कई पहलवानों को धूल चटाई। यह देखकर शिवाजी ने उन्हें अपनी सेना में शामिल कर लिया। यह वह पल

था, जब एक किसान का बेटा मराठा इतिहास का नायक बनने की राह पर चल पड़ा।

येसाजी कांक छत्रपति शिवाजी महाराज के पहले सैनिकों में से एक थे। उनकी वफादारी और बहादुरी ने उन्हें छत्रपति शिवाजी महाराज का सबसे करीबी सहयोगी बना दिया। वे न केवल एक योद्धा थे, बल्कि शिवाजी के अंगरक्षक भी थे। उनकी ताकत ऐसी थी कि वे अकेले कई दुश्मनों से भिड़ सकते थे, और उनकी भक्ति ऐसी थी कि वे शिवाजी के लिए अपनी जान देने को हमेशा तैयार रहते थे।

सन् 1656 में जब छत्रपति शिवाजी महाराज ने जव्हार और सर्जा किलों पर हमला बोला, तो येसाजी उनकी सेना के अगुआ थे। उनकी तलवार ने दुश्मन की पंक्तियों को चीर दिया, और उनकी गर्जना ने विरोधियों के होश उड़ा दिए। सन् 1659 में अफजल खान के खिलाफ प्रतापगढ़ की लड़ाई में येसाजी की भूमिका अविस्मरणीय थी। जब शिवाजी ने अफजल खान से मुलाकात की, तो येसाजी उनके साथ थे। जैसे ही छत्रपति शिवाजी महाराज ने अफजल खान पर वाघनख से हमला किया, येसाजी ने बाहर खड़े बीजापुरी सैनिकों पर टूट पड़े। उनकी तलवार ने उस दिन खून की नदियाँ बहाईं, और मराठा सेना की जीत का परचम लहराया।

सन् 1660 में पन्हाला किले की घेराबंदी के दौरान येसाजी फिर शिवाजी के साथ थे। जब सिद्दी जौहर की सेना ने किले को घेर लिया, तो छत्रपति शिवाजी महाराज ने घेराबंदी तोड़कर विशालगढ़ की ओर भागने का फैसला किया। इस योजना में बाजी प्रभु देशपांडे ने पवन खिंड में बलिदान दिया, और येसाजी ने शिवाजी को सुरक्षित निकालने में अहम भूमिका निभाई। उनकी तेजी और साहस ने मराठा सेना को उस संकट से उबारा।

उसी साल उंबरखिंड की लड़ाई में येसाजी की वीरता ने एक नया इतिहास रचा। मुगल सेनापति कार्तलाब खान और रायबाघन ने छत्रपति शिवाजी महाराज को पकड़ने के लिए 20,000 सैनिकों के साथ हमला बोला। लेकिन येसाजी और उनकी छोटी सी मराठा टुकड़ी ने जंगल की संकरी खाई में मुगलों को घेर लिया। उनकी गुरिल्ला रणनीति ने दुश्मन

को भ्रमित कर दिया। येसाजी ने अपनी भारी तलवार से मुगल सैनिकों को काट डाला, और कार्तलाब खान को संधि के लिए मजबूर कर दिया। इस जीत ने शिवाजी की शक्ति को और बढ़ाया।

येसाजी कांक का जीवन छत्रपति शिवाजी महाराज के साथ हर कदम पर जुड़ा रहा। सन् 1674 में शिवाजी के राज्याभिषेक के समय येसाजी उनके सबसे करीबी सरदारों में से एक थे। उनकी मृत्यु की सटीक तारीख इतिहास में स्पष्ट नहीं है, पर ऐसा माना जाता है कि वे छत्रपति शिवाजी महाराज की मृत्यु (1680) तक उनके साथ रहे। कुछ किंवदंतियाँ कहती हैं कि वे एक युद्ध में शहीद हुए, पर उनकी समाधि या अंतिम दिनों का कोई ठोस प्रमाण नहीं मिलता। लेकिन उनकी गाथा मराठा लोककथाओं में आज भी जिंदा है।

येसाजी के परिवार के बारे में ज्यादा जानकारी नहीं है, पर उनकी पत्नी और बच्चों ने उनकी वीरता की कहानियाँ सुनी होंगी। वे एक साधारण मराठा थे, जिन्होंने अपने दम पर इतिहास रचा। उनकी वंशावली भाकरी गाँव में आज भी मौजूद हो सकती है, जो उनकी सादगी और शौर्य का प्रतीक है।

येसाजी कांक एक तूफान थे—जो भाकरी की खेतों से उठे, दुश्मनों को चीरते हुए आगे बढ़े और अपने स्वराज्य के लिए सब कुछ न्योछावर कर दिया। उनकी तलवार ने मुगलों और बीजापुरी सैनिकों को थर्राया, और उनकी वफादारी ने छत्रपति शिवाजी महाराज के सपनों को हकीकत में बदला। भाकरी की मिट्टी से उठा यह सूरमा मराठा इतिहास के आकाश में हमेशा चमकता रहेगा। उनकी कहानी हमें सिखाती है कि साहस और भक्ति से कोई भी साधारण इंसान असाधारण बन सकता है।

13

अहिल्या: एक अनमोल रानी की अमर गाथा

महाराष्ट्र का छोटा सा गाँव चौंडी, जहाँ सूरज की किरणें मिट्टी के कच्चे घरों पर पड़कर सुनहरी चमक बिखेरती थीं, वहाँ 31 मई 1725 को एक नया सवेरा हुआ। माणकोजी शिंदे, एक साधारण किसान, अपने छोटे से घर के आँगन में बैठे थे। उनकी पत्नी ने उस दिन एक नन्हीं बच्ची को जन्म दिया। जब उसकी पहली किलकारी गूँजी, तो माणकोजी की आँखों में खुशी के आँसू छलक आए। उन्होंने उसका नाम रखा—अहिल्या।

चौंडी की हवा में मेहनत और सादगी की महक थी। माणकोजी के पास न तो धन था, न ही शाही ठाठ-बाट, पर उनके पास एक ऐसा हृदय था जो ईमानदारी और धर्म से भरा था। गाँव वाले उनकी सज्जनता की मिसालें देते थे। छोटी अहिल्या उस मिट्टी में खेलती, गाँव के पेड़ों की छाँव में दौड़ती, और अपनी मासूम मुस्कान से सबके चेहरों पर खुशी बिखेर देती। उसकी बड़ी-बड़ी आँखों में एक अलग चमक थी—एक जिज्ञासा, एक तेज, जो उसे बाकी बच्चों से अलग करती थी।

शाम को जब माणकोजी आँगन में बैठकर वेद-पुराण का पाठ करते, अहिल्या उनके पास चुपचाप बैठ जाती। उसकी छोटी उंगलियाँ मिट्टी में आकृतियाँ बनातीं, पर उसका मन उन श्लोकों में खो जाता। "पिताजी, ये ऋषि इतने बड़े-बड़े काम कैसे कर लेते थे?" वह मासूमियत से पूछती। माणकोजी हँसते हुए जवाब देते, "बेटी, मन में अगर संकल्प हो, तो कुछ भी असंभव नहीं।" अहिल्या सुनती, सोचती, और अपने छोटे से मन में उन शब्दों को संजो लेती। वह नहीं जानती थी कि ये शब्द एक दिन उसके जीवन की नींव बनेंगे।

समय अपनी गति से बढ़ता रहा। एक दिन, चौंडी का वह शांत गाँव अचानक गुलज़ार हो उठा। मालवा के शक्तिशाली शासक मल्हारराव होलकर अपनी सेना के साथ किसी अभियान पर निकले थे और रास्ते में चौंडी में पड़ाव डाला। घोड़ों की टापों से धूल उड़ रही थी, ढोल-नगाड़ों की आवाज़ गाँव में गूँज रही थी। मल्हारराव, जिनकी आँखों में अनुभव और चेहरे पर तेज झलकता था, अपने सैनिकों को निर्देश दे रहे थे।

उसी सुबह, अहिल्या गाँव के छोटे से मंदिर में तुलसी को जल चढ़ा रही थी। उसकी साड़ी का पल्लू हवा में हल्के-हल्के लहरा रहा था, और हाथ में थमा मिट्टी का लोटा उसकी सादगी को बयाँ कर रहा था। मल्हारराव की नज़र उस पर पड़ी। वह एक क्षण के लिए ठिठक गए। उस नन्हीं बालिका के चेहरे पर एक गहरी शांति और आत्मविश्वास था, जो उसकी उम्र से कहीं बड़ा लगता था। मल्हारराव ने अपने मन में कुछ ठान लिया। उन्होंने माणकोजी को बुलवाया और कहा, "इस बच्ची में कुछ खास है। यह मेरे बेटे खंडेराव की संगिनी बनेगी।"

माणकोजी के लिए यह बात किसी स्वप्न से कम न थी। उनकी छोटी अहिल्या, जो अभी तक गाँव की गलियों में खेलती थी, अब एक राजघराने की बहू बनने जा रही थी? पर वे जानते थे कि नियति ने उनकी बेटी के लिए कुछ बड़ा लिखा है। कुछ ही दिनों बाद, ढोल-नगाड़ों और फूलों की मालाओं के बीच अहिल्या का विवाह खंडेराव होलकर से हुआ। चौंडी की वह नन्हीं कली अब मालवा की धरती पर खिलने जा रही थी।

महेश्वर का किला, जो नर्मदा के किनारे अपनी भव्यता से सबको आकर्षित करता था, अब अहिल्या का नया घर था। नर्मदा की लहरें

जैसे उनके स्वागत में गीत गा रही थीं। खंडेराव एक नौजवान योद्धा थे—शक्तिशाली, साहसी, और अपने पिता मल्हारराव की तरह ही तेजस्वी। अहिल्या उनके साथ उस विशाल महल में कदम रख चुकी थी। लेकिन महल की चमक और ठाठ-बाट ने उसे कभी प्रभावित नहीं किया। वह सादे कपड़े पहनती, नर्मदा के तट पर सुबह-सुबह पूजा करती, और अपने ससुर मल्हारराव के साथ राज्य के कामों में रुचि लेती।

खंडेराव उसे प्यार से देखते और कहते, "अहिल्या, तुममें कोई अलग ही बात है।" वह मुस्कुराती और जवाब देती, "मैं तो वही हूँ जो चौंडी में थी—बस अब जिम्मेदारियाँ बड़ी हो गई हैं।" उसकी बातों में सच्चाई और गहराई थी। धीरे-धीरे वह महल के लोगों का दिल जीतने लगी। नौकर-चाकर उसे माँ की तरह सम्मान देने लगे, और सैनिक उसकी सूझबूझ की तारीफ करने लगे। मल्हारराव उसे देखकर गर्व महसूस करते—उन्हें यकीन हो गया था कि उनकी पसंद सही थी।

लेकिन सुख की यह बयार ज्यादा दिन न चल सकी। 1754 में कुम्भेर का युद्ध हुआ। खंडेराव अपने पिता मल्हारराव के साथ मैदान में उतरे। यह युद्ध मराठों और जयपुर के राजा के बीच था। खंडेराव की वीरता की गूँज चारों ओर फैली—वह दुश्मन की सेना पर टूट पड़े थे। लेकिन नियति ने एक क्रूर खेल खेला। एक तोप का गोला सीधे खंडेराव के सीने से जा टकराया। जब यह खबर महेश्वर पहुँची, तो महल में सन्नाटा छा गया।

अहिल्या को जैसे विश्वास ही न हुआ। वह चिता के पास खड़ी थी, आँखों में आँसुओं का सैलाब लिए, पर चेहरे पर एक अजीब सा संयम। उसने सती होने का फैसला किया। उसकी साड़ी का आँचल हवा में लहरा रहा था, और वह अपने पति की चिता की ओर बढ़ रही थी। तभी मल्हारराव ने उसे रोक लिया। उनकी आवाज़ काँप रही थी, पर दृढ़ थी। "अहिल्या, तुम्हें जीना होगा। तुम्हारा जीवन अब केवल तुम्हारा नहीं, इस राज्य का है। मालवा को तुम्हारी जरूरत है।" अहिल्या रुक गई। उसने अपने आँसू पोंछे और मन में ठान लिया कि वह अपने पति की याद को जिंदा रखेगी—नहीं आग में जलकर, बल्कि अपने कर्तव्य से।

1766 में मल्हारराव का भी देहांत हो गया। मालवा पर संकट के बादल मँडराने लगे। दरबार में पुरुषों की भीड़ थी, जो यह सोच रही थी कि

अब राज्य को कौन संभालेगा। कुछ ने कहा, "एक महिला कैसे शासन करेगी?" पर अहिल्या ने आगे कदम बढ़ाया। उसकी आँखों में दृढ़ता थी, और आवाज़ में आत्मविश्वास। "मैं यह जिम्मेदारी लूँगी," उसने कहा। कुछ लोग चौंके, कुछ ने विरोध किया, पर अहिल्या ने अपने काम से सबको चुप कर दिया।

उसके सामने कई चुनौतियाँ थीं। पड़ोसी शासक और लुटेरे मालवा की समृद्धि पर नजर गड़ाए बैठे थे। कुछ स्थानीय जमींदारों ने विद्रोह की कोशिश की। लेकिन अहिल्या ने हार नहीं मानी। वह सुबह दरबार में बैठती, लोगों की समस्याएँ सुनती, और न्याय करती। उनकी नीतियाँ प्रजा के हित में थीं—भ्रष्टाचार के लिए उनके शासन में कोई जगह नहीं थी।

शासन संभालने के कुछ ही समय बाद, एक बड़ा संकट आया। पश्चिमी सीमा पर लुटेरों का एक गिरोह जमा हो गया था। वे गाँवों को लूट रहे थे, फसलों को जला रहे थे, और मालवा की शांति को भंग करने की धमकी दे रहे थे। संदेशवाहक ने दरबार में यह खबर सुनाई। अहिल्या ने एक गहरी साँस ली और अपने सेनापति तुकोजी होल्कर को बुलाया। "हमारी प्रजा का संरक्षण हमारा पहला कर्तव्य है। सेना तैयार करो। मैं खुद इस अभियान की देखरेख करूँगी।"

महेश्वर के किले में हलचल मच गई। तलवारें तेज की गईं, घोड़ों को तैयार किया गया। अहिल्या ने सैनिकों को संबोधित किया, "हमारा मालवा हमारा घर है, और कोई भी इसे छूने की हिम्मत नहीं कर सकता।" जब सेना पहाड़ियों की ओर बढ़ी, अहिल्या एक सफेद घोड़े पर सवार थीं। उनकी साड़ी का पल्लू हवा में लहरा रहा था, और हाथ में एक छोटी तलवार थी—यह दिखाने के लिए कि वह अपने सैनिकों के साथ है।

लुटेरों ने जैसे ही मालवा की सेना को देखा, वे उलझन में पड़ गए। अहिल्या की रणनीति काम कर गई—एक दस्ता सामने से हमला कर रहा था, और दूसरा पीछे से घेराबंदी कर रहा था। कुछ ही घंटों में लुटेरे या तो मारे गए या बंदी बना लिए गए। सैनिक चिल्लाए, "माता अहिल्या की जय!" यह जीत मालवा के लिए एक संदेश थी—उनकी रानी कमजोर नहीं, बल्कि एक सच्ची योद्धा है।

यह केवल एक युद्ध नहीं था। अहिल्या के शासनकाल में कई बार छोटे-बड़े युद्ध हुए। मराठा साम्राज्य के भीतर आंतरिक कलह के दौरान, कुछ स्थानीय सरदारों ने मालवा पर कब्जा करने की कोशिश की। एक बार, एक पड़ोसी शासक ने सीमा पर हमला बोला। अहिल्या ने अपनी सेना को तैयार किया और रणनीति बनाई। वह खुद रणभूमि में कम ही उतरीं, पर उनकी योजना और नेतृत्व हमेशा मौजूद रहता था।

उन्होंने कूटनीति का भी सहारा लिया। संदेशवाहक भेजे, समझौते किए, और जरूरत पड़ने पर अपनी ताकत का प्रदर्शन भी किया। उनकी यह नीति थी—युद्ध आखिरी रास्ता है, पर जब जरूरत पड़े, तो पीछे नहीं हटना। मालवा की सेना को उन्होंने इतना मजबूत बनाया कि कोई भी दुश्मन आसानी से हमला करने की हिम्मत न कर सके।

युद्ध के मैदान से लौटकर अहिल्या अपने असली कर्तव्य में जुट जातीं—प्रजा की सेवा। उन्होंने नर्मदा के किनारे भव्य घाट बनवाए, मंदिर बनवाए। काशी, प्रयाग, रामेश्वरम, और द्वारका जैसे तीर्थों पर धर्मशालाएँ और अन्नक्षेत्र बनवाए, ताकि गरीब यात्री भी सुकून से भगवान के दर्शन कर सकें। महेश्वर को उन्होंने कला और संस्कृति का केंद्र बनाया। यहाँ बुनकरों की करघे की खट-खट गूँजने लगी, और विद्वानों की सभाएँ सजने लगीं।

वह खुद शास्त्र पढ़तीं, और रात को नर्मदा के किनारे बैठकर चाँदनी में अपने राज्य के भविष्य के बारे में सोचतीं। एक बार एक किसान आया और बोला, "महारानी, मेरी फसल बर्बाद हो गई।" अहिल्या ने उसकी जमीन की जाँच करवाई और कर माफ कर दिया। उनकी न्यायप्रियता के किस्से दूर-दूर तक फैल गए।

13 अगस्त 1795 का वह दिन आया, जब अहिल्या ने अपनी आँखें हमेशा के लिए मूँद लीं। वह अपने किले में थीं, नर्मदा की लहरों को देख रही थीं। उनकी सेहत पिछले कुछ समय से खराब थी, पर वह आखिरी दिन तक प्रजा की चिंता करती रहीं। जब उनकी मृत्यु की खबर फैली, तो पूरा मालवा शोक में डूब गया। नर्मदा की लहरें जैसे थम सी गई थीं। लोग रोते हुए किले के बाहर जमा हो गए, कहते हुए, "हमारी माता चली गईं।"

उनकी चिता नर्मदा के किनारे जली। पर उनकी बनाई घाट, उनके बनाए मंदिर, और उनकी नीतियाँ आज भी जिंदा हैं। महेश्वर में हर पत्थर उनकी कहानी कहता है—एक ऐसी महिला की, जो मिट्टी से उठी और महारानी बनकर भी अपनी सादगी और करुणा को कभी नहीं भूली।

14

मराठा पराक्रम के प्रतीक: मल्हारराव होल्कर

मल्हार राव होल्कर की जीवनी एक ऐसी कहानी है जो साहस, संघर्ष और विजय की अनुपम गाथा बयां करती है। यह एक साधारण चरवाहे के उस असाधारण व्यक्तित्व की कथा है, जो अपनी तलवार की धार और मन की सूझबूझ से मराठा साम्राज्य का एक चमकता सितारा बन गया।

सन् 1693 की 16 मार्च को महाराष्ट्र के पुणे जिले के जेजुरी के निकट होल नामक छोटे से गांव में एक चरवाहे के घर में एक बालक ने जन्म लिया। जाग रखा गया मल्हार। उसके पिता खांडू जी होल्कर एक मेहनती धनगर थे, जो अपनी भेड़ों के झुंड के साथ पहाड़ियों में दिन-रात भटकते थे। लेकिन नियति को कुछ और मंजूर था। जब मल्हार केवल तीन साल के थे, उनके सिर से पिता का साया उठ गया। मां, जो अब अकेली थी, अपने मासूम बेटे को लेकर नंदुरबार जिले के तलोदा पहुंची, जहाँ मल्हार के मामा सरदार भोजराजराव बरगल ने उन्हें अपने संरक्षण में ले लिया।

तलोदा की धूल भरी गलियों में मल्हार का बचपन बीता। मामा की घुड़सवार सेना के बीच खेलते-खेलते उसने घोड़ों की चाल और तलवार की धार को समझना शुरू किया। उसकी आँखों में एक सपना पनप रहा था—एक ऐसा सपना जो उसे गांव की संकरी गलियों से निकालकर इतिहास के विशाल मैदान में ले जाने वाला था।

मल्हार की जवानी शुरू हुई तो मामा ने उसे अपनी सेना में शामिल कर लिया। उस समय भोजराजराव मराठा सरदार कदम बांदे की सेवा में थे। मल्हार ने घोड़े की पीठ पर बैठकर युद्ध के पहले सबक सीखे। उसकी नजर तेज थी, हाथ में तलवार थामने का साहस था और मन में कुछ कर गुजरने की आग। जल्द ही उसकी प्रतिभा की चमक पेशवा बाजीराव प्रथम की नजरों तक पहुंची। सन् 1721 में बाजीराव ने उसे अपनी सेना में भर्ती किया। यह वह पल था जब मल्हार का भाग्य बदलने लगा।

सन् 1724 में बाजीराव ने उसे मालवा का सेनापति बनाया और 500 घोड़ों की टुकड़ी उसके हवाले की। मालवा की उबड़-खाबड़ जमीन, वहाँ की नदियाँ और जंगल मल्हार के लिए एक नया युद्धक्षेत्र बन गए। उसने अपने साहस और रणनीति से इस क्षेत्र को मराठा साम्राज्य का मजबूत गढ़ बनाने का संकल्प लिया।

मल्हार राव का जीवन युद्धों की एक लंबी श्रृंखला था, जहाँ हर लड़ाई ने उनके नाम को और ऊँचा उठाया। उनकी तलवार की चमक और घोड़े की रफ्तार ने दुश्मनों के दिल में खौफ पैदा कर दिया। आइए, उनके कुछ प्रमुख युद्धों की कहानी सुनें।

सन् 1737 का वह दिन था जब मराठा सेना दिल्ली की ओर बढ़ी। पेशवा बाजीराव के साथ मल्हार राव की घुड़सवार टुकड़ी हवा की तरह दौड़ रही थी। मुगल सेना ने अपनी पूरी ताकत झोंक दी, लेकिन मल्हार की चालाकी के आगे वे बेबस हो गए। उसने दुश्मन की आपूर्ति लाइनों को काट दिया, उनके शिविरों पर रात के अंधेरे में हमले किए और दिल्ली के द्वार तक मराठा परचम लहरा दिया। यह जीत मराठा शक्ति का ऐसा प्रदर्शन थी कि मुगल दरबार में हड़कंप मच गया।

उसी साल भोपाल के मैदान में निज़ाम-उल-मुल्क के खिलाफ मल्हार ने बाजीराव के साथ मिलकर एक और इतिहास रचा। निज़ाम की विशाल

सेना के सामने मराठों की तेज़ घुड़सवार सेना ने तूफान मचा दिया। मल्हार की रणनीति थी—दुश्मन को थकाओ, भ्रमित करो और फिर निर्णायक प्रहार करो। भोपाल की धरती मराठा जीत की गवाह बनी और निज़ाम को संधि के लिए मजबूर होना पड़ा।

सन् 1739 में समुद्र के किनारे वसई का किला पुर्तगालियों के कब्जे में था। चिमाजी अप्पा के साथ मल्हार राव ने इस किले पर धावा बोला। समुद्र की लहरों के बीच पुर्तगाली तोपें गरज रही थीं, लेकिन मल्हार की सेना ने हार नहीं मानी। उनकी घुड़सवार टुकड़ियों ने किले की रक्षा को तोड़ा और मराठा झंडा वसई की प्राचीर पर लहराया। यह विजय पश्चिमी तट पर मराठा प्रभुत्व की नींव थी।

सन् 1761 में पानीपत का मैदान मराठा इतिहास का सबसे काला अध्याय बन गया। अहमद शाह अब्दाली की विशाल सेना के सामने मराठा सेना खड़ी थी। मल्हार राव ने सलाह दी कि छापामार रणनीति अपनाई जाए—दुश्मन को थकाया जाए, छोटे-छोटे हमले किए जाएँ। लेकिन उनकी बात अनसुनी कर दी गई। सदाशिवराव भाऊ ने सीधा मुकाबला चुना। उस दिन पानीपत की धरती खून से लाल हो गई। मराठा सेना हार गई, लेकिन मल्हार राव ने हिम्मत नहीं हारी। उन्होंने हारे हुए सैनिकों और परिवारों को सुरक्षित निकाला और मराठा साम्राज्य को फिर से खड़ा करने की ठानी।

मल्हार राव का जीवन केवल युद्धों तक सीमित नहीं था। उनके घर में भी कई कहानियाँ थीं। उन्होंने कई विवाह किए—गौतमा बाई, बाना बाई, द्वारका बाई, हरकु बाई और एक खांडा रानी उनकी जीवनसंगिनी बनीं। ये विवाह उस समय की परंपरा और राजनीतिक गठजोड़ का हिस्सा थे। उनका एकमात्र पुत्र खांडेराव था, जो सन् 1754 में कुम्हेर किले की लड़ाई में शहीद हो गया। यह खबर मल्हार के लिए पहाड़ टूटने जैसी थी। खांडेराव की पत्नी अहिल्याबाई ने बाद में उनके सपनों को संभाला। मल्हार का नाती माले राव कुछ समय तक राजा रहा, लेकिन उसकी भी मृत्यु जल्दी हो गई।

सन् 1732 में पेशवा बाजीराव ने मल्हार को इंदौर और मालवा के 28½ परगने सौंपे। यह वह पल था जब होल्कर वंश की नींव पड़ी।

मल्हार ने इंदौर को एक छोटे से कस्बे से शक्तिशाली नगर में बदला। उनकी सेना तैयार थी, प्रशासन मजबूत था और जनता के लिए उनका दिल खुला था। मालवा की धरती पर मराठा शक्ति का सूरज चमकने लगा।

20 मई 1766 को मध्य प्रदेश के आलमपुर में मल्हार राव ने अपनी आखिरी साँस ली। लेकिन उनकी कहानी यहीं खत्म नहीं हुई। उनकी बहू अहिल्याबाई ने उनके सपनों को नई उड़ान दी। आलमपुर में बना उनका स्मारक छत्री आज भी उनकी वीरता की गाथा गाता है। मल्हार राव एक चरवाहे से सेनापति बने, एक गांव से साम्राज्य तक पहुंचे और इतिहास के पन्नों पर अपनी अमिट छाप छोड़ गए। उनकी तलवार की धार भले ही थम गई, लेकिन उनकी कहानी आज भी हर उस दिल में गूंजती है जो साहस और संकल्प की राह पर चलना चाहता है।

15

1857 की ज्वाला: नाना साहेब का संग्राम

नाना साहेब पेशवा की कहानी एक ऐसी गाथा है, जो हिंदुस्तान की मिट्टी में साहस और विद्रोह की स्याही से लिखी गई। यह एक ऐसे वीर की कथा है, जिसने अपने गौरव को बचाने और अंग्रेजी जंजीरों को तोड़ने के लिए अपनी जिंदगी को दाँव पर लगा दिया। यह कहानी बिठूर की शांत गलियों से शुरू होती है और कानपुर के खून से सने मैदानों तक जाती है, जहाँ हर कदम पर देशभक्ति की आग जलती है।

सन् 1824 की 19 मई को महाराष्ट्र की धरती पर एक साधारण वैद्य घराने में एक बालक ने जन्म लिया। नाम रखा गया धोंडोपंत। उसके माता-पिता नारायण भट्ट और गंगा बाई थे, जो अपने नन्हे बेटे को स्नेह से पाल रहे थे। लेकिन नियति ने उसके लिए कुछ और लिख रखा था। सन् 1827 में मराठा साम्राज्य के अंतिम पेशवा बाजीराव द्वितीय, जो अब अंग्रेजों की कृपा पर बिठूर में जीवन बिता रहे थे, ने इस नन्हे धोंडोपंत को गोद ले लिया। बाजीराव की कोई अपनी संतान नहीं थी, और उनकी नजर इस बालक पर पड़ी तो उन्होंने उसे अपना वारिस बना

लिया। नाम बदलकर रखा गया—नाना साहेब।

बिठूर की गंगा के किनारे बसे उस छोटे से कस्बे में नाना का बचपन बीता। बाजीराव ने उसे मराठा गौरव की कहानियाँ सुनाईं, तलवार चलाना सिखाया, घोड़ों की सवारी का हुनर दिया। नाना की जुबान पर मराठी, संस्कृत और फारसी के शब्द नाचने लगे। उसकी आँखों में सपने थे—अपने पिता के खोए हुए सम्मान को वापस लाने के सपने। लेकिन यह सपना आसान नहीं था।

28 जनवरी 1851 को बाजीराव द्वितीय की मृत्यु हुई। नाना साहेब को पेशवा की गद्दी मिली, लेकिन अंग्रेजों ने उनके साथ छल किया। बाजीराव को मिलने वाली सालाना 8 लाख रुपये की पेंशन को अंग्रेजों ने बंद कर दिया। लॉर्ड डलहौज़ी की "हड़प नीति" ने नाना के हक को कुचल दिया। अंग्रेजों ने कहा, "तुम दत्तक पुत्र हो, तुम्हें पेंशन का अधिकार नहीं।" यह अपमान नाना के सीने में चिंगारी बनकर सुलगने लगा।

नाना ने हार नहीं मानी। अपने सलाहकार अजीमुल्ला खान को साथ लेकर वे लंदन तक गए, अंग्रेजी दरबार में अपनी बात रखी। लेकिन वहाँ भी उन्हें ठुकरा दिया गया। बिठूर लौटते वक्त उनके मन में एक आग जल रही थी—अंग्रेजों के खिलाफ विद्रोह की आग। गंगा के किनारे बैठकर वे सोचते थे कि कैसे अपने पूर्वजों के गौरव को फिर से जिंदा करें।

सन् 1857 का वह साल आया, जब हिंदुस्तान की धरती पर विद्रोह की चिंगारी भड़क उठी। मेरठ में 10 मई को सिपाहियों ने अंग्रेजों के खिलाफ बगावत का बिगुल बजा दिया। यह आग कानपुर तक पहुंची। 4 जून को कानपुर के सिपाहियों ने हथियार उठा लिए। शुरू में नाना साहेब चुप रहे। वे अंग्रेजों के साथ तटस्थ रहना चाहते थे। लेकिन सिपाहियों का जोश और देश की पुकार उनके सामने आ खड़ी हुई। उन्होंने नाना को अपना नेता चुना। नाना के पास अब कोई रास्ता नहीं था। उन्होंने तलवार थामी और बिठूर से कानपुर की ओर कूच किया। उनके साथ थे तात्या टोपे और अजीमुल्ला—दो वफादार योद्धा, जो उनके सपनों के साझीदार बन गए।

कानपुर में विद्रोहियों ने अंग्रेजों को घेर लिया। जनरल व्हीलर की सेना हार मानने को मजबूर हुई। 25 जून को व्हीलर ने नाना से संधि की।

नाना ने वादा किया कि अंग्रेजों को गंगा के रास्ते सुरक्षित इलाहाबाद भेजा जाएगा। 27 जून का वह दिन था, जब सतीचौरा घाट पर नावें तैयार की गईं। अंग्रेज महिलाएँ, बच्चे और सैनिक नावों में सवार हुए। लेकिन अचानक गोलियाँ चलने लगीं। नावें डूबने लगीं, खून से गंगा लाल हो गई। कोई कहता है कि यह नाना का आदेश था, कोई कहता है कि यह विद्रोहियों की अपनी करतूत थी। सच जो भी हो, यह दिन इतिहास में काले अक्षरों से लिखा गया।

जो अंग्रेज बच गए, उन्हें बिघघर नाम की इमारत में कैद किया गया। 15 जुलाई को वहाँ भी खून की नदियाँ बह गईं। महिलाओं और बच्चों की चीखें गूंजीं। अंग्रेजों ने इसे नाना की क्रूरता कहा, लेकिन कई मानते हैं कि यह विद्रोहियों का गुस्सा था, जिसे नाना रोक नहीं सके। यह घटना नाना के जीवन का सबसे विवादास्पद पल बन गई।

नाना ने कानपुर पर कब्जा किया और खुद को पेशवा घोषित किया। उनके मन में मराठा साम्राज्य को फिर से खड़ा करने का सपना था। लेकिन यह सपना ज्यादा दिन नहीं चला। जुलाई 1857 में जनरल हेवेलॉक की सेना ने कानपुर पर हमला बोला। खूनी जंग हुई। नाना की सेना हार गई। उन्हें बिठूर छोड़कर भागना पड़ा। उनका महल आग के हवाले कर दिया गया। गंगा के किनारे बसा उनका आशियाना राख में बदल गया।

कानपुर की हार ने नाना को तोड़ा नहीं। वे तात्या टोपे के साथ जंगलों में चले गए। गुरिल्ला युद्ध शुरू किया। मध्य भारत और उत्तर प्रदेश के घने जंगलों में वे अंग्रेजों से भिड़ते रहे। हर झाड़ी के पीछे, हर पहाड़ी पर उनकी तलवार चमकती थी। लेकिन 1858 में ग्वालियर की लड़ाई के बाद तात्या पकड़े गए। उन्हें फाँसी दे दी गई। नाना का साथ छूट गया। फिर वे कहाँ गए, कोई नहीं जानता।

कहते हैं कि वे नेपाल के जंगलों में छिप गए। वहाँ की घनी वादियों में उन्होंने अपनी आखिरी साँस ली होगी। कुछ कहते हैं कि 1859 तक वे जिंदा थे। लेकिन उनकी मृत्यु का कोई सबूत नहीं। नाना साहेब एक रहस्य बनकर खो गए।

नाना की पत्नी गंगा बाई उनके साथ बिठूर में रहती थीं। उनका कोई बच्चा नहीं था। नाना को संगीत से प्यार था। उनके दरबार में कवि और गायक आते थे। अजीमुल्ला खान उनका दाहिना हाथ था, जो उनकी हर योजना में साथ देता था। नाना का दिल बड़ा था, लेकिन नियति ने उन्हें कठोर बनाया।

नाना साहेब की कहानी खत्म नहीं हुई। वे हारे जरूर, लेकिन उनकी हिम्मत हारी नहीं। 1857 का विद्रोह उनकी देन था। उन्होंने हिंदुस्तान को जगाया, अंग्रेजों को चुनौती दी। उनकी वीरता की गूंज आज भी सुनाई देती है। कुछ उन्हें सतीचौरा की घटना के लिए दोषी मानते हैं, लेकिन देशभक्तों के लिए वे एक नायक हैं।

नाना साहेब एक तूफान थे—जो तेजी से आए, सब कुछ उड़ा ले गए और फिर जंगलों के साये में गायब हो गए। उनकी कहानी हमें सिखाती है कि अपने हक के लिए लड़ना कभी बेकार नहीं जाता, भले ही उसका अंत रहस्य ही क्यों न बन जाए। बिठूर की गंगा आज भी उनके नाम की गवाही देती है, और उनकी तलवार की चमक इतिहास के पन्नों में हमेशा जिंदा रहेगी।

16

चिमाजी अप्पा : पुणे की मिट्टी से जन्मा सूरवीर

सन् 1707 में महाराष्ट्र के पुणे में पेशवा बालाजी विश्वनाथ के घर एक बालक ने जन्म लिया। नाम रखा गया चिमाजी। उनके पिता बालाजी विश्वनाथ मराठा साम्राज्य के पहले पेशवा थे, जिन्होंने शाहू महाराज के शासन को मजबूत किया। चिमाजी की माँ राधाबाई एक धार्मिक और साहसी महिला थीं, जिन्होंने अपने बेटों—बाजीराव और चिमाजी—को स्वराज्य की सेवा का पाठ पढ़ाया। चिमाजी बाजीराव से चार साल छोटे थे, पर उनकी जोड़ी मराठा सेना की रीढ़ बन गई। बचपन से ही चिमाजी का स्वास्थ्य कमजोर था, पर उनके मन में जोश और बुद्धि की कोई कमी न थी। पुणे की गलियों में खेलते हुए उन्होंने घोड़ों की सवारी और युद्ध कला सीखी, और उनके दिल में एक सपना पनपा—मराठा स्वराज्य को अजेय बनाने का सपना।

सन् 1720 में जब उनके पिता बालाजी विश्वनाथ की मृत्यु हुई, तो बाजीराव पेशवा बने। चिमाजी उस समय मात्र 13 साल के थे, पर उन्होंने अपने बड़े भाई का साथ देने का फैसला किया। बाजीराव की तेजी और

चिमाजी की सूझबूझ ने मराठा सेना को नई ताकत दी। चिमाजी को "अप्पा" कहा जाता था, जो मराठी में सम्मान और स्नेह का प्रतीक है। उनकी पहली बड़ी जिम्मेदारी सन् 1731 में आई, जब बाजीराव ने गुजरात में मुगलों के खिलाफ अभियान छेड़ा। चिमाजी ने इस युद्ध में रसद और सेना को संभाला, और उनकी रणनीति ने मराठा जीत को आसान बना दिया।

चिमाजी की असली परीक्षा तब आई, जब बाजीराव ने उत्तरी भारत में मुगलों को चुनौती दी। सन् 1737 में बाजीराव ने दिल्ली पर हमला बोला, और चिमाजी ने मालवा में मुगल चौकियों को ध्वस्त किया। उनकी सेना ने निज़ाम की सेना को पीछे धकेला, और मराठा परचम को ऊँचा किया। लेकिन चिमाजी की सबसे बड़ी उपलब्धि अभी बाकी थी।

सन् 1739 में चिमाजी अप्पा ने एक ऐसा कारनामा किया, जिसने उन्हें इतिहास में अमर कर दिया। पुर्तगाली, जो भारत के पश्चिमी तट पर अपनी ताकत जमा चुके थे, वसई (बेसिन) को अपना मजबूत गढ़ बनाए हुए थे। उनका किला अभेद्य माना जाता था—चारों ओर समुद्र, ऊँची दीवारें और भारी तोपें। पुर्तगालियों ने मराठा इलाकों पर हमले शुरू कर दिए थे, और उनकी क्रूरता से स्थानीय लोग त्रस्त थे। बाजीराव ने चिमाजी को यह जिम्मेदारी सौंपी कि वसई को जीता जाए।

18 फरवरी 1739 को चिमाजी ने अपनी सेना के साथ वसई पर हमला बोला। उनके साथ मल्हारराव होल्कर और रानोजी शिंदे जैसे वीर थे। पुर्तगालियों की तोपें आग उगल रही थीं, और मराठा सैनिकों को भारी नुकसान हो रहा था। लेकिन चिमाजी ने हार नहीं मानी। उन्होंने अपनी सेना को तीन हिस्सों में बाँटा—एक ने समुद्र से हमला किया, दूसरे ने जंगल से घेराबंदी की, और तीसरे ने किले की दीवारों पर बारूद लगाया। कई दिनों तक चले इस युद्ध में चिमाजी का स्वास्थ्य और बिगड़ गया, पर उनकी हिम्मत अडिग रही।

3 मई 1739 को मराठा सेना ने किले की दीवार तोड़ दी। चिमाजी की तलवार ने पुर्तगाली सैनिकों को काट डाला, और उनका परचम वसई की प्राचीर पर लहराया। इस जीत ने पुर्तगालियों को पश्चिमी तट से खदेड़ दिया, और मराठा साम्राज्य का दबदबा समुद्र तक फैल गया। चिमाजी

ने इस विजय को "धर्मयुद्ध" कहा, क्योंकि उन्होंने स्थानीय लोगों को पुर्तगाली अत्याचारों से मुक्त किया।

वसई की जीत के बाद चिमाजी का स्वास्थ्य और खराब हो गया। वे लगातार बीमार रहने लगे। बाजीराव की मृत्यु (1740) ने उन्हें गहरा झटका दिया। फिर भी, उन्होंने अपने भतीजे नानासाहेब पेशवा को शासन में सहयोग दिया। सन् 17 दिसंबर 1740 को पुणे के पास परवती पहाड़ी पर चिमाजी ने अपनी आखिरी साँस ली। उनकी मृत्यु के समय उनकी उम्र मात्र 33 साल थी। उनकी पत्नी अन्नापूर्णाबाई और उनके बेटे सदाशिवराव भाऊ ने उनकी विरासत को आगे बढ़ाया। सदाशिवराव बाद में पानीपत की तीसरी लड़ाई (1761) में मराठा सेना के सेनापति बने।

चिमाजी अप्पा एक तूफान थे—जो कमजोर शरीर में भी असीम शक्ति लिए उभरे, दुश्मनों को चीरते हुए आगे बढ़े और अपने स्वराज्य के लिए सब कुछ न्योछावर कर दिया। उनकी तलवार ने पुर्तगालियों को घुटने टेकने पर मजबूर किया, और उनकी बुद्धि ने मराठा साम्राज्य को नई ऊँचाइयाँ दीं। पुणे की मिट्टी से उठा यह सूरवीर मराठा इतिहास के आकाश में हमेशा चमकता रहेगा। उनकी गाथा हमें सिखाती है कि साहस और संकल्प के आगे कोई भी किला अभेद्य नहीं रहता। चिमाजी अप्पा का नाम सुनते ही सीने में जोश भर जाता है। वसई की विजय उनकी सबसे बड़ी देन है, जो मराठा शक्ति की गूंज को समुद्र तक ले गई। उनकी कहानी हर उस इंसान को प्रेरणा देती है, जो मुश्किलों के बावजूद अपने लक्ष्य के लिए लड़ता है।

17

पेशवा बाजीराव बल्लाळ भट्ट: मराठा साम्राज्य के अपराजित सेनानायक

भारत के इतिहास में कुछ नाम ऐसे हैं जो अपनी वीरता, रणकौशल और दूरदर्शिता के लिए हमेशा याद किए जाते हैं। इनमें से एक हैं श्रीमंत पेशवा बाजीराव बल्लाळ भट्ट, जिन्हें बाजीराव प्रथम के नाम से जाना जाता है। 1700 से 1740 तक के अपने जीवनकाल में उन्होंने मराठा साम्राज्य को नई ऊँचाइयों पर पहुँचाया और उसे भारत की सबसे शक्तिशाली ताकत बनाया। वे न केवल एक कुशल सेनानायक थे, बल्कि एक दूरदर्शी नेता भी थे, जिन्होंने अपने अदम्य साहस और नेतृत्व से मराठा साम्राज्य का विस्तार किया, खासकर उत्तर भारत में। बाजीराव को "अपराजित हिंदू सेनानी सम्राट" और "थोरले बाजीराव" (बड़े बाजीराव) जैसे सम्मानजनक नामों से पुकारा जाता है। उनके शासनकाल के बाद उनके पुत्र बालाजी बाजीराव के समय मराठा साम्राज्य अपने चरम पर पहुँचा, लेकिन इसकी नींव बाजीराव प्रथम ने

ही रखी थी।

बाजीराव प्रथम का जन्म 18 अगस्त 1700 को महाराष्ट्र के एक चितपावन ब्राह्मण परिवार में हुआ था। उनके पिता बालाजी विश्वनाथ मराठा छत्रपति शाहूजी महाराज के पेशवा थे और माँ राधाबाई एक धार्मिक और संस्कारशील महिला थीं। बाजीराव का बचपन उस दौर में बीता, जब मराठा साम्राज्य मुगलों और अन्य विदेशी शक्तियों के खिलाफ अपनी पहचान बनाने की कोशिश कर रहा था। उनके पिता के साथ दरबार में घूमते हुए बाजीराव ने बचपन से ही राजनीति, युद्धकला और शासन की बारीकियाँ सीखीं।

बचपन से ही बाजीराव को घुड़सवारी, तीरंदाजी, तलवारबाजी, भाला चलाना और लाठी कला का शौक था। 13-14 साल की उम्र में, जब बच्चे खेल में मस्त रहते हैं, बाजीराव अपने पिता के साथ सैन्य अभियानों और दरबारी बैठकों में हिस्सा लेते थे। घोड़े पर सवार होकर वह भाले से निशाना साधते और बनेठी घुमाते—उनके हाथों में हथियार खिलौने की तरह नाचते थे। उनके पिता की मृत्यु 1719 में हुई, और मात्र 20 साल की उम्र में बाजीराव को छत्रपति शाहूजी महाराज ने पेशवा नियुक्त कर दिया। यह वह पल था, जब एक नौजवान ने मराठा साम्राज्य की बागडोर संभाली और उसे एक नई दिशा दी।

1720 में पेशवा बनने के बाद बाजीराव ने अपनी असाधारण योग्यता का परिचय दिया। उनकी नियुक्ति से कई दरबारी नाराज़ थे, क्योंकि वह उस समय बहुत युवा थे। लेकिन बाजीराव ने अपनी कुशलता से सबको चुप कर दिया। उनके पास जन्मजात नेतृत्व क्षमता थी, और उनका व्यक्तित्व इतना प्रभावशाली था कि लोग उनके सामने नतमस्तक हो जाते थे। अपने छोटे भाई चिमाजी अप्पा के सहयोग से उन्होंने मराठा साम्राज्य को भारत की सबसे बड़ी शक्ति बनाने का संकल्प लिया।

उस समय भारत मुगलों, अंग्रेजों और पुर्तगालियों के अत्याचारों से त्रस्त था। मंदिरों को तोड़ा जा रहा था, जबरन धर्म परिवर्तन हो रहे थे, और जनता शोषण का शिकार थी। बाजीराव ने इसे चुनौती के रूप में लिया और मराठा साम्राज्य की ताकत को दक्षिण से उत्तर तक फैलाने का बीड़ा उठाया। उनकी रणनीति थी—तेज़ हमले, चतुराई से दुश्मन को

घेरना और बिना रुके आगे बढ़ना। वह एक कुशल घुड़सवार थे। घोड़े पर सवार होकर भाला फेंकना, बनेठी घुमाना और बंदूक चलाना उनके लिए बाएँ हाथ का खेल था। उनका भाला इतनी ताकत से फेंका जाता था कि दुश्मन का घुड़सवार घोड़े समेत ढेर हो जाता था।

बाजीराव ने अपने 20 साल के शासन में एक भी युद्ध नहीं हारा। उनकी हर लड़ाई एक नई जीत की कहानी थी। उनकी कुछ प्रमुख विजयें इस प्रकार हैं:

साल 1724, जगह थी शकरखेड़ा। मुबारिज़ खाँ अपनी विशाल सेना के साथ खड़ा था, आत्मविश्वास से भरपूर। उसे लगता था कि मराठे उसका कुछ नहीं बिगाड़ सकते। लेकिन सामने जो योद्धा खड़ा था, वह कोई साधारण सेनानी नहीं था – वह था बाजीराव पेशवा, बिजली की गति से युद्ध करने वाला, रणनीति में बेजोड़। एक ही झटके में उसने मुबारिज़ खाँ को धराशायी कर दिया। यह मराठा शक्ति का पहला बड़ा परिचय था।

इसके बाद बाजीराव ने रुकने का नाम ही नहीं लिया। 1724 से 1726 तक, उसने मालवा और कर्नाटक के इलाकों में मराठा झंडा गाड़ दिया। जहां भी वह जाता, उसकी तलवार विजयी होती।

निज़ाम-उल-मुल्क, जो मराठाओं का कट्टर शत्रु था, बाजीराव के लिए चुनौती बन चुका था। लेकिन बाजीराव कोई सीधी लड़ाई नहीं चाहता था। उसने एक अलग ही योजना बनाई। उसने निज़ाम को एक दलदली इलाके में ऐसे घेर लिया कि निज़ाम चाहकर भी बच नहीं सकता था। कोई रास्ता नहीं, कोई बचाव नहीं! अंत में, निज़ाम को आत्मसमर्पण करना पड़ा और बाजीराव ने चौथ और सरदेशमुखी वसूलने का अधिकार प्राप्त कर लिया। यह सिर्फ एक जीत नहीं थी, बल्कि मराठाओं की बुद्धिमत्ता और शक्ति का सबसे बड़ा प्रदर्शन था।

बाजीराव के बारे में एक बात मशहूर थी – "धनुष से निकला तीर और बाजीराव की सेना, कभी वापस नहीं जाती!" 1737 में, उन्होंने वह कर दिखाया जो कोई सोच भी नहीं सकता था – दिल्ली पर चढ़ाई!

मुगल सम्राट मोहम्मद शाह रंगीला खुद को हिंदुस्तान का सबसे बड़ा

बादशाह समझता था, लेकिन जब बाजीराव की सेना लाल किले के दरवाजे तक जा पहुंची, तो पूरे दरबार में हड़कंप मच गया। कोई मुकाबला नहीं कर पाया। मराठा सेना ने दिल्ली को हिला कर रख दिया और लूटपाट कर यह साबित कर दिया कि अब मुगलों की सत्ता खत्म होने वाली है।

दिल्ली के बाद भी बाजीराव नहीं रुका। भोपाल में उसने एक बार फिर निज़ाम को धूल चटा दी और पूरे मालवा पर मराठा अधिकार स्थापित कर लिया। अब पूरा उत्तर भारत मराठा सेना के डर से कांप रहा था

इनके अलावा बाजीराव और उनके भाई चिमाजी अप्पा ने पुर्तगालियों और अंग्रेजों को भी सबक सिखाया। 1739 में चिमाजी अप्पा ने पुर्तगालियों को बेसिन (वसई) में हराकर "वसई की संधि" कराई, जिसने भारतीय जनता को उनके अत्याचारों से मुक्ति दिलाई।

बाजीराव की सबसे बड़ी खासियत थी उनकी तेज़ और अप्रत्याशित रणनीति। वह अपनी घुड़सवार सेना के साथ बिजली की गति से हमला करते थे। उनकी सेना में मल्हारराव होलकर, राणोजी शिंदे जैसे युवा सरदार थे, जिन्होंने उनके साथ मिलकर मराठा साम्राज्य को अजेय बनाया। अमेरिकी इतिहासकार बर्नार्ड मॉन्टगोमरी ने बाजीराव को भारत का सबसे महान सेनापति कहा। पालखेड़ की लड़ाई को उन्होंने एक ऐसी मिसाल बताया, जो उस समय सिर्फ बाजीराव ही कर सकते थे।

बाजीराव ने पुणे को मराठा साम्राज्य की राजधानी बनाया और वहाँ शनिवार वाड़ा बनवाया। उन्होंने हिंदू शाही का सपना देखा और विदेशी शक्तियों के खिलाफ हिंदुओं को एकजुट करने का प्रयास किया। 1731 में उन्होंने बुंदेलखंड के राजा छत्रसाल को मुहम्मद खाँ बगश से बचाया। कृतज्ञता में छत्रसाल ने अपनी बेटी मस्तानी से बाजीराव का विवाह कराया और बुंदेलखंड का एक तिहाई हिस्सा मराठा साम्राज्य को दे दिया।

28 अप्रैल 1740 को बाजीराव की अचानक बीमारी से मृत्यु हो गई। वह उस समय रावेरखेड़ी में एक सैन्य अभियान पर थे। उनकी मृत्यु के समय उनकी उम्र मात्र 39 साल थी। मस्तानी के साथ उनके संबंधों ने उनके अंतिम दिनों में कुछ विवाद पैदा किया, लेकिन उनकी वीरता पर

इसका कोई असर नहीं पड़ा। उनकी मृत्यु के बाद मराठा साम्राज्य उनके पुत्र बालाजी बाजीराव के नेतृत्व में चरम पर पहुँचा, लेकिन बाजीराव की नींव के बिना यह संभव नहीं था।

ब्रिटिश इतिहासकार सर रिचर्ड टेंपल ने लिखा, "बाजीराव एक ऐसा योद्धा था, जिसे घुड़सवारी में कोई हरा नहीं सकता था। वह हमेशा आगे रहता था, और मुश्किलों में भी अग्नि-वर्षा का सामना करने को तैयार रहता था।" बाजीराव ने अरब सागर से बंगाल की खाड़ी तक मराठा भय स्थापित किया। उनकी मृत्यु एक सैनिक की तरह डेरे में हुई, जहाँ वह अपने सैनिकों के साथ रहते थे।

पेशवा बाजीराव प्रथम सिर्फ एक सेनापति नहीं थे, बल्कि मराठा गौरव के प्रतीक थे। उनकी वीरता, रणकौशल और नेतृत्व ने भारत के इतिहास में एक स्वर्णिम अध्याय लिखा। वह एक ऐसे हिंदू योद्धा थे, जिन्होंने कभी हार नहीं मानी। जब भी महान सेनानायकों की बात होगी, बाजीराव का नाम सबसे ऊपर लिया जाएगा।

18

सिख धर्म के पंचम गुरु: गुरु अर्जन देव जी का त्यागमय जीवन

15 अप्रैल 1563 की एक शांत सुबह, गोइंदवाल साहिब में गुरु राम दास जी के घर एक बच्चे ने जन्म लिया। उसका नाम रखा गया—अर्जन। उसकी माँ माता भानी जी थीं, जो तीसरे गुरु, गुरु अमरदास जी की बेटी थीं। अर्जन का बचपन गुरुद्वारों की छाँव में बीता। वह नन्हीं उम्र में ही गुरबाणी सुनता, और उसकी आँखों में एक गहरी शांति झलकती। जहाँ दूसरे बच्चे खेलते, वहाँ वह अपने नाना गुरु अमरदास जी के पास बैठकर उनकी बातें सुनता। लोग कहते, "यह बच्चा कुछ खास है।"

अर्जन को संगीत से प्यार था। वह रबाब पर मधुर धुनें छेड़ता, और उसकी आवाज ऐसी थी मानो कोई स्वर्ग से उतर आया हो। उसके पिता गुरु राम दास जी ने उसे शस्त्र और शास्त्र दोनों की शिक्षा दी। वह तलवार चलाना भी सीखा, लेकिन उसका मन हमेशा सेवा और प्रेम में रमा रहता। उसकी मुस्कान में एक जादू था, जो हर दिल को छू लेता।

1581 में गुरु राम दास जी ने अपने तीन बेटों—प्रिथी चंद, महादेव, और अर्जन—में से अर्जन को चुना। उन्होंने देखा कि अर्जन के दिल में सेवा और विनम्रता की ज्योति जलती है। एक दिन उन्होंने सिख संगत को बुलाया और कहा, "अर्जन मेरा उत्तराधिकारी होगा। वह सिखों का पाँचवाँ गुरु बनेगा।" यह सुनकर संगत खुश हुई, लेकिन प्रिथी चंद का चेहरा गुस्से से लाल हो गया। उसने सोचा, "मैं बड़ा हूँ, गुरु गद्दी मेरा हक है।"

प्रिथी चंद ने गुरु अर्जन देव जी के खिलाफ साजिशें रचीं। उसने संगत को भड़काने की कोशिश की, लेकिन गुरु जी शांत रहे। वह हर सुबह गुरुद्वारे में बैठते, गुरबाणी गाते, और लोगों की सेवा करते। उनकी सादगी और प्रेम ने प्रिथी चंद की हर चाल को नाकाम कर दिया। संगत उनके साथ और मजबूती से जुड़ गई।

गुरु अर्जन देव जी का सबसे बड़ा उपहार था आदिग्रंथ की रचना। उस समय सिखों की बाणी बिखरी हुई थी। गुरु जी ने सोचा, "हमारे गुरुओं का संदेश एक जगह इकट्ठा होना चाहिए, ताकि आने वाली पीढ़ियाँ इसे पढ़ सकें।" उन्होंने अपने दादा, नाना, और पिछले गुरुओं की बाणी को संकलित किया। फिर उन्होंने भक्त कबीर, नामदेव, और रविदास जैसे संतों की वाणी को भी शामिल किया। यह काम आसान नहीं था।

1604 में अमृतसर में गुरु जी ने भाई गुरदास जी की मदद से आदिग्रंथ को पूरा किया। हर पन्ने पर प्रेम और सत्य की खुशबू थी। जब यह ग्रंथ तैयार हुआ, तो गुरु जी ने इसे हरमंदिर साहिब में स्थापित किया। वह बोले, "यह हमारा गुरु है। इसमें वाहेगुरु का प्रकाश है।" आज इसे गुरु ग्रंथ साहिब के नाम से जाना जाता है, जो सिखों का जीवित गुरु है।

गुरु अर्जन देव जी ने सोचा कि सिखों का एक ऐसा केंद्र होना चाहिए, जहाँ हर कोई बिना भेदभाव के आ सके। उन्होंने अमृतसर में एक सरोवर खुदवाया, जिसे अमृत सरोवर कहा गया। इसके बीच में हरमंदिर साहिब बनाया गया। गुरु जी ने कहा, "इसके चार द्वार होंगे, ताकि हर दिशा से लोग आएँ। यहाँ हिंदू, मुस्लिम, सिख—सब बराबर होंगे।" उन्होंने नींव रखी, और संगत ने दिन-रात मेहनत करके इसे पूरा किया। जब हरमंदिर

तैयार हुआ, तो उसकी सुंदरता देखकर लोग दंग रह गए। यह सिर्फ एक गुरुद्वारा नहीं, बल्कि प्रेम और एकता का प्रतीक था।

उस समय मुगल बादशाह जहांगीर का शासन था। सिख धर्म की बढ़ती लोकप्रियता उसे पसंद नहीं थी। एक बार गुरु जी ने जहांगीर के बागी बेटे खुसरो को आशीर्वाद दिया। यह बात जहांगीर को नागवार गुजरी। उसने गुरु जी को पकड़ने का हुक्म दिया। उसे कहा गया, "इस्लाम कबूल करो, वरना सजा भुगतो।" गुरु जी ने शांत स्वर में कहा, "मेरा धर्म मेरी आत्मा है। मैं इसे नहीं छोड़ सकता।"

जहांगीर ने लाहौर के नवाब को आदेश दिया कि गुरु को ऐसी यातनाएँ दी जाएँ कि वह टूट जाए। 1606 की गर्मियों में गुरु अर्जन देव जी को लाहौर लाया गया। उन्हें गर्म तवे पर बिठाया गया। उनके शरीर पर जलती रेत डाली गई। फिर उन्हें खौलते पानी के कड़ाहे में डुबोया गया। हर यातना के साथ उनका शरीर जल रहा था, लेकिन उनकी आत्मा अडिग थी। वह "वाहेगुरु" जपते रहे। उनकी आँखों में शांति थी, और चेहरे पर मुस्कान।

16 जून 1606 को रावी नदी के किनारे उनकी साँसें थम गईं। उस पल धरती सन्नाटे में डूब गई। उनकी शहादत ने सिखों के दिलों में ऐसी आग जलाई, जो कभी नहीं बुझी।

गुरु अर्जन देव जी ने अपने जीवन से सिखाया कि सत्य और प्रेम ही सबसे बड़ी ताकत हैं। उनकी शहादत ने सिख धर्म को नई ऊर्जा दी। आज हरमंदिर साहिब उनकी सेवा की गवाही देता है, और गुरुद्वारा डेरा साहिब (लाहौर) उनकी शहादत को याद करता है। उनकी बाणी हर सिख को सिखाती है कि कठिनाइयों में भी धैर्य और प्रेम नहीं छोड़ना चाहिए।

19

गुरु तेग बहादुर जी: हिंद की चादर, सत्य का सूरज

कई सौ साल पहले की बात है, जब पंजाब की पवित्र धरती पर अंधेरा छाया हुआ था। मुगल बादशाह औरंगज़ेब का शासन अपने चरम पर था, और उसकी तलवारें निर्दोषों का खून पी रही थीं। धर्म पर जबरदस्ती थोपी जा रही थी, और लोग डर के साये में जी रहे थे। उस काले दौर में एक ऐसी आत्मा ने जन्म लिया, जिसने अपने साहस और बलिदान से न सिर्फ सिखों, बल्कि पूरे हिंदुस्तान को रोशनी दी। उनका नाम था—गुरु तेग बहादुर जी, सिखों के नौवें गुरु। यह कहानी एक संत की है, जिसने सत्य और मानवता के लिए अपनी जान दे दी।

1621 की एक शांत सुबह, अमृतसर के पवित्र शहर में गुरु हरगोबिंद जी के घर एक बच्चे ने जन्म लिया। उसका नाम रखा गया—त्याग मल। उसकी माँ माता नानकी थीं, जिनका दिल करुणा और श्रद्धा से भरा था। गुरु हरगोबिंद जी छठे गुरु थे, जिन्होंने सिखों को शस्त्र और शास्त्र की ताकत दी थी। त्याग मल का बचपन साधारण नहीं था। वह शांत और गंभीर था। जहाँ दूसरे बच्चे खेलते, वहां वह गुरुद्वारे में बैठकर गुरबाणी

सुनता और अपने पिता की कहानियाँ सुनकर बड़ा होता।

त्याग मल को तलवार से प्यार था। वह अपने पिता के साथ अभ्यास करता, और उसकी कलाइयाँ ऐसी फुर्ती से चलतीं मानो हवा में चमक बिखेर रही हों। एक बार युद्ध के दौरान उसने ऐसी वीरता दिखाई कि गुरु हरगोबिंद जी ने उसे देखकर कहा, "बेटा, तू तलवार का सच्चा वीर है। आज से तेरा नाम तेग बहादुर होगा।" यह नाम उसके जीवन का सच बन गया।

जब गुरु हरगोबिंद जी मुगलों के खिलाफ लड़े, तो युवा तेग बहादुर उनके साथ थे। उनकी तलवार ने कई बार मैदान में चमक बिखेरी। लेकिन उनका मन शांति की तलाश में था। पिता के देहांत के बाद वह किरतपुर साहिब में बस गए। वहाँ उन्होंने साधना में समय बिताया, गाँव-गाँव गए, और गरीबों की मदद की। उनकी आवाज में एक ठहराव था, और उनकी बातों में सत्य की गहराई। लोग उन्हें देखकर कहते, "यह संत है, लेकिन इसके भीतर एक योद्धा छिपा है।"

तेग बहादुर जी ने सिखों को सिखाया कि धर्म सिर्फ पूजा नहीं, बल्कि सेवा और साहस है। वह जरूरतमंदों को रोटी बाँटते, बीमारों की देखभाल करते, और हर दिल में उम्मीद की किरण जलाते। उनका जीवन सादगी से भरा था, लेकिन उनकी आत्मा में एक आग जल रही थी—मानवता की रक्षा की आग।

1664 में गुरु हर किशन जी ने छोटी उम्र में शरीर छोड़ दिया। सिख संगत को नए गुरु की जरूरत थी। एक दिन बकाला गाँव में एक संदेश आया कि गुरु हर किशन जी ने अपने उत्तराधिकारी का नाम बताया था। सिख संगत ने देखा कि तेग बहादुर जी में वही शांति और तेज है, जो एक गुरु में होना चाहिए। वह विनम्रता से गुरु गद्दी पर बैठे और सिखों के नौवें गुरु बने।

गुरु तेग बहादुर जी ने सिख धर्म को नई ऊँचाइयाँ दीं। उन्होंने गाँव-गाँव घूमकर लोगों को एकता और सहनशीलता का संदेश दिया। उनकी वाणी में ऐसा जादू था कि लोग उनके पीछे चल पड़े। उन्होंने कहा, "धर्म किसी की बेड़ी नहीं, बल्कि उसकी आजादी है।" उनकी बातें सिखों के दिलों में घर कर गईं।

उस समय औरंगज़ेब का आतंक चरम पर था। वह हिंदुओं को जबरन मुसलमान बना रहा था। कश्मीर के पंडितों पर जुल्म की सारी हदें पार हो गईं। उनके मंदिर तोड़े जा रहे थे, और उनकी जान खतरे में थी। हताश होकर वे गुरु तेग बहादुर जी के पास पहुँचे। उनके नेता ने रोते हुए कहा, "गुरु जी, हमारा धर्म मर रहा है। हमें बचाइए।"

गुरु जी ने उनकी बात सुनी। उनका दिल द्रवित हो गया। वह चुपचाप सोच में डूब गए। तभी उनका नौ साल का बेटा गोबिंद राय पास आया और बोला, "पिताजी, आप क्यों चिंतित हैं?" गुरु जी ने कहा, "बेटा, कश्मीर के लोग दुख में हैं। अगर कोई महान आत्मा अपने प्राण दे दे, तो उनका धर्म बच सकता है।" गोबिंद राय ने मुस्कुराकर कहा, "आपसे बड़ा महापुरुष कौन हो सकता है?" यह सुनकर गुरु जी का मन बन गया। उन्होंने कहा, "मैं जाऊँगा।"

गुरु तेग बहादुर जी ने अपने तीन वफादार सिखों—भाई मती दास, भाई सती दास, और भाई दयाला जी—को साथ लिया और दिल्ली की ओर चल पड़े। उन्होंने औरंगज़ेब को संदेश भेजा, "अगर तुम मुझे धर्म बदलने के लिए मना सके, तो बाकी लोग भी मान जाएँगे।" औरंगज़ेब ने इसे चुनौती माना। उसने गुरु जी को पकड़ लिया और दिल्ली के किले में कैद कर दिया।

मुगलों ने गुरु जी पर अत्याचार शुरू किए। उन्हें भूखा-प्यासा रखा गया, लेकिन उनकी आँखों में डर का नामोनिशान नहीं था। औरंगज़ेब ने कहा, "इस्लाम कबूल करो, वरना मरने को तैयार हो जाओ।" गुरु जी ने शांत स्वर में जवाब दिया, "धर्म मेरी आत्मा है। मैं इसे नहीं छोड़ सकता। हर इंसान को अपनी आस्था चुनने का हक है।" उनकी बात सुनकर औरंगज़ेब का गुस्सा सातवें आसमान पर पहुँच गया।

औरंगज़ेब ने सोचा कि गुरु के सिखों को मारकर उन्हें तोड़ा जा सकता है। पहले भाई मती दास को सामने लाया गया। उसे कहा गया, "धर्म छोड़ दो, वरना आरे से चीर दिया जाएगा।" भाई मती दास ने कहा, "मेरा गुरु मेरी जान से प्यारा है।" उसे दो आरे के बीच बाँध दिया गया, और उसका शरीर चीर दिया गया। उसकी चीखें हवा में गूँजीं, लेकिन उसका विश्वास नहीं डगमगाया।

फिर भाई सती दास को लाया गया। उसे रुई में लपेटकर आग लगा दी गई। वह जलते हुए भी "वाहेगुरु" जपता रहा। भाई दयाला जी को उबलते पानी के कड़ाहे में डाला गया। उनका शरीर पक गया, लेकिन उनकी आत्मा अडिग रही। तीनों ने अपनी जान दी, पर गुरु का साथ नहीं छोड़ा।

24 नवंबर 1675 को दिल्ली के चांदनी चौक में गुरु तेग बहादुर जी को शहीद करने का फरमान सुनाया गया। पूरा शहर सन्नाटे में डूब गया। गुरु जी को वहाँ लाया गया। उनकी आँखों में शांति थी, और चेहरे पर मुस्कान। उन्होंने आखिरी बार वाहेगुरु का नाम लिया। जल्लाद की तलवार चमकी, और गुरु का शीश धड़ से अलग हो गया। उस पल धरती काँप उठी।

उनका शीश भाई जैता जी ने उठाया और आनंदपुर साहिब ले गए। उनका शरीर भाई लक्खी शाह वंजारा ने अपने घर में छिपाकर अग्नि दी। आज वहाँ गुरुद्वारा रकाबगंज साहिब खड़ा है, और चांदनी चौक में गुरुद्वारा शीश गंज साहिब उनकी शहादत का प्रतीक है।

गुरु तेग बहादुर जी को "हिंद की चादर" कहा जाता है, क्योंकि उन्होंने न सिर्फ सिखों, बल्कि कश्मीरी पंडितों और पूरे हिंदुस्तान के धर्म की रक्षा की। उनकी शहादत ने सिखों में नई क्रांति जगा दी। उनके बेटे गुरु गोबिंद सिंह जी ने उनके बलिदान को आगे बढ़ाया। उनकी शिक्षाएँ आज भी गूँजती हैं—सत्य के लिए लड़ो, दूसरों की मदद करो, और कभी न झुको। उनकी कहानी हर सिख को सिखाती है कि धर्म की रक्षा सबसे बड़ा कर्तव्य है।

20

गुरु गोबिंद सिंह: खालसा का शेर

रात्रि का सन्नाटा चारों ओर फैला था। आकाश में तारे झिलमिलाते हुए मानो कोई संदेश दे रहे थे। उस गहरी खामोशी में इतिहास एक ऐसी गाथा लिख रहा था, जो युगों तक गूँजती रहेगी। यह कहानी है एक ऐसे महापुरुष की, जिन्होंने तलवार की धार पर भी सत्य का दीप जलाए रखा। वे केवल योद्धा नहीं थे—एक महान कवि थे, विचारक थे, और धर्म के रक्षक थे। उनकी वाणी में प्रेम की मिठास थी, और उनकी तलवार में न्याय की आग। यह गाथा है गुरु गोबिंद सिंह जी की—सिखों के दसवें गुरु, जिन्होंने अपने जीवन से सत्य, शौर्य और स्वाभिमान का ऐसा उदाहरण दिया कि वह आज भी हर दिल में बसता है।

22 दिसंबर 1666 की ठंडी सुबह थी। पटना साहिब की पवित्र धरती पर माता गुजरी कौर की गोद में एक नन्हा बालक आया। उसका नाम रखा गया गोबिंद राय। उस समय पटना में उनके पिता, गुरु तेग बहादुर जी, अपने धर्म प्रचार के लिए आए हुए थे। जब यह बालक पैदा हुआ, तो आसपास के लोग उसकी बड़ी-बड़ी आँखों और तेजस्वी चेहरे को देखकर कह उठे, "यह बच्चा कुछ खास लेकर आया है।"

गोबिंद राय का बचपन साधारण नहीं था। वह छोटी उम्र से ही तेज़ बुद्धि और साहसी थे। उनके गुरुओं ने उन्हें संस्कृत, पंजाबी, फारसी

और अरबी सिखाई। वह किताबों में डूब जाते, और साथ ही घुड़सवारी और तलवारबाजी में भी कोई उनका मुकाबला न कर सकता। एक बार, पाँच साल की उम्र में, उन्होंने अपने दोस्तों के साथ खेलते हुए लकड़ी की तलवार से ऐसा वार किया कि सब दंग रह गए। उनके हृदय में न्याय और धर्म की भावना बचपन से ही थी। लेकिन यह सुखमय जीवन ज्यादा दिन न रहा—नियति ने उनके लिए एक कठिन रास्ता चुना था।

1675 का वह काला साल था, जब गोबिंद राय केवल 9 साल के थे। मुग़ल सम्राट औरंगजेब का अत्याचार चरम पर था। वह हिंदू धर्म को मिटाने के लिए क्रूर नीतियाँ बना रहा था। कश्मीर के पंडितों को जबरन इस्लाम कबूल करने के लिए मजबूर किया जा रहा था। बेबस और डरे हुए पंडित गुरु तेग बहादुर जी के पास आनंदपुर पहुँचे। उन्होंने कहा, "गुरु जी, हमारी रक्षा करें।" गुरु तेग बहादुर जी ने देखा कि धर्म खतरे में है। उन्होंने अपने नन्हे बेटे गोबिंद राय से पूछा, "बेटा, ऐसे समय में क्या करना चाहिए?" गोबिंद ने कहा, "पिताजी, जो सबसे बड़ा है, उसे बलिदान देना चाहिए।" यह सुनकर गुरु जी मुस्कुराए और दिल्ली की ओर चल पड़े।

दिल्ली के चाँदनी चौक में औरंगजेब ने गुरु तेग बहादुर जी को बंदी बनाया। उन पर इस्लाम कबूल करने का दबाव डाला गया। लेकिन गुरु जी अडिग रहे। 11 नवंबर 1675 को, मुग़ल जल्लाद ने उनके शीश को धड़ से अलग कर दिया। यह खबर जब गोबिंद राय तक पहुँची, तो उनकी आँखें नम हुईं, पर हृदय में आग लग गई। उन्होंने प्रण लिया, "मैं अपने पिता के बलिदान को व्यर्थ नहीं जाने दूँगा।" उस दिन से गोबिंद राय केवल एक बालक नहीं रहे—वे गुरु गोबिंद सिंह बन गए, एक याोद्धा गुरु, जिसका लक्ष्य धर्म की रक्षा था।

1699 की बैसाखी का दिन था। आनंदपुर साहिब में हजारों लोग जमा थे। सूरज की किरणें पहाड़ों पर पड़ रही थीं। गुरु गोबिंद सिंह जी एक ऊँचे मंच पर खड़े हुए। उनके हाथ में नंगी तलवार चमक रही थी। उनकी आवाज़ गूँजी, "क्या कोई ऐसा वीर है, जो धर्म के लिए अपना शीश दे सके?" सभा में सन्नाटा छा गया। लोग एक-दूसरे का मुँह ताकने लगे। तभी भाई दया राम आगे बढ़े। गुरु जी उन्हें तंबू में ले गए। कुछ देर बाद वे

बाहर आए, उनकी तलवार पर खून टपक रहा था। लोगों के दिल धड़कने लगे। फिर गुरु जी ने चार बार और यही सवाल दोहराया। भाई मोहकम चंद, साहिब चंद, हिम्मत राय और धरम दास भी आगे आए।

जब तंबू का पर्दा हटा, तो सबकी आँखें फटी रह गईं। ये पाँचों जीवित थे, नए वस्त्रों में सजे हुए। उनके चेहरों पर शक्ति की आभा थी। गुरु जी ने उन्हें अमृत पिलाया और कहा, "आज से तुम खालसा हो—शुद्ध और निडर।" इन्हें "पंज प्यारे" कहा गया। गुरु जी ने हर सिख को "सिंह" की उपाधि दी और पाँच ककार—केश, कंघा, कड़ा, कच्छा, और कृपाण—पहनने का आदेश दिया। फिर एक अनोखा क्षण आया—गुरु जी स्वयं पंज प्यारों के सामने झुके और उनसे अमृत माँगा। यह था गुरु और शिष्य का अनोखा मिलन। उस दिन से खालसा पंथ बना—एक ऐसा योद्धा समुदाय, जो अन्याय के खिलाफ हमेशा खड़ा रहेगा।

गुरु गोबिंद सिंह जी का जीवन शांति का नहीं, संघर्ष का था। मुग़ल और पहाड़ी राजा उनके खिलाफ एकजुट हो गए। 1704 में आनंदपुर साहिब पर हमला हुआ। गुरु जी ने अपनी छोटी सेना के साथ विशाल मुग़ल फौज को धूल चटाई। लेकिन दुश्मन बार-बार लौटते थे। उसी साल चमकौर की लड़ाई हुई। गुरु जी के पास केवल 40 सिख थे, और सामने थी 10 लाख की मुग़ल सेना। गुरु जी ने अपने दो बड़े बेटों, अजीत सिंह और जुझार सिंह, को युद्ध में भेजा। दोनों ने वीरता से लड़ते हुए शहादत दी। गुरु जी की आँखों में आँसू थे, पर संकल्प अडिग था।

फिर आया वह दुखद दिन, जब सरहिंद में उनके छोटे बेटों, जोरावर सिंह (9 साल) और फतेह सिंह (6 साल), को वज़ीर खान ने जिंदा दीवार में चिनवा दिया। माता गुजरी भी शहीद हो गईं। यह खबर गुरु जी तक पहुँची, तो उन्होंने कहा, "मेरे चारों बेटों ने धर्म के लिए प्राण दिए। अब मैं अकेला ही खालसा हूँ।" उनका दर्द अथाह था, पर हिम्मत अटल थी।

गुरु गोबिंद सिंह जी केवल तलवार के धनी नहीं थे, उनकी कलम भी उतनी ही तेज़ थी। उन्होंने "जप साहिब" लिखा—ईश्वर की महिमा का ऐसा गान, जो आत्मा को छू लेता है। "चंडी दी वार" में उन्होंने युद्ध और शक्ति का चित्रण किया, जो हर योद्धा के खून में जोश भर देता है। औरंगजेब को लिखा "जफरनामा" उनका सबसे साहसी पत्र था। इसमें

उन्होंने कहा, "तूने अन्याय किया, पर मैं डरा नहीं।" उनकी रचनाएँ धर्म, प्रेम और न्याय का संदेश देती हैं। हर शब्द में एक गुरु की गहराई और एक कवि की कोमलता थी।

7 अक्टूबर 1708 को नांदेड़ में एक मुग़ल सैनिक ने गुरु जी पर धोखे से हमला किया। उसने चाकू से वार किया, और पुरानी चोटें फिर उभर आईं। गुरु जी जानते थे कि उनका समय निकट है। लेकिन अंतिम साँस तक वे शांत रहे। उन्होंने अपने सिखों को बुलाया और कहा, "अब से मैं शरीर में नहीं रहूँगा। 'गुरु ग्रंथ साहिब' ही तुम्हारा गुरु होगा।" यह एक ऐतिहासिक क्षण था—उन्होंने एक पुस्तक को अमर गुरु बना दिया। फिर, 41 साल की उम्र में, वे परम ज्योति में लीन हो गए। उनका शरीर गया, पर उनकी आत्मा खालसा में बस गई।

गुरु गोबिंद सिंह जी की विरासत आज भी जीवित है। खालसा पंथ उनकी देन है—एक ऐसा समाज, जो निडर और न्यायप्रिय है। उन्होंने अपने पूरे परिवार—पिता, माता, चारों बेटों—का बलिदान दिया, पर धर्म को नहीं छोड़ा। उनकी कविताएँ आज भी गाई जाती हैं, और उनकी तलवार की गूँज हर सिख के दिल में सुनाई देती है। उन्होंने सिख धर्म को संगठित और शक्तिशाली बनाया, जो अन्याय के खिलाफ हमेशा खड़ा रहेगा।

गुरु गोबिंद सिंह जी का जीवन केवल एक व्यक्ति की कहानी नहीं, बल्कि मानवता के लिए प्रेरणा है। उन्होंने सिखाया कि धर्म के लिए लड़ना पाप नहीं, बल्कि सबसे बड़ा पुण्य है। उनकी गाथा हमें निडर बनाती है, सच्चाई के लिए खड़े होने का हौसला देती है। आज जब भी कोई सिख "वाहे गुरु जी का खालसा, वाहे गुरु जी की फतेह!" कहता है, तो गुरु गोबिंद सिंह जी की आत्मा उसमें गूँजती है।

21

गुरु का शिष्य, देश का वीर: बाबा बंदा सिंह बहादुर का जीवन

1670 की एक शरद ऋतु में, जम्मू के राजौरी क्षेत्र के एक छोटे से गाँव में एक बालक ने जन्म लिया। उसका नाम रखा गया लक्ष्मण देव। वह एक राजपूत परिवार का हिस्सा था, जहाँ वीरता और सम्मान की कहानियाँ उसे विरासत में मिली थीं। बचपन से ही लक्ष्मण की भुजाएँ ताकतवर थीं। वह कुश्ती में माहिर था और घोड़े की सवारी में ऐसा कोई उसका सानी नहीं था। गाँव के लोग उसकी चुस्ती और फुर्ती की तारिफ करते नहीं थकते थे। लेकिन जैसे-जैसे वह बड़ा हुआ, उसका मन भौतिक सुखों से हटने लगा। दुनिया की चकाचौंध उसे खोखली लगने लगी। एक दिन, उसने अपने घर को अलविदा कह दिया और आत्मिक शांति की तलाश में साधु बन गया।

साधु बनने के बाद वह माधो दास बैरागी कहलाए। नदियों के किनारे, जंगलों की छाँव में, और पहाड़ों की गोद में उन्होंने तपस्या की। उनकी

साधना इतनी गहरी थी कि लोग दूर-दूर से उनके दर्शन को आने लगे। लेकिन नियति को कुछ और ही मंजूर था। माधो दास का जीवन एक नए रास्ते की ओर बढ़ने वाला था, जिसकी शुरुआत एक ऐतिहासिक मुलाकात से हुई।

एक दिन, जब सूरज ढल रहा था और आकाश लालिमा से रंगा हुआ था, दसवें सिख गुरु, गुरु गोबिंद सिंह जी, माधो दास के आश्रम पहुँचे। गुरु जी का तेज ऐसा था मानो सूर्य स्वयं धरती पर उतर आया हो। उनकी आँखों में करुणा थी, और उनके शब्दों में शक्ति। जब गुरु जी ने माधो दास से बात की, तो वह उनके सामने नतमस्तक हो गए। उस पल में माधो दास का अहंकार पिघल गया। उन्होंने अपने सारे सवालों का जवाब गुरु जी के चरणों में पा लिया।

गुरु गोबिंद सिंह जी ने उन्हें अपने पास बुलाया और कहा, "तुम्हारा जीवन अब केवल तुम्हारा नहीं है। यह उस जनता का है जो अत्याचार के नीचे दबी हुई है।" गुरु जी ने उन्हें नया नाम दिया—बंदा सिंह। इसके बाद, उन्होंने बंदा सिंह को सिख धर्म की दीक्षा दी और उन्हें बहादुर की उपाधि से नवाजा। गुरु जी ने उन्हें एक मिशन सौंपा—मुगलों के अत्याचार को खत्म करना और धरती पर न्याय की स्थापना करना। बंदा सिंह के हाथों में अब तलवार थी, और उनके दिल में गुरु का आशीर्वाद।

गुरु जी की आज्ञा लेकर बंदा सिंह ने पंजाब की ओर प्रस्थान किया। उस समय पंजाब की धरती खून से लाल थी। मुगल बादशाह फर्रुखसियर के हुक्म से सूबेदार और गवर्नर निर्दोष लोगों पर जुल्म ढा रहे थे। खासकर सरहिंद का गवर्नर वज़ीर खान एक ऐसा नाम था, जिसे सुनते ही लोग काँप उठते थे। उसने गुरु गोबिंद सिंह जी के दो छोटे साहिबजादों—जोरावर सिंह और फतेह सिंह—को दीवार में जिंदा चुनवा दिया था। यह क्रूरता सुनकर बंदा सिंह का खून खौल उठा। उन्होंने मन में संकल्प लिया कि वह इस अत्याचार का बदला लेंगे और पीड़ितों को न्याय दिलाएँगे।

बंदा सिंह ने सिखों को एकजुट करना शुरू किया। गाँव-गाँव घूमकर उन्होंने किसानों, मजदूरों और गरीबों को अपने साथ जोड़ा। उनकी सेना में वे लोग शामिल हुए, जिनके पास न तो हथियार थे, न ही प्रशिक्षण,

लेकिन उनके दिल में आजादी की आग जल रही थी। बंदा सिंह की आवाज में जादू था। वह कहते, "हमारा धर्म हमें सिखाता है कि अन्याय के सामने चुप रहना पाप है।" उनकी बातें सुनकर लोग तलवारें लेकर उनके साथ चल पड़े।

1710 का साल था। गर्मियों की तपती दोपहर में बंदा सिंह अपनी सेना के साथ सरहिंद की ओर बढ़े। उनकी सेना छोटी थी, लेकिन उनका हौसला आसमान छू रहा था। दूसरी ओर, वज़ीर खान अपनी विशाल मुगल सेना के साथ तैयार था। युद्ध शुरू हुआ। तलवारें चमकीं, भाले चले, और धूल के बादल हवा में उड़ने लगे। बंदा सिंह आगे-आगे लड़ रहे थे। उनका हर वार ऐसा था मानो बिजली कड़क रही हो। उनकी रणनीति और साहस के आगे मुगल सेना बेबस हो गई।

कई घंटों की लड़ाई के बाद, वज़ीर खान बंदा सिंह के सामने आया। दोनों में भयंकर द्वंद्व हुआ। बंदा सिंह की तलवार ने आखिरकार वज़ीर खान के सीने को चीर दिया। उस पल सरहिंद की धरती पर एक चीख गूँजी, और फिर सन्नाटा छा गया। मुगल सेना भाग खड़ी हुई। बंदा सिंह ने सरहिंद पर विजय प्राप्त कर ली।

जीत के बाद बंदा सिंह ने वहाँ के लोगों को उनकी जमीनें लौटाईं। उन्होंने एक ऐसा शासन बनाया, जहाँ हिंदू, मुस्लिम, और सिख सभी बराबर थे। गरीबों को रोटी मिली, और पीड़ितों को इंसाफ। उनकी यह विजय सिर्फ एक युद्ध की जीत नहीं थी, बल्कि उम्मीद की किरण थी।

मुगल सत्ता को यह हार बर्दाश्त नहीं हुई। फारूखसियर ने अपनी पूरी ताकत झोंक दी। उसने बंदा सिंह को पकड़ने के लिए बड़ी-बड़ी सेनाएँ भेजीं। 1716 में, गुरदासपुर के पास एक घने जंगल में बंदा सिंह और उनके साथी घेर लिए गए। कई दिनों तक भूखे-प्यासे रहकर उन्होंने लड़ाई लड़ी, लेकिन आखिरकार वे पकड़े गए।

दिल्ली ले जाए जाने पर उन पर अमानवीय अत्याचार हुए। उनके साथियों को उनके सामने मार डाला गया। उनकी आँखों के सामने उनके बेटे का सिर काटा गया, लेकिन बंदा सिंह का चेहरा शांत रहा। उन्होंने कहा, "मेरे गुरु ने मुझे सिखाया है कि शरीर नश्वर है, लेकिन आत्मा अमर।" 1716 में, उन्हें और उनके साथियों को मौत की सजा दी गई।

उस दिन दिल्ली की सड़कों पर खून बहा, लेकिन बंदा सिंह की वीरता की कहानी अमर हो गई।

22

शेर पर विजयी योद्धा: हरि सिंह नलवा का जीवन

1791 की एक ठंडी सुबह, पंजाब के गुर्जरवाल गाँव में एक सिख परिवार में एक बालक ने जन्म लिया। उसका नाम रखा गया—हरि सिंह। उसके पिता गुरदास सिंह एक नन्हा सैनिक थे, जिनकी वीरता की कहानियाँ गाँव में मशहूर थीं। हरि सिंह का बचपन हँसी-खेल से भरा नहीं था, बल्कि उसमें एक गहरी गंभीरता थी। उसकी आँखों में कुछ ऐसा जलता था, जो उसे आम बच्चों से अलग करता था—शायद वह न्याय की ज्योति थी, शायद धर्म का जोश।

हरि सिंह को घोड़ों से प्यार था। वह छोटी उम्र में ही घुड़सवारी में माहिर हो गया। उसकी छोटी-सी काठी पर बैठकर वह हवा से बातें करता, और गाँव के लोग उसे देखकर कहते, "यह लड़का बड़ा नाम करेगा।" तलवारबाजी में भी उसका कोई जवाब नहीं था। उसकी कलाइयों में ऐसी ताकत थी कि लकड़ी का डंडा भी उसके हाथों में हथियार बन जाता। लेकिन नियति ने उसके लिए आसान रास्ता नहीं चुना। सात साल की छोटी उम्र में ही उसके सिर से पिता का साया उठ गया। उस दिन हरि

सिंह ने अपने आँसुओं को छिपाया और मन में एक संकल्प लिया—वह अपने पिता की तरह वीर बनेगा, और उससे भी आगे जाएगा।

समय बीतता गया, और हरि सिंह की बहादुरी की चर्चा गाँव से निकलकर दूर-दूर तक फैलने लगी। 16 साल की उम्र में वह महाराजा रणजीत सिंह के दरबार में पहुँचे। महाराजा उस समय सिख साम्राज्य को मजबूत करने में जुटे थे, और उन्हें ऐसे नौजवानों की तलाश थी जो उनकी सेना को नई ताकत दे सकें। हरि सिंह की किस्मत ने उन्हें जल्द ही एक मौका दिया, जिसने उनकी जिंदगी बदल दी।

एक दिन पंजाब के गाँवों में खबर फैली कि एक भयानक शेर ने आतंक मचा रखा है। लोग घरों से बाहर निकलने को डरते थे। शेर की दहाड़ सुनकर गाँव खाली हो जाते। महाराजा ने अपने सैनिकों से कहा, "जो इस शेर को मार देगा, उसे इनाम मिलेगा।" कई सैनिक गए, लेकिन कोई वापस नहीं लौटा। तब हरि सिंह आगे आए। उनके पास न तलवार थी, न भाला—सिर्फ उनके हाथ और उनका हौसला।

जंगल में शेर से सामना हुआ। वह विशाल जानवर था, जिसकी आँखें आग की तरह जल रही थीं। लोग चीखे, "हरि, पीछे हट जाओ!" लेकिन हरि सिंह ने एक कदम भी पीछे नहीं हटाया। उन्होंने शेर की ओर छलाँग लगाई और उसके गले को अपनी बाहों में जकड़ लिया। एक भयंकर संघर्ष हुआ। शेर की दहाड़ और हरि सिंह की साँसें जंगल में गूँज रही थीं। आखिरकार, हरि सिंह ने उस शेर को जमीन पर पटक दिया और उसकी साँसें थाम दीं। जब वह वापस लौटे, तो उनके कपड़े फटे हुए थे, शरीर पर खरोंचें थीं, लेकिन चेहरे पर विजयी मुस्कान थी।

महाराजा रणजीत सिंह ने यह देखकर उन्हें अपने पास बुलाया और कहा, "तुमने शेर को हराया है। आज से तुम हरि सिंह नलवा कहलाओगे।" "नलवा" का मतलब था—शेर पर विजय पाने वाला। उस दिन से हरि सिंह नलवा सिख सेना का एक चमकता सितारा बन गए।

हरि सिंह नलवा सिर्फ योद्धा नहीं थे, बल्कि एक ऐसी ताकत थे, जो दुश्मनों के लिए तूफान बनकर आती थी। महाराजा रणजीत सिंह ने उन्हें अपनी सेना का सेनापति बनाया, और फिर शुरू हुआ उनकी विजयों का सिलसिला।

जब कश्मीर पर मुगलों और अफगानों का कब्जा था, तब वहाँ की जनता कराह रही थी। महाराजा ने हरि सिंह को बुलाया और कहा, "कश्मीर को आजाद कराओ।" हरि सिंह ने अपनी सेना को तैयार किया और बर्फीले पहाड़ों की ओर कूच कर दिया। रास्ते में ठंड और दुश्मनों के हमले थे, लेकिन हरि सिंह का हौसला नहीं डगमगाया। उनकी रणनीति इतनी चतुर थी कि दुश्मन को भनक भी नहीं लगी। एक रात, जब चाँद की रोशनी पहाड़ों पर पड़ रही थी, हरि सिंह ने हमला बोला। अफगान सेना हक्की-बक्की रह गई और भाग खड़ी हुई। कश्मीर सिख साम्राज्य का हिस्सा बन गया, और वहाँ की जनता ने हरि सिंह को अपना मुक्तिदाता माना।

सिंधु नदी के किनारे बसा अटक किला एक ऐसी मजबूत जगह थी, जिसे कोई आसानी से नहीं जीत सकता था। अफगान इसे अपनी ताकत का प्रतीक मानते थे। हरि सिंह ने इसे चुनौती के रूप में लिया। उन्होंने अपनी सेना को नदी के किनारे छिपाया और रात के अंधेरे में हमला किया। किले की दीवारें ऊँची थीं, लेकिन हरि सिंह की हिम्मत उससे भी ऊँची। उनकी सेना ने किले पर चढ़ाई की और अफगानों को बाहर खदेड़ दिया। यह जीत सिख साम्राज्य के लिए एक बड़ा कदम थी।

जमरूद का किला पेशावर और काबुल के बीच का रास्ता था। अफगानों ने इसे हथियाने की कोशिश की। हरि सिंह उस समय बीमार थे, लेकिन फिर भी उन्होंने अपनी सेना को संभाला। युद्ध शुरू हुआ। हरि सिंह आगे-आगे लड़ रहे थे। उनकी तलवार हर बार दुश्मन के खून से लाल होती थी। लेकिन तभी एक गोली उनके सीने में लगी। वह गिर पड़े। उनकी सेना ने फिर भी हार नहीं मानी और अफगानों को पीछे धकेल दिया। हरि सिंह की आँखें बंद हो गईं, लेकिन उनकी वीरता ने सिख साम्राज्य की सीमाओं को सुरक्षित कर दिया।

हरि सिंह नलवा की खासियत उनकी रणनीति थी। वह दुश्मन की हर चाल को पहले ही भाँप लेते थे। छापामार युद्ध में उनकी महारत ऐसी थी कि दुश्मन को पता ही नहीं चलता था कि हमला कहाँ से आया। वह अपने सैनिकों के साथ भाई की तरह रहते थे। युद्ध के मैदान में वह सबसे आगे होते, और उनकी आवाज सुनकर सैनिकों में जोश भर जाता। उनकी एक

बात मशहूर थी—"जो डर गया, वह मर गया।"

23

महाराजा रणजीत सिंह: शेर-ए-पंजाब की अनमोल गाथा

13 नवंबर 1780 की एक ठंडी सुबह, गुर्जरांवाला की धरती पर एक बच्चे ने पहली साँस ली। उसका नाम रखा गया—रणजीत सिंह। उसके पिता महान सिंह सुक्करचकिया मिसल के सरदार थे, जिनकी बहादुरी की कहानियाँ दूर-दूर तक गूँजती थीं। उसकी माँ राज कौर एक साहसी और समझदार महिला थीं, जिन्होंने अपने बेटे को हिम्मत और हौसला सिखाया। रणजीत का बचपन आसान नहीं था। जब वह सिर्फ छह साल का था, तब चेचक की बीमारी ने उसकी एक आँख की रोशनी छीन ली। गाँव के लोग कहते, "यह लड़का अब क्या करेगा?" लेकिन रणजीत ने कभी अपनी इस कमजोरी को कमजोरी नहीं बनने दिया। उसकी एक आँख भले ही बंद हो गई हो, पर उसके दिल में जल रही आग और उसकी नजर में बसी दूरदर्शिता किसी से कम नहीं थी।

रणजीत को घोड़ों से गहरी दोस्ती थी। वह छोटी उम्र में ही घुड़सवारी में ऐसा माहिर हो गया कि लोग उसे देखकर दंग रह जाते। उसकी छोटी-सी काठी पर बैठकर वह हवा से तेज दौड़ता, और उसकी तलवार की

चमक देखकर लगता जैसे बिजली कड़क रही हो। उसके पिता उसे युद्ध की बारीकियाँ सिखाते। रणजीत की नन्हीं कलाइयों में ताकत थी, और उसके मन में एक सपना—पंजाब को आजाद और मजबूत बनाना।

रणजीत की जिंदगी में मुश्किलें जल्दी आईं। दस साल की उम्र में उसने अपना पहला युद्ध लड़ा। उसकी छोटी-सी तलवार दुश्मनों के लिए मौत बनकर आई। लोग हैरान थे कि इतना छोटा बच्चा इतनी हिम्मत कहाँ से लाता है। लेकिन असली परीक्षा तब आई, जब ग्यारह साल की उम्र में उसके पिता का देहांत हो गया। उस नन्हे कंधे पर सुक्करचकिया मिसल की जिम्मेदारी आ पड़ी। जहाँ कोई और टूट जाता, वहाँ रणजीत सिंह ने हिम्मत दिखाई। उसने अपने पिता की सेना को संभाला और अपने दुश्मनों को सबक सिखाया। उसकी छोटी उम्र में भी उसकी आवाज में ऐसी दम थी कि बड़े-बड़े योद्धा उसके आगे नतमस्तक हो जाते।

रणजीत सिंह ने देखा कि पंजाब टुकड़ों में बँटा हुआ है। मिसलें आपस में लड़ रही थीं, और बाहर से अफगान बार-बार हमला कर रहे थे। उसने ठान लिया कि वह पंजाब को एक करेगा। उसने अपनी सूझबूझ और बहादुरी से एक-एक मिसल को अपने साथ जोड़ा। उसकी तलवार की चमक और उसकी बातों का जादू ऐसा था कि लोग उसके पीछे चल पड़े।

1799 का साल था। रणजीत सिंह की नजर लाहौर पर पड़ी। लाहौर उस समय पंजाब का दिल था, लेकिन अफगानों के कब्जे में था। रणजीत ने अपनी सेना को तैयार किया और एक रात चुपके से हमला बोल दिया। उसकी रणनीति इतनी चतुर थी कि दुश्मन को भनक तक नहीं लगी। सुबह होते-होते लाहौर की गलियों में सिखों का परचम लहराने लगा। उस दिन रणजीत सिंह ने न सिर्फ लाहौर जीता, बल्कि पंजाब के लोगों के दिलों में उम्मीद की किरण जगा दी।

1801 में, रणजीत सिंह ने लाहौर में अपने सिर पर ताज रखा और खुद को "महाराजा" घोषित किया। उसका राज्य सिर्फ सिखों का नहीं था। उसने हिंदुओं, मुसलमानों, और हर धर्म के लोगों को अपने साथ जोड़ा। लोग उसे "शेर-ए-पंजाब" कहने लगे, क्योंकि वह न डरता था, न झुकता था। उसकी सेना में हर धर्म के सैनिक थे, और उसका दरबार हर किसी के लिए खुला था।

महाराजा रणजीत सिंह सिर्फ तलवार से नहीं, बल्कि अपने दिमाग से भी लड़े। उसने अपने राज्य को मजबूत बनाने के लिए कई काम किए। उसने किसानों को करों में राहत दी और नहरें बनवाईं, ताकि खेतों में हरियाली लौट आए। उसकी सेना को उसने आधुनिक बनाया। फ्रांस और यूरोप से आए सैन्य अधिकारियों ने उसकी सेना को नई ताकत दी। उसकी तोपें गरजती थीं, और उसकी घुड़सवार सेना हवा की तरह तेज थी।

रणजीत सिंह का दिल बड़ा था। उसने कभी किसी धर्म के खिलाफ भेदभाव नहीं किया। उसने मस्जिदों को ठीक करवाया, मंदिरों को सजाया, और हरमंदिर साहिब को सोने से मढ़वाकर उसे दुनिया का सबसे खूबसूरत गुरुद्वारा बनाया। उसकी अदालत में गरीब से गरीब इंसान भी इंसाफ माँग सकता था, और उसे इंसाफ मिलता था।

रणजीत सिंह की तलवार ने कई मैदानों को जीता। 1819 में उसने कश्मीर पर हमला बोला। बर्फीले पहाड़ों में उसकी सेना ने अफगानों को हराया और कश्मीर को सिख साम्राज्य का हिस्सा बना लिया। 1834 में उसने पेशावर को आजाद कराया। अफगानों की नींद उड़ गई, क्योंकि रणजीत सिंह की सेना वहाँ तक पहुँच गई थी, जहाँ कोई सोच भी नहीं सकता था। अटक और मुल्तान के किले भी उसके सामने झुक गए। उसका साम्राज्य अब सिंधु से लेकर सतलुज तक फैल गया था।

एक बार उसने मशहूर कोहिनूर हीरा अपने पास लिया। यह हीरा उसकी शक्ति का प्रतीक बन गया। लेकिन रणजीत सिंह का असली खजाना उसकी प्रजा की खुशहाली थी।

रणजीत सिंह का जीवन सादगी से भरा था। वह सोने के तख्त पर नहीं, बल्कि सैनिकों के बीच बैठता था। उसका दरबार ऐसा था, जहाँ कोई भूखा नहीं जाता था। वह अपनी प्रजा के सुख-दुख में शामिल होता था। उसकी हँसी में एक ठहराव था, और उसकी बातों में सच्चाई। लोग कहते थे कि उसकी एक आँख भले न देखती हो, पर उसकी नजर हर उस इंसान तक पहुँचती थी, जो मदद माँगता था।

27 जून 1839 को, जब सूरज ढल रहा था, महाराजा रणजीत सिंह की साँसें भी थम गईं। उस दिन पंजाब की धरती रो पड़ी। उसकी चिता की आग में सिर्फ उसका शरीर जला, उसकी आत्मा तो अमर हो गई।

उसकी मृत्यु के बाद सिख साम्राज्य कमजोर हुआ, लेकिन उसकी बनाई नींव इतनी मजबूत थी कि उसकी कहानियाँ आज भी जिंदा हैं।

24

जस्सा सिंह अहलूवालिया: स्वतंत्रता का सूरज, सम्मान की तलवार

1718 की एक शांत सुबह, पंजाब के अहलूवाल गाँव में एक बच्चे ने जन्म लिया। उसका नाम रखा गया—जस्सा सिंह। उसके पिता बड़ढा सिंह एक साधारण किसान थे, लेकिन उनके दिल में सिख धर्म की ज्योति जलती थी। जस्सा का परिवार गुरु गोबिंद सिंह जी की शिक्षाओं से जुड़ा था, और उसकी माँ का सपना था कि उसका बेटा एक दिन सिखों का गौरव बने। लेकिन नियति ने जल्दी ही जस्सा की परीक्षा ली। जब वह सिर्फ पाँच साल का था, तब उसके पिता की मृत्यु हो गई। उस नन्हे बच्चे के सामने दुनिया अंधेरी हो गई, लेकिन उसकी माँ ने उसे टूटने नहीं दिया।

जस्सा की माँ ने उसे गोद में बिठाकर कहा, "बेटा, हमारे गुरु ने हमें सिखाया है कि डर सिर्फ कमजोरों के लिए है। तू सिख है, तुझे शेर बनना है।" उसकी माँ ने उसे गुरु की वाणी सुनाई, तलवार चलाना सिखाया, और घोड़े पर चढ़ने का हौसला दिया। जस्सा की छोटी-सी कलाइयों में

ताकत भरने लगी, और उसकी आँखों में एक चमक जागी—न्याय की चमक, स्वतंत्रता की चमक। लोग कहते कि यह बच्चा कुछ बड़ा करेगा, और सचमुच, वह बड़ा करने के लिए ही पैदा हुआ था।

कहते हैं कि जस्सा सिंह को गुरु गोबिंद सिंह जी का खास आशीर्वाद मिला था। जब वह छोटा था, तब गुरु जी ने उसे देखा और उसकी माँ से कहा, "यह बच्चा एक दिन सिखों का झंडा ऊँचा करेगा।" यह बात जस्सा के दिल में घर कर गई। उसने गुरु की शिक्षाओं को अपनी ताकत बनाया। वह घोड़े पर हवा की तरह दौड़ता, और उसकी तलवार ऐसी चलती मानो बिजली कड़क रही हो। गाँव के लोग उसे देखकर कहते, "यह जस्सा नहीं, कोई तूफान है।"

जैसे-जैसे वह बड़ा हुआ, पंजाब की हालत बद से बदतर होती गई। मुगल शासक और अहमद शाह अब्दाली जैसे आक्रमणकारी सिखों को कुचलने की कोशिश कर रहे थे। मंदिर तोड़े जा रहे थे, गाँव जलाए जा रहे थे। जस्सा सिंह का खून खौल उठा। उसने ठान लिया कि वह चुप नहीं बैठेगा। उसने अपनी तलवार उठाई और सिख योद्धाओं को इकट्ठा करना शुरू किया। उसकी आवाज में ऐसा जोश था कि लोग अपने घर छोड़कर उसके पीछे चल पड़े।

उस समय सिख मिसलें बिखरी हुई थीं। हर मिसल अपने आप में लड़ रही थी, लेकिन जस्सा सिंह ने देखा कि असली ताकत एकता में है। उसने सिख सरदारों को एक मंच पर लाया और "दल खालसा" नाम की सेना बनाई। उसकी बहादुरी और सूझबूझ देखकर सबने उसे अपना नेता चुन लिया। जस्सा सिंह अब सिर्फ एक योद्धा नहीं थे, बल्कि सिखों की उम्मीद बन गए थे।

उसकी सेना छोटी थी, लेकिन उसका हौसला आसमान छूता था। वह जंगलों में छिपकर दुश्मन पर हमला करता, और उसकी रणनीति ऐसी थी कि मुगल सेना हक्की-बक्की रह जाती। उसने सिखों को सिखाया कि हारना कोई विकल्प नहीं है। उसकी एक बात मशहूर थी—"हमारा खून बह सकता है, लेकिन हमारा झंडा कभी नहीं झुकेगा।"

अहमद शाह अब्दाली एक ऐसा नाम था, जिसे सुनकर लोग काँपते थे। वह अफगानिस्तान से अपनी सेना लेकर आता और पंजाब को लूट

ले जाता। 1762 में उसने सिखों पर सबसे बड़ा हमला किया—जिसे "वधा घल्लूघारा", इसका अर्थ हैं "बड़ा नरसंहार", जो 5 फरवरी 1762 को हुआ था। यह सिखों के इतिहास की सबसे दर्दनाक घटनाओं में से एक है, जब अफगान शासक अहमद शाह अब्दाली ने लगभग 30,000 सिखों का कत्लेआम कर दिया था। औरतें, बच्चे, बूढ़े—कोई नहीं बचा। खून की नदियाँ बहने लगीं। जब यह खबर जस्सा सिंह तक पहुँची, तो उसका दिल दहल गया। उसने अपनी तलवार को आसमान की ओर उठाया और कहा, "यह खून व्यर्थ नहीं जाएगा।"

जस्सा ने सिखों को फिर से इकट्ठा किया। उसने जंगलों में शिविर लगाए, हथियार जुटाए, और अपनी सेना को तैयार किया। एक दिन, जब अब्दाली अपनी लूट के साथ वापस जा रहा था, जस्सा सिंह ने उस पर हमला बोल दिया। उसकी सेना तूफान की तरह अफगानों पर टूट पड़ी। तलवारें चमकीं, चीखें गूँजीं, और अब्दाली की सेना भाग खड़ी हुई। जस्सा ने न सिर्फ अपने लोगों का बदला लिया, बल्कि अब्दाली के दिल में ऐसा खौफ भर दिया कि वह दोबारा पंजाब की ओर देखने से पहले सौ बार सोचता।

जस्सा सिंह की नजर सिर्फ पंजाब तक सीमित नहीं थी। उसने सोचा कि अगर असली जीत चाहिए, तो दुश्मन के घर में घुसना होगा। 1783 में उसने अपनी सेना को तैयार किया और दिल्ली की ओर कूच कर दिया। मुगल बादशाह उस समय कमजोर हो चुका था, लेकिन लाल किला अभी भी उसकी शक्ति का प्रतीक था। जस्सा सिंह ने अपनी सेना के साथ दिल्ली पर हमला बोला। उसकी तलवार की गर्जन और उसके सैनिकों का जोश देखकर मुगल सेना मैदान छोड़कर भाग गई।

जस्सा सिंह लाल किले में दाखिल हुआ। उसने वहाँ सिखों का झंडा फहराया। उस पल दिल्ली की हवाओं में सिखों की विजय की खुशबू फैल गई। यह जीत सिर्फ एक किले की नहीं थी, बल्कि सिखों के सम्मान और स्वतंत्रता की थी। जस्सा ने दिखा दिया कि सिख कभी गुलाम नहीं हो सकते।

जस्सा सिंह ने सिर्फ युद्ध ही नहीं लड़े, बल्कि शांति में भी अपनी छाप छोड़ी। उसने अहलूवालिया मिसल की नींव रखी और पंजाब में एक

ऐसा शासन बनाया, जहाँ हर इंसान को इंसाफ मिलता था। वह हिंदुओं, मुसलमानों और सिखों को एक परिवार की तरह मानता था। उसके राज्य में कोई भूखा नहीं सोता था, और कोई डरता नहीं था। उसकी नीतियों ने पंजाब को समृद्ध बनाया, और उसकी प्रजा उसे अपना रक्षक मानती थी।

1783 में, जब सूरज ढल रहा था, जस्सा सिंह अहलूवालिया की साँसें भी थम गईं। उस दिन पंजाब की धरती रो पड़ी। लेकिन उसकी मृत्यु कोई हार नहीं थी। उसने जो आग जलाई थी, वह सिखों के दिलों में आज भी जलती है। उसकी मृत्यु के बाद भी सिखों ने उसके रास्ते पर चलकर पंजाब की आजादी के लिए लड़ाई जारी रखी।

25

बाबा दीप सिंह जी: धर्म का दीपक, बलिदान का सूरज

26 जनवरी 1682 की एक ठंडी सुबह, पंजाब के पाहुविंड गाँव में एक बच्चे ने जन्म लिया। उसका नाम रखा गया—दीप सिंह। उसके पिता भगता जी और माँ जीओनी जी एक साधारण किसान परिवार से थे, लेकिन उनके दिल में सिख धर्म की ज्योति जलती थी। दीप सिंह का बचपन हँसी-खेल से भरा नहीं था। वह छोटी उम्र से ही गुरुद्वारे जाता, गुरबाणी सुनता, और अपने माता-पिता के साथ गरीबों की सेवा करता। उसकी आँखों में एक गहरी शांति थी, और उसके हाथों में एक अजीब-सी ताकत। गाँव के लोग कहते, "यह लड़का कुछ अलग है।"

दीप सिंह को घोड़ों से प्यार था। वह घास के मैदानों में घोड़े दौड़ाता, और उसकी छोटी-सी तलवार हवा में चमकती। उसके पिता ने उसे युद्ध की कला सिखाई, लेकिन उसकी माँ ने उसे गुरु गोबिंद सिंह जी की कहानियाँ सुनाईं। वह सुनता और सोचता कि एक दिन वह भी गुरु की तरह धर्म के लिए लड़ेगा। उसका मन शांत था, लेकिन उसकी आत्मा में एक आग जल रही थी—सत्य और न्याय की आग।

12 साल की उम्र में दीप सिंह अपने माता-पिता के साथ आनंदपुर साहिब पहुँचा। वहाँ उसकी मुलाकात गुरु गोबिंद सिंह जी से हुई। गुरु जी का तेज ऐसा था मानो सूरज धरती पर उतर आया हो। दीप सिंह उनके सामने खड़ा हुआ, और उसकी आँखों में श्रद्धा की चमक थी। गुरु जी ने उसे पास बुलाया और कहा, "बेटा, तेरा नाम दीप सिंह है, और तुझे धर्म का दीपक बनना है।" उस दिन दीप सिंह ने गुरु के चरणों में अपना जीवन समर्पित कर दिया।

गुरु जी के सान्निध्य में दीप सिंह ने गुरुमुखी सीखी, गुरबाणी का अध्ययन किया, और सिख धर्म के सिद्धांतों को अपने दिल में उतारा। गुरु ने देखा कि उसमें कुछ खास है—शक्ति भी, और शांति भी। उन्होंने उसे दमदमी टकसाल की जिम्मेदारी सौंपी। दीप सिंह ने वहाँ सिखों को पढ़ाया, गुरु ग्रंथ साहिब की प्रतियाँ तैयार कीं, और उन्हें धर्म की रक्षा के लिए तैयार किया। उसका जीवन अब सिर्फ उसका नहीं था—वह गुरु का सेवक बन गया था।

समय बीतता गया, और पंजाब पर मुसीबतों का साया गहरा गया। मुगल शासक और अहमद शाह अब्दाली जैसे आक्रमणकारी सिखों को कुचलने में लगे थे। 1757 में अब्दाली ने एक ऐसा कदम उठाया, जिसने हर सिख का खून खौला दिया। उसने श्री हरमंदिर साहिब पर हमला किया, उसे लूटा, और अपवित्र कर दिया। यह खबर जब बाबा दीप सिंह जी तक पहुँची, जो उस समय दमदम साहिब में थे, तो उनका दिल काँप उठा। वह 75 साल के थे, लेकिन उनकी आँखों में वही आग थी जो बचपन में थी।

उन्होंने अपनी तलवार उठाई और कहा, "हरमंदिर साहिब हमारा सम्मान है। इसे अपवित्र करने वाला कोई भी जिंदा नहीं बचेगा।" उन्होंने 5,000 सिख योद्धाओं को इकट्ठा किया। उनकी सेना में जवान भी थे, और बुजुर्ग भी। बाबा दीप सिंह ने सबके सामने संकल्प लिया, "मेरा सिर श्री हरमंदिर साहिब तक पहुँचेगा, चाहे मेरा शरीर रहे या न रहे।" उनकी आवाज में ऐसा जोश था कि हर सिख का सीना गर्व से चौड़ा हो गया।

18 नवंबर 1757 को बाबा दीप सिंह अपनी सेना के साथ गुरदासपुर से अमृतसर की ओर निकले। उनकी सफेद दाढ़ी हवा में लहरा रही थी,

और उनके हाथ में 18 किलो की दोधारी खांडा चमक रही थी। रास्ते में मुगलों की विशाल सेना ने उन्हें रोकने की कोशिश की। युद्ध शुरू हुआ। बाबा दीप सिंह आगे-आगे थे। उनकी तलवार ऐसी चल रही थी मानो मौत नाच रही हो। हर वार के साथ मुगल सैनिक जमीन पर गिरते जा रहे थे। उनकी उम्र भले ही ज्यादा थी, लेकिन उनका जोश किसी जवान से कम नहीं था।

मुगल सेना डर गई। उनके सैनिकों ने कहा, "यह बूढ़ा नहीं, कोई तूफान है।" लेकिन फिर एक मुगल सैनिक ने पीछे से वार किया। उसकी तलवार बाबा दीप सिंह की गर्दन पर लगी, और उनका सिर धड़ से अलग हो गया। वह पल ऐसा था मानो समय थम गया हो। सिख सैनिक चीख उठे, लेकिन जो हुआ उसके बाद की कहानी इतिहास में अमर हो गई।

जैसे ही उनका सिर जमीन पर गिरा, बाबा दीप सिंह ने अपने बाएँ हाथ से उसे उठा लिया। दाएँ हाथ में खांडा थी, और वह आगे बढ़ते रहे। उनका कटा हुआ सिर उनके हाथ में था, और उनकी आँखें अभी भी जल रही थीं। यह देखकर मुगल सैनिकों के होश उड़ गए। वे चीखे, "यह इंसान नहीं, कोई आत्मा है!" बाबा दीप सिंह का शरीर खून से लथपथ था, लेकिन उनका संकल्प अडिग था। वह हरमंदिर साहिब की ओर बढ़ते गए। उनकी सेना ने भी हिम्मत नहीं हारी और दुश्मन को पीछे धकेल दिया।

आखिरकार, बाबा दीप सिंह हरमंदिर साहिब के परिसर तक पहुँचे। वहाँ पहुँचकर उन्होंने अपना सिर गुरुद्वारे के सामने रखा और शांति से वीरगति को प्राप्त हुए। उस पल हवा में एक सन्नाटा छा गया, और फिर सिखों की "जयकारे" की गूँज उठी। उनका बलिदान पूरा हुआ।

बाबा दीप सिंह जी की शहादत ने सिखों के दिलों में ऐसी आग जलाई जो कभी नहीं बुझी। आज अमृतसर में उनकी शहादत स्थल पर गुरुद्वारा शहीदां साहिब खड़ा है, जहाँ लोग उनके बलिदान को याद करते हैं। उनकी खांडा और उनकी यादें आज भी वहाँ मौजूद हैं। उन्होंने सिखों को सिखाया कि धर्म के लिए लड़ना ही जिंदगी है, और अगर जरूरत पड़े तो अपने प्राण भी न्योछावर कर देने चाहिए।

26

नवाब कपूर सिंह: सिखों का शेर, एकता का सूरज

1697 की एक शांत सुबह, पंजाब के फतेहगढ़ साहिब जिले के लोहगढ़ गाँव में एक बच्चे ने जन्म लिया। उसका नाम रखा गया—कपूर सिंह। उसके माता-पिता साधारण किसान थे, लेकिन उनके दिल में सिख धर्म की ज्योति जलती थी। कपूर सिंह का बचपन खेतों में बीता। वह गायों को चराता, खेतों में दौड़ता, और शाम को अपने माता-पिता के साथ गुरुद्वारे में गुरबाणी सुनता। उसकी आँखों में एक सपना था, और उसके हाथों में एक ताकत जो उसे बाकियों से अलग करती थी।

कपूर सिंह को तलवार से प्यार था। वह छोटी उम्र में ही लकड़ी की तलवार से खेलता, और गाँव के बड़े-बुजुर्ग उसे देखकर कहते, "इस लड़के में कुछ बात है।" उसकी माँ उसे गुरु गोबिंद सिंह जी की कहानियाँ सुनाती—कैसे गुरु जी ने सिखों को शेर बनाया, कैसे उन्होंने अन्याय के खिलाफ तलवार उठाई। कपूर सिंह सुनता और सोचता कि एक दिन वह भी गुरु की तरह अपने लोगों के लिए लड़ेगा। उसका मन शांत था, लेकिन उसकी आत्मा में एक ज्वाला जल रही थी—सेवा और सम्मान

की ज्वाला।

हालांकि कपूर सिंह का जन्म गुरु गोबिंद सिंह जी के देहांत के बाद हुआ, लेकिन गुरु की शिक्षाएँ उसके खून में थीं। उसने सुना था कि गुरु जी ने सिखों को कहा था, "जब तक अन्याय है, तब तक लड़ना तुम्हारा धर्म है।" यह बात उसके दिल में घर कर गई। उसने घुड़सवारी सीखी, तलवारबाजी में महारत हासिल की, और गुरबाणी को अपने जीवन का आधार बनाया। गाँव के लोग उसे देखकर कहते, "यह लड़का सिखों का गर्व बनेगा।"

18वीं सदी की शुरुआत में पंजाब पर मुसीबतों का पहाड़ टूट पड़ा। मुगल बादशाह फर्रुखसियर के हुक्म से सिखों पर जुल्म ढाए जा रहे थे। गुरुद्वारे तोड़े जा रहे थे, सिखों को जिंदा जलाया जा रहा था। कपूर सिंह का दिल दहल उठा। उसने ठान लिया कि वह चुप नहीं बैठेगा। उसने अपनी तलवार उठाई और सिखों को इकट्ठा करना शुरू किया। उसकी आवाज में ऐसा जादू था कि लोग अपने घर छोड़कर उसके पीछे चल पड़े।

उस समय सिख मिसलें बिखरी हुई थीं। हर मिसल अपने लिए लड़ रही थी, लेकिन कपूर सिंह ने देखा कि असली ताकत एकता में है। 1733 में उसने सिख सरदारों को एक मंच पर लाया और "दल खालसा" की नींव रखी। यह सिखों की एक सशक्त सेना थी, जो धर्म और सम्मान की रक्षा के लिए बनी थी। उसकी बहादुरी और सूझबूझ देखकर सिख संगत ने उसे अपना नेता चुना।

उसी साल मुगल सरकार ने सिखों को शांत करने के लिए एक चाल चली। उन्होंने सिखों को नवाब की उपाधि और जागीर देने की पेशकश की। सिखों ने सोचा कि यह सम्मान उनके किसी योग्य नेता को मिलना चाहिए। सबकी नजर कपूर सिंह पर पड़ी। संगत ने एकमत से उसे "नवाब" की उपाधि दी। लेकिन कपूर सिंह ने इसे सिर्फ सम्मान नहीं माना। उसने कहा, "यह उपाधि मेरी जिम्मेदारी है। मैं इसे सिखों की सेवा के लिए इस्तेमाल करूँगा।" उस दिन से वह नवाब कपूर सिंह कहलाया।

नवाब कपूर सिंह ने सिखों को नई ताकत दी। उसने मिसलों को संगठित किया और दो बड़े सैन्य दल बनाए—"छोटा दल" और "बड़ा दल"। छोटा दल तेज हमले करता था, जैसे हवा का झोंका जो दुश्मन

को उड़ा ले जाए। बड़ा दल लंबे युद्धों के लिए तैयार था, जैसे पहाड़ जो कभी न हिले। उसने सिखों को सिखाया कि दुश्मन से डरना नहीं, बल्कि उसका मुकाबला करना है। उसकी सेना जंगल में छिपती, और अचानक हमला करके मुगलों को हैरान कर देती।

उसकी एक बात मशहूर थी—"हमारा खून बह सकता है, लेकिन हमारा धर्म कभी नहीं मरेगा।" यह सुनकर सिखों का जोश दोगुना हो जाता था। उसने सिखों को आत्मरक्षा का हथियार दिया और उनके दिलों में आत्मसम्मान की आग जलाई।

नवाब कपूर सिंह के नेतृत्व में सिखों ने मुगलों और अहमद शाह अब्दाली का डटकर मुकाबला किया। एक बार मुगल गवर्नर ने गुरुद्वारे पर हमला किया और उसे अपवित्र कर दिया। यह खबर सुनते ही नवाब कपूर सिंह ने अपनी सेना को तैयार किया। उसने दुश्मन पर ऐसा हमला बोला कि उनकी सेना मैदान छोड़कर भाग गई। उसने गुरुद्वारे को फिर से बनवाया और वहाँ लंगर शुरू करवाया, ताकि हर भूखे को रोटी मिले।

जब अब्दाली पंजाब को लूटने आया, तो नवाब कपूर सिंह ने उसे सबक सिखाया। उसकी सेना ने अब्दाली के काफिले पर हमला किया और लूटी हुई संपत्ति वापस छीन ली। अब्दाली को समझ आ गया कि सिखों से टक्कर लेना आसान नहीं है।

नवाब कपूर सिंह सिर्फ तलवार से नहीं लड़े, बल्कि अपने दिमाग और दिल से भी सिखों का भला किया। उसने लंगर की परंपरा को और मजबूत किया। उसके गुरुद्वारों में हिंदू, मुस्लिम, सिख—सब एक साथ बैठकर खाना खाते थे। उसने कहा, "धर्म हमें बाँटता नहीं, जोड़ता है।" उसने सिख मर्यादा को फिर से स्थापित किया और लोगों को गुरबाणी के रास्ते पर चलने की प्रेरणा दी। उसके राज्य में कोई गरीब भूखा नहीं सोता था, और कोई डर के साये में नहीं जीता था।

1764 में, जब सूरज ढल रहा था, नवाब कपूर सिंह की साँसें भी थम गईं। उस दिन पंजाब की धरती शांत हो गई, लेकिन उसकी गूँज कभी खत्म नहीं हुई। उसने अपना पूरा जीवन सिखों की सेवा में लगा दिया। उसकी मृत्यु के बाद भी सिखों ने उसके रास्ते पर चलकर अपनी शान को बरकरार रखा।

नवाब कपूर सिंह का नाम सिख इतिहास में सुनहरे अक्षरों में लिखा है। वह एकता का प्रतीक थे, साहस का पहाड़ थे, और सेवा का सागर थे। उनकी कहानी हर उस सिख को प्रेरणा देती है, जो अपने धर्म और सम्मान के लिए लड़ना चाहता है।

27

स्वर्ण मंदिर के रक्षक: लहना सिंह और घनैया सिंह

लहना सिंह और घनैया सिंह का जन्म पंजाब के उन गाँवों में हुआ, जहाँ हवाएँ गुरबाणी की मधुर धुन गाती थीं। दोनों का बचपन साधारण था, लेकिन उनके दिल असाधारण थे। लहना सिंह एक छोटे से गाँव में पैदा हुए, जहाँ उनके पिता खेतों में काम करते थे और माँ गुरुद्वारे में लंगर बनाती थी। घनैया सिंह का घर पास के एक गाँव में था, जहाँ उनके परिवार ने गुरु गोबिंद सिंह जी की शिक्षाओं को अपने जीवन का आधार बनाया था। दोनों बच्चे छोटी उम्र से ही गुरुद्वारे में जाया करते, जहाँ वे गुरु की वाणी सुनते और उनके किस्से सुनकर बड़े होते।

लहना सिंह को घोड़ों से प्यार था। वह खेतों में घोड़े दौड़ाता, और उसकी हँसी हवा में गूँजती। घनैया सिंह की ताकत उसकी तलवार में थी। वह लकड़ी की तलवार से अभ्यास करता, और उसकी कलाइयों में ऐसी फुर्ती थी कि गाँव के लोग उसे देखकर दंग रह जाते। दोनों के दिलों में एक ही सपना था—गुरु गोबिंद सिंह जी की तरह खालसा बनना और धर्म की रक्षा करना। उनकी माँएँ उन्हें कहतीं, "बेटा, सिख का मतलब है शेर।

तुम्हें डर से लड़ना है, न कि उससे हारना।" यह बात उनके दिलों में घर कर गई।

जब दोनों जवान हुए, तो उन्होंने खालसा पंथ में दीक्षा ली। गुरु गोबिंद सिंह जी ने सिखों को शस्त्र और शास्त्र दोनों की शिक्षा दी थी, और लहना सिंह व घनैया सिंह ने इसे अपने जीवन का मंत्र बना लिया। लहना सिंह की तलवार तेज थी, और उसका हौसला उससे भी तेज। घनैया सिंह का जोश ऐसा था कि वह मैदान में आग की तरह भड़कता था। दोनों ने दल खालसा में शामिल होकर सिखों की सेवा शुरू की। उनकी आँखों में गुरु का प्रकाश था, और उनके हाथों में धर्म की ढाल।

उस समय पंजाब पर मुसीबतों का साया था। मुगल गवर्नर और अब्दाली जैसे आक्रमणकारी सिखों को कुचलने में लगे थे। गुरुद्वारे तोड़े जा रहे थे, और सिखों का खून बहाया जा रहा था। लहना सिंह और घनैया सिंह ने देखा कि उनके लोग दर्द में हैं। उन्होंने ठान लिया कि वे चुप नहीं रहेंगे। उनकी तलवारें अब सिर्फ अभ्यास के लिए नहीं, बल्कि धर्म की रक्षा के लिए उठेंगी।

एक दिन खबर आई कि अहमद शाह अब्दाली ने पंजाब पर हमला बोला है। उसने सरहिंद को घेर लिया और निर्दोष लोगों पर जुल्म ढाने शुरू कर दिए। सिख संगत ने फैसला किया कि अब्दाली को जवाब देना होगा। लहना सिंह और घनैया सिंह दल खालसा की अगली पंक्ति में खड़े थे। उनकी सेना छोटी थी, लेकिन उनका हौसला आसमान छू रहा था। जब युद्ध शुरू हुआ, तो दोनों मैदान में उतरे।

लहना सिंह का घोड़ा हवा की तरह दौड़ा। उसकी तलवार हर वार में दुश्मन को चीर रही थी। घनैया सिंह आगे-आगे था, उसकी चीख दुश्मनों के लिए मौत की घंटी थी। उनकी जोड़ी ऐसी थी मानो दो तूफान एक साथ आए हों। अब्दाली की सेना ने पूरी ताकत झोंक दी, लेकिन लहना और घनैया के आगे उनकी एक न चली। घंटों तक युद्ध चला। धूल के बादल उठे, खून की नदियाँ बहीं, और आखिरकार अब्दाली को पीछे हटना पड़ा। उस दिन सिखों की जीत हुई, और लहना सिंह व घनैया सिंह का नाम हर जुबान पर चढ़ गया।

लेकिन असली परीक्षा अभी बाकी थी। एक बार अब्दाली ने अमृतसर पर हमला बोला। उसने श्री हरमंदिर साहिब को निशाना बनाया। उसने सोचा कि सिखों का दिल तोड़ने का सबसे आसान तरीका उनके पवित्र स्थल को अपवित्र करना है। उसने गुरुद्वारे को लूटा और वहाँ तबाही मचाई। यह खबर जब लहना सिंह और घनैया सिंह तक पहुँची, तो उनका खून खौल उठा। उन्होंने कहा, "हरमंदिर साहिब हमारा सम्मान है। इसे छूने वाला जिंदा नहीं बचेगा।"

दोनों ने अपनी सेना को इकट्ठा किया और अमृतसर की ओर कूच कर दिया। रास्ते में अब्दाली की सेना ने उन्हें रोकने की कोशिश की। युद्ध शुरू हुआ। लहना सिंह का घोड़ा मैदान में दौड़ रहा था, और उसकी तलवार दुश्मनों को काट रही थी। घनैया सिंह ने अपनी ढाल से वार रोके और अपनी तलवार से जवाब दिया। उनकी सेना संख्या में कम थी, लेकिन उनका जोश अनंत था। वे चीखे, "यह सिर्फ हमारा गुरुद्वारा नहीं, हमारी शान है!" उनकी आवाज सुनकर सिख सैनिकों में नई जान आ गई।

युद्ध भयंकर था। अब्दाली की सेना ने पूरी ताकत झोंक दी। लहना सिंह और घनैया सिंह आगे-आगे लड़ रहे थे। तभी एक तीर लहना सिंह के सीने में लगा। वह घोड़े से गिर पड़ा, लेकिन उसने हार नहीं मानी। उसने अपनी तलवार उठाई और लड़ता रहा। उसी वक्त एक भाले ने घनैया सिंह को घायल कर दिया। उसका खून बह रहा था, लेकिन उसकी आँखों में वही आग थी। दोनों ने एक-दूसरे को देखा, और उनकी नजरों में एक ही संदेश था—"हम मर सकते हैं, लेकिन हरमंदिर साहिब को नहीं छोड़ेंगे।"

आखिरी साँस तक दोनों लड़े। उनकी सेना ने उनकी हिम्मत देखकर दुश्मन को पीछे धकेल दिया। जब युद्ध खत्म हुआ, तो अब्दाली भाग चुका था, और हरमंदिर साहिब सुरक्षित था। लेकिन लहना सिंह और घनैया सिंह मैदान में शांत हो गए। उनका खून उस पवित्र मिट्टी में मिल गया, जिसे बचाने के लिए उन्होंने अपनी जान दी।

लहना सिंह और घनैया सिंह का बलिदान सिखों के लिए एक नई रोशनी बना। उनकी वीरता ने सिख संगत को एकजुट किया और दिखाया कि धर्म के लिए लड़ना ही सच्चा जीवन है। आज हर गुरुद्वारे

में उनकी कहानियाँ गाई जाती हैं। उनकी तलवारें भले ही चुप हो गई हों, लेकिन उनकी गूँज हर सिख के दिल में सुनाई देती है।

28

माई भागो: सिखों की शेरनी, साहस का आलम

पंजाब के फूलका गाँव में एक सिख परिवार में माई भागो का जन्म हुआ। उनके पिता मालक सिंह एक सिख योद्धा थे, जिनकी तलवार मुगलों के खिलाफ कई बार चमकी थी। माई भागो का बचपन खेतों और गुरुद्वारों के बीच बीता। वह गायों को चराती, खेतों में दौड़ती, और शाम को गुरुद्वारे में बैठकर गुरु गोबिंद सिंह जी की कहानियाँ सुनती। उनकी माँ उन्हें बताती, "बेटी, गुरु जी ने हमें शेर बनाया है। हमें कभी झुकना नहीं है।" यह बात उनके नन्हे दिल में घर कर गई।

माई भागो को तलवार से प्यार था। वह अपने पिता के साथ अभ्यास करती, और उनकी कलाइयाँ ऐसी फुर्ती से चलतीं मानो हवा में बिजली कड़क रही हो। वह घोड़े पर हवा की तरह दौड़ती, और गाँव के लोग उसे देखकर कहते, "यह लड़की नहीं, कोई तूफान है।" उनका मन शांत था, लेकिन उनकी आत्मा में एक आग जल रही थी—धर्म और सत्य की रक्षा की आग।

उस समय मुगल बादशाह औरंगज़ेब सिखों को कुचलने में लगा था। गुरु गोबिंद सिंह जी ने खालसा पंथ बनाकर सिखों को नई ताकत दी थी। माई भागो गुरु जी की शिक्षाओं से गहरे जुड़ी थीं। वह सुनती थीं कि कैसे गुरु ने कहा, "जब तक अन्याय है, तब तक लड़ना तुम्हारा धर्म है।" यह सुनकर उनका खून खौल उठता। उन्होंने सोचा, "मैं गुरु की बेटी हूँ। मुझे भी उनकी तरह लड़ना होगा।" उन्होंने खालसा बनने की दीक्षा ली और अपने आपको शस्त्र और शास्त्र दोनों में पारंगत कर लिया।

1704 का साल था। मुगलों ने आनंदपुर साहिब को घेर लिया। महीनों तक सिखों ने हिम्मत से लड़ाई लड़ी, लेकिन खाना और पानी खत्म हो गया। मुगलों ने झूठी कसमें खाकर सिखों को किला छोड़ने के लिए कहा। गुरु गोबिंद सिंह जी ने संगत के साथ किला छोड़ा, लेकिन मुगलों ने धोखा दिया और हमला कर दिया। उस मुश्किल वक्त में कुछ सिख डर गए। चालीस सिखों ने गुरु जी का साथ छोड़ दिया और "बे-दावा" लिखकर घर लौट गए। यह खबर जब माई भागो तक पहुँची, तो उनका दिल टूट गया।

माई भागो अपने गाँव पहुँचीं, जहाँ ये सिख छिपे हुए थे। वह उनके घरों में गईं और गुस्से से बोलीं, "तुमने गुरु को छोड़ा? क्या तुम्हारा खालसा होना झूठ था? अगर तुम्हें अपनी शान और धर्म की परवाह नहीं, तो मैं अकेले लड़ूँगी।" उनकी आवाज में ऐसा जोश था कि वे सिख शर्मिंदा हो गए। माई भागो ने कहा, "अगर तुम मर्द नहीं लड़ सकते, तो अपनी चूड़ियाँ मुझे दे दो। मैं गुरु के लिए मैदान में उतरूँगी।" उनकी बातों ने उन चालीस सिखों के दिलों में आग जला दी। वे रोते हुए बोले, "माई, हमें माफ करो। हम तुम्हारे साथ चलेंगे।"

1705 में खिदराणा (अब मुखतसर साहिब) के मैदान में मुगलों की विशाल सेना आई। गुरु गोबिंद सिंह जी उस समय पास ही थे, और मुगल उनकी तलाश में थे। माई भागो ने उन चालीस सिखों को इकट्ठा किया और कहा, "यह हमारी आखिरी लड़ाई नहीं, बल्कि हमारी शान की शुरुआत है।" वह खुद आगे थीं—हाथ में तलवार, सिर पर केसरी पगड़ी, और आँखों में आग। उनकी सेना छोटी थी, लेकिन उनका हौसला आसमान छू रहा था।

जब युद्ध शुरू हुआ, माई भागो मैदान में शेरनी की तरह उतरीं। उनकी तलवार हर वार में मुगल सैनिकों को काट रही थी। वह चीखीं, "यह गुरु का मैदान है, यहाँ कोई डर नहीं!" उनके पीछे चालीस सिख भी लड़े। घंटों तक युद्ध चला। धूल के बादल उठे, खून की नदियाँ बहीं। माई भागो घायल हो गईं, उनका खून मिट्टी में मिल गया, लेकिन वह रुकीं नहीं। आखिरकार मुगल सेना पीछे हट गई। उस दिन चालीस सिख शहीद हो गए, लेकिन उन्होंने गुरु के प्रति अपनी वफादारी साबित कर दी। वे "चालीस मुक्ते" कहलाए।

युद्ध के बाद गुरु गोबिंद सिंह जी मैदान में आए। उन्होंने शहीदों को नमन किया और माई भागो को देखा, जो घायल होकर भी साँस ले रही थीं। गुरु जी ने कहा, "भागो, तू मेरी सच्ची बेटी है। तूने सिखों की शान बचाई।" माई भागो की आँखों में आँसू आ गए। वह ठीक हुईं और गुरु जी के साथ रहीं। बाद में उन्होंने अपना जीवन सेवा और साधना में बिताया। वह नान्देड़ चली गईं, जहाँ उन्होंने ध्यान और गुरबाणी में समय बिताया। एक दिन शांति से उनकी साँसें थम गईं, लेकिन उनकी गाथा कभी नहीं थमी।

माई भागो की वीरता सिख इतिहास में सुनहरे अक्षरों में लिखी है। वह सिख महिलाओं के लिए साहस और शक्ति की मिसाल हैं। मुखतसर साहिब में उनकी याद में गुरुद्वारा खड़ा है, जहाँ लोग उनके बलिदान को याद करते हैं। उन्होंने सिखाया कि साहस लिंग से नहीं, आत्मा से आता है।

29

साहिबज़ादे फतेह सिंह और जोरावर सिंह: नन्हे शेरों की अमर गाथा

साहिबज़ादा जोरावर सिंह का जन्म 28 नवंबर 1696 को हुआ, और साहिबज़ादा फतेह सिंह ने 12 दिसंबर 1699 को पहली साँस ली। दोनों का जन्म आनंदपुर साहिब के उस पवित्र किले में हुआ, जहाँ गुरु गोबिंद सिंह जी सिखों को एक नई ताकत दे रहे थे। उनकी माँ माता गुजरी जी थीं, जिनका दिल करुणा और हिम्मत से भरा था। इन नन्हे साहिबज़ादों का बचपन खिलौनों से नहीं, बल्कि गुरबाणी और वीरता की कहानियों से सजा था।

जोरावर सिंह की आँखों में तेज था। वह छोटी उम्र में ही घोड़े पर चढ़ता और अपनी नन्हीं तलवार से हवा में वार करता। फतेह सिंह की मुस्कान ऐसी थी मानो सूरज की किरणें बिखर रही हों। वह अपने भाई के पीछे-पीछे दौड़ता और गुरुद्वारे में बैठकर गुरु की वाणी सुनता। दोनों को उनके पिता गुरु गोबिंद सिंह जी ने सिखाया, "सिख का मतलब है न

डरना, न झुकना।" यह बात उनके नन्हे दिलों में घर कर गई।

1704 का साल था। मुगल बादशाह औरंगज़ेब ने सिखों को खत्म करने की ठान ली। उसने अपनी विशाल सेना को आनंदपुर साहिब भेजा। महीनों तक किला घेरा गया। खाना खत्म हो गया, पानी सूख गया, लेकिन सिखों का हौसला नहीं टूटा। आखिरकार, गुरु गोबिंद सिंह जी ने किला छोड़ने का फैसला किया। एक ठंडी दिसंबर की रात को, गुरु जी अपनी संगत और परिवार के साथ निकले। सरसा नदी के किनारे मुगलों ने हमला कर दिया। बाढ़ और युद्ध के बीच सब बिछड़ गए।

माता गुजरी जी अपने दो नन्हे पोतों—जोरावर और फतेह—के साथ अलग हो गईं। ठंड से उनके हाथ काँप रहे थे, लेकिन माता जी ने उन्हें अपनी छाती से लगाया और कहा, "डरो मत, वाहेगुरु हमारे साथ है।" वे एक गाँव में पहुँचे, जहाँ उनके पुराने सेवक गंगू ने उन्हें शरण दी। लेकिन लालच ने गंगू को अंधा कर दिया। उसने मुगलों को खबर दे दी, और माता गुजरी जी और दोनों साहिबज़ादों को पकड़ लिया गया।

मुगलों ने उन्हें सरहिंद ले जाया, जहाँ नवाब वज़ीर खान का दरबार था। वज़ीर खान एक क्रूर शासक था, जिसने सिखों पर अनगिनत जुल्म ढाए थे। उसने सोचा कि इन नन्हे बच्चों को डराना आसान होगा। दोनों को दरबार में लाया गया। जोरावर सिंह 9 साल के थे, और फतेह सिंह सिर्फ 6 साल के। उनकी छोटी-सी काया देखकर दरबार में हँसी गूँजी, लेकिन उनकी आँखों का तेज देखकर वह हँसी सन्नाटे में बदल गई।

वज़ीर खान ने कहा, "तुम्हारा बाप गुरु गोबिंद सिंह हमारा दुश्मन है। अगर तुम इस्लाम कबूल कर लो, तो तुम्हें सोने-चाँदी से लाद दूँगा। नहीं तो मरने के लिए तैयार हो जाओ।" जोरावर सिंह ने अपने छोटे भाई की ओर देखा, और फिर सीना तानकर बोला, "हम गुरु के बेटे हैं। हमारा धर्म हमारी जान से प्यारा है।" फतेह सिंह ने अपनी नन्हीं आवाज में कहा, "वाहेगुरु हमारी ताकत है। हम नहीं डरते।" उनकी बात सुनकर दरबार में सन्नाटा छा गया। वज़ीर खान का चेहरा गुस्से से लाल हो गया।

वज़ीर खान ने सोचा कि इन बच्चों को डराने के लिए सबसे भयानक सजा देनी होगी। उसने फरमान सुनाया, "इन दोनों को जीवित दीवार में चुनवा दो।" यह सुनकर दरबार में मौजूद कुछ लोग भी काँप उठे। लेकिन

जोरावर और फतेह की आँखों में एक आँसू तक नहीं था। माता गुजरी जी को ठंडे बुर्ज में कैद कर दिया गया, जहाँ से वे अपने पोतों की आवाज सुन सकती थीं।

23 दिसंबर 1704 की ठंडी सुबह थी। दोनों साहिबज़ादों को नदी के किनारे ले जाया गया। वहाँ दो ईंटों की दीवारें बनाई जा रही थीं। जोरावर सिंह ने फतेह का हाथ पकड़ा और कहा, "भाई, वाहेगुरु का नाम लेते रहना।" फतेह ने मुस्कुराकर कहा, "हाँ, भैया।" जैसे-जैसे ईंटें चिनी जाने लगीं, दोनों "वाहेगुरु, वाहेगुरु" जपते रहे। उनकी नन्हीं आवाजें हवा में गूँज रही थीं। दीवार उनके कंधों तक पहुँची, फिर सीने तक, लेकिन उनके चेहरों पर शांति थी।

जब दीवार उनकी गर्दन तक पहुँची, तो उनकी साँसें थम गईं। उस पल पंजाब की धरती काँप उठी। दो नन्हे शेर शहीद हो गए, लेकिन उनका विश्वास कभी नहीं डगमगाया। उनकी शहादत ने वज़ीर खान को हिला दिया, लेकिन वह अपनी हार नहीं मान सका।

उसी दिन ठंडे बुर्ज में माता गुजरी जी को खबर मिली कि उनके नन्हे साहिबज़ादे शहीद हो गए। उनका दिल टूट गया, लेकिन उनकी आँखों में आँसू की जगह गर्व था। उन्होंने वाहेगुरु का नाम लिया और कहा, "मेरे लाल गुरु के रास्ते पर चले। मैं भी अब उनके पास जा रही हूँ।" उस ठंडी रात में माता गुजरी जी ने भी अपने प्राण त्याग दिए। उनका बलिदान भी उतना ही महान था, जितना उनके पोतों का।

साहिबज़ादा जोरावर सिंह और फतेह सिंह की शहादत सिख इतिहास का सबसे दर्दनाक और गौरवमयी पल है। उनकी छोटी उम्र में दिखाई गई हिम्मत ने सिखो के दिलों में ऐसी आग जलाई, जो कभी नहीं बुझी। फतेहगढ़ साहिब में आज गुरुद्वारा ज्योति स्वरूप और गुरुद्वारा शहीदगंज उनकी याद में खड़े हैं। हर साल 23 दिसंबर को शहीदी दिवस पर लोग उनके बलिदान को याद करते हैं।

उन्होंने सिखाया कि सच्ची ताकत उम्र में नहीं, आत्मा में होती है। उनकी कहानी हर सिख बच्चे को बताई जाती है, ताकि वे समझें कि धर्म और सत्य के लिए लड़ना ही असली वीरता है।

30

बिरसा मुंडा: आदिवासी वीर और स्वतंत्रता संग्राम के महानायक

बिरसा मुंडा का जन्म 15 नवंबर 1875 को झारखंड के खूंटी जिले के उलीहातू गाँव में एक गरीब मुंडा जनजाति परिवार में हुआ था। उनके पिता सुगना मुंडा और माँ करमी हातू मेहनतकश किसान थे, जो अपनी मेहनत से परिवार का पेट पालते थे। बिरसा का बचपन गरीबी और संघर्ष के बीच बीता। छोटी उम्र में ही वह बकरियाँ चराने लगे, लेकिन उनका मन हमेशा कुछ बड़ा करने की ओर आकर्षित था।

प्रकृति के बीच पले-बढ़े बिरसा का स्वभाव जिज्ञासु और साहसी था। वह अपने आसपास के लोगों की परेशानियों को देखते और सोचते कि इसे कैसे बदला जाए। उनकी यह जिज्ञासा ही आगे चलकर उनके जीवन का आधार बनी।

बिरसा ने अपनी शुरुआती शिक्षा गाँव में ही ली। बाद में वह चाईबासा के इंग्लिश मिडिल स्कूल में पढ़ने गए। वहाँ उन्होंने अंग्रेजी शिक्षा और

ईसाई मिशनरियों के प्रभाव को करीब से देखा। कुछ समय के लिए वह ईसाई धर्म की ओर आकर्षित हुए, लेकिन जल्द ही उन्हें अहसास हुआ कि ब्रिटिश शासन और मिशनरी गतिविधियाँ आदिवासियों की संस्कृति और जमीन को नष्ट कर रही हैं।

स्कूल छोड़ने के बाद बिरसा ने अपने समुदाय की ओर रुख किया। उन्होंने देखा कि ब्रिटिश सरकार की नीतियाँ—जमीन छीनना, भारी कर लगाना और जमींदारों का शोषण—आदिवासियों को गुलामी की ओर धकेल रही थीं। यह अनुभव उनके जीवन का टर्निंग पॉइंट बना और उन्होंने अन्याय के खिलाफ लड़ने का संकल्प लिया।

1890 के दशक में बिरसा मुंडा ने अपने समुदाय को एकजुट करना शुरू किया। वह 20 साल की उम्र में एक ऐसे नेता बन गए, जिनकी आवाज़ में विद्रोह की आग थी। उन्होंने "उलगुलान" नामक आंदोलन की शुरुआत की, जो ब्रिटिश शासन और उसके सहयोगी जमींदारों के खिलाफ एक बड़ा विद्रोह था।

विद्रोह के कारण:

1. जमीन का हरण: ब्रिटिश सरकार ने आदिवासियों की पुश्तैनी जमीन छीनकर जमींदारों और बाहरी लोगों को दे दी। यह उनकी आजीविका का आधार था।

2. भारी कर: अंग्रेजों ने आदिवासियों पर अनुचित कर थोपे, जिसे चुकाने में वे असमर्थ थे।

3. सांस्कृतिक हमला: ईसाई मिशनरियों और ब्रिटिश नीतियों ने आदिवासी रीति-रिवाजों और परंपराओं को कुचलने की कोशिश की।

1895 में बिरसा ने खुला विद्रोह शुरू किया। उन्होंने नारा दिया—"अबुआ दिशुम, अबुआ राज" (हमारा देश, हमारा राज)—जो आदिवासियों के आत्मसम्मान और स्वतंत्रता की पुकार बन गया। वह अपने लोगों को जंगलों और पहाड़ों में इकट्ठा करते, उन्हें हथियार चलाना सिखाते और ब्रिटिश अधिकारियों पर हमले की योजना बनाते। उनकी सेना में तीर-कमान और पारंपरिक हथियार थे, लेकिन उनका हौसला अंग्रेजों की बंदूकों से भी बड़ा था।

1899-1900 में उलगुलान अपने चरम पर पहुँचा। बिरसा के नेतृत्व में आदिवासियों ने ब्रिटिश चौकियों, जमींदारों और मिशनरी केंद्रों पर हमले किए। उनकी यह लड़ाई सिर्फ जमीन की नहीं, बल्कि अपनी पहचान और संस्कृति को बचाने की थी।

बिरसा मुंडा सिर्फ योद्धा नहीं थे, बल्कि एक समाज सुधारक भी थे। उन्होंने आदिवासी समाज में फैले अंधविश्वास, शराबखोरी और कुरीतियों को खत्म करने की कोशिश की। वह लोगों को शिक्षा का महत्व समझाते और कहते, "हमें अपनी जमीन और संस्कृति बचानी है, इसके लिए हमें जागरूक होना होगा।" बिरसा ने अपने अनुयायियों को एक नया धर्म भी दिया, जिसे "बिरसाइत" कहा गया। इसमें प्रकृति पूजा और नैतिक जीवन पर जोर था।

उनके संदेश ने आदिवासियों में आत्मसम्मान और एकता की भावना जगा दी। वह "धरती आबा" (धरती के पिता) कहलाए, क्योंकि वह अपने लोगों के लिए एक मार्गदर्शक और रक्षक बन गए थे।

ब्रिटिश सरकार बिरसा की बढ़ती ताकत से घबरा गई। 3 मार्च 1900 को उन्हें उनके कुछ साथियों के साथ जंगल से गिरफ्तार कर लिया गया। उन्हें रांची जेल में डाल दिया गया, जहाँ उनकी हालत बिगड़ती गई। 9 जून 1900 को मात्र 24 साल की उम्र में उनकी मृत्यु हो गई। कई इतिहासकार मानते हैं कि उन्हें जहर देकर मार दिया गया, हालाँकि ब्रिटिश सरकार ने इसे बीमारी बताया। उनकी मृत्यु ने उनके अनुयायियों को झकझोर दिया, लेकिन उनकी लड़ाई खत्म नहीं हुई। उलगुलान की चिंगारी आगे भी जलती रही।

बिरसा मुंडा एक ऐसे नायक थे, जिन्होंने अपने छोटे से जीवन में बड़ा संदेश दिया—अत्याचार के खिलाफ आवाज़ उठाना ही सच्ची आज़ादी की शुरुआत है। वह न सिर्फ आदिवासियों के लिए लड़े, बल्कि हर उस इंसान के लिए प्रेरणा बने, जो अन्याय से जूझ रहा है। उनकी लड़ाई जमीन, संस्कृति और सम्मान की लड़ाई थी, जो भारतीय स्वतंत्रता संग्राम का एक अनमोल हिस्सा बन गई। "धरती आबा" बिरसा मुंडा की गाथा साहस, एकता और बलिदान की वह मशाल है, जो हमेशा जलती रहेगी।

❧

31

महाराजा सूरजमल: जाटों का सूरज

हरियाणा की उस धरती पर, जहाँ खेतों की हरियाली साहस की कहानियाँ सुनाती है और हवाएँ वीरता की गूँज लिए बहती हैं, वहाँ 13 फरवरी 1707 को डीग के एक छोटे से गाँव में एक बच्चे ने जन्म लिया। उसका नाम था सूरजमल। जाट समुदाय के इस परिवार में उनके पिता बदन सिंह एक साधारण किसान थे, जो बाद में भरतपुर रियासत के संस्थापक बने। माँ रानी किशोरी देवी की गोद में सूरजमल ने जिंदगी की पहली साँस ली। यह कहानी है उस शासक की, जिसे "जाटों का प्लेटो" और "महाराजा सूरजमल जाट" कहा गया—एक ऐसा सूरज, जो अपने लोगों के लिए उगा और कभी न डूबा।

सूरजमल का बचपन गाँव की मिट्टी में खेलते हुए बीता। जहाँ उनके साथी गाय-भैंस चराते, वहाँ सूरजमल घोड़ों की सवारी सीखता और तलवार चलाने में माहिर होता। उनके पिता बदन सिंह ने जाटों को एकजुट कर भरतपुर को एक छोटी रियासत बनाया था, पर वह सादगी पसंद थे। सूरजमल को बचपन से ही युद्ध और कूटनीति का पाठ उनके चाचा ठाकुर चुड़ामन ने सिखाया। चुड़ामन एक जाट योद्धा थे, जिन्होंने मुगलों के खिलाफ विद्रोह का बिगुल बजाया था। सूरजमल की आँखों में अपने लोगों को आजाद और मजबूत देखने का सपना पलने लगा।

1733 में, जब सूरजमल 26 साल के थे, उनके पिता ने उन्हें भरतपुर की गद्दी सौंपी। बदन सिंह ने कहा, "सूरज, यह रियासत तुम्हारी नहीं, जाटों की अमानत है। इसे सँभालो।" सूरजमल ने यह जिम्मेदारी न सिर्फ सँभाली, बल्कि इसे एक सुनहरा अध्याय बना दिया।

सूरजमल का शासनकाल युद्धों और संधियों का दौर था। उस समय मुगल साम्राज्य कमजोर हो रहा था, और मराठे, अफगान और राजपूत आपस में लड़ रहे थे। सूरजमल ने अपनी सूझबूझ से इन सबके बीच भरतपुर को मजबूत बनाया। उनकी पहली बड़ी लड़ाई 1745 में फर्रुखनगर के नवाब के खिलाफ थी। नवाब ने जाटों पर हमला बोला, पर सूरजमल ने अपनी छोटी सी सेना से उसे धूल चटा दी। इसके बाद उन्होंने डीग, कुम्हेर और भरतपुर को अभेद्य किलों में बदला। कुम्हेर का किला तो इतना मजबूत था कि उसे "भारत का जिब्राल्टर" कहा गया।

1757 में जब अहमद शाह अब्दाली ने दिल्ली पर हमला बोला, सूरजमल ने मराठों का साथ दिया। पानीपत की तीसरी लड़ाई (1761) से पहले उन्होंने मराठों को सलाह दी कि अफगानों से सीधे न भिड़ें। पर मराठों ने उनकी बात न मानी और हार गए। सूरजमल ने अपनी सेना को बचा लिया और दिल्ली के आसपास के इलाकों को अपने कब्जे में ले लिया। उनकी कूटनीति ऐसी थी कि वे दुश्मनों को भी दोस्त बना लेते थे। एक बार मराठा सरदार मल्हार राव होलकर उनके खिलाफ आया, पर सूरजमल ने उसे अपनी मेहमाननवाजी से ऐसा प्रभावित किया कि दोनों दोस्त बन गए।

सूरजमल सिर्फ योद्धा नहीं, एक कुशल शासक भी थे। उन्होंने जाटों को संगठित किया और भरतपुर को समृद्ध बनाया। उनके शासन में किसानों को राहत दी गई, व्यापार को बढ़ावा मिला और किलों की मजबूती पर ध्यान दिया गया। डीग के महल उनकी वास्तुकला का नमूना हैं, जहाँ पानी के फव्वारे और बागानों ने इसे "जाटों का ताजमहल" बनाया। वे अपने लोगों के बीच रहते थे, उनकी बात सुनते थे। उनकी दरियादिली ऐसी थी कि वे अपने सैनिकों को "मेरे भाई" कहते थे।

1763 का साल सूरजमल के लिए आखिरी साबित हुआ। दिल्ली के नवाब नजीबुद्दौला ने उनकी बढ़ती ताकत से डरकर उन पर हमला

बोला। 25 दिसंबर 1763 को हिण्डौन के पास एक भयंकर लड़ाई हुई। सूरजमल अपनी सेना के साथ डटकर लड़े। उनकी तलवार दुश्मनों के बीच बिजली की तरह चमकी। लेकिन एक गोली उनके सीने को भेद गई। उस दिन भरतपुर का सूरज डूब गया। उनकी मृत्यु के बाद उनके बेटे जवाहर सिंह ने गद्दी सँभाली, पर सूरजमल की कमी कभी पूरी न हुई।

महाराजा सूरजमल की शहादत के बाद उनकी गाथा जाटों के दिलों में बस गई। उन्हें "महान सूरज" कहा गया। उनकी सूझबूझ और वीरता ने भरतपुर को 18वीं सदी का एक मजबूत राज्य बनाया। आज भी डीग और भरतपुर के किले उनकी शान की कहानी कहते हैं। इतिहासकार उन्हें "जाटों का प्लेटो" कहते हैं, क्योंकि वे योद्धा होने के साथ-साथ एक दार्शनिक शासक भी थे। उनकी कहानी एक मिसाल है कि साहस और समझदारी से कोई भी मुश्किल जीती जा सकती है।

32

स्वाभिमान का सूरज: राणा सांगा का अनंत बलिदान

राजस्थान की रेतीली धरती पर सूरज की तपिश बिखरी हुई थी। हवा जब चलती, तो रेत के कण उड़ते और दूर तक एक सुनहरी चादर-सी बिछ जाती। उस चादर के नीचे दबी थीं अनगिनत कहानियाँ — वीरता की, बलिदान की, और स्वाभिमान की। उन कहानियों में एक नाम ऐसा था, जो समय की धूल को भी चुनौती देता था — राणा सांगा। उनकी गाथा कोई साधारण कथा नहीं थी; वह एक ऐसी आग थी, जो कभी बुझी नहीं, बल्कि हर दिल में चिंगारी बनकर सुलगती रही।

चितौड़ के उस प्राचीन महल में एक दिन ढोल नगाड़ों की गूंज उठी थी। साल था 1482। महाराणा रायमल के आंगन में एक पुत्र ने जन्म लिया। दासियाँ मंगल गीत गाने लगीं, और महल की दीवारें खुशी से थर्रा उठीं। उस बालक का नाम रखा गया संग्राम सिंह। लेकिन यह नाम तो बस एक शुरुआत था। आगे चलकर समय ने उसे राणा सांगा बनाया — एक ऐसा योद्धा, जिसके आगे पहाड़ भी झुक जाते थे।

संग्राम सिंह का बचपन किसी राजकुमार की चकाचौंध में नहीं बीता। उनकी आँखों में रणभूमि की धूल बसती थी, और हाथों में तलवार की मूठ थरथराती थी। वह साहस उनके भीतर जन्म से था। कहते हैं, जब वह छोटे थे, तभी से उनकी बुद्धि और बल दोनों अद्भुत थे। नन्ही उम्र में ही वह तलवार को इस तरह नचाते, मानो वह कोई खिलौना हो। लेकिन उनका दिल सिर्फ युद्ध का भूखा नहीं था; उसमें करुणा भी थी, और न्याय की आग भी जलती थी।

फिर वह दिन आया जब महाराणा रायमल की आँखें हमेशा के लिए मूंद गईं। चितौड़ का महल शोक में डूबा, लेकिन उस शोक से भी बड़ी थी सत्ता की लड़ाई। रायमल के पुत्रों में सिंहासन के लिए खींचतान शुरू हुई। साजिशें रची गईं, षड्यंत्र बिछाए गए। मगर संग्राम सिंह ने कभी छल को नहीं अपनाया। उनके लिए सत्ता का मतलब था प्रजा का भला, मेवाड़ की शान की रक्षा। आखिरकार, पराक्रम और सच की जीत हुई। साल 1508 में संग्राम सिंह मेवाड़ की गद्दी पर बैठे, और तब से वह राणा सांगा कहलाए।

राणा सांगा का राज प्रजा के लिए सावन की फुहारों-सा था। खेत हरे-भरे हो उठे, किसानों के चेहरों पर मुस्कान लौट आई। व्यापारी बिना डर के सड़कों पर चलने लगे। कवियों की कविताएँ गूंजने लगीं, और नर्तकियों के घुंघरुओं की छनछन ने महलों को जीवंत कर दिया। राणा सांगा सिर्फ तलवार के धनी नहीं थे; वह न्याय के भी पहरेदार थे। एक बार की बात है, एक बूढ़ा किसान उनके दरबार में आया। उसकी आँखों में आँसू थे, और हाथ जोड़े हुए थे। उसने कहा, "महाराणा, मेरी जमीन एक सामंत ने छीन ली।" राणा ने एक पल भी नहीं गंवाया। वह खुद उस खेत तक गए, सामंत को हटाया, और बूढ़े को उसकी जमीन लौटा दी। यह था उनका न्याय — निष्पक्ष, नन्हे से नन्हे इंसान के लिए।

लेकिन राणा सांगा का असली इम्तिहान तो अभी बाकी था। उस वक्त हिंदुस्तान की फिजाओं में एक काली छाया मंडरा रही थी। मुगल बादशाह बाबर अपनी फौज लेकर आया था। उसकी तोपों की गड़गड़ाहट से धरती कांपती थी। कई राजा डर गए, कई ने घुटने टेक दिए। मगर राणा सांगा ने ठान लिया — यह धरती उनकी माँ है, और वह इसकी

आन पर आंच नहीं आने देंगे। उन्होंने मालवा के सुल्तानों को धूल चटाई, गुजरात के शासकों को सबक सिखाया। उनकी सेना में राजपूत थे, भील थे, और आम लोग भी थे। हर सैनिक के सीने में राणा ने स्वाभिमान की ज्वाला जगा दी।

फिर आया वह दिन, जब खानवा की रेत पर इतिहास लिखा जाने वाला था। साल था 1527। बाबर की सेना के सामने राणा सांगा खड़े थे। उनकी तलवार हवा में लपक रही थी, मानो बिजली चमक रही हो। युद्ध शुरू हुआ। रेत खून से लाल हो गई। राणा सांगा के शरीर पर घाव बढ़ते गए — एक हाथ कट गया, एक आँख चली गई। कहते हैं, उनके शरीर पर अस्सी से ज्यादा घाव थे। मगर वह रुके नहीं। हर घाव के साथ उनका हौसला और बढ़ता गया। बाबर की तोपों ने आखिरकार बाजी मार ली। मुगलों की जीत हुई। लेकिन राणा सांगा हारे कहाँ थे? उनकी आत्मा अभी भी अडिग थी।

खानवा की हार के बाद भी राणा ने हिम्मत नहीं हारी। उन्होंने कसम खाई कि वह फिर से लड़ेंगे, मुगलों को इस धरती से भगाएंगे। मगर नियति को कुछ और मंजूर था। कुछ अपने ही सरदारों ने उनके खिलाफ साजिश रची। विष का प्याला उनके सामने रखा गया। 1528 में वह महान योद्धा हमेशा के लिए सो गया। उनके प्राण चले गए, पर उनकी वीरता की गूंज कभी खत्म न हुई।

राणा सांगा की कहानी सिर्फ एक राजा की कहानी नहीं है। यह एक ऐसे इंसान की गाथा है, जिसने स्वाभिमान को अपनी सांसों से भी ऊपर रखा। उनके बाद उनके वंशज महाराणा प्रताप ने भी वही जज्बा दिखाया। आज जब राजस्थान की हवाएँ चलती हैं, तो लगता है जैसे वे राणा सांगा का संदेश लिए आती हैं — कि वीरता मरती नहीं, वह धरती की नसों में बहती है, और हर उस दिल में जिंदा रहती है, जो अन्याय के खिलाफ उठ खड़ा होता है।

33

रेत का शेर: दुर्गादास राठौड़ का स्वाभिमान संग्राम

राजस्थान की तपती रेत पर सूरज अपनी पूरी ताकत से जल रहा था। हवा जब चलती, तो रेत के कण उड़ते और दूर तक एक सुनहरी आभा बिखेरते। उस रेत में बसते थे अनगिनत सपने—वीरता के, बलिदान के, और स्वाभिमान के। यह धरती ऐसी थी, जहाँ हर कण में शौर्य की गूंज थी, और हर हवा में पराक्रम की खुशबू। इसी पावन मिट्टी ने एक ऐसे योद्धा को जन्म दिया, जिसकी तलवार सिर्फ दुश्मनों को नहीं काटती थी, बल्कि स्वतंत्रता और सम्मान का मार्ग भी बनाती थी। उस योद्धा का नाम था दुर्गादास राठौड़—एक ऐसा नाम, जो आज भी राजस्थान की हवाओं में गूंजता है, और हर उस दिल में बसता है जो निष्ठा और कर्तव्य को जानता है।

साल था 1638। मारवाड़ की धरती पर मरुभूमि का फैलाव अनंत था। रेत के टीले आसमान को छूते थे, और सूरज की किरणें उन पर सोने-सी चमक बिखेरती थीं। जोधपुर के एक प्रमुख सामंत, असराज राठौड़ के घर में खुशियों की लहर दौड़ गई। एक पुत्र ने जन्म लिया। उसका नाम

रखा गया दुर्गादास—दुर्ग का दास, जो अभेद्य हो, अटल हो। उस वक्त शायद किसी ने नहीं सोचा था कि यह नन्हा बालक एक दिन इतिहास की किताबों में नहीं, बल्कि लोगों के दिलों में अपनी जगह बनाएगा। दुर्गादास का बचपन आसान नहीं था। उनकी माँ का साया जल्दी ही उठ गया। मगर पिता असराज ने उन्हें कभी उस कमी का एहसास नहीं होने दिया। वह उनके लिए माँ भी बने, पिता भी, और एक गुरु भी। असराज की गोद में बैठकर दुर्गादास ने घोड़े की लगाम थामना सीखा, तलवार की धार को जाना, और सबसे बड़ी बात—स्वाभिमान की कीमत समझी।

असराज राठौड़ कोई साधारण सामंत नहीं थे। उनकी आँखों में राजपूताने का गर्व था, और दिल में मातृभूमि के लिए जुनून। वह अक्सर अपने बेटे को पास बिठाते और कहते, "दुर्गादास, यह तलवार सिर्फ हथियार नहीं है। यह हमारा धर्म है, हमारा कर्तव्य है। इसे कभी अपने फायदे के लिए मत उठाना। यह तब चमकेगी, जब अन्याय का अंधेरा मिटाना होगा।" दुर्गादास सुनते, और उनके नन्हे मन में वह बातें जड़ें जमा लेतीं। वह अपने पिता के साथ रणभूमि पर जाते। रेत पर घोड़ों की टापों की आवाज़, तलवारों की टंकार, और सैनिकों की हुंकार—यह सब उनके खून में समा गया। वह सिर्फ योद्धा नहीं बन रहे थे; वह एक संकल्प बन रहे थे।

समय बीतता गया। जोधपुर के राजा, महाराजा जसवंत सिंह, एक दिन इस दुनिया से चले गए। उनके पीछे सिर्फ एक नन्हा शिशु छूटा—अजीत सिंह, जो अभी बोलना भी नहीं जानता था। जोधपुर की गद्दी खाली थी, और चारों तरफ सन्नाटा पसर गया। मगर वह सन्नाटा ज्यादा देर नहीं टिका। मुगल बादशाह औरंगज़ेब की नज़र जोधपुर पर पड़ गई। उसने सोचा, "एक बच्चा क्या कर लेगा? यह मौका है जोधपुर को अपने कब्जे में करने का।" उसने फरमान जारी किया—अजीत सिंह को दिल्ली लाया जाए, और उसे मुगल दरबार में पाला जाए। यह सुनते ही जोधपुर के महल में हलचल मच गई। मगर औरंगज़ेब एक बात भूल गया। वह यह कि मारवाड़ की रक्षा के लिए दुर्गादास राठौड़ जैसे वीर अभी ज़िंदा थे।

जोधपुर के राजदरबार में एक दिन सन्नाटा छाया था। सरदारों की आँखों में डर था, और दिल में अनिश्चितता। तभी दुर्गादास खड़े हुए। उनकी आँखों में आग थी, और हाथ में तलवार चमक रही थी। उन्होंने कहा, "जब तक मेरे सीने में साँस है, और इस हाथ में तलवार, तब तक जोधपुर की शान को कोई हाथ नहीं लगा सकता। अजीत सिंह हमारा राजा है, और उसकी रक्षा मेरा धर्म है।" उनकी आवाज़ में इतनी ताकत थी कि दरबार की दीवारें भी गूंज उठीं। उन्होंने अजीत सिंह को अपनी गोद में उठाया, और महल से निकल पड़े। पीछे मुगलों की फौज थी—हज़ारों सैनिक, घोड़े, और तोपें। मगर दुर्गादास नहीं डरे। वह जानते थे कि यह लड़ाई आसान नहीं होगी, लेकिन वह यह भी जानते थे कि स्वाभिमान की कीमत चुकानी पड़ती है।

दुर्गादास ने जंग का रास्ता चुना, मगर वह कोई साधारण जंग नहीं थी। उन्होंने गुरिल्ला युद्ध की तरकीब अपनाई। उनकी सेना बड़ी नहीं थी, मगर चालाकी और साहस में कोई कमी नहीं थी। वह अरावली की पहाड़ियों में छिपते, रेत के तूफानों में गायब हो जाते। दिन में वह किसानों का वेश धरते, व्यापारियों की तरह बात करते। मगर जैसे ही रात ढलती, उनकी तलवारें चमकने लगतीं। मुगल छावनियाँ जल उठतीं, सैनिक भागते, और औरंगज़ेब का गुस्सा बढ़ता। हर हमले में दुर्गादास अपनी चतुराई से मुगलों को मात दे देते। रेत उनके लिए ढाल थी, और पहाड़ उनका किला। उनकी वीरता की कहानियाँ गाँव-गाँव फैलने लगीं। लोग कहते, "दुर्गादास वह शेर है, जिसे कोई जंजीर नहीं बाँध सकती।"

मगर दुर्गादास सिर्फ तलवार से नहीं लड़ रहे थे। उनकी असली ताकत थी उनकी समझ और कूटनीति। उन्होंने देखा कि अकेले वह कितने दिन लड़ पाएँगे। सो, उन्होंने राजस्थान के राजपूत सरदारों को बुलाया। उनकी आवाज़ में एक आह्वान था। उन्होंने कहा, "हमारी ताकत हमारी एकता में है। अगर हम बिखरे रहे, तो मुगल हमें कुचल देंगे। मगर अगर हम एक हुए, तो कोई हमें हरा नहीं सकता।" उनकी बातों ने जादू किया। एक-एक करके सरदार उनके साथ आए। राजपूतों का खून फिर से गरम हुआ, और मुगलों के खिलाफ विद्रोह की आग भड़क उठी। यह सिर्फ जोधपुर की लड़ाई नहीं थी; यह पूरे राजस्थान के स्वाभिमान की लड़ाई

बन गई।

सालों तक यह जंग चली। दुर्गादास कभी थके नहीं, कभी रुके नहीं। उनकी हर साँस में अजीत सिंह की रक्षा का संकल्प था। आखिरकार, औरंगज़ेब को हार माननी पड़ी। उसने संधि की पेशकश की। अजीत सिंह को जोधपुर का असली राजा माना गया। यह जीत सिर्फ एक बच्चे की गद्दी की जीत नहीं थी। यह दुर्गादास राठौड़ की निष्ठा की जीत थी, उनके साहस की जीत थी, और उनके उस वादे की जीत थी जो उन्होंने अपने राजा से किया था। उन्होंने दिखा दिया कि जब दिल में स्वाभिमान हो, तो विशाल से विशाल दुश्मन भी घुटने टेक देता है।

जिंदगी के आखिरी दिन आए। दुर्गादास ने तलवार नीचे रख दी। वह अब साधारण कपड़ों में रहते, और अपना वक्त प्रार्थना में बिताते। 1708 में उज्जैन की धरती पर उनकी आँखें हमेशा के लिए बंद हो गईं। मगर उनकी कहानी खत्म नहीं हुई। वह आज भी जिंदा हैं—उस रेत में, उस हवा में, उस मिट्टी में, जिसके लिए उन्होंने सब कुछ लुटा दिया।

दुर्गादास राठौड़ की गाथा कोई साधारण कहानी नहीं है। यह एक ऐसी मिसाल है, जो हमें सिखाती है कि सच्चा वीर वही है, जो अपने कर्तव्य से कभी पीछे न हटे। आज जब कोई बच्चा राजस्थान में वीरता की बात करता है, तो उसकी जुबान पर दुर्गादास का नाम जरूर आता है। उनकी तलवार भले चुप हो गई, मगर उनकी गूंज कभी खत्म नहीं होगी। वह उस हवा में बसते हैं, जो कहती है—"जहाँ स्वाभिमान की आग जलती है, वहाँ दुर्गादास की आत्मा जिंदा है।" उनकी यह गाथा युगों-युगों तक गूंजेगी, क्योंकि निष्ठा और शौर्य कभी मरते नहीं।

"जहाँ स्वाभिमान झुकता नहीं, जहाँ तलवार अन्याय के विरुद्ध उठती है।
वहाँ की मिट्टी में दुर्गादास की गाथा गूंजती है।"

34

बुंदेलखंड का सूरज: छत्रसाल की अमर वीरगाथा

बुंदेलखंड की धरती पर सूर्योदय का समय था। साल था 1649। चारों ओर फैली हरियाली के बीच एक छोटा-सा गाँव अपनी सुबह की नींद से धीरे-धीरे जाग रहा था। हवा में ठंडक थी, और पंछियों की चहचहाहट उस सुबह को और भी मधुर बना रही थी। इसी शांत प्रभात में, महाराजा चंपतराय के महल में एक नवजात की किलकारी गूंजी। माता सारंधा की गोद में एक शिशु था, जिसके माथे पर तेजस्विता की रेखाएँ साफ झलक रही थीं। उसकी आँखों में एक अनोखी चमक थी, मानो वह इस धरती पर कोई बड़ा कार्य करने आया हो। पिता चंपतराय ने अपनी पत्नी की ओर देखा और मुस्कुराते हुए कहा, "इसका नाम होगा छत्रसाल। यह हमारा गर्व होगा।"

महाराजा चंपतराय स्वयं एक प्रखर योद्धा थे। उनकी तलवार मुगलों के लिए आतंक का पर्याय थी। वे उस दौर में जी रहे थे जब औरंगज़ेब का शासन अपने चरम पर था, और उसकी सेनाएँ देश के हर कोने को अपने अधीन करने के लिए आतुर थीं। चंपतराय ने कभी

भी अन्याय के सामने सिर नहीं झुकाया। उनकी यह भावना उनके पुत्र छत्रसाल में भी गहरे तक समा गई थी। बचपन से ही छत्रसाल का पालन-पोषण तलवारों की खनक और युद्ध के नाद के बीच हुआ। उनकी माँ सारंधा उन्हें रात को सोते वक्त वीर रस की कथाएँ सुनातीं—कभी रामायण की, तो कभी महाभारत की। इन कहानियों ने छत्रसाल के मन में स्वतंत्रता और धर्म की एक ज्वाला जगा दी।

लेकिन यह सुखद समय ज्यादा दिन नहीं रहा। छत्रसाल जब केवल बारह वर्ष के थे, तभी मुगल सेना ने उनके पिता के किले पर धावा बोल दिया। चंपतराय ने अपनी छोटी-सी सेना के साथ डटकर मुकाबला किया। युद्ध का मैदान लाल हो गया। तलवारें चमकीं, भाले चले, और चारों ओर मृत्यु का तांडव नृत्य करने लगा। छत्रसाल अपनी माँ के साथ किले की सबसे ऊँची मीनार से यह सब देख रहे थे। उनकी छोटी-सी मुट्ठियाँ कस रही थीं, और आँखें उस दृश्य को आत्मसात कर रही थीं। अंततः, चंपतराय ने अपने प्राण त्याग दिए। उनकी मृत देह खून से सनी पड़ी थी, और मुगल सेनापति विजय का उद्घोष कर रहा था।

सारंधा अपने पुत्र को गोद में लिए रो रही थीं, लेकिन छत्रसाल की आँखों में आँसू नहीं थे। उनकी नन्हीं आँखों में एक आग भड़क रही थी। उसने अपनी माँ की ओर देखा और धीरे से कहा, "माँ, मैं पिता की मृत्यु का बदला लूँगा। यह धरती मुगलों के चंगुल से मुक्त होगी।" उसकी आवाज़ में एक दृढ़ता थी, जो उसकी उम्र से कहीं बड़ी लगती थी। सारंधा ने अपने आँसुओं को पोंछा और अपने बेटे के सिर पर हाथ फेरते हुए कहा, "तुम मेरे शेर हो, छत्रसाल। यह धरती तुम्हारी प्रतीक्षा कर रही है।"

समय बीतता गया। छत्रसाल बड़े हुए। उनकी माँ ने उन्हें तलवारबाज़ी, घुड़सवारी और युद्ध की कला सिखाई। लेकिन वे जानते थे कि मुगलों से लड़ने के लिए केवल शक्ति ही पर्याप्त नहीं होगी—उन्हें रणनीति और प्रेरणा की भी आवश्यकता थी। उनकी नज़र दक्षिण की ओर गई, जहाँ मराठा सम्राट छत्रपति शिवाजी महाराज मुगलों के खिलाफ एक सफल विद्रोह का नेतृत्व कर रहे थे। छत्रसाल ने सोचा, "अगर कोई मुझे इस राह पर मार्गदर्शन दे सकता है, तो वह शिवाजी ही हैं।"

एक दिन, वे अपनी माँ से आज्ञा लेकर दक्षिण की ओर निकल पड़े। रास्ते में जंगल, पहाड़ और नदियाँ आईं। कई बार भूखे-प्यासे रहे, कई बार डाकुओं से सामना हुआ। लेकिन छत्रसाल का संकल्प अडिग था। जब वे शिवाजी के दरबार में पहुँचे, तो उनकी सादगी और साहस देखकर शिवाजी प्रभावित हुए। छत्रसाल ने उनके सामने सिर झुकाया और कहा, "मैं अपनी मातृभूमि को स्वतंत्र करना चाहता हूँ। मुझे मार्ग दिखाइए।"

शिवाजी ने उनकी ओर देखा। उनकी आँखों में वही ज्वाला थी, जो कभी स्वयं शिवाजी के भीतर जलती थी। उन्होंने छत्रसाल के कंधे पर हाथ रखा और कहा, "तुममें वही आग है जो हर स्वतंत्रता सेनानी में होनी चाहिए। अपनी तलवार को तेज़ रखो, अपने मन को शांत, और अपने लोगों को एकजुट। जाओ, और बुंदेलखंड को मुक्त करो।" ये शब्द छत्रसाल के लिए किसी मंत्र से कम नहीं थे। वे लौटे—अब एक योद्धा बनकर।

22 साल की उम्र में छत्रसाल ने अपनी पहली लड़ाई लड़ी। उनके पास न तो विशाल सेना थी, न ही धन का भंडार। लेकिन उनके पास था एक अटूट विश्वास और अपनी मिट्टी से प्यार करने वाले कुछ वफादार साथी। उन्होंने छापामार युद्ध की नीति अपनाई—अचानक हमला करना और फिर जंगलों की आड़ में गायब हो जाना। मुगल सेनाएँ उनकी इस रणनीति के आगे बेबस थीं।

एक रात, जब चाँद बादलों में छिपा था, छत्रसाल ने कालिंजर किले पर हमला बोला। यह किला बुंदेलखंड का गौरव था, लेकिन मुगलों के कब्ज़े में था। उनकी छोटी-सी सेना ने रस्सियों के सहारे किले की दीवारें पार कीं। अंधेरे में तलवारें चमकीं, और सुबह होते-होते किला उनके हाथ में था। छत्रसाल ने किले की सबसे ऊँची मीनार पर अपना झंडा फहराया और घोषणा की, "अब यह धरती स्वतंत्र है।"

इसके बाद उन्होंने एक के बाद एक कई किलों को मुक्त किया। उनकी सेना बढ़ती गई, क्योंकि गाँव-गाँव से लोग उनके साथ जुड़ने लगे। बुंदेलखंड में एक नया राज्य जन्म ले रहा था—एक ऐसा राज्य जहाँ लोग बिना भय के साँस ले सकें।

लेकिन मुगलों ने हार नहीं मानी। औरंगज़ेब ने अपनी सबसे बड़ी सेना भेजी। छत्रसाल के सामने एक ऐसा संकट आया, जिसने उनकी परीक्षा ली। उनकी सेना थक चुकी थी, और संसाधन कम पड़ रहे थे। उस रात, जब चारों ओर सन्नाटा था, छत्रसाल ने एकांत में बैठकर मराठा पेशवा बाजीराव प्रथम को पत्र लिखा। उनके शब्द थे, "जैसे द्रोपदी ने कृष्ण को पुकारा, वैसे ही मैं तुम्हें पुकारता हूँ। मेरी धरती को बचाओ।"

बाजीराव ने पत्र पढ़ा और बिना देर किए अपनी सेना लेकर निकल पड़े। जब वे बुंदेलखंड पहुँचे, तो दोनों वीरों की सेनाओं ने मिलकर मुगलों पर ऐसा प्रहार किया कि उनकी सेना तितर-बितर हो गई। युद्ध के मैदान में धूल और खून का मिश्रण था, लेकिन अंत में विजय का स्वर गूंजा। छत्रसाल ने बाजीराव को गले लगाया और कहा, "तुम मेरे भाई हो।" कृतज्ञता में उन्होंने अपनी भूमि का एक हिस्सा बाजीराव को सौंप दिया।

छत्रसाल केवल योद्धा ही नहीं, एक दूरदर्शी शासक भी थे। युद्ध के बाद उन्होंने अपने राज्य को संगठित किया। किसानों को करों में राहत दी, व्यापारियों को प्रोत्साहन दिया, और न्याय की ऐसी व्यवस्था बनाई कि कोई भी प्रजा दुखी न रहे। उनके दरबार में हर व्यक्ति की सुनवाई होती थी—चाहे वह गरीब हो या अमीर। लोग उन्हें "बुंदेलखंड का सूरज" कहने लगे।

1731 की एक ठंडी सुबह, छत्रसाल ने अपनी अंतिम साँस ली। उनके चेहरे पर संतोष था। वे जानते थे कि उनकी धरती अब आज़ाद है, और उनके लोग सुरक्षित हैं। उनकी मृत्यु के साथ ही उनकी गाथा अमर हो गई। आज भी बुंदेलखंड की हवाओं में उनकी वीरता की कहानियाँ गूंजती हैं। उनके नाम पर स्मारक बने, कविताएँ लिखी गईं, और हर भारतीय के हृदय में उनकी स्मृति जीवित है।

35

सुहेलदेव: भारत की तलवार, दुश्मन का काल

उत्तर प्रदेश के श्रावस्ती क्षेत्र में, जहाँ हरे-भरे जंगल और छोटी-छोटी पहाड़ियाँ प्राकृतिक सौंदर्य बिखेरती थीं, 10वीं शताब्दी के अंत में एक साधारण मिट्टी के घर में एक बच्चे ने जन्म लिया। वह था सुहेलदेव—एक नाम जो आगे चलकर इतिहास में अमर हो गया। उनके पिता, राजा प्रसेनजित, पासी समुदाय के सम्मानित सरदार थे, जो बहरीच और श्रावस्ती के आसपास शासन करते थे। उनकी माँ एक धार्मिक और साहसी महिला थीं, जिन्होंने सुहेलदेव को बचपन से ही धर्म, न्याय और वीरता के संस्कार दिए।

बसंत पंचमी के शुभ दिन जन्मे सुहेलदेव को गाँव वालों ने शुभ संकेत माना। छोटी उम्र से ही वह साहसी और जिज्ञासु थे। जब गाँव के बच्चे खेलते, वह उन्हें एकत्र करता और छोटी-छोटी टोलियाँ बनाकर खेल की रणनीति बनाता। वह घोड़ों की सवारी करता, तलवार चलाना सीखता, और अपने पिता के साथ जंगल में शिकार पर जाता। पिता उसे युद्धकला और शास्त्रों की शिक्षा देते, और माँ उसे रामायण की

कहानियाँ सुनातीं। "बेटा, एक सच्चा योद्धा वही है जो अपनी प्रजा के लिए जिए," माँ अक्सर कहतीं। सुहेलदेव सुनता, और उसके मन में देशभक्ति की ज्वाला धीरे-धीरे सुलगने लगी।

सुहेलदेव जैसे-जैसे बड़े हुए, उनकी शारीरिक शक्ति और बुद्धिमत्ता दोनों बढ़ती गई। वह लंबा, मजबूत कद-काठी वाला युवा था, जिसकी आँखों में एक गहरी चमक थी। उनके पिता ने उन्हें राज्य के छोटे-मोटे कामों में शामिल करना शुरू कर दिया। सुहेलदेव प्रजा के बीच जाकर उनकी समस्याएँ सुनते, किसानों से उनकी फसलों के बारे में बात करते, और गाँव वालों के साथ बैठकर उनकी जरूरतों को समझते। उनकी सादगी और न्यायप्रियता ने उन्हें लोगों का प्रिय बना दिया।

लेकिन यह शांत जीवन ज्यादा दिन न चल सका। उनके पिता की मृत्यु के बाद, सुहेलदेव को युवा अवस्था में ही राज्य की बागडोर संभालनी पड़ी। वह अपने पिता की तलवार और ढाल लेकर दरबार में बैठे। उनकी प्रजा ने उन्हें सहर्ष स्वीकार किया, क्योंकि वे जानते थे कि यह नौजवान न केवल वीर है, बल्कि दयालु भी है। उस समय भारत पर विदेशी आक्रमणों का खतरा मँडरा रहा था। ग़ज़नी का सुल्तान महमूद अपनी सेनाओं के साथ भारत को लूटता और मंदिरों को तोड़ता था। सुहेलदेव ने ठान लिया कि वह अपने राज्य को हर कीमत पर बचाएँगे।

1033 ईस्वी में महमूद ग़ज़नवी की मृत्यु के बाद उसका भतीजा, सैयद सालार मसूद, भारत की ओर बढ़ा। वह एक क्रूर योद्धा था, जो इस्लाम के नाम पर हिंसा और विध्वंस फैलाता था। उसने पंजाब, मुल्तान, दिल्ली और मेरठ को तबाह किया और अब उसकी नजर बहरीच पर थी। जब सालार मसूद की सेना बहरीच की ओर बढ़ी, तो सुहेलदेव को खबर मिली कि दुश्मन ने कई गाँवों को जला दिया और लोगों को बेरहमी से मार डाला। उनकी सेना में घुड़सवार, तलवारबाज और क्रूर सैनिक थे, जो लूटपाट और तबाही मचाने में माहिर थे।

सुहेलदेव ने अपने दरबार में सलाहकारों को बुलाया। कुछ ने कहा, "महाराज, उनकी सेना बहुत बड़ी है। हमें समझौता कर लेना चाहिए।" लेकिन सुहेलदेव की आँखों में आग थी। "यह हमारी मातृभूमि है," उन्होंने दहाड़ते हुए कहा, "हम समझौता नहीं, बल्कि युद्ध करेंगे।"

उन्होंने आसपास के छोटे-छोटे राजाओं और जनजातियों को एकजुट करने का फैसला किया। दूत भेजे गए—थारू, बंजारा, पासी, और अन्य समुदायों के नेताओं को संदेश दिया कि यह केवल बहरीच की नहीं, पूरे भारत की लड़ाई है। उनकी विनम्रता और साहस ने सभी को प्रभावित किया। 21 राजाओं और उनके सैनिकों ने सुहेलदेव का साथ देने का वचन दिया। यह एकता की मिसाल थी—हर वर्ग, हर समुदाय का योद्धा उनके साथ कंधे से कंधा मिलाकर खड़ा था।

1034 ईस्वी में बहरीच के मैदान में वह ऐतिहासिक युद्ध हुआ, जो सुहेलदेव की वीरता का प्रतीक बन गया। सुहेलदेव ने अपनी सेना को चित्तौरा झील के पास तैनात किया। उनकी रणनीति थी—दुश्मन को पहले थकाना, फिर घेरकर हमला करना। सालार मसूद की सेना विशाल थी—हजारों घुड़सवार, तीरंदाज, और भारी हथियारों से लैस। लेकिन सुहेलदेव के पास एकता और साहस था।

युद्ध शुरू हुआ। तीरों की बौछार, तलवारों की टंकार, और घोड़ों की टापों की आवाज से मैदान गूँज उठा। सुहेलदेव अपने सफेद घोड़े पर सवार, तलवार लिए दुश्मन की सेना में घुस गए। उनकी सेना ने पहले दुश्मन को पीछे धकेला, फिर दोनों तरफ से घेर लिया। कई दिनों तक यह युद्ध चला। सुहेलदेव की चतुर रणनीति और सैनिकों का जोश देखते ही बनता था। अंत में, एक निर्णायक हमले में सुहेलदेव ने सालार मसूद का सामना किया। उनकी तलवार ने हवा में चमक बिखेरी, और एक ही वार में सालार मसूद का सिर धड़ से अलग हो गया। दुश्मन की सेना में भगदड़ मच गई। जो बचे, वे भाग खड़े हुए।

इस जीत ने मालवा और उत्तर भारत को एक नई उम्मीद दी। कहा जाता है कि इस युद्ध के बाद करीब 150 साल तक किसी विदेशी आक्रमणकारी ने भारत की ओर आँख उठाने की हिम्मत नहीं की। सुहेलदेव की तलवार ने न केवल दुश्मन को हराया, बल्कि भारतीय एकता का परचम भी लहराया।

युद्ध के बाद सुहेलदेव केवल एक योद्धा ही नहीं, बल्कि एक कुशल प्रशासक के रूप में भी उभरे। उन्होंने अपने राज्य में शांति और समृद्धि स्थापित की। लूटे हुए गाँवों को फिर से बसाया, किसानों को बीज और

औजार दिए, और व्यापार को बढ़ावा दिया। वह दरबार में बैठकर प्रजा की समस्याएँ सुनते और तुरंत समाधान करते। उनकी नीतियाँ न्याय और कल्याण पर आधारित थीं। वह जाति और धर्म से ऊपर उठकर सभी को समान दृष्टि से देखते थे। उनके राज्य में कोई भेदभाव नहीं था—हर व्यक्ति को सम्मान और सुरक्षा मिलती थी।

सुहेलदेव धार्मिक भी थे। उन्होंने मंदिरों और तालाबों का निर्माण करवाया, ताकि लोग पूजा और जल की जरूरतों को पूरा कर सकें। उनकी प्रजा उन्हें "महाराज" नहीं, बल्कि "रक्षक" कहकर पुकारती थी। वह अक्सर नर्मदा के किनारे बैठकर ध्यान करते और अपने राज्य के भविष्य के बारे में सोचते। उनकी सेना को उन्होंने इतना मजबूत बनाया कि कोई दुश्मन आसानी से हमला करने की हिम्मत न कर सके।

सुहेलदेव का अंतिम समय कैसे आया, इसके बारे में स्पष्ट प्रमाण नहीं हैं। कुछ लोककथाएँ कहती हैं कि वह युद्ध में घायल हुए और बाद में उनकी मृत्यु हो गई। कुछ का मानना है कि उन्होंने अपने अंतिम दिन शांति से अपने राज्य में बिताए। उनकी मृत्यु की तारीख और परिस्थितियाँ इतिहास के पन्नों में धूमिल हैं। लेकिन उनकी मृत्यु के बाद भी उनकी गाथा जीवित रही।

बहरीच और श्रावस्ती के लोग उन्हें भूल नहीं सके। उनकी वीरता की कहानियाँ लोकगीतों में गाई जाने लगीं। "सुहेलदेव की तलवार, दुश्मन का काल," जैसे गीत गाँव-गाँव में गूँजने लगे। उनकी याद में मेले लगे, और लोग उन्हें एक देवता की तरह पूजने लगे। उत्तर प्रदेश और बिहार के ग्रामीण इलाकों में आज भी उनके पराक्रम के किस्से सुनाए जाते हैं। उनकी कहानियाँ पीढ़ी दर पीढ़ी चलीं, और वह लोककथाओं में अमर हो गए।

राजा सुहेलदेव भारतीय इतिहास के उन अनमोल रत्नों में से एक हैं, जिन्होंने विदेशी आक्रमणकारियों को धूल चटाई और भारतीय संस्कृति की रक्षा की। उनकी कहानी हमें एकता, साहस और देशभक्ति का पाठ पढ़ाती है। वह केवल एक राजा नहीं, बल्कि एक प्रतीक हैं—एकता की ताकत और अडिग संकल्प का प्रतीक।

36

राजी दुर्गावती: गोंडवाना की शेरनी

बहुत समय पहले की बात है, जब भारत की पवित्र भूमि पर वीरता और स्वाभिमान की कहानियाँ लिखी जा रही थीं, तब 5 अक्टूबर 1524 को कालिंजर के किले में एक नन्हीं कन्या ने जन्म लिया। वह थीं दुर्गावती, चंदेल राजवंश की बेटी। उनके पिता, राजा कीर्तिसिंह चंदेल, एक पराक्रमी शासक थे, जिनकी वीरता की गूँज दूर-दूर तक फैली थी। उनकी माँ एक सौम्य और धार्मिक महिला थीं, जिन्होंने दुर्गावती को धर्म और संस्कृति के मूल्य सिखाए।

जन्म के साथ ही दुर्गावती में कुछ खास था। ऐसा कहा जाता है कि वह दुर्गाष्टमी के दिन पैदा हुई थीं, और इसलिए उनका नाम दुर्गावती रखा गया—देवी दुर्गा का प्रतीक। बचपन से ही वह कुशाग्र बुद्धि और साहसी थीं। जहाँ अन्य बच्चे खेल में मस्त रहते, वहीं दुर्गावती अपने पिता के साथ घोड़ों पर सवारी करतीं, तलवार चलाना सीखतीं, और युद्ध कौशल में निपुणता हासिल करतीं। उनके पिता उन्हें युद्ध की कहानियाँ सुनाते और कहते, "बेटी, साहस ही असली शक्ति है।" दुर्गावती सुनतीं और अपने मन में मातृभूमि के प्रति प्रेम को संजोतीं।

युवावस्था में दुर्गावती की सुंदरता और बुद्धिमत्ता की ख्याति दूर-दूर तक फैल गई। उनकी शादी गोंडवाना साम्राज्य के राजा दलपत शाह

से हुई। यह विवाह केवल दो व्यक्तियों का नहीं, बल्कि दो शक्तिशाली राजवंशों का मिलन था। गोंडवाना की राजधानी गढ़मंडला में दुर्गावती का स्वागत फूलों और ढोल-नगाड़ों के साथ हुआ। नर्मदा की लहरें जैसे उनकी नई शुरुआत का गीत गा रही थीं।

दलपत शाह एक साहसी और दयालु राजा थे। दुर्गावती उनके साथ कंधे से कंधा मिलाकर राज्य संभालने लगीं। उन्होंने प्रजा की भलाई के लिए कई कार्य किए—कृषि को बढ़ावा दिया, सिंचाई के लिए तालाब बनवाए, और व्यापार को प्रोत्साहन दिया। वह दरबार में बैठकर लोगों की समस्याएँ सुनतीं और तुरंत समाधान करतीं। उनकी सादगी और करुणा ने उन्हें प्रजा की प्रिय बना दिया। उनके वैवाहिक जीवन में सुख था, और जल्द ही उनके एक पुत्र, वीरनारायण, ने जन्म लिया।

लेकिन सुख की यह बयार ज्यादा दिन न चल सकी। विवाह के कुछ वर्षों बाद, 1550 के आसपास, राजा दलपत शाह की असमय मृत्यु हो गई। यह दुर्गावती के लिए एक बड़ा आघात था। उनका हृदय टूट गया, पर उनकी आँखों में आँसू नहीं, बल्कि संकल्प की चमक थी। उस समय उनका पुत्र वीरनारायण अभी नन्हा था। गोंडवाना संकट में था—चारों ओर शत्रु नजर गड़ाए बैठे थे।

दुर्गावती ने सती होने की बजाय राज्य की रक्षा का रास्ता चुना। उन्होंने अपने पति की तलवार उठाई और दरबार में घोषणा की, "मैं गोंडवाना को संभालूँगी।" कुछ दरबारियों ने विरोध किया, पर दुर्गावती ने अपने धैर्य और साहस से सबको चुप कर दिया। उन्होंने अपने पुत्र वीरनारायण को गद्दी पर बैठाया और स्वयं संरक्षक के रूप में शासन शुरू किया। वह सुबह सेना का निरीक्षण करतीं, दोपहर दरबार में बैठतीं, और रात को युद्ध की रणनीति बनातीं। उनकी प्रजा उन्हें "रानी माँ" कहने लगी।

समय बीतता गया, और गोंडवाना की समृद्धि बढ़ती गई। नर्मदा के किनारे बसे इस राज्य में हीरे की खदानें थीं, जो इसे धनवान बनाती थीं। यह समृद्धि मुगल सम्राट अकबर की नजरों से छिप न सकी। उसने अपने सेनापति आसफ खाँ को गोंडवाना पर कब्जा करने का आदेश दिया। आसफ खाँ एक विशाल सेना लेकर गोंडवाना की ओर बढ़ा। जब

यह खबर दुर्गावती तक पहुँची, तो उन्होंने अपने सलाहकारों को बुलाया। कुछ ने कहा, "रानी, मुगल सेना बहुत बड़ी है। हमें आत्मसमर्पण कर देना चाहिए।" लेकिन दुर्गावती ने कहा, "मैं अपनी मातृभूमि को गुलाम नहीं होने दूँगी। हम युद्ध करेंगे।"

उन्होंने अपनी सेना को तैयार किया। उनकी सेना में गोंड योद्धा, घुड़सवार, और तीरंदाज शामिल थे। हालाँकि उनकी सेना मुगलों की तुलना में छोटी थी, पर उनके पास साहस और देशभक्ति की ताकत थी। दुर्गावती ने अपने पुत्र वीरनारायण को गले लगाया और कहा, "बेटा, यह हमारी जमीन है। इसे बचाना हमारा कर्तव्य है।"

24 जून 1564 को वह दिन आया, जब मुगल सेना ने गोंडवाना पर हमला बोला। यह युद्ध नरमई (वर्तमान मंडला के पास) के मैदान में लड़ा गया। रानी दुर्गावती अपने हाथी "सरमन" पर सवार होकर रणभूमि में उतरीं। उनकी साड़ी का पल्लू हवा में लहरा रहा था, और हाथ में तलवार चमक रही थी। उनके साथ उनका पुत्र वीरनारायण और वफादार सेनापति भी थे।

युद्ध शुरू हुआ। तीरों की बौछार और तलवारों की टंकार से मैदान गूँज उठा। दुर्गावती ने अपनी कुशल युद्धनीति से मुगल सेना को पीछे हटने पर मजबूर कर दिया। उनकी सेना ने पहाड़ियों और जंगलों का फायदा उठाकर दुश्मन को घेरा। एक समय ऐसा लगा कि जीत उनकी होगी। लेकिन मुगलों की संख्या और संसाधन भारी पड़ने लगे। वीरनारायण गंभीर रूप से घायल हो गए, और दुर्गावती के कंधे में एक तीर लग गया। फिर भी वह डटी रहीं। उनकी आँखों में हार की छाया नहीं, बल्कि देशभक्ति की आग थी।

युद्ध के अंतिम क्षणों में, जब दुर्गावती ने देखा कि उनकी सेना कमजोर पड़ रही है और पराजय निकट है, तो उन्होंने एक साहसी निर्णय लिया। उनके गले में एक और तीर लगा, और वह गंभीर रूप से घायल हो गईं। उनके वफादार सैनिकों ने उन्हें बचाने की कोशिश की, पर दुर्गावती जानती थीं कि मुगलों के हाथों बंदी बनना उनके स्वाभिमान के खिलाफ होगा।

उन्होंने अपने हाथी से उतरने का इशारा किया। खून से लथपथ, उन्होंने अपनी तलवार निकाली। एक आखिरी बार उन्होंने नर्मदा की ओर देखा, जहाँ उनका राज्य बसा था। फिर, अपने वफादार सेवक की मदद से, उन्होंने अपनी तलवार से आत्मबलिदान कर दिया। वह 24 जून 1564 का दिन था, जब रानी दुर्गावती ने वीरगति पाई। उनकी मृत्यु ने मुगलों को हिला दिया—उन्हें गोंडवाना मिला, पर एक ऐसी रानी की शक्ति को कभी पराजित नहीं कर सके।

रानी दुर्गावती की मृत्यु के बाद गोंडवाना शोक में डूब गया। उनकी प्रजा ने उन्हें माँ की तरह पूजा। उनकी वीरता की कहानियाँ गीतों और लोककथाओं में गाई जाने लगीं। मुगल सेना भी उनकी शक्ति और साहस से प्रभावित थी। आज मध्य प्रदेश में उनके सम्मान में रानी दुर्गावती विश्वविद्यालय की स्थापना की गई है। उनके नाम पर स्मारक, सड़कें और संस्थान बनाए गए हैं। हर साल 24 जून को लोग उनकी शहादत को याद करते हैं।

रानी दुर्गावती का जीवन हमें सिखाता है कि विपरीत परिस्थितियों में भी अपने कर्तव्यों का निर्वहन कैसे किया जाता है। उन्होंने दिखाया कि नारी केवल ममता और प्रेम का प्रतीक ही नहीं, बल्कि शक्ति और साहस की भी मूर्ति होती है। उनकी वीरता की गाथा युगों-युगों तक लोगों को प्रेरित करती रहेगी।

37

रानी कित्तूर चेन्नम्मा: एक वीरांगना की अमर गाथा

कर्नाटक की धरती पर, जहाँ हरे-भरे जंगल और ऊँचे पहाड़ प्रकृति की शोभा बढ़ाते हैं, वहाँ एक छोटा-सा गाँव था काकती। सन् 1778 की एक शरद ऋतु में, उस गाँव में एक कन्या ने जन्म लिया, जिसका नाम पड़ा चेन्नम्मा। धूलप्पा देसाई और पद्मावती की यह संतान बचपन से ही साधारण नहीं थी। छोटी उम्र में ही उसने घुड़सवारी, तलवारबाजी और तीरंदाजी सीख ली। गाँव के लोग उसकी नन्ही कलाइयों में छिपी ताकत और आँखों में चमकते साहस को देखकर चकित रह जाते।

पंद्रह साल की उम्र में चेन्नम्मा का विवाह कित्तूर के राजा मल्लसर्जा देसाई से हुआ। कित्तूर—एक छोटा साहसी रियासत, जो अपनी आजादी और शौर्य के लिए जाना जाता था। चेन्नम्मा अब रानी बन गईं। उनके पति के साथ उनका जीवन सुखमय था, और उन्हें एक पुत्र की प्राप्ति हुई। मगर नियति को कुछ और ही मंजूर था। 1816 में मल्लसर्जा की मृत्यु हो गई, और 1824 में उनके इकलौते बेटे ने भी दुनिया को अलविदा कह दिया। रानी का दिल टूट गया, मगर उनकी आत्मा नहीं।

अकेली पड़ गईं रानी चेन्नम्मा ने कित्तूर की बागडोर संभाली। उसी साल उन्होंने एक बालक, शिवलिंगप्पा को गोद लिया और उसे सिंहासन का उत्तराधिकारी घोषित किया। मगर यह बात अंग्रेजों को नागवार गुजरी। ब्रिटिश ईस्ट इंडिया कंपनी, जो उस समय भारत की रियासतों को हड़पने में लगी थी, ने इसे "डॉक्ट्रिन ऑफ लैप्स" के तहत चुनौती दी। उनका कहना था कि गोद लिया हुआ बेटा वैध उत्तराधिकारी नहीं हो सकता, और कित्तूर अब उनका है। रानी ने यह अन्याय सहन करने से इनकार कर दिया।

1824 का वह अक्टूबर का महीना था। अंग्रेजों ने कित्तूर पर हमला बोल दिया। बीस हजार सैनिकों और सैकड़ों तोपों के साथ वे आए, यह सोचकर कि एक छोटी रियासत और उसकी रानी उनके सामने टिक नहीं पाएँगी। मगर चेन्नम्मा कोई साधारण रानी नहीं थीं। उन्होंने अपनी सेना को एकजुट किया। उनके वफादार सेनापति संगोली रायन्ना और अमातुर बलप्पा उनके साथ कंधे से कंधा मिलाकर खड़े थे। पहली जंग में रानी की सेना ने अंग्रेजों को धूल चटा दी। धारवाड़ के कलेक्टर सेंट जॉन थैकरे मारा गया, और दो अंग्रेज अफसर बंधक बना लिए गए। यह जीत ऐतिहासिक थी—एक औरत ने ब्रिटिश साम्राज्य को घुटने टेकने पर मजबूर कर दिया।

मगर अंग्रेजों ने हार नहीं मानी। उन्होंने छल से फिर हमला बोला। इस बार उनके पास ज्यादा सैनिक थे, ज्यादा हथियार थे। कित्तूर के कुछ गद्दारों ने भी साथ दे दिया। दूसरी लड़ाई में रानी हार गईं। उन्हें बंदी बना लिया गया और बैलहोंगल के किले में कैद कर दिया गया। वहाँ, अंधेरी कोठरी में, रानी ने अपने आखिरी दिन बिताए। 21 फरवरी, 1829 को उनकी साँसें थम गईं, मगर उनका नाम अमर हो गया।

रानी चेन्नम्मा की यह गाथा कोई साधारण कहानी नहीं है। यह एक ऐसी वीरांगना की दास्तान है, जिसने न सिर्फ अपने राज्य की रक्षा की, बल्कि आने वाली पीढ़ियों को आजादी की जंग लड़ने की प्रेरणा दी। कर्नाटक में आज भी उनके गीत गाए जाते हैं, उनके बलिदान को याद किया जाता है। वह एक रानी थीं, एक योद्धा थीं, और सबसे बढ़कर, एक माँ थीं—जिसने अपनी मातृभूमि के लिए सब कुछ न्योछावर कर दिया।

38

ऊदा देवी की कहानी: एक साहित्यिक चित्रण

लखनऊ की संकरी गलियों में, जहाँ गंगा-जमुनी तहजीब की महक बसी थी, एक साधारण-सी झोपड़ी में ऊदा देवी ने पहली साँस ली। बचपन से ही उनके भीतर कुछ अलग करने की आग थी। गाँव के मैदानों में जब बच्चे खेलते, तो ऊदा तलवार और बंदूक की नकल करते हुए अपने दोस्तों को हैरान कर देतीं। उनके पति मक्का पासी, जो नवाब के सेना में एक सैनिक थे, उनकी ताकत और जज्बे को देखकर गर्व महसूस करते। मगर वह दौर ऐसा था, जब अंग्रेजों की हुकूमत हर भारतीय के गले की फाँस बन रही थी।

1857 का वह साल आया, जब हिंदुस्तान की धरती पर आजादी की चिंगारी भड़क उठी। मेरठ से शुरू हुआ विद्रोह लखनऊ तक पहुँचा। बेगम हजरत महल ने नवाब के निर्वासन के बाद कमान संभाली और ऊदा देवी उनके साथ कंधे से कंधा मिलाकर खड़ी हो गईं। बेगम की मदद से ऊदा ने एक महिला बटालियन तैयार की—उनके जैसी नन्ही कलाइयों वाली, मगर लोहे-सी मजबूत इरादों वाली औरतें। जब अंग्रेजों ने अवध

पर हमला बोला, तो ऊदा और मक्का दोनों ने हथियार उठाए। मगर चिनहट की जंग में मक्का शहीद हो गए। ऊदा का दिल टूटा, मगर उनकी आँखों में बदले की आग जल उठी।

16 नवंबर 1857 को सिकंदर बाग की वह मशहूर लड़ाई हुई। ऊदा ने पुरुषों की वर्दी पहनी और एक पीपल के पेड़ पर चढ़ गईं। वहाँ से उन्होंने अंग्रेज सैनिकों पर गोलियाँ बरसाईं। कहते हैं, उन्होंने 32 से 36 अंग्रेजों को ढेर कर दिया। नीचे बैठे ब्रिटिश सैनिक हैरान थे—गोलियाँ आ कहाँ से रही थीं? आखिरकार, एक अफसर ने पेड़ की ओर इशारा किया। गोलियों की बौछार हुई और ऊदा नीचे गिर पड़ीं, खून से लथपथ। जब सैनिकों ने करीब जाकर देखा, तो दंग रह गए—यह कोई पुरुष नहीं, एक औरत थी। ब्रिटिश कमांडर कैंपबेल ने उनकी वीरता को देखकर सलाम किया।

ऊदा देवी की शहादत आज भी पासी समुदाय के लिए गर्व का प्रतीक है। हर साल 16 नवंबर को सिकंदर बाग में लोग इकट्ठा होते हैं, उनकी याद में नारे लगाते हैं—"ऊदा देवी अमर रहे!" उनकी मूर्ति लखनऊ में खड़ी है, जो हर आने-जाने वाले को याद दिलाती है कि आजादी की कीमत कितनी बड़ी थी। ऊदा सिर्फ एक सैनिक नहीं थीं, वह एक प्रेरणा थीं—खासकर उन औरतों के लिए, जिन्हें समाज ने हाशिए पर रखा, मगर जिन्होंने इतिहास के पन्नों पर अपनी जगह बनाई।

39

त्याग की थाली: हाड़ी रानी का समर्पण

उदयपुर की पहाड़ियों और मेवाड़ की वीर भूमि के बीच, एक नवविवाहिता रानी की कहानी शुरू होती है। हाड़ी रानी की शादी को अभी सात दिन भी नहीं बीते थे। उनके हाथों की मेहंदी की खुशबू हवा में बिखरी थी, और उनके पति रावत रतन सिंह के साथ प्रेम का बंधन अभी ताजा था। मगर वह सुख का समय ज्यादा न टिक सका। एक दिन महाराणा का फरमान आया—औरंगजेब की सेना दिल्ली से मदद के लिए आ रही थी, और रतन सिंह को अपनी सेना के साथ उसे रोकने का आदेश मिला।

रतन सिंह का दिल भारी था। एक ओर मातृभूमि की पुकार थी, दूसरी ओर अपनी नई दुल्हन का साथ छोड़ने का दर्द। वह तैयार होने लगे, मगर उनकी आँखें बार-बार हाड़ी रानी की ओर मुड़ रही थीं। हाड़ी ने यह सब देखा। उनकी समझ में आ गया कि पति का मन युद्ध के मैदान में नहीं, बल्कि उनके पास अटका हुआ है। उन्होंने रतन सिंह को विदा किया, मगर कुछ देर बाद एक संदेशवाहक उनके पास आया। रतन सिंह ने अपनी प्यारी रानी से कोई निशानी माँगी थी, जिसे वह रणभूमि में अपने साथ रख सकें।

हाड़ी रानी एक पल को ठिठकीं। फिर उनके मन में एक विचार कौंधा। अगर उनकी याद पति को युद्ध से भटकाएगी, तो मेवाड़ की हार

निश्चित है। उन्होंने अपने कमरे में कदम रखा, अपनी कमर से तलवार निकाली और एक झटके में अपना सिर काट डाला। खून की धार बही, मगर उनके चेहरे पर संकल्प की शांति थी। नौकर ने उनका सिर सोने की थाली में रखा, उसे कपड़े से ढका और रतन सिंह के पास ले गया।

जब रतन सिंह ने थाली से कपड़ा हटाया, तो उनके सामने अपनी रानी का कटा हुआ सिर था। उनकी आँखों से आँसुओं की धारा बही, मगर साथ ही एक आग भी जली। हाड़ी का यह बलिदान उनके लिए संदेश था—"अब कोई मोह नहीं, बस कर्तव्य है।" रतन सिंह ने वह सिर अपने गले में बाँधा और दुश्मन पर टूट पड़े। उन्होंने ऐसी वीरता दिखाई कि मुगल सेना आगे न बढ़ सकी। मगर जीत के बाद, अपनी प्रिय रानी को खोने के दुख में उन्होंने भी अपने प्राण त्याग दिए।

हाड़ी रानी की यह कहानी राजस्थान के लोकगीतों, कविताओं और किंवदंतियों में आज भी जीवित है। उनकी वीरता को सम्मान देने के लिए राजस्थान पुलिस ने एक महिला बटालियन का नाम "हाड़ी रानी महिला बटालियन" रखा। टोंक जिले के तोड़ारायसिंह में "हाड़ी रानी की बावड़ी" भी उनके नाम पर है, जो 17वीं सदी में बनी मानी जाती है। उनकी गाथा न केवल राजपूत शौर्य की मिसाल है, बल्कि यह भी दिखाती है कि एक औरत का बलिदान कितना बड़ा बदलाव ला सकता है।

40

महाराणा प्रताप: मेवाड़ की शान, शौर्य की पहचान

सूर्य की पहली किरण जब राजस्थान की रेतीली धरती पर पड़ती है, तो ऐसा लगता है मानो इतिहास के पन्ने खुल गए हों। अरावली की पहाड़ियों में गूंजती रणभेरी, तलवारों की टकराहट, और स्वतंत्रता के लिए बलिदान की गाथाएँ—यह सब उस महान योद्धा की स्मृति को ताजा कर देती हैं, जिसने अपने स्वाभिमान और मातृभूमि की रक्षा के लिए अपना जीवन समर्पित कर दिया। यह कहानी महाराणा प्रताप की है—एक ऐसे नायक की, जो केवल राजा नहीं, बल्कि स्वतंत्रता और आत्मसम्मान का प्रतीक बन गया। उनके लिए सिंहासन से ज्यादा मेवाड़ की आजादी और जनता का कल्याण महत्वपूर्ण था। उनका जीवन एक संघर्ष था, एक दृढ़ निश्चय था, और सबसे बढ़कर, एक अमर गाथा था।

9 मई 1540 की सुबह, कुंभलगढ़ के किले में एक बालक ने जन्म लिया, जिसे भविष्य में दुनिया महाराणा प्रताप के नाम से जानेगी। उनके पिता, उदय सिंह द्वितीय, मेवाड़ के शासक थे, और उनकी माता,

जयवंता बाई, एक धर्मपरायण और साहसी महिला थीं। प्रताप का जन्म उस समय हुआ, जब मेवाड़ मुगलों के बढ़ते प्रभाव के खिलाफ संघर्ष कर रहा था। उनका बचपन साधारण राजकुमारों की तरह विलासिता में नहीं बीता। इसके बजाय, उन्होंने घुड़सवारी, तलवारबाजी, धनुर्विद्या और युद्धनीति का कठोर प्रशिक्षण लिया।

प्रताप की आँखों में बचपन से ही मातृभूमि के प्रति प्रेम और गौरव की चमक थी। जब उनके पिता को परिस्थितियोंवश चितौड़ छोड़कर उदयपुर जाना पड़ा, तब प्रताप का हृदय विद्रोह से भर उठा। वह छोटी उम्र में ही समझ गए थे कि मेवाड़ की स्वतंत्रता खतरे में है। उन्होंने मन ही मन प्रण लिया, "जब तक मैं जीवित हूँ, मेवाड़ की स्वतंत्रता को कोई छू भी नहीं सकता!" यह संकल्प उनके जीवन का आधार बन गया।

1572 में, जब उदय सिंह की मृत्यु हुई, महाराणा प्रताप ने मेवाड़ की गद्दी संभाली। यह केवल एक राज्य का सिंहासन नहीं था, बल्कि संघर्ष का पथ था। उस समय सम्राट अकबर ने पूरे भारत को अपने अधीन करने की ठान रखी थी। जहाँ कई राजा मुगलों की अधीनता स्वीकार कर चुके थे, वहीं मेवाड़ अब भी स्वतंत्र था। अकबर ने कई बार प्रताप को संधि का प्रस्ताव भेजा, उन्हें धन, वैभव और शांति का लालच दिया। लेकिन प्रताप का जवाब हमेशा एक ही था—"स्वतंत्रता से बड़ा कोई धन नहीं, और सम्मान से बड़ा कोई राज्य नहीं!"

अकबर ने अपनी विशाल सेना को मेवाड़ पर चढ़ाई करने का आदेश दिया। रणक्षेत्र तैयार हो गया था। यह अब केवल एक युद्ध नहीं था, बल्कि स्वाभिमान की लड़ाई थी। इतिहास एक नया मोड़ लेने वाला था, और प्रताप इसके केंद्र में थे।

18 जून 1576 को हल्दीघाटी का युद्ध शुरू हुआ। यह केवल एक जंग नहीं थी, बल्कि स्वतंत्रता और स्वाभिमान के लिए एक महासंग्राम था। एक ओर थे महाराणा प्रताप, अपने प्रिय घोड़े चेतक पर सवार, 20,000 वीर राजपूतों के साथ। दूसरी ओर थी अकबर की 80,000 सैनिकों की विशाल सेना, जिसका नेतृत्व राजा मान सिंह कर रहे थे। जैसे ही युद्ध का बिगुल बजा, प्रताप बिजली की तरह शत्रुओं पर टूट पड़े।

उनका भीमकाय भाला दुश्मनों को काटता हुआ आगे बढ़ रहा था। चेतक अपनी तेज गति से युद्धभूमि को चीरता जा रहा था। प्रताप ने मान सिंह को निशाना बनाया, और एक समय ऐसा लगा कि वह उसे मार डालेंगे। लेकिन संख्या में कम होने के कारण राजपूत सेना पराजित होने लगी। प्रताप ने अपनी पूरी शक्ति लगा दी, पर युद्ध का परिणाम प्रतिकूल था। फिर भी, उनकी वीरता ने मुगलों को हिला दिया। युद्ध के दौरान प्रताप गंभीर रूप से घायल हो गए। चेतक को भी एक पैर में गहरी चोट लगी थी। लेकिन उसने अपने स्वामी को सुरक्षित स्थान तक पहुँचाने के लिए अंतिम सांस तक दौड़ लगाई। एक नदी पार करने के बाद चेतक वीरगति को प्राप्त हो गया—यह केवल एक घोड़े की मृत्यु नहीं थी, बल्कि वफादारी और बलिदान की सबसे बड़ी मिसाल थी।

हल्दीघाटी की लड़ाई के बाद महाराणा प्रताप ने हार नहीं मानी। उन्होंने छापामार युद्धनीति अपनाई। अरावली की घनी पहाड़ियों और जंगलों में रहकर, उन्होंने मुगलों पर अचानक हमले शुरू किए। 1579 से 1585 तक, अकबर की सेना मेवाड़ में कोई बड़ी सफलता हासिल न कर सकी। प्रताप अपने वफादार सरदारों—जैसे शक्ति सिंह और हकीम खाँ सूरी—के साथ मिलकर रात के अंधेरे में दुश्मन के ठिकानों पर धावा बोलते। उनकी यह रणनीति इतनी प्रभावी थी कि मुगल सेना थकने लगी।

धीरे-धीरे प्रताप ने अपने कई खोए हुए किले—जैसे कुंभलगढ़ और गोगुंदा—वापस जीत लिए। उन्होंने चावंड को अपनी नई राजधानी बनाया और वहाँ से शासन चलाया। अकबर को अंततः मेवाड़ को जीतने का सपना अधूरा छोड़ना पड़ा। प्रताप की यह जिद और साहस उनकी सबसे बड़ी ताकत थी।

महाराणा प्रताप केवल एक योद्धा ही नहीं, बल्कि एक आदर्श शासक भी थे। उनकी स्वतंत्रता के प्रति निष्ठा अटल थी—उन्होंने कभी मुगलों की अधीनता स्वीकार नहीं की। उनका अदम्य साहस उन्हें हमेशा युद्धभूमि की अग्रिम पंक्ति में ले जाता था। उनकी छापामार युद्धनीति ने मुगलों को भारी नुकसान पहुँचाया, जो उनके रणनीतिक कौशल को दर्शाती थी। वह अपनी प्रजा से गहरा प्रेम करते थे—उनके लिए वह एक

राजा से ज्यादा एक रक्षक थे।

उन्होंने राजसी वैभव को ठुकराकर जंगलों में साधारण जीवन जिया। घास की रोटियाँ खाईं, पर कभी हार नहीं मानी। उनका त्याग और बलिदान उन्हें एक महाकाव्यिक नायक बनाता है।

19 जनवरी 1597 को चावंड में महाराणा प्रताप ने अंतिम सांस ली। लगातार संघर्ष, घायल शरीर और कठिन जीवन ने उनके स्वास्थ्य को कमजोर कर दिया था। वह अपने बिस्तर पर लेटे थे, जब उनके वफादार सरदारों ने उन्हें घेर लिया। उनकी आँखों में अभी भी वही चमक थी—स्वतंत्रता की चमक। पूरा मेवाड़ शोक में डूब गया। लोग रोते हुए सड़कों पर निकल आए, कहते हुए, "हमारा राणा चला गया।" लेकिन वे केवल शरीर से विदा हुए थे—उनके आदर्श और स्वतंत्रता की भावना युगों तक जीवित रही। उन्होंने सिद्ध कर दिया कि एक सच्चा योद्धा पराजित नहीं होता, जब तक उसकी आत्मा स्वतंत्र रहती है।

आज भी जब स्वतंत्रता, स्वाभिमान और संघर्ष की बात होती है, तो महाराणा प्रताप का नाम गर्व से लिया जाता है। उनकी गाथा राजस्थान के लोकगीतों, कविताओं और कहानियों में गूँजती है। हल्दीघाटी और चावंड उनके साहस के साक्षी हैं। उनके प्रिय घोड़े चेतक की समाधि आज भी लोगों को प्रेरित करती है।

41

चित्तौड़ की आन-बान-शान: जयमाल जी और कल्ला जी का बलिदान

यह कहानी है दो वीर योद्धाओं की—जयमल जी और कल्ला जी, जिनके नाम राजस्थान की धरती पर अमर हैं। यह वह समय था जब मेवाड़ का गौरव अपने चरम पर था, और चित्तौड़ का किला न केवल एक दुर्ग था, बल्कि सम्मान और शौर्य का प्रतीक भी। इन दो वीरों की गाथा उस युग की है, जब मुगल सम्राट अकबर की विशाल सेना ने चित्तौड़ को घेर लिया था, और मेवाड़ की मिट्टी अपने सपूतों के खून से लाल होने को तैयार थी।

जयमल मेड़तिया राठौड़ का जन्म मेड़ता की राठौड़ वंश में हुआ था। उनके पिता वीरमदेव राठौड़ एक प्रसिद्ध शासक और योद्धा थे। बचपन से ही जयमल के भीतर वीरता का बीज बोया गया था। उनकी माँ

उन्हें कहानियाँ सुनाती थीं—राणा प्रताप की, रानी पद्मिनी की, और उन अनगिनत राजपूतों की, जिन्होंने अपने प्राणों की आहुति दी थी। जयमल की आँखों में सपना था कि एक दिन वह भी अपने कुल का नाम रोशन करेगा।

युवावस्था में जयमल एक कुशल तलवारबाज और घुड़सवार बन चुके थे। उनकी शारीरिक शक्ति और रणनीतिक बुद्धि ने उन्हें मेवाड़ के राणा उदय सिंह का विश्वासपात्र बना दिया। राणा ने उन्हें चित्तौड़ का सेनापति नियुक्त किया, और जयमल ने यह जिम्मेदारी पूरे मन से स्वीकारी। उनकी आवाज में ठसक थी, और चाल में गर्व। जब वे अपने सैनिकों को संबोधित करते, तो हर शब्द में आग झलकती थी।

कल्ला जी, जयमल के भतीजे, उनके सबसे करीबी साथी थे। उनका जन्म भी उसी राठौड़ वंश में हुआ था, जहाँ हर बच्चे को तलवार थमाने से पहले उसकी धार का महत्व समझाया जाता था। कल्ला बचपन से ही अपने चाचा जयमल को अपना आदर्श मानते थे। जब जयमल घोड़े पर सवार होकर युद्ध के लिए निकलते, तो कल्ला उनकी ढाल और तलवार संभालते। उनकी नन्ही आँखों में भी वही ज्वाला थी, जो जयमल की थी।

कल्ला की जवानी आते-आते वे एक नन्हे बीज से विशाल वृक्ष बन गए। उनकी भुजाएँ लोहे की तरह मजबूत थीं, और हृदय देशभक्ति से भरा हुआ था। जयमल के साथ कंधे से कंधा मिलाकर वे हर युद्ध में शामिल हुए। दोनों की जोड़ी ऐसी थी, मानो सूरज और चंद्रमा एक साथ आकाश में चमक रहे हों।

सन् 1567 का वह काला दिन था, जब अकबर की विशाल सेना चित्तौड़ की ओर बढ़ी। ढोल-नगाड़ों की गूंज और घोड़ों की टापों की धमक से धरती काँप रही थी। राणा उदय सिंह ने अपने सैनिकों को एकत्र किया और किले की रक्षा का संकल्प लिया। जयमल और कल्ला को किले के मुख्य द्वार की जिम्मेदारी सौंपी गई। दोनों ने एक-दूसरे की ओर देखा और बिना कुछ कहे, अपनी तलवारें तेज कर लीं।

मुगल सेना ने किले को चारों ओर से घेर लिया। तोपों की गड़गड़ाहट और तीरों की बौछार शुरू हो गई। जयमल ऊँचे बुर्ज पर खड़े होकर सैनिकों को निर्देश दे रहे थे। उनकी आवाज युद्ध के शोर में भी साफ

सुनाई देती थी—"यह हमारी माटी है, इसे कोई छू नहीं सकता!" उधर, कल्ला नीचे मैदान में दुश्मनों से भिड़ रहे थे। उनकी तलवार हर बार हवा में लहराती, और एक नया शत्रु धरती पर गिर पड़ता।

कई दिनों तक युद्ध चलता रहा। मुगल सेना की संख्या के आगे मेवाड़ के सैनिक कम पड़ने लगे। एक दिन, जब जयमल दुश्मनों पर तीरों की बरसात कर रहे थे, एक मुगल सैनिक की गोली उनके पैर में जा लगी। खून की धार बहने लगी, और वे नीचे गिर पड़े। सैनिकों में हड़कंप मच गया, लेकिन जयमल ने हार नहीं मानी। उन्होंने अपने सैनिकों को पुकारा—"मैं अभी जिंदा हूँ, लड़ो!"

कल्ला ने यह देखा तो तुरंत अपने चाचा के पास पहुँचे। जयमल की हालत देखकर उनका दिल काँप उठा, लेकिन आँखों में आँसू की जगह आग थी। उन्होंने जयमल को अपने कंधों पर उठाया और कहा, "चाचा, आपकी तलवार अभी रुकेगी नहीं। मैं आपके पैर बनूँगा।" जयमल ने मुस्कुराते हुए अपनी तलवार उठाई, और कल्ला उन्हें लेकर फिर से युद्धभूमि में कूद पड़े।

यह दृश्य देखकर मुगल सेना भी स्तब्ध रह गई। एक घायल योद्धा अपने भतीजे के कंधों पर सवार होकर तलवार चला रहा था। दोनों ने मिलकर दर्जनों सैनिकों को ढेर कर दिया। लेकिन ताकत की भी एक सीमा होती है। धीरे-धीरे उनकी शक्ति क्षीण होने लगी। एक तीर ने कल्ला के सीने को भेद दिया, और वे घुटनों पर आ गए। जयमल ने अपने भतीजे को गिरते देखा, और उसी क्षण एक और गोली ने उन्हें भी वीरगति प्रदान कर दी।

दोनों एक साथ धरती पर गिरे, लेकिन उनकी तलवारें अभी भी हाथों में थीं। चित्तौड़ का किला अंततः मुगलों के हाथों में चला गया, लेकिन जयमल और कल्ला की वीरता ने इतिहास के पन्नों पर अपनी जगह बना ली।

युद्ध के बाद अकबर ने जब यह सुना कि दो योद्धाओं ने ऐसी वीरता दिखाई, तो वह स्वयं प्रभावित हुए बिना न रह सका। उसने चित्तौड़ में जयमल और कल्ला की मूर्तियाँ स्थापित करने का आदेश दिया—एक अपने भतीजे के कंधों पर सवार, और दूसरा तलवार लिए हुए।

आज भी, जब राजस्थान के गाँवों में ढोल बजते हैं और लोकगीत गाए जाते हैं, तो जयमल और कल्ला की कहानी हर दिल को छू जाती है। यह कहानी केवल दो योद्धाओं की नहीं, बल्कि उस अटूट विश्वास की है, जो माटी के लिए अपनी जान देने को तैयार था। जयमल और कल्ला मरकर भी अमर हो गए, क्योंकि उनकी वीरता की गूंज कभी खत्म नहीं होगी।

42

शौर्य का प्रतीक: पृथ्वीराज चौहान की गाथा

रेगिस्तान की तपती रेत पर दौड़ती गर्म हवाएँ मानो कोई गीत गुनगुना रही थीं। आकाश में सूरज अपनी पूरी ताकत से चमक रहा था, और दूर अरावली की पहाड़ियाँ खामोशी से उस इतिहास को देख रही थीं, जो आने वाले दिनों में स्वर्ण अक्षरों में लिखा जाने वाला था। यह वह समय था, जब भारत की धरती पर एक ऐसा सूरमा पैदा हुआ, जिसकी तलवार की चमक और हृदय की आग ने न केवल शत्रुओं को थर्राया, बल्कि आने वाली पीढ़ियों के लिए स्वाभिमान की मशाल जलाई। उस वीर का नाम था पृथ्वीराज चौहान—एक योद्धा, जिसके लिए सम्मान और स्वतंत्रता से बढ़कर कुछ नहीं था। यह कहानी उस शेर की है, जिसने रणभूमि में काल बनकर नृत्य किया और अपने अंतिम क्षण तक हार को गले नहीं लगाया।

सन् 1166 की एक सुहानी सुबह थी। राजस्थान की शौर्यभरी धरती पर अजमेर का किला गर्व से सिर उठाए खड़ा था। किले के भीतर महाराज सोमेश्वर चौहान और महारानी कर्पूर देवी के आँगन में ढोल-नगाड़ों की

गूँज फैल रही थी। एक पुत्र ने जन्म लिया था। जब उस नन्हे शिशु की पहली किलकारी किले की दीवारों से टकराई, तो मानो सारा वातावरण खुशी से झूम उठा। महारानी ने अपने नवजात को गोद में लिया, और सोमेश्वर ने उसका नाम रखा—पृथ्वीराज, जिसका अर्थ था "धरती का राजा।" कोई नहीं जानता था कि यह नाम एक दिन सचमुच इस बालक के कर्मों से चरितार्थ होगा।

पृथ्वीराज का बचपन राजमहल की चमक-दमक में नहीं, बल्कि कठोर परिश्रम और साहस के बीच बीता। वह खेलते समय भी अपने साथियों से अलग दिखता था। जहाँ बाकी बच्चे मिट्टी के खिलौनों से खेलते, वहीं पृथ्वीराज लकड़ी की तलवार लिए घंटों अभ्यास करता। उसकी छोटी-छोटी उंगलियाँ धनुष की डोर पर चलतीं, और आँखों में एक अजीब सी चमक होती—जैसे वह भविष्य के युद्धों को अभी से देख रहा हो। उसके गुरु उसे सिखाते, "पृथ्वी, यह धनुष केवल लकड़ी और रस्सी नहीं, यह तुम्हारी शक्ति और संकल्प का प्रतीक है।" पृथ्वीराज सुनता और मन ही मन कुछ ठान लेता।

उसकी सबसे बड़ी खासियत थी 'शब्दभेदी बाण' की कला। वह आँखें बंद करके, सिर्फ़ ध्वनि सुनकर निशाना साध सकता था। एक बार गुरु ने उसे परखने के लिए एक घंटी को पेड़ से बाँधा और कहा, "बता, क्या भेद सकते हो?" पृथ्वीराज ने मुस्कुराकर धनुष उठाया, हवा में घंटी की टनटन सुनी, और एक ही बाण से उसे चूर-चूर कर दिया। गुरु ने कहा, "यह बालक एक दिन शत्रुओं के लिए काल बनेगा।" लेकिन यह साहस और कौशल ही उसकी नियति का आधार बना।

फिर एक दिन वह काला समय आया, जब पृथ्वीराज केवल 11 साल का था। उसके पिता, सोमेश्वर चौहान, की मृत्यु हो गई। किले में सन्नाटा छा गया। माँ कर्पूर देवी की आँखों में आँसू थे, लेकिन वह जानती थी कि उसका बेटा कमजोर नहीं है। छोटी उम्र में पृथ्वीराज को दिल्ली और अजमेर का सिंहासन संभालना पड़ा। लोग फुसफुसाते थे, "यह बच्चा क्या करेगा? राज्य कैसे चलेगा?" पर पृथ्वीराज ने अपने कंधों पर यह बोझ उठाया और साबित कर दिया कि वह जन्म से ही शासक है।

उसके राज्याभिषेक का दिन यादगार था। छोटा सा कद, पर आँखों में आग लिए वह सिंहासन पर बैठा। उसकी माँ और वफादार सेनापति उसके साथ खड़े थे। उसने अपनी सेना को संगठित किया, नियम बनाए, और प्रजा के लिए न्याय का दरवाजा खोला। एक बार एक किसान दरबार में आया और बोला, "महाराज, मेरी जमीन छीन ली गई।" पृथ्वीराज ने उसकी बात सुनी, जाँच करवाई, और दोषी को सजा दी। उसकी प्रजा उसे प्यार करने लगी, और दुश्मन उससे डरने लगे। उसकी तलवार और बुद्धि दोनों की धाक चारों ओर फैल गई। लेकिन यह शक्ति कुछ लोगों को चुभने लगी—खासकर उसके चचेरे भाई, कन्नौज के राजा जयचंद को।

कन्नौज में जयचंद का राज था। वह पृथ्वीराज की बढ़ती शक्ति से जलता था। उसने अपनी खूबसूरत बेटी संयोगिता के लिए एक भव्य स्वयंवर रखा, पर पृथ्वीराज को अपमानित करने की नीयत से उसे निमंत्रण नहीं भेजा। उसने तो हद ही कर दी—स्वयंवर के दरवाजे पर पृथ्वीराज की मूर्ति रखवा दी, जैसे वह कोई द्वारपाल हो। यह खबर जब पृथ्वीराज तक पहुँची, तो उसका खून खौल उठा। लेकिन उससे पहले एक और कहानी थी—संयोगिता की।

संयोगिता ने बचपन से पृथ्वीराज की वीरता के किस्से सुने थे। उसकी बड़ी-बड़ी आँखों में पृथ्वीराज का चेहरा बस गया था। वह उसे मन से चाहने लगी थी। स्वयंवर के दिन, जब राजा-महाराजा अपनी शान दिखा रहे थे, संयोगिता चुपचाप अपने मन में पृथ्वीराज को याद कर रही थी। तभी हवा में घोड़ों की टापों की आवाज़ गूँजी। सभा में धूल उड़ी, और एक तेज़ तर्रार योद्धा घोड़े पर सवार होकर आया—पृथ्वीराज चौहान। उसकी आँखों में आग थी, और चेहरे पर आत्मविश्वास। संयोगिता ने उसे देखते ही वरमाला उठाई और उसके गले में डाल दी। पृथ्वीराज ने उसे अपने घोड़े पर बिठाया और दिल्ली की ओर निकल पड़ा।

यह प्रेम कहानी जयचंद के लिए अपमान का पहाड़ बन गई। उसका गुस्सा आसमान छूने लगा। उसने सोचा, "पृथ्वीराज को सबक सिखाना होगा।" और उसने एक ऐसी गलती की, जो भारत के लिए भारी पड़ी—उसने विदेशी आक्रमणकारी मुहम्मद ग़ोरी से हाथ मिला लिया।

सन् 1191 में मुहम्मद ग़ोरी ने भारत पर आक्रमण किया। वह ग़ज़नी का क्रूर शासक था, जिसके इरादे लूट और गुलामी के थे। पृथ्वीराज को यह मंज़ूर न था। उसने अपनी सेना को तैयार किया और तराइन के मैदान में डट गया। सुबह का सूरज अभी पूरी तरह नहीं निकला था, जब युद्ध का बिगुल बजा। पृथ्वीराज अपने सफेद घोड़े पर सवार था। उसकी तलवार हवा में चमक रही थी। उसकी सेना ने ग़ोरी को चारों ओर से घेर लिया। उसका सेनापति गोविंदराज आगे बढ़ा और ग़ोरी पर ऐसा वार किया कि उसके दाँत टूट गए। ग़ोरी घायल होकर भाग खड़ा हुआ। उसकी सेना बिखर गई।

यह जीत ऐतिहासिक थी। पृथ्वीराज का नाम हर गाँव, हर कस्बे में गूँजने लगा। लोग कहते, "यह वीर हिंदुस्तान का रक्षक है।" उस रात दिल्ली में उत्सव मना। संयोगिता ने अपने पति को गर्व से देखा, और प्रजा ने अपने राजा को सिर पर चढ़ा लिया। लेकिन यह खुशी ज्यादा दिन न टिकी।

ग़ोरी अपनी हार भूल न सका। उसने अपनी सेना को दुगुना किया और जयचंद जैसे राजाओं को अपने साथ मिला लिया। सन् 1192 में तराइन में फिर युद्ध हुआ। इस बार पृथ्वीराज अकेला था। जयचंद ने अपने स्वार्थ के लिए भारत को कमजोर कर दिया। ग़ोरी की सेना विशाल थी—हजारों घुड़सवार, तीरंदाज और भारी हथियार। पृथ्वीराज ने अपनी छोटी सी सेना के साथ डटकर मुकाबला किया। उसकी तलवार आग उगल रही थी। घोड़ा रणभूमि में बिजली की तरह दौड़ रहा था। लेकिन संख्या का अंतर और विश्वासघात भारी पड़ गया।

लड़ते-लड़ते पृथ्वीराज घायल हो गया। उसकी सेना बिखर गई। ग़ोरी के सैनिकों ने उसे घेर लिया और बंदी बना लिया। यह हार उसकी नहीं, बल्कि भारत की एकता की हार थी। रणभूमि पर खून और धूल बिछ गई, और पृथ्वीराज का सपना अधूरा रह गया।

ग़ोरी ने पृथ्वीराज को ग़ज़नी ले जाकर कैद कर लिया। वहाँ उसे एक ठंडी, अंधेरी कोठरी में डाला गया। ग़ोरी ने सोचा, "अब यह योद्धा टूट जाएगा।" उसने पृथ्वीराज के सामने प्रस्ताव रखा, "इस्लाम कबूल कर लो, तुम्हें छोड़ दूँगा।" लेकिन पृथ्वीराज ने हँसकर कहा, "मृत्यु मेरे लिए

सम्मान है, ग़ुलामी नहीं।" ग़ोरी का क्रोध भड़क उठा। उसने क्रूरता की सारी हदें पार कर दीं—पृथ्वीराज की आँखें निकाल दी गईं। लेकिन उसकी आत्मा को कोई अंधा न कर सका।

एक दिन ग़ोरी ने उसे अपमानित करने की ठानी। उसने कहा, "चलो, दिखाओ अपनी तीरंदाजी।" पृथ्वीराज के साथ उसका वफादार दोस्त और कवि चंदबरदाई भी कैद में था। सभा में ग़ोरी ऊँचे आसन पर बैठा था। चंदबरदाई ने धीरे से पृथ्वीराज के कान में कहा, "चार बांस चौबीस गज, अंगुल अष्ट प्रमाण, ता ऊपर सुल्तान है, मत चूको चौहान!" पृथ्वीराज ने अपने अंधेपन को कमजोरी नहीं बनने दिया। उसने धनुष उठाया, हवा में ग़ोरी की साँसों की आवाज़ सुनी, और बाण छोड़ा। वह बाण हवा को चीरता हुआ सीधे ग़ोरी के गले में जा धँसा। ग़ोरी चीखकर नीचे गिर पड़ा और मर गया।

सभा में सन्नाटा छा गया। इससे पहले कि मुगल सैनिक कुछ समझ पाते, पृथ्वीराज और चंदबरदाई ने एक-दूसरे को अपनी तलवारों से वीरगति दी। वे मरे नहीं, बल्कि अमर हो गए।

पृथ्वीराज चौहान का शरीर तो ग़ज़नी की धरती पर गिरा, पर उनकी आत्मा आज भी भारत में गूँजती है। उनकी कहानी "पृथ्वीराज रासो" में लिखी गई। राजस्थान के गाँवों में आज भी ढोल बजते हैं, और लोग उनके गीत गाते हैं। वह केवल एक राजा नहीं थे—वह भारत की अस्मिता थे, वीरता का प्रतीक थे। उनकी प्रेम कहानी, उनकी तलवार, और उनका बलिदान हर हिंदुस्तानी के दिल में बसता है।

उस दिन से लेकर आज तक, जब भी कोई स्वाभिमान और साहस की बात करता है, पृथ्वीराज का नाम गर्व से लिया जाता है। उनकी गाथा कभी खत्म नहीं होगी, क्योंकि वह एक योद्धा की नहीं, बल्कि एक विचार की कहानी है—जो कहता है कि सम्मान के लिए मरना भी जीत है।

43

शहीद भगत सिंह: स्वतंत्रता संग्राम का अमर नायक

सूरज अभी अपनी पहली किरणें भी नहीं बिखेर पाया था कि लाहौर की सेंट्रल जेल में एक अजीब-सी हलचल शुरू हो गई। ऊँची दीवारों के पीछे, जहाँ सूर्य की रोशनी भी मुश्किल से पहुँच पाती थी, आज कुछ असाधारण होने वाला था। जेल के गलियारों में कदमों की आहट गूँज रही थी, और हवा में एक अनकही बेचैनी तैर रही थी। तीन युवा—भगत सिंह, सुखदेव और राजगुरु—मुस्कुराते हुए अपने आखिरी सफर की ओर बढ़ रहे थे। उनके चेहरों पर न डर था, न पछतावा, बल्कि एक ऐसी चमक थी जो आने वाली सदियों को रोशन करने वाली थी। इनमें से एक था भगत सिंह—वह नाम, जो सिर्फ एक व्यक्ति नहीं, बल्कि एक विचारधारा, एक क्रांति और भारत की आजादी का पर्याय बनने वाला था।

28 सितंबर 1907 की वह सुबह शायद आम दिनों जैसी ही थी, जब पंजाब के लायलपुर जिले के बंगा गाँव (अब पाकिस्तान में) में एक घर में नन्हा भगत सिंह पहली बार इस दुनिया में आया। उसकी किलकारी अभी गूँजी भी नहीं थी कि उसके परिवार पर आजादी की लड़ाई का रंग

चढ़ चुका था। उसके पिता किशन सिंह संधू और चाचा अजीत सिंह उस वक्त जेल की सलाखों के पीछे थे, सिर्फ इसलिए कि वे ब्रिटिश हुकूमत की गुलामी से भारत को आजाद करवाना चाहते थे। भगत सिंह का बचपन खिलौनों और खेलों से ज्यादा क्रांति की कहानियों के बीच बीता। घर में आजादी की चर्चाएँ, देशभक्ति के गीत और ब्रिटिश अत्याचारों की बातें उसके कानों में गूँजती थीं।

12 साल की नन्ही उम्र में ही भगत सिंह ने वह मंजर देखा, जिसने उसकी जिंदगी की दिशा हमेशा के लिए बदल दी। जलियांवाला बाग में हुए उस भयानक हत्याकांड ने उसके कोमल मन पर गहरी चोट की। हजारों निहत्थे लोग—मर्द, औरतें, बच्चे—ब्रिटिश गोलियों का शिकार बन गए थे। भगत सिंह उस खून से सनी मिट्टी के पास पहुँचा। उसने उस मिट्टी को अपने नन्हे हाथों में उठाया, उसे माथे से लगाया और एक कसम खाई—"यह खून अब व्यर्थ नहीं जाएगा।" उसकी आँखों में आँसुओं के साथ-साथ एक आग भी जल रही थी।

महात्मा गांधी का असहयोग आंदोलन उस वक्त जोरों पर था। भगत सिंह ने भी उस आह्वान पर अपने ब्रिटिश स्कूल को अलविदा कह दिया। किताबें जला दीं, विदेशी कपड़े छोड़ दिए। लेकिन जब गांधीजी ने चौरी-चौरा कांड के बाद आंदोलन वापस ले लिया, तो भगत सिंह का मन टूट गया। उसे लगने लगा कि अहिंसा का रास्ता शायद भारत को आजादी की मंजिल तक न पहुँचा सके। उसका दिल अब क्रांति की राह की ओर मुड़ चुका था।

लाहौर का नेशनल कॉलेज भगत सिंह के लिए सिर्फ एक स्कूल नहीं, बल्कि क्रांति का एक अड्डा था। यहाँ उसे लाला लाजपत राय, सुखदेव और भगवती चरण वोहरा जैसे क्रांतिकारियों का साथ मिला। उसकी किताबों में अब गणित और विज्ञान की जगह कार्ल मार्क्स, लेनिन और रूसी क्रांति की कहानियाँ थीं। वह घंटों पढ़ता, सोचता और अपने साथियों से बहस करता। उसकी सोच साफ थी—आजादी का मतलब सिर्फ ब्रिटिश हुकूमत को उखाड़ना नहीं, बल्कि एक ऐसा समाज बनाना था जहाँ कोई भूखा न सोए, जहाँ जाति और धर्म की दीवारें न हों।

इसी सोच ने उसे नौजवान भारत सभा और हिंदुस्तान सोशलिस्ट रिपब्लिकन एसोसिएशन (HSRA) की ओर खींचा। अब वह सिर्फ एक छात्र नहीं था, बल्कि एक क्रांतिकारी बन चुका था, जिसके लिए क्रांति ही उसका धर्म, उसका जीवन और उसका मकसद थी।

1928 का साल था। ब्रिटिश सरकार ने साइमन कमीशन भारत भेजा, जिसमें एक भी भारतीय शामिल नहीं था। पूरे देश में इसका विरोध शुरू हुआ। लाहौर में लाला लाजपत राय ने इस विरोध की कमान संभाली। लेकिन वह दिन काला दिन बन गया जब ब्रिटिश पुलिस अधिकारी जेम्स स्कॉट ने प्रदर्शनकारियों पर लाठियाँ बरसाईं। लाला जी पर भी बेरहमी से हमला हुआ। उनकी छाती पर चोट लगी, और कुछ ही दिनों बाद वह चल बसे।

यह खबर भगत सिंह के लिए बिजली की तरह गिरी। लाला जी उसके लिए सिर्फ एक नेता नहीं, एक प्रेरणा थे। उसका खून खौल उठा। उसने अपने साथियों—सुखदेव, राजगुरु और चंद्रशेखर आजाद—के साथ मिलकर फैसला किया कि अब खून का बदला खून से लिया जाएगा। योजना बनी। निशाना था जेम्स स्कॉट। लेकिन उस दिन गलती हो गई। स्कॉट की जगह जॉन सांडर्स गोली का शिकार बन गया। भगत सिंह और उसके साथी वहाँ से फरार हो गए। बाल कटवाए, दाढ़ी-मूंछें साफ कीं, और गायब हो गए, जैसे हवा में मिल गए हों।

8 अप्रैल 1929 का दिन। दिल्ली की केंद्रीय असेंबली में ब्रिटिश सरकार "डिफेंस ऑफ इंडिया एक्ट" पास करने की तैयारी में थी। यह कानून भारतीयों की आवाज को और दबाने वाला था। भगत सिंह और बटुकेश्वर दत्त ने इसे रोकने का फैसला किया। उन्होंने असेंबली में बम फेंका। धमाका हुआ, धुआँ फैला, लेकिन किसी की जान नहीं गई। यह बम मारने के लिए नहीं, बल्कि सोए हुए अंग्रेजों को जगाने के लिए था। भगत सिंह ने कहा था—"बहरों को सुनाने के लिए धमाका जरूरी है।"

बम फेंकने के बाद वे भाग सकते थे, लेकिन नहीं भागे। उन्होंने खुद को गिरफ्तार करवाया। उनका मकसद था कि अदालत में उनकी आवाज पूरे देश तक पहुँचे। और ऐसा ही हुआ। अखबारों में उनकी बात छपी, लोग उनके विचारों से जागे।

लाहौर जेल में भगत सिंह और उनके साथियों को कैद किया गया। लेकिन उनकी लड़ाई यहीं खत्म नहीं हुई। उन्होंने देखा कि भारतीय कैदियों को अंग्रेज कैदियों की तुलना में घटिया खाना, गंदे कपड़े और बुरा बर्ताव मिलता था। इसके खिलाफ उन्होंने 116 दिनों की भूख हड़ताल शुरू की। अंग्रेजों ने उन्हें तोड़ने की कोशिश की—जबरदस्ती खाना खिलाया, प्रताड़ित किया। लेकिन भगत सिंह और उनके साथी नहीं झुके।

जेल में ही भगत सिंह ने "मैं नास्तिक क्यों हूँ?" लिखा। इस लेख में उसने बताया कि वह ईश्वर में विश्वास क्यों नहीं करता। उसके लिए सच्चाई, न्याय और इंसानियत ही सबसे बड़ा धर्म था।

23 मार्च 1931 की वह शाम। लाहौर सेंट्रल जेल में फाँसी का फंदा तैयार था। ब्रिटिश सरकार को डर था कि सुबह फाँसी दी तो देश में विद्रोह भड़क जाएगा। इसलिए उन्होंने एक दिन पहले, रात 7:30 बजे भगत सिंह, सुखदेव और राजगुरु को फाँसी देने का फैसला किया।

उस आखिरी पल में भी भगत सिंह का हौसला कम नहीं हुआ। वह लेनिन की किताब पढ़ रहा था। जब जेलर उसे लेने आया, तो उसने मुस्कुराते हुए कहा—"रुको, इस किताब का आखिरी पन्ना पढ़ लूँ।" फिर वह उठा, अपने साथियों के साथ कंधे से कंधा मिलाकर फाँसी के तख्ते की ओर बढ़ा। तीनों ने एक साथ नारा लगाया—"इंकलाब जिंदाबाद! साम्राज्यवाद मुर्दाबाद!" फंदा गले में डाला गया, और तीन सूरज हमेशा के लिए डूब गए।

अंग्रेजों ने उनके शवों को चुपके से जलाने की कोशिश की, लेकिन जनता ने उन्हें ढूंढ लिया। पूरा देश रो पड़ा, पर उस रोने में एक गर्व भी था।

भगत सिंह सिर्फ एक शहीद नहीं थे, वह एक विचार थे। वह चाहते थे कि आजादी सिर्फ अंग्रेजों से छुटकारा न हो, बल्कि शोषण, भेदभाव और गरीबी से भी मुक्ति हो। उनकी तस्वीर आज भी हर युवा के दिल में जिंदा है। उनका नारा—इंकलाब जिंदाबाद"—आज भी गूँजता है।

☙

44

वो थे आज़ाद: एक क्रांतिकारी की अमर विरासत

वह सुबह कुछ अलग थी। इलाहाबाद, जिसे अब प्रयागराज के नाम से जाना जाता है, के अल्फ्रेड पार्क में कोहरे की पतली चादर फैली हुई थी। हवा में ठंडक थी, और पेड़ों की पत्तियाँ हल्के-हल्के हिल रही थीं। पार्क के एक कोने में, एक विशाल बरगद के नीचे, एक नौजवान बैठा था। उसकी उम्र मुश्किल से पच्चीस साल रही होगी, लेकिन उसकी आँखों में जो चमक थी, वह किसी साधारण इंसान की नहीं थी। उसकी उंगलियाँ धीरे-धीरे उसकी पिस्तौल पर फिर रही थीं, जैसे वह उसे कोई प्रिय चीज़ सहला रहा हो। उसका चेहरा शांत था, लेकिन उस शांति के पीछे एक तूफान छिपा था—स्वतंत्रता का तूफान।

अचानक, कोहरे को चीरती हुई घोड़ों की टापों और बूटों की भारी आवाज़ गूँज उठी। ब्रिटिश पुलिस के जवान, हाथों में बंदूकें थामे, चारों ओर से पार्क को घेरने लगे। उनकी नज़रें उस नौजवान को तलाश रही थीं। एक अंग्रेज़ अफसर, जिसके चेहरे पर घमंड और क्रूरता की रेखाएँ साफ दिख रही थीं, आगे बढ़ा और चिल्लाया, "अब बचकर कहाँ जाएगा,

आज़ाद? चारों ओर से घिर चुका है तू!"

उस नौजवान ने उसकी ओर देखा। उसकी होंठों पर एक हल्की मुस्कान खेल गई—वह मुस्कान जो मौत को चुनौती देती थी। उसने अपनी पिस्तौल को और मज़बूती से पकड़ा और धीमी, लेकिन दृढ़ आवाज़ में कहा, "मैं कभी अंग्रेजों के हाथों जिंदा नहीं आऊँगा।"

यह नौजवान कोई और नहीं, चंद्रशेखर आज़ाद था—वह क्रांतिकारी जिसने अपनी आखिरी साँस तक आज़ादी की मशाल को थामे रखा। उस सुबह, 27 फरवरी 1931 को, उसने अपनी अंतिम लड़ाई लड़ी। जब उसकी पिस्तौल में सिर्फ एक गोली बची, तो उसने उसे अंग्रेजों के लिए नहीं, बल्कि खुद के लिए इस्तेमाल किया। वह शहीद हो गया, लेकिन गुलामी की जंजीरों में जकड़ा नहीं गया। उसकी कहानी एक गाथा बन गई, जो आज भी हर भारतीय के दिल में गूँजती है।

चंद्रशेखर का जन्म 23 जुलाई 1906 को मध्य प्रदेश के एक छोटे से गाँव, भावरा, में हुआ था। उनके पिता सीताराम तिवारी एक साधारण किसान थे, और माँ जगरानी देवी एक धार्मिक और साहसी महिला। गाँव की मिट्टी में सादगी थी, लेकिन चंद्रशेखर के दिल में कुछ और ही बस रहा था। बचपन से ही वह दूसरों से अलग था। जहाँ गाँव के बच्चे खेल-कूद में मस्त रहते, वहीं चंद्रशेखर अक्सर पेड़ों की छाँव में बैठकर आसमान को निहारता, जैसे कोई बड़ा सपना उसकी आँखों में पल रहा हो।

उनकी माँ चाहती थीं कि वह संस्कृत का विद्वान बने। इसलिए, जब वह थोड़ा बड़ा हुआ, तो उसे बनारस भेज दिया गया। बनारस की गलियों में, जहाँ घंटियों की आवाज़ और मंत्रों का उच्चारण गूँजता था, चंद्रशेखर ने पढ़ाई शुरू की। लेकिन भाग्य ने उसके लिए कुछ और लिख रखा था।

1919 में जलियांवाला बाग का हत्याकांड हुआ। जब यह खबर बनारस पहुँची, तो तेरह साल का चंद्रशेखर स्तब्ध रह गया। उसने सुना कि कैसे अंग्रेजों ने निहत्थे लोगों पर गोलियाँ चलाई, कैसे मासूम बच्चों और बूढ़ों का खून बहाया गया। उस रात वह सो नहीं सका। उसकी आँखों के सामने वे दृश्य बार-बार उभर रहे थे। उसी रात, उसके मन में गुलामी के खिलाफ पहली चिंगारी जली। उसने सोचा, "यह आज़ादी हमें माँगने

से नहीं मिलेगी। इसे छीनना होगा।"

1921 में, जब महात्मा गांधी ने असहयोग आंदोलन शुरू किया, तो चंद्रशेखर का खून उबाल मारने लगा। वह सिर्फ पंद्रह साल का था, लेकिन उसने स्कूल छोड़ दिया और सड़कों पर उतर आया। वह अंग्रेजों के खिलाफ नारे लगाता, लोगों को जागरूक करता। लेकिन एक दिन, ब्रिटिश पुलिस ने उसे पकड़ लिया। उसे अदालत में ले जाया गया।

अदालत में मजिस्ट्रेट ने उससे उसका नाम पूछा। उसने सीना तानकर जवाब दिया, "आज़ाद।"

"पिता का नाम?"

"स्वतंत्रता।"

"घर कहाँ है?"

"जेल।"

मजिस्ट्रेट का चेहरा गुस्से से लाल हो गया। उसने चंद्रशेखर को सजा सुनाई—15 कोड़े। जब कोड़े उसके नन्हे शरीर पर पड़ने लगे, तो हर वार के साथ वह बस एक ही नारा लगाता रहा—"भारत माता की जय!" उसकी आवाज़ में दर्द नहीं, बल्कि गर्व था। उस दिन से वह सिर्फ चंद्रशेखर तिवारी नहीं रहा। वह बन गया "चंद्रशेखर आज़ाद"—एक नाम जो अंग्रेजों के लिए खौफ और देशवासियों के लिए प्रेरणा बन गया।

जब गांधी जी ने असहयोग आंदोलन वापस लिया, तो आज़ाद का दिल टूट गया। उन्हें लगा कि अहिंसा से अंग्रेजों को नहीं हराया जा सकता। उनके मन में एक नया संकल्प जगा—हथियार उठाने का संकल्प। वह राम प्रसाद बिस्मिल, भगत सिंह, सुखदेव और राजगुरु जैसे क्रांतिकारियों से मिले और हिंदुस्तान रिपब्लिकन एसोसिएशन (HRA) का हिस्सा बन गए। यह संगठन अंग्रेजों के खिलाफ सशस्त्र क्रांति की राह पर चल पड़ा। बाद में इसका नाम बदलकर हिंदुस्तान सोशलिस्ट रिपब्लिकन एसोसिएशन (HSRA) हो गया।

आज़ाद अब एक योद्धा बन चुके थे। उनकी मूंछें, जो उनके चेहरे को और भी तेजस्वी बनाती थीं, अंग्रेजों के लिए खतरे की निशानी थीं। वह कहते थे, "दुश्मन की गोली से डरने वाला आज़ाद नहीं हो सकता।"

9 अगस्त 1925 को, उत्तर प्रदेश के काकोरी रेलवे स्टेशन पर एक साहसिक घटना घटी। HSRA के क्रांतिकारियों ने ब्रिटिश सरकार का खजाना लूट लिया। यह योजना आज़ाद और उनके साथियों ने मिलकर बनाई थी। ट्रेन की सायरन के बीच गोलियाँ चलीं, और खजाने के बक्से क्रांतिकारियों के हाथ लग गए। अंग्रेज़ इस घटना से बौखला गए। राम प्रसाद बिस्मिल और कई अन्य साथियों को फाँसी दे दी गई, लेकिन आज़ाद पुलिस की पकड़ से बाहर रहे। उनकी चालाकी और साहस ने उन्हें अंग्रेजों का सबसे बड़ा दुश्मन बना दिया।

1928 में, जब साइमन कमीशन के खिलाफ लाला लाजपत राय ने आंदोलन का नेतृत्व किया, तो ब्रिटिश पुलिस ने उन पर लाठियाँ बरसाईं। लाला जी की मौत ने आज़ाद के दिल में आग लगा दी। उन्होंने भगत सिंह, राजगुरु और सुखदेव के साथ मिलकर इसका बदला लेने की ठानी। योजना बनी कि पुलिस अधिकारी जेम्स स्कॉट को मार दिया जाए। लेकिन उस दिन गलती से जे.पी. सांडर्स मारा गया। इस घटना ने अंग्रेजों को और सख्त कर दिया, और आज़ाद "मोस्ट वांटेड" बन गए।

27 फरवरी 1931 का दिन था। आज़ाद अपने कुछ साथियों से मिलने अल्फ्रेड पार्क आए थे। लेकिन किसी गद्दार ने उनकी खबर अंग्रेजों को दे दी। पुलिस ने पार्क को घेर लिया। गोलियाँ चलने लगीं। आज़ाद ने अकेले ही जवाब दिया। उनकी पिस्तौल से निकली हर गोली अंग्रेजों के लिए मौत बनकर बरसी। कई सिपाही ढेर हो गए, लेकिन आज़ाद के साथी घायल हो चुके थे।

जब उनकी पिस्तौल में सिर्फ एक गोली बची, तो उन्होंने एक पल रुककर आसमान की ओर देखा। उनकी आँखों में कोई डर नहीं था, सिर्फ अपनी कसम थी—"मैं जिंदा नहीं पकड़ा जाऊँगा।" फिर उन्होंने वह गोली खुद को मार ली। उनका शरीर ज़मीन पर गिरा, लेकिन उनकी आत्मा आज़ाद रही।

चंद्रशेखर आज़ाद की शहादत के बाद अल्फ्रेड पार्क का नाम उनके नाम पर रखा गया। उनकी कहानी स्कूलों में पढ़ाई जाती है, उनके नाम पर स्मारक बनते हैं। वह सिर्फ एक इंसान नहीं थे, बल्कि एक विचारधारा थे। उन्होंने हमें सिखाया कि स्वतंत्रता मुफ्त में नहीं मिलती—उसके

लिए खून बहाना पड़ता है, बलिदान देना पड़ता है। आज जब हम आज़ादी की हवा में साँस लेते हैं, तो हमें याद रखना चाहिए कि यह हवा चंद्रशेखर आज़ाद जैसे वीरों के खून से रंगी हुई है।

45

नेताजी सुभाष चंद्र बोस: साहस, संकल्प और स्वाधीनता की मिसाल

रात गहरी थी। कोलकाता की सड़कें सन्नाटे में डूबी हुई थीं। एल्गिन रोड पर एक घर के बाहर ब्रिटिश पुलिस के सिपाही पहरे पर तैनात थे। उनकी नज़रें हर आने-जाने वाले पर थीं। लेकिन उस घर के भीतर कुछ और ही चल रहा था। दीवारों के पीछे एक योजना बन रही थी—एक ऐसी योजना जो अंग्रेज़ों के लिए किसी बुरे सपने से कम नहीं थी।

अचानक, एक हल्की सी खटपट हुई। दरवाज़ा धीरे से खुला, और एक छाया बाहर निकली। उसने सिर पर पगड़ी बाँधी थी, और चेहरे पर एक लंबी दाढ़ी नकली मूंछों के साथ उसे एक पठान की शक्ल दे रही थी। वह चुपचाप सड़क पर बढ़ा, और कुछ ही पलों में अंधेरे में गायब हो गया। पुलिस को भनक तक नहीं लगी। वह छाया कोई और नहीं, सुभाष चंद्र बोस थे—वह वीर सपूत जिसे दुनिया "नेताजी" के नाम से जानती है।

यह 16 जनवरी 1941 की रात थी। उस रात सुभाष ने न सिर्फ अपने घर से बाहर कदम रखा, बल्कि एक ऐसे मिशन पर निकल पड़े जिसने भारत की आज़ादी की लड़ाई को नया रंग दिया। वह कोलकाता से अफगानिस्तान, फिर रूस और जर्मनी होते हुए जापान पहुँचे। वहाँ उन्होंने आज़ाद हिंद फौज को नई ताकत दी और एक नारा दिया जो आज भी गूँजता है—"तुम मुझे खून दो, मैं तुम्हें आज़ादी दूंगा!" यह नारा सिर्फ शब्द नहीं था; यह एक ज्वाला थी, जो हर भारतीय के दिल में जल उठी।

23 जनवरी 1897 को उड़ीसा के कटक शहर में एक साधारण घर में एक बच्चे ने जन्म लिया। उनके पिता जानकीनाथ बोस एक वकील थे, और माँ प्रभावती देवी एक धार्मिक और साहसी महिला। सुभाष 14 भाई-बहनों में नौवें थे, लेकिन बचपन से ही उनकी आँखों में कुछ अलग चमक थी। वह खेलते समय भी अपने दोस्तों को इकट्ठा कर नेतृत्व करते, जैसे कोई छोटा सैनिक अपनी सेना तैयार कर रहा हो।

उनके पिता चाहते थे कि वह पढ़-लिखकर बड़ा अफसर बने। सुभाष ने भी अपनी मेधा से सबको चौंका दिया। कटक के रवेनशॉ कॉलेजिएट स्कूल में उनकी बुद्धिमत्ता की चर्चा होने लगी। फिर कोलकाता के प्रेसीडेंसी कॉलेज और स्कॉटिश चर्च कॉलेज में पढ़ाई की। 1920 में उन्होंने भारतीय सिविल सेवा (ICS) की परीक्षा पास की—वह परीक्षा जिसे उस समय सबसे मुश्किल माना जाता था। लेकिन सुभाष का मन गुलामी की नौकरी में नहीं रमा। एक दिन उन्होंने अपने पिता को पत्र लिखा, "मैं अंग्रेजों की नौकरी नहीं कर सकता। मेरा देश मुझे पुकार रहा है।" और फिर, उन्होंने वह नौकरी छोड़ दी। उस दिन से उनका एकमात्र लक्ष्य बन गया—भारत को आज़ाद करना।

1921 में जब महात्मा गांधी ने असहयोग आंदोलन शुरू किया, तो सुभाष उसमें कूद पड़े। वह गांधी जी का सम्मान करते थे, लेकिन उनके मन में एक सवाल हमेशा उठता था—क्या अहिंसा से अंग्रेज हट जाएँगे? उन्हें लगता था कि अंग्रेजों को उनकी ही भाषा में जवाब देना होगा—शक्ति की भाषा में।

वह कांग्रेस में शामिल हुए और अपनी तेज़ बुद्धि और जोशीले भाषणों से सबको प्रभावित किया। 1938 में वह कांग्रेस के अध्यक्ष बने।

लेकिन जब 1939 में उन्होंने गांधी जी के समर्थक पट्टाभि सीतारमैया को हराया, तो मतभेद बढ़ गए। सुभाष को लगा कि कांग्रेस का रास्ता अब उनके सपनों से अलग हो रहा था। उन्होंने कांग्रेस छोड़ दी और "फॉरवर्ड ब्लॉक" नामक अपनी पार्टी बनाई। अब वह पूरी तरह से सशस्त्र क्रांति के रास्ते पर चल पड़े।

सुभाष की बढ़ती लोकप्रियता से ब्रिटिश सरकार घबरा गई। उन्हें कई बार जेल में डाला गया। 1941 में उन्हें उनके घर में नज़रबंद कर दिया गया। लेकिन सुभाष को कैद करना आसान नहीं था। एक रात, उन्होंने अपने भतीजे शिशिर बोस की मदद से योजना बनाई। वह पठान के भेष में घर से निकले। पुलिस बाहर खड़ी रही, और सुभाष कोलकाता से निकलकर गोमो स्टेशन पहुँचे। वहाँ से वह अफगानिस्तान के लिए रवाना हो गए।

अफगानिस्तान से रूस, फिर जर्मनी—यह यात्रा किसी साहसिक कहानी से कम नहीं थी। जर्मनी में उन्होंने हिटलर से मुलाकात की और भारत की आज़ादी के लिए मदद माँगी। लेकिन उनका असली मकसद जापान पहुँचना था, जहाँ वह आज़ाद हिंद फौज को नई ताकत दे सकें।

1943 में सुभाष जापान पहुँचे। वहाँ उन्होंने रास बिहारी बोस से आज़ाद हिंद फौज (INA) की कमान ली। जापानी सरकार ने उन्हें समर्थन दिया। सुभाष ने सैनिकों को इकट्ठा किया—वे लोग जो ब्रिटिश सेना में थे और जापानियों के हाथों बंदी बन गए थे। सुभाष ने उन्हें एक नया सपना दिखाया—"दिल्ली चलो!"

उन्होंने बर्मा के रास्ते भारत पर हमले की योजना बनाई। 1944 में INA ने अंडमान और निकोबार द्वीपो को आज़ाद कराया। सुभाष ने उन्हें "शहीद द्वीप" और "स्वराज द्वीप" का नाम दिया। उनकी सेना में सिर्फ पुरुष ही नहीं, महिलाएँ भी थीं। "रानी झांसी रेजिमेंट" नाम की महिला टुकड़ी का नेतृत्व कैप्टन लक्ष्मी सहगल ने किया। सुभाष कहते थे, "आज़ादी के लिए हर भारतीय को लड़ना होगा—चाहे वह पुरुष हो या महिला।"

सुभाष के शब्दों में जादू था। जब वे बोलते, तो सुनने वालों का खून उबाल मारने लगता। उनके नारे आज भी हमें प्रेरित करते हैं—

- "तुम मुझे खून दो, मैं तुम्हें आज़ादी दूंगा!"—यह एक वादा था, एक चुनौती थी।

- "दिल्ली चलो!"—यह एक मंजिल थी, जो हर सैनिक के दिल में बस गई।

- "जय हिंद!"—यह एक अभिवादन था, जो आज भारतीय सेना की शान है।

- "इत्तेहाद, एतमाद और कुर्बानी"—यह एक मंत्र था, जो एकता और बलिदान का प्रतीक बना।

18 अगस्त 1945 को एक खबर आई—ताइवान के ताइपेई में नेताजी का विमान दुर्घटनाग्रस्त हो गया। दुनिया को बताया गया कि सुभाष नहीं रहे। लेकिन क्या यह सच था? कई लोग मानते हैं कि वह बच गए थे। कुछ कहते हैं कि वह भारत लौटे और गुमनामी में रहे। उनकी मृत्यु आज भी एक रहस्य है, जो इतिहास के पन्नों में अनसुलझा पड़ा है।

नेताजी की शहादत सच हो या न हो, उनकी लड़ाई ने भारत को आज़ादी के करीब पहुँचाया। INA के सैनिकों पर मुकदमे चले, और पूरे देश में आक्रोश फैल गया। यह आक्रोश 1947 की आज़ादी का कारण बना। आज उनके जन्मदिन, 23 जनवरी को "पराक्रम दिवस" के रूप में मनाया जाता है। 2021 में इंडिया गेट पर उनकी प्रतिमा की घोषणा हुई। वह सिर्फ एक नेता नहीं, एक प्रेरणा हैं।

46

खूब लड़ी मर्दानी: रानी लक्ष्मीबाई का बलिदान

गंगा के तट पर बसा बनारस उस सुबह शांत था। सूरज की पहली किरणें मंदिरों की घंटियों के साथ मिल रही थीं। लेकिन एक छोटे से घर में हलचल थी। 19 नवंबर 1828 को उस घर में एक कन्या ने जन्म लिया। उसका नाम रखा गया मणिकर्णिका, लेकिन प्यार से उसे "छबीली" पुकारा जाता था। वह कोई साधारण बालिका नहीं थी—उसके नन्हे हाथों में तलवार थामने की ताकत थी, और उसकी आँखों में एक सपना था, जो आगे चलकर इतिहारा बन गया।

मणिकर्णिका की कहानी उस दिन से शुरू नहीं हुई जब वह झांसी की रानी बनीं। उनकी वीरता की नींव उनके बचपन में ही पड़ चुकी थी। और जब वह घोड़े पर सवार होकर, पीठ पर अपने बेटे को बाँधे, अंग्रेजों से लड़ीं, तो वह सिर्फ एक रानी नहीं, बल्कि भारत की आत्मा बन गईं।

मणिकर्णिका का जन्म एक मराठा ब्राह्मण परिवार में हुआ था। उनके पिता मोरोपंत तांबे पेशवा बाजीराव द्वितीय के दरबार में एक सम्मानित अधिकारी थे। माँ भागीरथी बाई एक धार्मिक और साहसी

महिला थीं, लेकिन मणिकर्णिका के बचपन में ही उनका देहांत हो गया। इसके बाद मोरोपंत ने अपनी बेटी को अपने साथ दरबार में रखा। वहाँ मणिकर्णिका का बचपन आम लड़कियों से बिल्कुल अलग था। जहाँ दूसरी लड़कियाँ गुड़ियों से खेलतीं, वहीं वह पेड़ों पर चढ़ती, घोड़ों पर सवारी करती और तलवार से खेलती।

एक दिन, बाजीराव के बेटे नाना साहेब के साथ खेलते हुए उसने एक लकड़ी की तलवार उठाई और नाना को चुनौती दी। नाना हँस पड़े, "छबीली, तू लड़की होकर तलवार चलाएगी?" मणिकर्णिका ने गंभीरता से जवाब दिया, "मैं लड़की नहीं, योद्धा हूँ।" उसकी यह बात बाद में सच साबित हुई।

पिता ने उसे पढ़ाई के साथ-साथ युद्धकला सिखाने का फैसला किया। उसने हिंदी, मराठी और संस्कृत सीखी, लेकिन उसकी असली रुचि घुड़सवारी, तलवारबाजी और धनुर्विद्या में थी। उसके प्रशिक्षक उसे देखकर दंग रह जाते थे। एक बार, एक प्रशिक्षक ने कहा, "यह लड़की तो किसी राजा से कम नहीं।" कौन जानता था कि वह सचमुच एक रानी बनेगी—और वह भी ऐसी, जिसका नाम सदियों तक गूँजेगा।

1842 में मणिकर्णिका का विवाह झांसी के राजा गंगाधर राव नेवालकर से हुआ। शादी के बाद उनका नाम बदलकर लक्ष्मीबाई रखा गया। झांसी का राजमहल उनकी नई दुनिया बन गया। लेकिन वह सिर्फ रानी बनकर नहीं रुकी। उसने महल में भी अपनी तलवार को तेज़ रखा और घोड़ों की सवारी जारी रखी। 1851 में उसने एक बेटे को जन्म दिया, जिसका नाम दामोदर राव रखा गया। लेकिन खुशी ज्यादा दिन न टिकी—नन्हा दामोदर कुछ महीनों में ही चल बसा।

इस दुख से गंगाधर राव टूट गए। 1853 में उन्होंने एक बच्चे को गोद लिया, लेकिन उसी साल उनकी मृत्यु हो गई। अब झांसी की जिम्मेदारी लक्ष्मीबाई के कंधों पर आ पड़ी। वह सिर्फ 25 साल की थीं, लेकिन उनके हौसले किसी अनुभवी सेनापति से कम न थे।

गंगाधर राव की मृत्यु के बाद ब्रिटिश ईस्ट इंडिया कंपनी ने अपनी कुटिल नीति दिखाई। लॉर्ड डलहौजी का "डॉक्ट्रिन ऑफ लैप्स" कहता था कि बिना जैविक उत्तराधिकारी के राज्य को ब्रिटिश शासन में मिला लिया

जाएगा। अंग्रेजों ने दत्तक पुत्र दामोदर राव को मान्यता देने से इनकार कर दिया और झांसी को हड़पने की घोषणा कर दी।

रानी ने यह अन्याय सहन नहीं किया। एक दिन, जब ब्रिटिश अफसर उनके महल में आए और कहा, "झांसी अब हमारी है," तो रानी ने गरजकर जवाब दिया, "मैं अपनी झांसी नहीं दूँगी!" उसकी आवाज़ में ऐसी ताकत थी कि अफसर एक पल को ठिठक गए। लेकिन अंग्रेज़ अपनी ज़िद पर अड़े रहे। रानी ने फैसला किया—अब बातचीत नहीं, युद्ध होगा।

1857 में जब पूरे भारत में विद्रोह की चिंगारी भड़की, तो झांसी भी उस आग का हिस्सा बनी। रानी ने अपनी सेना को तैयार किया। उसने न सिर्फ पुरुषों को, बल्कि महिलाओं को भी हथियार उठाने का प्रशिक्षण दिया। उसकी सेना में झलकारी बाई जैसी वीरांगनाएँ थीं, जो रानी की हमशक्ल बनकर अंग्रेजों को चकमा देती थीं।

23 मार्च 1858 को जनरल ह्यूग रोज़ की अगुआई में ब्रिटिश सेना ने झांसी पर हमला बोला। किला चारों ओर से घिर गया। तोपों की गड़गड़ाहट और तलवारों की टंकार से आसमान गूँज उठा। रानी ने खुद कवच पहना, तलवार थामी और अपने सैनिकों के साथ किले की दीवारों पर डट गई। कई दिन तक युद्ध चला। रानी की रणनीति और साहस देखकर अंग्रेज़ भी हैरान थे। लेकिन संख्या और हथियारों में ब्रिटिश सेना भारी थी। आखिरकार, झांसी का किला उनके हाथ लग गया।

लेकिन रानी ने हार नहीं मानी। उसने अपने बेटे दामोदर को पीठ पर बाँधा, घोड़े की लगाम थामी और किले से निकल पड़ी। वह कालपी की ओर बढ़ीं, जहाँ उनकी मुलाकात तात्या टोपे से हुई।

कालपी में रानी ने तात्या टोपे के साथ मिलकर अंग्रेजों से लोहा लिया। फिर वह ग्वालियर पहुँचीं और वहाँ के किले पर कब्जा कर लिया। लेकिन अंग्रेज़ पीछे लगे रहे। 17-18 जून 1858 को कोटा की सराय में रानी ने अपनी आखिरी लड़ाई लड़ी। उसने दो तलवारें थामीं—एक हाथ में, एक मुँह में। घोड़े पर सवार वह शेरनी की तरह लड़ी। अंग्रेज़ सैनिक उसकी वीरता देखकर डर गए। लेकिन एक गोली ने उसे घायल कर दिया। वह घोड़े से गिरीं, और उसी पल वीरगति को प्राप्त हुईं।

ब्रिटिश जनरल ह्यूग रोज़ ने बाद में कहा, "वह सबसे खतरनाक विद्रोही थी। उसने पुरुषों की तरह लड़ाई लड़ी।"

रानी लक्ष्मीबाई की मृत्यु हुई, लेकिन उनकी कहानी खत्म नहीं हुई। वह नारी शक्ति की मिसाल बन गईं। उनकी वीरता की गाथाएँ गीतों में ढलीं—"खूब लड़ी मर्दानी, वह तो झांसी वाली रानी थी।" झांसी में उनकी प्रतिमा आज भी गर्व से खड़ी है। भारतीय सेना में "रानी लक्ष्मीबाई रेजिमेंट" उनकी याद को जीवित रखता है।

47

सरफ़रोशी की तमन्ना: रामप्रसाद बिस्मिल का बलिदान

शाम का धुंधलका धीरे-धीरे शाहजहांपुर की गलियों को ढक रहा था। एक किशोर लड़का, जिसकी उम्र मुश्किल से पंद्रह साल रही होगी, अपने पिता की डांट से बचने के लिए तेज़ कदमों से भागता हुआ गंगा के किनारे जा पहुँचा। उसकी साँसें तेज़ थीं, लेकिन उसका मन किसी गहरे विचार में डूबा हुआ था। वह नदी के किनारे बैठ गया। गंगा की लहरें धीरे-धीरे किनारे को छू रही थीं, और उसकी आँखें उस बहते पानी में कुछ तलाश रही थीं। उसने गुट्ठी में रेत भरी और उसे धीरे-धीरे पानी में छोड़ दिया। रेत बह गई, जैसे कभी थी ही नहीं।

उसने सोचा, "यह रेत फिर से इकट्ठा नहीं होगी। ठीक वैसे ही जैसे गुलामी की जंजीरों ने हमारे देश के स्वाभिमान को बिखेर दिया है। लेकिन क्या इसे फिर से जोड़ा नहीं जा सकता?" उसकी आँखों में एक चमक उभरी। उसने मन में ठान लिया—वह अपने देश को आज़ाद करवाएगा, चाहे इसके लिए उसे अपनी जान ही क्यों न देनी पड़े। यह किशोर कोई और नहीं, रामप्रसाद बिस्मिल था—एक नाम जो बाद में

क्रांति की मशाल बन गया।

11 जून 1897 को उत्तर प्रदेश के शाहजहांपुर में एक साधारण घर में रामप्रसाद का जन्म हुआ। उनके पिता मुरलीधर बिस्मिल एक मेहनती और अनुशासित व्यक्ति थे, जो अपने बच्चों को कड़ा परिश्रम और ईमानदारी सिखाना चाहते थे। माँ मूलरानी देवी धार्मिक और सौम्य स्वभाव की थीं, जो अपने बच्चों को रामायण और गीता की कहानियाँ सुनाया करती थीं। रामप्रसाद का मन बचपन से ही जिज्ञासु था। वह किताबों में डूबा रहता, लेकिन उसकी नज़रें किताबों से आगे की दुनिया को देखती थीं।

एक दिन, जब वह अपने दोस्तों के साथ खेल रहा था, उसने कुछ बुजुर्गों को अंग्रेज़ अधिकारियों की क्रूरता की बात करते सुना। एक बूढ़े ने कहा, "ये अंग्रेज़ हमारे बच्चों का भविष्य लूट रहे हैं।" यह सुनकर रामप्रसाद का मन बेचैन हो उठा। उस रात वह सो नहीं सका। उसके मन में सवाल कौंध रहे थे—"क्या हमारा देश हमेशा गुलाम रहेगा? क्या कोई रास्ता नहीं?" उसी रात उसके अंदर देशभक्ति की पहली चिंगारी जली।

वह पढ़ाई में होशियार था। उसने हिंदी, उर्दू, अंग्रेज़ी और संस्कृत सीखी। लेकिन उसकी असली प्रेरणा वीर रस की कविताओं और इतिहास की कहानियों से मिलती थी। शिवाजी और राणा प्रताप की गाथाएँ उसे रोमांचित करती थीं। उसने सोचा, "अगर वे अपने देश के लिए लड़ सकते हैं, तो मैं क्यों नहीं?"

1916 में जब महात्मा गांधी का असहयोग आंदोलन शुरू हुआ, रामप्रसाद उसमें शामिल हो गए। वह सड़कों पर नारे लगाता, लोगों को अंग्रेज़ों के खिलाफ जागरूक करता। लेकिन 1922 में चौरी-चौरा कांड के बाद जब गांधी जी ने आंदोलन वापस ले लिया, तो रामप्रसाद का दिल टूट गया। वह सोचने लगा, "अहिंसा से अंग्रेज़ नहीं हटेंगे। हमें उनकी ताकत का जवाब ताकत से देना होगा।"

उसने हथियार उठाने का फैसला किया। 1924 में उसने हिंदुस्तान रिपब्लिकन एसोसिएशन (HRA) की नींव रखी। चंद्रशेखर आज़ाद, भगत सिंह, अशफाक उल्ला खां और सुखदेव जैसे क्रांतिकारी उसके साथ आए। संगठन का मकसद था—ब्रिटिश शासन को जड़ से उखाड़ना।

लेकिन इसके लिए पैसों की ज़रूरत थी। रामप्रसाद ने एक साहसिक योजना बनाई।

9 अगस्त 1925 की रात थी। आसमान में बादल छाए थे, और चाँद की रोशनी धीमी पड़ गई थी। लखनऊ से सहारनपुर जा रही ट्रेन काकोरी स्टेशन पर रुकी। अचानक, झाड़ियों से कुछ नकाबपोश निकले। रामप्रसाद की अगुआई में क्रांतिकारियों ने ट्रेन पर धावा बोल दिया। उनकी योजना थी—ब्रिटिश सरकार का खजाना लूटना। गोलियाँ चलीं, सायरन बजा, और कुछ ही मिनटों में खजाने के बक्से उनके हाथ लग गए। वे रात के अंधेरे में गायब हो गए।

यह काकोरी कांड था—एक ऐसा दुस्साहस जिसने अंग्रेज़ों को हिलाकर रख दिया। पूरे देश में हड़कंप मच गया। ब्रिटिश सरकार ने क्रांतिकारियों की तलाश शुरू की। एक-एक कर कई साथी पकड़े गए। आखिरकार, रामप्रसाद भी पुलिस के हत्थे चढ़ गए।

अंग्रेज़ों ने मुकदमा चलाया। कोर्ट में रामप्रसाद खड़े थे—सीना ताना, आँखों में चमक। जज ने उनसे पूछा, "तुमने सरकार के खिलाफ विद्रोह क्यों किया?" रामप्रसाद ने जवाब दिया, "जो देश अपने लोगों को गुलाम बनाए, उसे विद्रोह का हक़ है। अगर गुलामी में जीना पाप नहीं, तो उसके खिलाफ लड़ना भी अपराध नहीं।" उनकी आवाज़ में ऐसा जोश था कि कोर्ट में सन्नाटा छा गया।

लेकिन अंग्रेज़ों ने उन्हें बख्शा नहीं। उन्हें फाँसी की सजा सुना दी गई। अशफाक उल्ला खां, रोशन सिंह और राजेंद्र लाहिड़ी को भी यही सजा मिली।

19 दिसंबर 1927 की सुबह गोरखपुर जेल में सूरज उगने से पहले ही हलचल थी। फाँसी का फंदा तैयार था। रामप्रसाद को काले कपड़े में लपेटकर तख्ते की ओर ले जाया गया। लेकिन उनके चेहरे पर कोई डर नहीं था। वह मुस्कुरा रहे थे, जैसे कोई तीर्थयात्रा पर जा रहा हो। जल्लाद ने उनकी आखिरी इच्छा पूछी। उन्होंने कहा, "मैं मर नहीं रहा, मैं अमर हो रहा हूँ। मेरे लिए गीता का एक श्लोक पढ़ दो।"

फाँसी से पहले उन्होंने अपनी माँ को एक पत्र लिखा—"माँ, मेरी शहादत पर आँसू मत बहाना। सिर ऊँचा रखना। मैंने अपने देश के लिए

जो किया, वह मेरा कर्तव्य था।" फिर वह हँसते-हँसते फंदे पर चढ़ गए। उनकी आखिरी साँस के साथ एक गीत गूँजा—"सरफरोशी की तमन्ना अब हमारे दिल में है।"

रामप्रसाद बिस्मिल सिर्फ क्रांतिकारी नहीं थे, वह एक कवि थे, एक विचारक थे। उनकी कविताएँ आज भी हमें जगा देती हैं। उनका बलिदान व्यर्थ नहीं गया। उनकी शहादत ने लाखों युवाओं में क्रांति की आग भड़काई, और 1947 में भारत आज़ाद हुआ।

48

इंकलाब का प्रहरी: सुखदेव की शौर्य गाथा

लुधियाना की गलियाँ उस सुबह शांत थीं। 15 मई 1907 को एक साधारण घर में एक बच्चे की किलकारी गूँजी। उसका नाम रखा गया सुखदेव थापर। लेकिन यह बच्चा साधारण नहीं था। उसकी आँखों में एक चमक थी, जो बड़े-बड़े सपनों की ओर इशारा कर रही थी। जब वह अपनी माँ रल्ली देवी की गोद में खेलता, तो उसकी मासूम सवालों की झड़ी माँ को हैरान कर देती—"माँ, ये अंग्रेज़ हमारे देश में क्यों हैं? क्या हमारा देश हमारा नहीं है?" माँ के पास जवाब नहीं होते, तो वह चुपचाप उसे सीने से लगाकर सुला देती। लेकिन सुखदेव का मन चुप नहीं रहता था।

उसके जन्म के कुछ समय बाद ही उसके पिता रामलाल थापर का देहांत हो गया। अब उसकी परवरिश की जिम्मेदारी चाचा अचिंतराम थापर ने उठाई। चाचा ने उसे अपने बेटे की तरह पाला, लेकिन सुखदेव का मन किसी और दुनिया में बसता था। गाँव के बुजुर्गों से 1857 की क्रांति की कहानियाँ सुनते हुए उसका खून खौल उठता। एक दिन उसने एक बूढ़े से पूछा, "दादाजी, क्या हम फिर से आज़ाद नहीं हो सकते?" बूढ़े

ने उसकी पीठ थपथपाई और कहा, "हो सकते हैं, बेटा, अगर कोई तुम जैसा साहसी आगे आए।" उस दिन सुखदेव ने मन में ठान लिया—वह ऐसा ही साहसी बनेगा।

सुखदेव बड़ा हो रहा था। उसकी तेज़ बुद्धि और निडर स्वभाव उसे सबसे अलग बनाते थे। 1919 में जब जलियाँवाला बाग हत्याकांड की खबर लुधियाना पहुँची, तो वह सिर्फ 12 साल का था। उसने सुना कि कैसे अंग्रेज़ों ने निहत्थे लोगों पर गोलियाँ बरसाईं। उस रात वह अपने घर की छत पर बैठा आसमान को देखता रहा। उसकी आँखों में आँसू थे, लेकिन मन में एक आग भड़क रही थी। उसने सोचा, "यह देश मेरा है। इसे आज़ाद करना मेरा फर्ज़ है।"

शिक्षा के लिए वह लाहौर के नेशनल कॉलेज पहुँचा। वहाँ उसकी मुलाकात दो ऐसे दोस्तों से हुई, जो उसकी ज़िंदगी का हिस्सा बन गए—भगत सिंह और राजगुरु। तीनों की सोच एक थी, सपने एक थे। कॉलेज की किताबों से ज्यादा उनकी नज़रें क्रांति की राह पर थीं। सुखदेव ने एक गुप्त संगठन बनाया, जहाँ युवा रातों को जमा होते और अंग्रेज़ों के खिलाफ योजनाएँ बनाते। वह कहता, "आज़ादी हमें कोई थाली में सजाकर नहीं देगा। इसे छीनना होगा।"

1928 में सुखदेव ने भगत सिंह और चंद्रशेखर आज़ाद के साथ मिलकर हिंदुस्तान सोशलिस्ट रिपब्लिकन एसोसिएशन (HSRA) की नींव रखी। यह संगठन सिर्फ ब्रिटिश शासन को खत्म करने के लिए नहीं बना था, बल्कि एक ऐसा भारत बनाने के लिए था जहाँ हर इंसान को बराबरी और न्याय मिले। सुखदेव इस संगठन का मस्तिष्क था। उसकी रणनीतियाँ इतनी सटीक होतीं कि साथी उसे "हमारा चाणक्य" कहते।

1928 का साल था। साइमन कमीशन के खिलाफ लाला लाजपत राय ने लाहौर में प्रदर्शन का नेतृत्व किया। अंग्रेज़ पुलिस ने उन पर लाठियाँ बरसाईं, और कुछ दिनों बाद उनकी मृत्यु हो गई। यह खबर सुनकर सुखदेव का दिल टूट गया। उसने भगत सिंह और राजगुरु के साथ मिलकर कसम खाई—"लाला जी की मौत का बदला लिया जाएगा।"

उन्होंने योजना बनाई कि लाठीचार्ज का आदेश देने वाले पुलिस अधिकारी जेम्स स्कॉट को मारेंगे। लेकिन उस दिन गलती से जे.पी. सांडर्स उनके हाथ लग गया। 17 दिसंबर 1928 को लाहौर की सड़कों पर गोलियाँ चलीं, और सांडर्स मारा गया। सुखदेव ने इस योजना में अहम भूमिका निभाई। वहाँ से भागते हुए उसने दीवारों पर लिखा—"लाला जी, तुम्हारा बदला पूरा हुआ।" यह घटना अंग्रेज़ों के लिए एक बड़ा झटका थी।

सुखदेव का मन अब और बड़ा कदम उठाने को तैयार था। 8 अप्रैल 1929 को उसने भगत सिंह और बटुकेश्वर दत्त के साथ मिलकर दिल्ली की सेंट्रल असेम्बली में बम फेंकने की योजना बनाई। उस दिन अंग्रेज़ काले कानून पास करने वाले थे। सुखदेव ने कहा, "हमें उनकी नींद तोड़नी होगी।" बम ऐसे स्थान पर फेंका गया कि किसी को नुकसान न हो, लेकिन उसकी गूँज पूरी दुनिया तक पहुँची। भगत और बटुकेश्वर ने बम फेंकते हुए नारे लगाए—"इंकलाब ज़िंदाबाद! साम्राज्यवाद मुर्दाबाद!" वे भाग सकते थे, लेकिन सुखदेव की सलाह पर वे वहीं खड़े रहे और गिरफ्तार हो गए।

लाहौर षड्यंत्र केस में सुखदेव भी पकड़ा गए। जेल में यातनाएँ दी गईं। अंग्रेज़ अफसर कहते, "माफी माँग लो, फाँसी टल जाएगी।" लेकिन सुखदेव हँस पड़ता—"माफी माँगूँ? मैंने कोई गुनाह नहीं किया। मेरा गुनाह बस इतना है कि मैं अपने देश से प्यार करता हूँ।" उसकी यह हिम्मत देखकर जेलर भी हैरान रह जाते।

7 अक्टूबर 1930 को अदालत ने सुखदेव, भगत सिंह और राजगुरु को फाँसी की सजा सुनाई। लेकिन उनकी आत्मा पर कोई बोझ नहीं था। वे जेल में भी क्रांति की बातें करते, किताबें पढ़ते और हँसते-खेलते।

23 मार्च 1931 की शाम को लाहौर जेल में सूरज ढल रहा था। बाहर लोग आँसुओं में डूबे थे, लेकिन जेल के भीतर सुखदेव, भगत और राजगुरु हँस रहे थे। वे एक-दूसरे से मज़ाक कर रहे थे। सुखदेव ने भगत से कहा, "देखना, हमारी शहादत से आज़ादी का सूरज उगेगा।" जब जेलर ने उनकी आखिरी इच्छा पूछी, तो सुखदेव बोला, "मैं चाहता हूँ कि मेरी आत्मा फिर से जन्म ले और भारत के लिए लड़े।"

शाम 7:30 बजे तीनों को फाँसी के तख्ते पर ले जाया गया। सुखदेव ने आखिरी बार जोर से नारा लगाया—"इंकलाब ज़िंदाबाद!" फंदा कसा गया, और तीनों हँसते-हँसते शहीद हो गए। उनकी हँसी जेल की दीवारों से टकराकर बाहर तक गूँजी।

सुखदेव की शहादत ने पूरे देश में आग लगा दी। लोग सड़कों पर उतर आए। उनकी कुर्बानी ने आज़ादी की लड़ाई को नई ताकत दी। हर साल 23 मार्च को "शहीद दिवस" के रूप में उनकी याद मनाई जाती है। उनके नाम पर स्कूल, स्मारक और सड़कें हैं। वह सिर्फ 23 साल के थे, लेकिन उनकी वीरता ने उन्हें अमर बना दिया।

49

इंकलाब के नायक: शहीद राजगुरु की अमर विरासत

लाहौर सेंट्रल जेल की मोटी दीवारें उस शाम चुप थीं। बाहर आसमान में बादल छाए थे, और हवा में एक अजीब सी सनसनाहट थी। जेल के बाहर हज़ारों लोग जमा थे—कुछ की आँखों में आँसू थे, कुछ के चेहरों पर गुस्सा। लेकिन जेल के भीतर का माहौल बिल्कुल अलग था। एक छोटी सी कोठरी में तीन युवा बैठे थे। वे हँस रहे थे, एक-दूसरे से मज़ाक कर रहे थे, जैसे मौत उनके लिए कोई खेल हो। उनमें से एक था शिवराम हरि राजगुरु—एक ऐसा नाम जो स्वतंत्रता की मशाल बनकर हमेशा जलता रहेगा।

उस रात, 23 मार्च 1931 को, राजगुरु, भगत सिंह और सुखदेव फाँसी के तख्ते की ओर बढ़ने वाले थे। लेकिन उनके चेहरों पर डर का नामोनिशान नहीं था। राजगुरु ने अपने साथियों से कहा, "अरे भाइयों, यह फाँसी तो बहुत धीमी है। ज़रा जल्दी चलो, भारत माता इंतज़ार कर रही है!" उनकी यह बात सुनकर कोठरी में ठहाका गूँजा। यह थी उनकी निडरता, जो अंग्रेज़ों को भी हैरान कर गई।

24 अगस्त 1908 को महाराष्ट्र के पुणे जिले के छोटे से गाँव खेड़ में एक साधारण घर में एक बच्चे ने जन्म लिया। उसका नाम रखा गया शिवराम हरि राजगुरु। उसके पिता हरि नारायण राजगुरु एक धार्मिक और विद्वान व्यक्ति थे, जो संस्कृत के विद्वान थे। लेकिन जब राजगुरु सिर्फ छह साल के थे, उनके सिर से पिता का साया उठ गया। माँ पार्वती बाई ने अकेले ही अपने बच्चों को पाला। गरीबी थी, लेकिन माँ ने कभी हिम्मत नहीं हारी। वह राजगुरु को कहानियाँ सुनाती—शिवाजी की वीरता की, रानी लक्ष्मीबाई की साहस की। ये कहानियाँ राजगुरु के मन में गहरे तक उतर गईं।

बचपन से ही राजगुरु तेज़ और साहसी थे। गाँव के बच्चे जहाँ पतंग उड़ाते या खेलते, वहीं राजगुरु पेड़ों पर चढ़ता और लकड़ी की तलवार से अभ्यास करता। वह संस्कृत, वेद और शास्त्र पढ़ता, लेकिन उसकी असली रुचि शस्त्र विद्या में थी। एक दिन उसने अपनी माँ से पूछा, "माँ, ये अंग्रेज़ हमारे देश में क्यों हैं? क्या हमारा देश हमारा नहीं?" माँ ने चुपचाप उसकी ओर देखा, लेकिन जवाब नहीं दिया। उस सवाल ने राजगुरु के मन में एक आग जला दी।

16 साल की उम्र में राजगुरु का मन गुलामी के खिलाफ बगावत करने को तैयार था। वह घर छोड़कर हिंदुस्तान सोशलिस्ट रिपब्लिकन एसोसिएशन (HSRA) में शामिल हो गए। वहाँ उनकी मुलाकात भगत सिंह, सुखदेव और चंद्रशेखर आज़ाद से हुई। ये चारों एक-दूसरे के पूरक बन गए। राजगुरु की निशानेबाज़ी और तलवारबाज़ी में निपुणता ने उन्हें संगठन का अहम हिस्सा बना दिया। वह कम बोलता था, लेकिन जब बोलता, तो उसकी बातें तीर की तरह निशाने पर लगतीं। उसने कहा, "अंग्रेज़ों को उनकी भाषा में जवाब देना होगा—गोली का जवाब गोली से।"

1928 में जब साइमन कमीशन भारत आया, तो पूरे देश में विरोध की लहर उठी। लाहौर में लाला लाजपत राय ने प्रदर्शन का नेतृत्व किया। लेकिन पुलिस अधिकारी जेम्स स्कॉट ने लाठीचार्ज का आदेश दिया। लाला जी पर लाठियाँ बरसीं, और कुछ दिनों बाद उनकी मृत्यु हो गई। यह खबर सुनकर राजगुरु का खून खौल उठा। उसने भगत सिंह और

सुखदेव के साथ मिलकर कसम खाई—"लाला जी की मौत का बदला लिया जाएगा। यह अंग्रेज़ों को महंगा पड़ेगा।"

17 दिसंबर 1928 की शाम थी। लाहौर की सड़कें सन्नाटे में डूबी थीं। राजगुरु, भगत सिंह और सुखदेव एक योजना के साथ तैयार थे। उनका निशाना स्कॉट था, लेकिन उस दिन जे.पी. सांडर्स उनके सामने आ गया। राजगुरु ने आगे बढ़कर पहली गोली चलाई—वह सांडर्स के सिर में लगी। फिर भगत सिंह ने अपनी बंदूक से पूरी मैगज़ीन खाली कर दी। सुखदेव ने चारों ओर नज़र रखी और रास्ता साफ किया। तीनों वहाँ से भाग निकले। दीवारों पर लिखा छोड़ गए—"लाला जी, तुम्हारा कर्ज़ चुक गया।"

यह घटना अंग्रेज़ों के लिए एक झटका थी। पूरे देश में क्रांतिकारियों की तलाश शुरू हो गई। राजगुरु कुछ दिन नेपाल में छिपे, फिर पुणे लौट आए। लेकिन उनका भागना लंबा नहीं चला।

1930 में राजगुरु को पुणे में गिरफ्तार कर लिया गया। उन्हें लाहौर जेल लाया गया। वहाँ अंग्रेज़ों ने उन्हें तोड़ने की हर कोशिश की। कोड़े मारे गए, भूखा रखा गया। एक अफसर ने कहा, "सच बता दो, तुम्हारी जान बच जाएगी।" राजगुरु ने उसकी आँखों में देखकर जवाब दिया, "अगर जान बचाने की चाह होती, तो क्रांतिकारी क्यों बनते? मुझे आज़ादी चाहिए—अपने देश की, अपनी मिट्टी की।" उनकी यह बात सुनकर अफसर चुप हो गया।

7 अक्टूबर 1930 को लाहौर षड्यंत्र केस में राजगुरु, भगत सिंह और सुखदेव को फाँसी की सजा सुनाई गई। 23 मार्च 1931 की शाम को वह दिन आया। जेल में हलचल थी। जल्लाद तैयार खड़े थे। लेकिन राजगुरु मस्ती में थे। उसने भगत से कहा, "अरे, ये फाँसी वाले कितने सुस्त हैं। ज़रा जल्दी करो, हमें भारत माता से मिलने की हड़बड़ी है।" तीनों हँस पड़े।

जेलर ने आखिरी इच्छा पूछी। राजगुरु ने गर्व से कहा, "मेरा अगला जन्म भी भारत माता की गोद में हो, और मैं फिर से उसके लिए लड़ूँ।" शाम 7:30 बजे तीनों को फाँसी के तख्ते पर ले जाया गया। राजगुरु ने फंदे को देखा और जोर से नारा लगाया—"इंकलाब ज़िंदाबाद!" फंदा कसा

गया, और वह हँसते-हँसते शहीद हो गया। उसकी हँसी जेल की दीवारों से टकराकर बाहर तक गूँजी।

अंग्रेज़ों को डर था कि इन शहीदों की देह जनता तक पहुँची, तो विद्रोह भड़क उठेगा। इसलिए उन्होंने गुपचुप तरीके से उनके शवों को फिरोज़पुर के सतलुज नदी के किनारे जलाया। लेकिन लोगों को खबर लग गई। वे वहाँ पहुँचे और राख को अपने घर ले गए। वह राख उनके लिए किसी तीर्थ से कम नहीं थी।

राजगुरु सिर्फ 22 साल के थे, लेकिन उनकी शहादत ने देश को हिला दिया। उनके गाँव खेड़ का नाम आज "राजगुरुनगर" है। सड़कें, स्कूल और स्मारक उनके नाम पर हैं। हर 23 मार्च को "शहीद दिवस" उनकी याद में मनाया जाता है। वह एक क्रांतिकारी थे, एक साहसी बेटा थे, जिसने अपनी मातृभूमि के लिए सब कुछ कुर्बान कर दिया।

50

शहीद उधम सिंह: बदले की शपथ

सुनाम की धरती उस सर्द सुबह शांत थी। 26 दिसंबर 1899 को पंजाब के इस छोटे से गाँव में एक साधारण घर में एक बच्चे की किलकारी गूँजी। उसका नाम रखा गया सरदार सिंह, जो बाद में उधम सिंह के नाम से अमर हुआ। उसके पिता तहल सिंह रेलवे क्रॉसिंग पर चौकीदारी करते थे। मेहनत और ईमानदारी से वह अपने छोटे-से परिवार को पालते थे। माँ नन्हीं-सी दुनिया को सँवारने में जुटी रहती थीं। लेकिन नियति को कुछ और मंज़ूर था। उधम जब छोटे थे, तभी उनके माता-पिता की मृत्यु हो गई। वह अपने बड़े भाई मुक्ता सिंह के साथ अकेले रह गए।

भाई ने उन्हें अमृतसर के सेंट्रल खालसा अनाथालय में भर्ती कराया। वहाँ उधम का बचपन बीता—सख़्त अनुशासन में, लेकिन उनके मन में एक सवाल हमेशा कौंधता था, "हमारा देश आज़ाद क्यों नहीं?" अनाथालय में उन्होंने पढ़ाई की, लेकिन उनकी नज़रें किताबों से आगे की दुनिया को देखती थीं। वह विद्रोही थे, पर यह विद्रोह अभी सोया हुआ था। फिर आया वह दिन, जिसने उनकी ज़िंदगी को हमेशा के लिए बदल दिया।

13 अप्रैल 1919, बैसाखी का दिन था। अमृतसर का जलियाँवाला बाग लोगों से भरा हुआ था। बच्चे, बूढ़े, और जवान—सब शांतिपूर्ण सभा

में जमा थे। 17 साल का उधम भी वहाँ मौजूद था। अचानक, गोलियों की तड़तड़ाहट गूँजी। जनरल डायर ने अपने सैनिकों को बिना चेतावनी के गोली चलाने का हुक्म दिया। चारों ओर चीखें गूँज उठीं। लोग भागने लगे, लेकिन बाग की ऊँची दीवारों ने उन्हें कैद कर रखा था। लाशें बिछ गईं, खून की नदियाँ बहने लगीं।

उधम ने अपनी आँखों से यह मंज़र देखा। उसने घायलों को उठाने की कोशिश की, पानी पिलाया, लेकिन चारों ओर मौत का नंगा नाच था। एक माँ अपने बच्चे को सीने से लगाए मर चुकी थी। एक बूढ़ा अपनी अंतिम साँस ले रहा था। उधम का दिल टूट गया। उसने बाग की खून से सनी मिट्टी को हाथ में लिया और माथे से लगाया। उसकी आँखों में आँसू थे, लेकिन मन में एक शपथ जागी—"मैं इस नरसंहार का बदला लूँगा। माइकल ओ'डायर को इसकी सजा मिलेगी।" उस दिन एक साधारण लड़का क्रांतिकारी उधम सिंह बन गया।

जलियाँवाला बाग की घटना ने उधम के जीवन को एक नई दिशा दी। वह गदर पार्टी से जुड़े—एक क्रांतिकारी संगठन जो अंग्रेज़ों को उखाड़ फेंकने के लिए प्रतिबद्ध था। उधम देशभर में घूमने लगे। वह युवाओं से मिलते, उन्हें आज़ादी की बातें समझाते। उनकी आवाज़ में जोश था, और आँखों में वह आग जो कभी नहीं बुझी।

1927 में वह हथियार जुटाने के काम में लगे थे। लेकिन ब्रिटिश पुलिस की नज़र उन पर पड़ गई। उन्हें गिरफ्तार कर लिया गया और पाँच साल की सजा सुनाई गई। जेल की सलाखों के पीछे भी उनका हौसला कमज़ोर नहीं पड़ा। वह साथी कैदियों को क्रांति की कहानियाँ सुनाते। जेल से छूटते ही वह फिर सक्रिय हो गए। उनका एकमात्र मकसद था—माइकल ओ'डायर का अंत। ओ'डायर, जो पंजाब का गवर्नर था और जलियाँवाला बाग हत्याकांड का ज़िम्मेदार माना जाता था।

उधम ने बदले की अपनी शपथ को पूरा करने के लिए लंबा इंतज़ार किया। वह अफ्रीका गए, अमेरिका गए, रूस की सैर की, और आखिरकार लंदन पहुँचे। वहाँ उन्होंने नकली नाम "शेर सिंह" अपनाया। वह मज़दूर बनकर काम करते, लेकिन उनकी नज़रें ओ'डायर की हर हरकत पर थीं। सालों तक वह चुपचाप उसका पीछा करते रहे। उनके पास धैर्य था, और

मन में एक जलती हुई आग।

13 मार्च 1940 का दिन आया। लंदन के कैक्सटन हॉल में एक सभा हो रही थी। माइकल ओ'डायर वहाँ मौजूद था। उधम सिंह भीड़ में शामिल थे। उनकी जेब में एक पिस्तौल छुपी थी, जिसे उन्होंने बड़े जतन से तैयार किया था। वह चुपचाप बैठे रहे, लेकिन उनका दिल तेज़ी से धड़क रहा था। जैसे ही सभा खत्म हुई और ओ'डायर बाहर निकला, उधम ने मौका देखा। वह आगे बढ़े, पिस्तौल निकाली, और दो गोलियाँ सीधे ओ'डायर के सीने में उतार दीं। ओ'डायर वहीं ढेर हो गया। हॉल में चीखें गूँज उठीं, लेकिन उधम शांत खड़े रहे। उन्होंने पुलिस को अपने आप को सौंप दिया और गर्व से कहा, "यह जलियाँवाला बाग के मासूमों का बदला है। अब मेरी आत्मा को सुकून मिलेगा।"

ब्रिटिश सरकार ने उधम सिंह पर मुकदमा चलाया। कोर्ट में जब जज ने पूछा, "तुमने ओ'डायर को क्यों मारा?" उधम ने सीना तानकर जवाब दिया, "मैंने अपने लोगों के लिए न्याय किया। जलियाँवाला बाग में मेरे भाइयों, बहनों का खून बहा था। ओ'डायर उसका ज़िम्मेदार था। मुझे कोई पछतावा नहीं। अगर फिर मौका मिले, तो मैं फिर वही करूँगा।" उनकी आवाज़ में ऐसा जोश था कि कोर्ट में सन्नाटा छा गया।

4 जून 1940 को उन्हें फाँसी की सजा सुनाई गई। लेकिन उधम का चेहरा शांत था। वह जानते थे कि उनका मिशन पूरा हो चुका था।

31 जुलाई 1940 की सुबह, लंदन की पेंटनविले जेल में सूरज अभी पूरी तरह नहीं उगा था। उधम को फाँसी के तख्ते की ओर ले जाया गया। उनके हाथ बँधे थे, लेकिन आँखों में गर्व की चमक थी। जेलर ने उनकी आखिरी इच्छा पूछी। उधम ने मुस्कुराते हुए कहा, "मुझे गर्व है कि मैं अपने देश के लिए मर रहा हूँ। बस इतना कहना है—भारत माता की जय।" फिर वह तख्ते पर चढ़ गए। फंदा कसा गया, और एक साहसी योद्धा शहीद हो गया। उसकी अंतिम साँस के साथ एक गूँज उठी—"शहीद उधम सिंह अमर रहें!"

उधम सिंह की शहादत के बाद उनकी अस्थियाँ 1974 में भारत लाई गईं। अमृतसर में उन्हें सम्मान के साथ दफनाया गया। वह सिर्फ एक क्रांतिकारी नहीं थे, वह बदले की वह आग थे जो अन्याय के खिलाफ

जलती रही।

51

अशफ़ाकुल्लाह खान: बलिदान और भाईचारे की अमर गाथा

भारत की मिट्टी ने कई ऐसे सपूतों को जन्म दिया है, जिन्होंने अपनी जान की बाज़ी लगाकर देश को आज़ादी की राह दिखाई। इनमें से एक थे अशफ़ाकुल्लाह खान—एक ऐसा नाम, जो देशभक्ति और बलिदान की मिसाल बन गया। उनकी कहानी सिर्फ एक क्रांतिकारी की नहीं, बल्कि एक ऐसे इंसान की है, जिसने अपने देश के लिए सब कुछ न्योछावर कर दिया।

सन 1900 की एक शरद ऋतु की शाम, उत्तर प्रदेश के शाहजहांपुर में शफीकुल्लाह खान और मजहूरुन्निशा के घर में एक नन्हा मेहमान आया। उसका नाम रखा गया अशफ़ाकुल्लाह। यह घर सादगी से भरा था—मिट्टी की दीवारें, छोटा-सा आँगन और मेहनत से चलने वाला जीवन। शफीकुल्लाह एक सख्त मिजाज़ के इंसान थे, जो अपने बच्चों में ईमानदारी और मेहनत का गुण भरना चाहते थे। माँ मजहूरुन्निशा अपने बच्चों को प्यार के साथ-साथ नैतिकता की कहानियाँ सुनाती थीं।

अशफ़ाक़ुल्लाह का बचपन शाहजहांपुर की गलियों में बीता। वह अपने दोस्तों के साथ खेलते, पेड़ों पर चढ़ते और नदियों के किनारे घूमते। लेकिन उनकी शरारतों में भी एक अलग बात थी—वह हमेशा अपने साथियों की मदद के लिए तैयार रहते। स्कूल में वह पढ़ाई में तेज़ थे। उनकी लिखावट इतनी खूबसूरत थी कि अध्यापक हैरान रह जाते। उन्हें उर्दू शायरी का शौक था, और वह अक्सर अपनी कविताओं में देश के लिए प्यार जाहिर करते। उस दौर में भारत अंग्रेजों की गुलामी की जंजीरों में जकड़ा था, और अशफ़ाक़ की नन्ही उम्र में ही यह बात उनके दिल को चुभने लगी थी। वह सोचते, "यह मिट्टी हमारी है, फिर हम गुलाम क्यों हैं?"

समय के साथ अशफ़ाक़ुल्लाह बड़े हुए, और उनके अंदर देशभक्ति की भावना और गहरी हो गई। उनकी जिंदगी में एक नया मोड़ तब आया, जब उनकी मुलाकात रामप्रसाद बिस्मिल से हुई। बिस्मिल एक नामी क्रांतिकारी थे, जिनकी शायरी और जोश लोगों को आज़ादी की राह पर चलने के लिए प्रेरित करते थे। एक दिन शाहजहांपुर में एक सभा के दौरान इन दोनों की नज़रें मिलीं। बात शुरू हुई, और देखते ही देखते यह मुलाकात एक गहरी दोस्ती में बदल गई।

रामप्रसाद हिंदू थे और अशफ़ाक़ मुसलमान, लेकिन उनके बीच कभी धर्म की दीवार नहीं आई। दोनों का एक ही मकसद था—भारत माता को आज़ाद कराना। वे घंटों बैठकर योजनाएँ बनाते, किताबें पढ़ते और देश की हालत पर चर्चा करते। अशफ़ाक़ बिस्मिल की शायरी से प्रभावित थे, और बिस्मिल अशफ़ाक़ की निडरता और ईमानदारी से। एक बार बिस्मिल ने हँसते हुए कहा, "अशफ़ाक़, हमारा खून अलग-अलग हो सकता है, लेकिन हमारी माँ एक है—भारत माता।" अशफ़ाक़ ने मुस्कुराकर जवाब दिया, "हम पहले भारतीय हैं, फिर कुछ और।" यह दोस्ती आगे चलकर आज़ादी की लड़ाई का एक मजबूत आधार बनी।

1925 का साल था। अंग्रेजों की हुकूमत अपने चरम पर थी, और क्रांतिकारियों ने ठान लिया कि अब कुछ बड़ा करना होगा। हिंदुस्तान रिपब्लिकन एसोसिएशन (HRA) के साथ अशफ़ाक़ और बिस्मिल ने एक साहसिक योजना बनाई—काकोरी ट्रेन डकैती। मकसद था अंग्रेजी

सरकार की आर्थिक ताकत को कमजोर करना और हथियारों के लिए पैसा जुटाना।

9 अगस्त 1925 की शाम को लखनऊ के पास काकोरी स्टेशन पर एक ट्रेन गुजर रही थी, जिसमें अंग्रेजी सरकार का खजाना था। सूरज डूब चुका था, और अंधेरे में क्रांतिकारियों की टोली तैयार थी। अशफ़ाकुल्लाह अपनी बंदूक लिए आगे बढ़े। जैसे ही ट्रेन रुकी, उन्होंने और उनके साथियों ने उस पर धावा बोल दिया। गोलियाँ चलीं, लेकिन क्रांतिकारियों ने साफ हिदायत दी थी कि किसी बेगुनाह को नुकसान नहीं पहुँचना चाहिए। कुछ ही मिनटों में खजाना उनके हाथ लगा, और वे अंधेरे में गायब हो गए। यह घटना अंग्रेजों के लिए एक करारा झटका थी। पूरे देश में हलचल मच गई।

काकोरी कांड के बाद अंग्रेजी सरकार ने क्रांतिकारियों को पकड़ने के लिए पूरा जोर लगा दिया। कई साथी पकड़े गए, लेकिन अशफ़ाकुल्लाह कुछ समय तक बचते रहे। वह दिल्ली चले गए और एक इंजीनियरिंग कंपनी में नौकरी शुरू कर दी। अपनी पहचान छिपाने के लिए उन्होंने दाढ़ी बढ़ाई और नाम बदल लिया। लेकिन किस्मत को कुछ और मंजूर था। जिस दोस्त पर उन्होंने भरोसा किया, उसी ने पैसे के लालच में उनकी मुखबिरी कर दी। एक दिन अचानक पुलिस ने उन्हें घेर लिया, और अशफ़ाकुल्लाह गिरफ्तार हो गए।

जेल में उनसे पूछा गया, "क्या तुम अपने अपराध को कबूल करते हो?" अशफ़ाक़ ने सिर ऊँचा किया और कहा, "अगर देश को आज़ाद कराना अपराध है, तो मैं यह अपराध बार-बार करना चाहूँगा।" उनकी यह बात सुनकर अंग्रेज अफसर भी हैरान रह गए।

अशफ़ाकुल्लाह पर मुकदमा चला। अंग्रेजी अदालत ने कोई रहम नहीं दिखाया और उन्हें फांसी की सजा सुना दी। लेकिन अशफ़ाक़ डरे नहीं। जेल में भी वह शायरी लिखते रहे, अपने साथियों का हौसला बढ़ाते रहे। 19 दिसंबर 1927 की सुबह फैजाबाद जेल में वह पल आया, जब उन्हें फांसी के तख्ते पर ले जाया गया। उनके कदम स्थिर थे, चेहरे पर मुस्कान थी। फंदे की ओर बढ़ते हुए उन्होंने आखिरी बार कहा, "भारत माता की जय!" और फिर वह क्षण आया, जब उनका शरीर शांत हो गया,

लेकिन उनकी आत्मा अमर हो गई।

"सरफ़रोशी की तमन्ना अब हमारे दिल में है,
देखना है जोर कितना बाजू-ए-कातिल में है।"

52

अल्लूरी सीताराम राजू: जंगल का शेर

आंध्र प्रदेश की घनी हरी-भरी पहाड़ियों में, जहाँ प्रकृति अपनी पूरी शोभा बिखेरती है और हवाएँ आजादी की पुकार गाती हैं, वहाँ एक साधारण घर में 4 जुलाई 1897 को एक बालक का जन्म हुआ। उसका नाम था अल्लूरी सीताराम राजू। यह कहानी है उस वीर योद्धा की, जिसने जंगलों को अपना किला बनाया और ब्रिटिश साम्राज्य की नींव हिला दी।

सीताराम का जन्म विशाखापत्तनम के पास पंदरंगी गाँव में एक मध्यमवर्गीय तेलुगु परिवार में हुआ था। उनके पिता अल्लूरी वेंकट रामा राजू एक फोटोग्राफर थे, जो अपने परिवार को साधारण तरीके से पालते थे। बचपन से ही सीताराम का मन शांत और विचारशील था। स्कूल में पढ़ाई के दौरान वे अक्सर इतिहास की किताबों में खो जाते थे। 1857 के प्रथम स्वतंत्रता संग्राम की कहानियाँ सुनकर उनके मन में एक चिंगारी जली—क्या उनकी धरती फिर से गुलाम बनी रहेगी?

18 साल की उम्र में सीताराम की जिंदगी ने एक नया मोड़ लिया। उनके माता-पिता का देहांत हो गया, और वे अपने चाचा के पास रहने लगे। लेकिन उनका मन अब पढ़ाई या साधारण जीवन में नहीं रमता था। वे जंगलों में भटकने लगे, जहाँ वे स्थानीय आदिवासियों से मिले। इन आदिवासियों की सादगी और ब्रिटिश शासन के खिलाफ उनकी

नाराजगी ने सीताराम के मन को झकझोर दिया। उन्होंने देखा कि अंग्रेज कैसे इन लोगों की जमीन छीन रहे थे, उनकी आजादी कुचल रहे थे। यहीं से उनके भीतर का क्रांतिकारी जाग उठा।

सीताराम कोई साधारण विद्रोही नहीं थे। वे एक रणनीतिकार थे, जो जंगल की हर पगडंडी, हर पेड़ और हर नदी को जानते थे। 1920 के दशक में, जब ब्रिटिश सरकार ने "मद्रास फॉरेस्ट एक्ट" लागू किया, जिसके तहत आदिवासियों से उनकी जमीन और जंगल छीन लिए गए, सीताराम ने विद्रोह का बिगुल बजा दिया। उन्होंने कोया और गोंड जैसे आदिवासी समुदायों को एकजुट किया। उनकी बातों में जादू था—वे कहते थे, "यह हमारी मिट्टी है, हमारा जंगल है। इसे कोई नहीं छीन सकता।"

उन्होंने अपने अनुयायियों को तीर-कमान और भाले जैसे पारंपरिक हथियारों का इस्तेमाल सिखाया। सीताराम का मानना था कि गुरिल्ला युद्ध ही अंग्रेजों के खिलाफ सबसे कारगर हथियार है। वे दिन में जंगल में छिपते और रात में हमला बोलते। उनकी तेजी और चतुराई ने उन्हें "जंगल का शेर" बना दिया।

22 अगस्त 1922 को सीताराम ने अपने सबसे बड़े विद्रोह की शुरुआत की, जिसे इतिहास में "राम्पा विद्रोह" के नाम से जाना जाता है। यह विद्रोह पूर्वी घाट के राम्पा क्षेत्र में शुरू हुआ। सीताराम और उनके आदिवासी साथियों ने ब्रिटिश पुलिस चौकियों पर हमला बोला। पहला हमला चिंतापल्ली पुलिस स्टेशन पर हुआ, जहाँ उन्होंने हथियार लूटे और अंग्रेजों को खदेड़ दिया। इसके बाद कृष्णादेवीपेटा और राजवोम्मंगी जैसे स्टेशनों पर भी छापे मारे गए।

सीताराम की रणनीति अनोखी थी। वे कभी सीधे टक्कर नहीं लेते थे। जंगल की गहराइयों से वे अचानक हमला करते और फिर गायब हो जाते। उनकी सेना में कोई भारी हथियार नहीं थे, फिर भी वे अंग्रेजों के लिए सिरदर्द बन गए। ब्रिटिश सरकार ने उन्हें "रॉबिन हुड ऑफ राम्पा" कहना शुरू कर दिया, क्योंकि वे गरीबों के लिए लड़ते थे और उनकी मदद करते थे।

सीताराम की बढ़ती ताकत से अंग्रेज परेशान हो गए। उन्होंने हजारों सैनिकों और भारी हथियारों के साथ राम्पा क्षेत्र को घेर लिया। एक बड़ा इनाम उनके सिर पर रखा गया। लेकिन सीताराम को पकड़ना आसान नहीं था। दो साल तक वे जंगल में छिपते रहे और अपने विद्रोह को जारी रखा। उनके साथी गम गणेशम और मल्लू डोंरैस्वामी जैसे वीरों ने भी उनकी हर लड़ाई में साथ दिया।

7 मई 1924 का दिन था। सीताराम अपने कुछ साथियों के साथ जंगल में थे। अचानक ब्रिटिश सेना ने उन्हें घेर लिया। यह खबर उनके एक विश्वासघाती साथी ने अंग्रेजों को दी थी। सीताराम के पास अब भागने का कोई रास्ता नहीं था। लेकिन उन्होंने हार नहीं मानी। उन्होंने अपने साथियों से कहा, "मैं मर सकता हूँ, पर गुलामी नहीं स्वीकार करूँगा।"

उस दिन जंगल में एक भयंकर लड़ाई हुई। सीताराम ने अपने तीरों और साहस से अंग्रेजों को कड़ी टक्कर दी। लेकिन संख्या और हथियारों में अंग्रेज उनसे कहीं आगे थे। अंत में, सीताराम को गोली मार दी गई। उनके शरीर को अंग्रेजों ने पेड़ से बाँधकर सबूत के तौर पर रखा, ताकि लोग डर जाएँ। लेकिन हुआ उल्टा—उनकी शहादत ने और लोगों को विद्रोह के लिए प्रेरित किया।

अल्लूरी सीताराम राजू केवल 27 साल जिए, लेकिन उनकी वीरता की कहानी आज भी जीवित है। आंध्र प्रदेश में उन्हें "मान्यम वीरुडु" (जंगल का नायक) कहा जाता है। उनकी मूर्तियाँ आज विशाखापत्तनम और अन्य जगहों पर खड़ी हैं। 1986 में भारत सरकार ने उनके सम्मान में डाक टिकट जारी किया। उनकी जिंदगी एक मिसाल है कि साहस और संकल्प के आगे बड़ी से बड़ी ताकत भी झुक सकती है।

53

कोमाराम भीम: जंगल की आग

हैदराबाद राज्य के घने जंगलों में, जहाँ पेड़ों की छाँव में हवाएँ गीत गाती थीं और नदियाँ जीवन की कहानियाँ बहाती थीं, वहाँ संकेपल्ली नामक एक छोटे से गाँव में 22 अक्टूबर 1901 की सुबह एक बच्चे ने जन्म लिया। उसका नाम था कोमाराम भीम। गोंड आदिवासियों के इस परिवार में सादगी थी, पर उनके दिलों में अपनी मिट्टी के लिए प्यार और गर्व की आग जलती थी। भीम के पिता कोमाराम चोलू और माँ लक्ष्मी बाई जंगल के सच्चे बेटे-बेटी थे, जो अपनी ज़मीन और संस्कृति को हर कीमत पर बचाना चाहते थे। लेकिन नियति ने उनके लिए एक कठिन रास्ता चुना था।

भीम का बचपन जंगल की गोद में बीता। जहाँ शहर के बच्चे किताबों में खोते थे, वहाँ भीम पेड़ों की शाखाओं पर चढ़ता, नदियों में तैरता और अपने गाँव के बच्चों के साथ तीर-कमान का खेल खेलता। उसकी आँखों में जंगल की चमक थी, और उसके हाथों में ताकत। लेकिन यह खुशहाल दिन लंबे नहीं रहे। जब वह 15 साल का था, एक दिन जंगल के अधिकारी गाँव आए। निज़ाम सरकार ने आदिवासियों पर नया टैक्स थोप दिया था। भीम के पिता चोलू ने इसका विरोध किया। उनकी आवाज़ में गोंडियों का दर्द था, पर अधिकारियों के लिए यह विद्रोह था। एक झड़प

में चोलू को गोली मार दी गई। भीम की आँखों के सामने उसके पिता की साँसें थम गईं। उस दिन एक बच्चे का दिल टूटा, और उसकी जगह एक योद्धा का जन्म हुआ।

माँ लक्ष्मी बाई ने अपने बच्चों को लेकर संकेपल्ली छोड़ दिया। वे सरदापुर पहुँचे, जहाँ भीम ने बंजर ज़मीन को अपने खून-पसीने से सींचकर हरा किया। लेकिन यहाँ भी शांति नसीब नहीं हुई। ज़मींदार लक्ष्मण राव का एक अधिकारी सिद्दीकी उनकी फसल छीनने आया। भीम का खून खौल उठा। उसने सिद्दीकी को सबक सिखाया—एक ऐसा सबक जो उसकी मौत बन गया। अब पुलिस भीम के पीछे थी। अपने दोस्त कोंडल के साथ वह रातोंरात जंगल में गायब हो गया।

भीम की राह उसे चांदा ले गई। यहाँ एक प्रकाशक विटोबा ने उसे शरण दी। विटोबा की छोटी सी छापेखाने में भीम ने पहली बार किताबों की दुनिया देखी। उसने हिंदी, उर्दू और अंग्रेजी के शब्दों को समझा। विटोबा की पत्रिका में निज़ाम और अंग्रेजों के खिलाफ लिखे शब्दों ने भीम के मन में आग भर दी। लेकिन जब विटोबा पकड़े गए, तो भीम असम भाग गया। वहाँ चाय बागानों में मज़दूरी करते हुए उसने मज़दूरों के दर्द को करीब से देखा। एक छोटे से आंदोलन में हिस्सा लेने के लिए उसे चार दिन जेल में बिताने पड़े, पर उसने हार नहीं मानी। जेल से भागकर वह बल्लारशाह लौट आया। अब उसके मन में एक ही संकल्प था—अपने लोगों को आज़ाद कराना।

1928 का साल था। भीम ने जोड़े घाट को अपना ठिकाना बनाया। यह जंगल उसका घर था, उसकी ताकत था। उसने गोंड और कोया आदिवासियों को एकजुट किया। उसकी आवाज़ में जादू था। वह कहता, "यह जल हमारा है, यह जंगल हमारा है, यह ज़मीन हमारी है। इसे कोई नहीं छीन सकता।" उसने अपने लोगों को तीर-कमान और भाले चलाना सिखाया। उसकी सेना में 300 से ज़्यादा योद्धा थे—सभी जंगल के सच्चे सिपाही। वे रात के अंधेरे में ज़मींदारों के ठिकानों पर हमला करते, निज़ाम की चौकियों को लूटते। भीम की तेज़ी और चतुराई ने उसे जंगल का शेर बना दिया।

निज़ाम की सेना और अंग्रेजी हुकूमत उससे परेशान थी। उसका नाम सुनते ही अधिकारी काँपते थे। उसने अपने लोगों को नारा दिया—"जल, जंगल, ज़मीन।" यह नारा केवल शब्द नहीं था, यह एक सपना था, एक हक था, जिसके लिए वह मरने को तैयार था।

27 अक्टूबर 1940 की वह काली रात थी। जोड़े घाट की शांत वादियों में हवा भी साँस थामे खड़ी थी। एक गद्दार कुर्दु पटेल ने भीम का ठिकाना निज़ाम की सेना को बता दिया। आसिफाबाद का तालुकदार अब्दुल सत्तार सैकड़ों सशस्त्र सैनिकों के साथ जंगल में घुस आया। भीम अपने 15 साथियों के साथ तैयार था। उसने कहा, "हम मर सकते हैं, पर झुकेंगे नहीं।" उस दिन जंगल में तीरों और गोलियों की बारिश हुई। भीम ने अपनी आखिरी साँस तक लड़ाई की। एक गोली उसके सीने को भेद गई, और वह धरती पर गिर पड़ा। उसके साथी भी शहीद हो गए। निज़ाम की सेना ने उसके शरीर को जंगल में छोड़ दिया, ताकि लोग डर जाएँ। लेकिन उसकी शहादत डर नहीं, बल्कि प्रेरणा बनी।

भीम की मृत्यु के बाद उनकी कहानी मिट्टी में नहीं दबी। उनके साथी भादु और मारु ने उनकी गाथा को गाँव-गाँव पहुँचाया। गोंड लोग उन्हें "भीमल पेन"—एक देवता—मानते हैं। हर साल अश्वयुजा पूर्णिमा पर जंगल में मेला लगता है, जहाँ उनकी वीरता के गीत गाए जाते हैं। उनकी आवाज़ आज भी जंगल में गूँजती है—"जल, जंगल, ज़मीन।" यह नारा उनके खून से लिखा गया एक वचन था, जो आज भी आदिवासियों के हक की लड़ाई का प्रतीक है।

54

खुदीराम: हंसते-हंसते फाँसी का फंदा चूमने वाला वीर

सर्दियों की एक सुनहरी सुबह थी। दिसंबर की हल्की ठंड हवा में तैर रही थी, और सूरज अपनी नरम किरणों को धीरे-धीरे बंगाल के हबीबपुर गाँव की मिट्टी पर बिखेर रहा था। त्रैलोक्यनाथ बोस के साधारण से घर में उस दिन एक नन्ही किलकारी गूँजी। 19 दिसंबर 1889 को जन्मे इस बालक का नाम रखा गया—खुदीराम। उसकी माँ लक्ष्मीप्रिया देवी ने उसे गोद में लिया और प्यार से देखा। कौन जानता था कि यह नन्हा शिशु एक दिन भारत माता की गोद में अपनी जान न्योछावर कर देगा और इतिहास में अमर हो जाएगा?

खुदीराम का बचपन आसान नहीं था। जब वह छह साल का था, उसकी माँ उसे छोड़कर इस दुनिया से चली गईं। पिता त्रैलोक्यनाथ भी उसके सातवें जन्मदिन से पहले चल बसे। अनाथ हो चुके खुदीराम को उनकी बड़ी बहन और बहनोई ने संभाला। गरीबी थी, लेकिन खुदीराम का मन कभी कमज़ोर नहीं पड़ा। गाँव की गलियों में वह नंगे पाँव दौड़ता, पेड़ों पर चढ़ता और दोस्तों के साथ खेलता। लेकिन उसकी आँखों में एक

अलग चमक थी—जिज्ञासा की, साहस की।

स्कूल में जब अध्यापक स्वतंत्रता संग्राम के वीरों की कहानियाँ सुनाते—रानी लक्ष्मीबाई की तलवार की गूँज, तात्या टोपे का दुस्साहस, मंगल पांडे की बगावत—तो खुदीराम की आँखें चमक उठतीं। वह सोचता, "क्या मैं भी एक दिन अपने देश के लिए ऐसा कुछ कर पाऊँगा?" उसका मन जवाब देता, "हाँ, ज़रूर करूँगा।"

1905 का साल आया। ब्रिटिश हुकूमत ने बंगाल को दो हिस्सों में बाँटने की घोषणा कर दी। यह फैसला बंगाल के लोगों के लिए किसी तमाचे से कम नहीं था। सड़कों पर "वंदे मातरम्" का नारा गूँजने लगा। स्कूल-कॉलेजों के छात्र पढ़ाई छोड़कर स्वदेशी आंदोलन में कूद पड़े। खुदीराम, जो तब सिर्फ 15 साल का था, इस आग से अछूता कैसे रहता?

एक दिन उसकी पाठशाला में कुछ ब्रिटिश अधिकारी आए। उन्होंने देखा कि बच्चे स्वदेशी की बातें कर रहे हैं। गुस्से में एक अफसर ने बच्चों को डाँटना शुरू किया और एक को थप्पड़ मार दिया। यह देखकर खुदीराम का खून खौल उठा। उसने अपनी मेज से स्याही की दवात उठाई और अफसर के चेहरे पर दे मारी। स्याही अफसर के सफेद कपड़ों पर फैल गई। पाठशाला में सन्नाटा छा गया। उस दिन से खुदीराम स्कूल छोड़कर क्रांति की राह पर चल पड़ा।

15 साल की उम्र में खुदीराम अनुशीलन समिति से जुड़ गए। यह संगठन ब्रिटिश शासन के खिलाफ सशस्त्र विद्रोह का सपना देखता था। वहाँ खुदीराम ने बम बनाना सीखा, बंदूक चलाना सीखा, और गुप्त संदेश पहुँचाने में माहिर हो गए। उसकी नन्ही उम्र को देखकर बड़े क्रांतिकारी उसे प्यार से "खुदी" कहते, लेकिन उसकी हिम्मत देखकर सब उसे सलाम करते।

उसका गुस्सा ब्रिटिश जुल्मों से बढ़ता गया। लेकिन एक नाम उसके मन में बार-बार कौंधता—किंग्सफोर्ड। यह वह जज था जो कलकता में क्रांतिकारियों को कठोर सज़ाएँ देता था। उसने न जाने कितने नौजवानों को कोड़े लगवाए, जेल में ठूँसा। जब किंग्सफोर्ड का तबादला मुजफ्फरपुर हुआ, तो क्रांतिकारियों ने फैसला किया—अब उसका अंत होना चाहिए।

30 अप्रैल 1908 की रात थी। अंधेरा घना था, और मुजफ्फरपुर की सड़कें सन्नाटे में डूबी थीं। खुदीराम और उनका साथी प्रफुल्ल चाकी छाया की तरह छिपे हुए थे। उनके हाथों में बम था—वह हथियार जो अंग्रेज़ों को उनकी औकात दिखाने वाला था। कुछ देर बाद एक बग्गी आती दिखी। खुदीराम ने प्रफुल्ल की ओर देखा। दोनों की आँखों में एक ही सवाल था—"क्या यही किंग्सफोर्ड है?" पक्का यकीन न होते हुए भी उन्होंने फैसला किया।

"अब वक्त आ गया!" खुदीराम ने धीरे से कहा। दोनों आगे बढ़े। खुदीराम ने बम फेंका। एक जोरदार धमाका हुआ। आसमान में आग की लपटें उठीं। सड़क पर धूल और धुआँ छा गया। लेकिन कुछ देर बाद खबर आई जो उनके दिल को चीर गई—किंग्सफोर्ड बच गया था। बम उस बग्गी पर गिरा था जिसमें दो अंग्रेज़ महिलाएँ, मिसेज कैनेडी और उनकी बेटी, बैठी थीं। दोनों मारी गई थीं। खुदीराम का मन भारी हो गया, लेकिन अब पीछे हटने का वक्त नहीं था।

पुलिस ने पूरे इलाके को छान मारा। प्रफुल्ल चाकी ने पुलिस से घिरने पर खुद को गोली मार ली, लेकिन खुदीराम भागते रहे। 6 मई 1908 को चकिया रेलवे स्टेशन पर वह पकड़े गए। पुलिस ने उन्हें चारों ओर से घेर लिया। लेकिन खुदीराम डरे नहीं। वह "वंदे मातरम्" का नारा लगाते हुए मुस्कुरा रहे थे। उनकी यह हिम्मत देखकर पुलिसवाले भी हैरान थे।

अदालत में जब उन्हें पेश किया गया, जज ने पूछा, "तुमने यह क्यों किया? क्या तुम्हें पछतावा है?" खुदीराम ने सीना तानकर जवाब दिया, "मुझे पछतावा नहीं। गलती से मासूम मरे, यह दुख है। लेकिन अगर मेरा बलिदान भारत को आज़ादी के करीब ले जाए, तो मैं हज़ार बार मरने को तैयार हूँ।" उनकी आवाज़ में ऐसा जोश था कि कोर्ट में सन्नाटा छा गया।

11 अगस्त 1908 की सुबह मुजफ्फरपुर जेल में सूरज अभी पूरी तरह नहीं उगा था। फाँसीघर में सन्नाटा पसरा था। खुदीराम सफेद धोती-कुर्ता पहने, हाथ में भगवद गीता थामे तख्ते की ओर बढ़े। उनकी आँखों में न डर था, न उदासी। वह सिर्फ 18 साल के थे, लेकिन उनका हौसला किसी अनुभवी योद्धा से कम नहीं था।

जल्लाद ने उनकी आखिरी इच्छा पूछी। खुदीराम ने मुस्कुराते हुए कहा, "मुझे भारत माता का आशीर्वाद चाहिए। और हाँ, अगर अगला जन्म मिले, तो फिर से उसके लिए लड़ूँगा।" फंदा उनके गले में डाला गया। उन्होंने एक बार फिर "वंदे मातरम्" कहा, और लीवर खींच दिया गया। उनका शरीर झूल गया, लेकिन उनकी आत्मा उड़कर अमरता की ओर चली गई।

जब उनका शव बाहर लाया गया, हज़ारों लोग जमा थे। कुछ की आँखों में आँसू थे, कुछ गर्व से सीना ताने खड़े थे। एक बूढ़ी औरत ने उनके पैरों की मिट्टी उठाई और माथे से लगाया। देखते ही देखते वह मिट्टी पूरे बंगाल में बाँट दी गई—एक अमर शहीद की आखिरी निशानी।

खुदीराम बोस की शहादत ने देश में आग लगा दी। उनकी नन्ही उम्र और बड़ा साहस देखकर युवा क्रांति की राह पर चल पड़े। उनके नाम पर सड़कें, स्कूल और गीत बने। आज भी उनकी कहानी हर भारतीय को याद दिलाती है कि आज़ादी की कीमत कितनी बड़ी होती है।

खुदीराम बोस सिर्फ एक क्रांतिकारी नहीं थे, वह एक नन्हा शेर थे जिसने हँसते-हँसते अपने प्राण न्योछावर कर दिए। उनकी गूँज आज भी हमारे कानों में है—"वंदे मातरम्!" वह मरे नहीं, वह हर उस दिल में ज़िंदा हैं जो स्वतंत्रता को सबसे बड़ा खजाना मानता है।

55

प्रफुल्ल चाकी: एक नन्हा सितारा जो आजादी की ज्योति बना

बंगाल की मिट्टी में, जहाँ नदियाँ गीत गाती हैं और हवाएँ सपनों को थामे चलती हैं, वहाँ एक छोटे से गाँव बिहारी में 10 दिसंबर 1888 को एक बच्चे ने जन्म लिया। उसका नाम था प्रफुल्ल चंद्र चाकी। यह गाँव तब बोगरा जिले का हिस्सा था, जो आज बांग्लादेश में स्थित है, पर उस समय ब्रितिश भारत की बंगाल प्रेसिडेंसी के अधीन था। प्रफुल्ल का जन्म एक साधारण कायस्थ परिवार में हुआ था। उनके पिता राजनारायण चाकी एक छोटे-मोटे कर्मचारी थे, जो बोगरा के नवाब परिवार के यहाँ काम करते थे। लेकिन जब प्रफुल्ल केवल दो साल के थे, तब उनके पिता का देहांत हो गया। उनकी माँ स्वर्णमोयी देवी ने अकेले ही अपने बच्चों को पालने का बीड़ा उठाया। गरीबी और मुश्किलों के बीच प्रफुल्ल का बचपन बीता, पर उनकी आँखों में एक अलग चमक थी—एक ऐसी चमक जो आने वाले तूफान की आहट थी।

प्रफुल्ल की पढ़ाई नमुजा जनदा प्रसाद इंग्लिश स्कूल में शुरू हुई। वहाँ से वे अपने बड़े भाई प्रताप चंद्र चाकी के साथ रंगपुर चले गए। रंगपुर जिला स्कूल में नौवीं कक्षा में पढ़ते हुए प्रफुल्ल का जीवन एक नया मोड़ लेने वाला था। उस समय बंगाल विभाजन के खिलाफ आंदोलन जोरों पर था। अंग्रेजों की "फूट डालो और राज करो" की नीति ने लोगों में गुस्सा भर दिया था। प्रफुल्ल ने भी इस आंदोलन में हिस्सा लिया। एक दिन, जब छात्रों ने प्रदर्शन किया, तो स्कूल ने उन्हें निष्कासित कर दिया। लेकिन यह अंत नहीं, बल्कि शुरुआत थी। प्रफुल्ल रंगपुर नेशनल स्कूल में शामिल हुए, जहाँ उनकी मुलाकात क्रांतिकारियों जैसे जितेंद्रनारायण रॉय, अविनाश चक्रवर्ती और ईशान चंद्र चक्रवर्ती से हुई। इन लोगों ने उनके मन में आजादी की आग को और भड़का दिया।

प्रफुल्ल ने स्वामी विवेकानंद के लेख पढ़े, जिनसे वे गहरे प्रभावित हुए। उनकी आत्मा में देश को आजाद कराने की तड़प जाग उठी। जल्द ही उनकी मुलाकात बारींद्र कुमार घोष से हुई, जो जुगांतर समूह के संस्थापकों में से एक थे। बारींद्र ने प्रफुल्ल को कोलकाता आने का न्योता दिया, और इस तरह एक नन्हा लड़का क्रांति की राह पर चल पड़ा।

जुगांतर समूह में शामिल होने के बाद प्रफुल्ल का जीवन बदल गया। यह समूह अंग्रेजों के खिलाफ सशस्त्र विद्रोह में विश्वास रखता था। उनकी पहली बड़ी जिम्मेदारी थी सर जोसेफ बैंपफील्ड फुलर की हत्या, जो पूर्वी बंगाल और असम के पहले लेफ्टिनेंट-गवर्नर थे। लेकिन यह योजना आखिरी वक्त में बदल गए फुलर के कार्यक्रम के कारण नाकाम रही। प्रफुल्ल का हौसला नहीं टूटा। उनकी अगली मंजिल थी मुजफ्फरपुर, बिहार। यहाँ उन्हें अपने साथी खुदीराम बोस के साथ एक और खतरनाक मिशन सौंपा गया—जिला मजिस्ट्रेट डगलस किंग्सफोर्ड की हत्या।

किंग्सफोर्ड कलकता में अपने क्रूर फैसलों के लिए कुख्यात था। उसने कई युवा क्रांतिकारियों को कठोर सजा दी थी, जिससे वे बंगाल के लोगों के लिए नफरत का प्रतीक बन गया था। जुगांतर समूह ने उसे खत्म करने का फैसला किया। प्रफुल्ल ने इस मिशन के लिए "दिनेश चंद्र रॉय" नाम अपनाया। दोनों युवा—प्रफुल्ल और खुदीराम—मुजफ्फरपुर पहुँचे

और किंग्सफोर्ड की हर हरकत पर नजर रखने लगे।

30 अप्रैल 1908 की वह रात थी, जब इतिहास ने एक नया अध्याय लिखा। प्रफुल्ल और खुदीराम यूरोपियन क्लब के बाहर छिपे हुए थे, जहाँ किंग्सफोर्ड की गाड़ी आने वाली थी। जैसे ही एक गाड़ी नजर आई, दोनों ने बम फेंक दिया। धमाका हुआ, धुआँ फैला, और चारों ओर हड़कंप मच गया। लेकिन नियति का खेल देखिए—वह गाड़ी किंग्सफोर्ड की नहीं थी। उसमें एक वकील प्रिंगल कैनेडी की पत्नी और बेटी सवार थीं, जो उस हमले में मारी गईं। यह एक भयंकर भूल थी, जिसने प्रफुल्ल और खुदीराम को हिला दिया। दोनों अलग-अलग रास्तों से भाग निकले।

प्रफुल्ल समस्तीपुर पहुँचे, जहाँ एक रेलवे कर्मचारी त्रिगुण चरण घोष ने उन्हें पनाह दी। उन्हें मोकामा जाने वाली ट्रेन में एक टिकट भी मिला। लेकिन किस्मत ने फिर धोखा दिया। उसी डिब्बे में एक पुलिस अधिकारी नंदलाल बनर्जी भी सवार था। नंदलाल को प्रफुल्ल पर शक हुआ। 1 मई 1908 को, जब ट्रेन मोकामा स्टेशन पर रुकी, नंदलाल ने उन्हें पकड़ने की कोशिश की। लेकिन प्रफुल्ल ने अपनी कसम निभाई—वे कभी अंग्रेजों के हाथ नहीं आएँगे। अपनी ही रिवॉल्वर से उन्होंने खुद को गोली मार ली। उस दिन, केवल 19 साल की उम्र में, प्रफुल्ल शहीद हो गए।

प्रफुल्ल की शहादत ने देश में एक नई लहर पैदा की। अंग्रेजों ने उनके सिर को काटकर कोलकाता भेजा, ताकि खुदीराम उनकी पहचान कर सके, जो बाद में पकड़े गए और फाँसी पर चढ़ाए गए। लेकिन प्रफुल्ल का बलिदान व्यर्थ नहीं गया। उनकी कहानी ने नौजवानों को आजादी की लड़ाई के लिए प्रेरित किया। महात्मा गांधी ने इस हिंसा की निंदा की, पर प्रफुल्ल और खुदीराम की देशभक्ति पर सवाल नहीं उठाया जा सकता था।

प्रफुल्ल चाकी एक नाम नहीं, बल्कि एक प्रेरणा हैं। उनकी छोटी सी जिंदगी ने यह साबित कर दिया कि उम्र साहस की मोहताज नहीं होती। आज भी, जब कोई मोकामा स्टेशन से गुजरता है या बंगाल की धरती पर कदम रखता है, तो प्रफुल्ल की गूँज सुनाई देती है। वे एक नन्हे सितारे थे, जो अपनी चमक से आजादी की राह को रोशन कर गए।

56

राजेंद्र लाहिड़ी: आजादी का एक नन्हा सूरज

बंगाल की उस धरती पर, जहाँ गंगा की लहरें जीवन की कहानियाँ सुनाती हैं और हवाएँ स्वतंत्रता की पुकार लिए बहती हैं, 29 जून 1901 को पबना जिले के मोहनपुर गाँव में एक बच्चे ने जन्म लिया। उसका नाम था राजेंद्र नाथ लाहिड़ी। यह गाँव अब बांग्लादेश में है, पर तब यह ब्रिटिश भारत का हिस्सा था। राजेंद्र का जन्म एक बंगाली ब्राह्मण परिवार में हुआ था। उनके पिता क्षितीश मोहन लाहिड़ी एक जमींदार थे, जिनके पास बड़ी संपत्ति थी, और गाँ बरांत कुमारी एक साधारण गृहिणी। लेकिन राजेंद्र के जन्म के समय उनके पिता और बड़े भाई जेल की सलाखों के पीछे थे, क्योंकि वे अनुशीलन समिति की क्रांतिकारी गतिविधियों में शामिल थे। इस तरह, देशभक्ति की आग उन्हें विरासत में मिली थी।

राजेंद्र का बचपन साधारण था, पर उनकी आत्मा में कुछ असाधारण जल रहा था। नौ साल की छोटी उम्र में ही वे अपने मामा के पास वाराणसी चले गए। काशी की पवित्र गलियों में उनकी पढ़ाई शुरू हुई। वे काशी हिंदू विश्वविद्यालय में इतिहास के छात्र बने। किताबों से उन्हें

प्यार था, पर उनकी नज़र किताबों से परे उस गुलाम भारत पर थी, जो अंग्रेजों की जंजीरों में जकड़ा हुआ था। एक दिन, जब वे अपनी पढ़ाई में डूबे थे, उनकी मुलाकात हुई शचींद्रनाथ सान्याल से—एक ऐसे क्रांतिकारी, जिसने राजेंद्र के मन में छिपी चिंगारी को हवा दी। शचींद्रनाथ ने उन्हें "बंग वाणी" पत्रिका का संपादक बनाया और अनुशीलन समिति की वाराणसी शाखा का हथियार प्रभारी नियुक्त किया। इस तरह, एक छात्र की जिंदगी क्रांति की राह पर मुड़ गई।

1925 का साल था। हिंदुस्तान रिपब्लिकन एसोसिएशन (HRA) के साथ जुड़कर राजेंद्र ने क्रांति की एक नई मंजिल तय की। यह संगठन अंग्रेजों को सशस्त्र विद्रोह से उखाड़ फेंकना चाहता था। इसके लिए पैसे चाहिए थे—हथियारों, किताबों और प्रचार के लिए। 9 अगस्त 1925 को काकोरी के पास एक ट्रेन लूट की योजना बनी। इस योजना के पीछे राजेंद्र का दिमाग था। राम प्रसाद बिस्मिल, अशफाक उल्ला खान और चंद्रशेखर आज़ाद जैसे साथियों के साथ मिलकर उन्होंने यह साहसिक कदम उठाया। ट्रेन के दूसरे दर्जे के डिब्बे में बैठे राजेंद्र ने चेन खींची। ट्रेन रुकी, और क्रांतिकारियों ने अंग्रेजी सरकार का खजाना लूट लिया। यह लूट केवल पैसे की नहीं थी—यह आजादी की एक चेतावनी थी।

लेकिन यह जीत लंबी नहीं चली। राजेंद्र को बम बनाने की कला सीखने के लिए बंगाल भेजा गया। वहाँ दक्षिणेश्वर बम कांड हुआ। एक साथी की गलती से बम फट गया, और पुलिस ने राजेंद्र को पकड़ लिया। उन्हें 10 साल की सजा हुई। लेकिन काकोरी कांड का मुकदमा शुरू हुआ, और उन्हें इसमें भी शामिल पाया गया।

17 दिसंबर 1927 का दिन था। गोंडा जिला जेल में राजेंद्र को फाँसी की सजा सुनाई गई। अंग्रेज इतने डरे हुए थे कि तय तारीख से दो दिन पहले ही उन्हें फंदे पर लटका दिया। उस सुबह भी राजेंद्र ने अपनी कसरत नहीं छोड़ी। जेलर हैरान था—यह कैसा इंसान है, जो मौत को गले लगाने से पहले भी हँस रहा है? फाँसी के फंदे पर चढ़ते वक्त उनके होंठों पर मुस्कान थी। वे बोले, "मैं मर नहीं रहा, स्वतंत्र भारत में पुनर्जन्म लेने जा रहा हूँ।" गीता का पाठ करते हुए वे चले गए। उस दिन एक सूरज डूबा, पर उसकी रोशनी हमेशा के लिए बनी रही।

राजेंद्र लाहिड़ी केवल 26 साल जिए, पर उनकी कहानी आज भी गूँजती है। गोंडा जेल में उनकी मूर्ति खड़ी है, और हर साल 17 दिसंबर को "लाहिड़ी दिवस" मनाया जाता है। वे एक क्रांतिकारी थे, एक बुद्धिजीवी थे, और सबसे बढ़कर, आजादी के एक सच्चे सिपाही थे। उनकी कुर्बानी ने न जाने कितने नौजवानों को प्रेरित किया।

57

रोशन सिंह: एक चिंगारी जो आजादी की मशाल बनी

उत्तर प्रदेश के शाहजहाँपुर जिले में, जहाँ खेतों की हरियाली और गाँवों की सादगी जीवन को रंग देती थी, वहाँ नवादा नामक एक छोटे से गाँव में 22 जनवरी 1892 को एक बच्चे ने जन्म लिया। उसका नाम था ठाकुर रोशन सिंह। कठेरिया राजपूत परिवार में जन्मे रोशन के पिता जंगी सिंह और माँ कौशल्या देवी साधारण किसान थे, पर उनके दिल में देश के लिए कुछ कर गुजरने की भावना थी। रोशन पाँच भाई-बहनों में सबसे बड़े थे। उनके परिवार का जुड़ाव आर्य समाज से था, जिसने उनके मन में बचपन से ही देशभक्ति की जड़ें गहरी कर दीं। यह कहानी है उस वीर की, जिसने अपनी हँसी और हिम्मत से अंग्रेजों के दिल में खौफ पैदा कर दिया।

रोशन का बचपन गाँव की मिट्टी में खेलते हुए बीता। जहाँ उनके साथी गाँव के खेलों में मस्त रहते, वहीं रोशन अक्सर अपने पिता से 1857 की क्रांति की कहानियाँ सुनते। उनकी आँखों में एक सपना पलने लगा—अपने देश को आज़ाद देखने का। पढ़ाई में उनकी खास रुचि नहीं

थी, पर वे कुश्ती और निशानेबाज़ी में माहिर थे। गाँव के लोग उनकी ताकत और हिम्मत की मिसालें देते थे। लेकिन उनकी जिंदगी तब बदल गई, जब 1921-22 में असहयोग आंदोलन की आग पूरे देश में फैली। रोशन ने इस आंदोलन में बढ़-चढ़कर हिस्सा लिया। बरेली में एक प्रदर्शन के दौरान पुलिस ने गोलियाँ चलाईं। रोशन और उनके साथियों को गिरफ्तार कर लिया गया। उन्हें दो साल की सजा हुई और बरेली सेंट्रल जेल भेज दिया गया।

जेल में उन्हें कठोर यातनाएँ दी गईं। जेलर की बर्बरता ने उनके मन में गुस्से की आग भड़का दी। वहाँ से निकलते वक्त उन्होंने ठान लिया कि अब वे चुप नहीं बैठेंगे। जेल से रिहा होने के बाद उनकी मुलाकात पंडित राम प्रसाद बिस्मिल से हुई। बिस्मिल ने उनकी आँखों में देशभक्ति की चमक देखी और उन्हें हिंदुस्तान रिपब्लिकन एसोसिएशन (HRA) में शामिल कर लिया। रोशन को नए क्रांतिकारियों को निशानेबाज़ी सिखाने की जिम्मेदारी दी गई। उनकी बंदूक की सटीकता और साहस ने सबको हैरान कर दिया।

1924 में रोशन ने बमरौली डकैती में हिस्सा लिया। यह डकैती क्रांति के लिए धन जुटाने का एक प्रयास था। एक गाँव के पहलवान ने उनका रास्ता रोकने की कोशिश की, पर रोशन ने अपनी बंदूक से उसे ढेर कर दिया। उनकी नन्ही कद-काठी के पीछे छिपी ताकत ने अंग्रेजों को चौंका दिया। इसके बाद 1925 में काकोरी ट्रेन डकैती की योजना बनी। हालाँकि रोशन इस घटना में सीधे शामिल नहीं थे, लेकिन उनकी गिरफ्तारी हो गई। अंग्रेजों ने उन्हें काकोरी कांड में फँसाने की कोशिश की। कुछ का मानना है कि उनकी शक्ल क्रांतिकारी केशव चक्रवर्ती से मिलती थी, जिसके चलते यह गलतफहमी हुई। कोर्ट में रोशन ने अपनी बेगुनाही साबित करने की कोशिश की, पर जज ने उनकी एक न सुनी। उन्हें राम प्रसाद बिस्मिल, अशफाक उल्ला खान और राजेंद्र लाहिड़ी के साथ मौत की सजा सुना दी गई।

19 दिसंबर 1927 का दिन था। इलाहाबाद की मलाका जेल में रोशन को फाँसी दी जानी थी। उस सुबह वे अपनी रोज़ की कसरत में मस्त थे। जेलर ने देखा तो हैरान रह गया—यह शख्स मौत को सामने देखकर

भी हँस रहा था। फाँसी के तख्ते की ओर बढ़ते हुए रोशन ने जेल की कोठरी को प्रणाम किया। उनके हाथ में गीता थी, और होंठों पर "वंदे मातरम" का उद्घोष। फंदे को चूमते हुए उन्होंने तीन बार जोर से नारा लगाया—"वंदे मातरम!" फिर एक चिंगारी हमेशा के लिए बुझ गई। लेकिन उनकी यह हँसी और हिम्मत अंग्रेजों के लिए एक सवाल छोड़ गई—ऐसा साहस कहाँ से आता है?

उनके दोस्त को लिखे आखिरी खत में उन्होंने कहा था, "मेरी मौत पर अफसोस मत करना। यह खुशी की बात है।" उस दिन रोशन सिंह शहीद हो गए, पर उनकी कहानी अमर हो गई।

रोशन सिंह की शहादत के बाद उनका परिवार मुश्किलों में घिर गया। सामाजिक और आर्थिक तंगी ने उन्हें घेर लिया। लेकिन उनकी कुर्बानी व्यर्थ नहीं गई। आज भी नवादा गाँव में उनकी यादें बस्ती हैं। उनकी मूर्तियाँ खड़ी हैं, और हर साल लोग उनके बलिदान को याद करते हैं। वे एक अनसुने नायक थे, जिनकी चिंगारी ने आजादी की मशाल जलाई।

58

बिपिन चंद्र पाल: क्रांति का सूरज

बंगाल की उस पवित्र धरती पर, जहाँ सूरज की किरणें गंगा के पानी को चूमती हैं और हवाएँ स्वतंत्रता के सपने बुनती हैं, वहाँ 7 नवंबर 1858 को हबीबगंज जिले के पोइल गाँव में एक बच्चे ने जन्म लिया। उसका नाम था बिपिन चंद्र पाल। यह गाँव तब बंगाल प्रेसीडेंसी का हिस्सा था, जो आज बांग्लादेश में है। बिपिन का जन्म एक संपन्न बंगाली कायस्थ परिवार में हुआ था। उनके पिता रामचंद्र पाल एक फारसी विद्वान और छोटे जमींदार थे, जो बाद में सिलहट बार में वकील बने। माँ नरेन बाला साधारण गृहिणी थीं, पर उनके संस्कारों ने बिपिन के मन में देशभक्ति की नींव रखी। यह कहानी है उस वीर की, जिसे "क्रांतिकारी विचारों का पिता" कहा गया।

बिपिन का बचपन किताबों और सपनों के बीच बीता। उनके पिता चाहते थे कि वह बड़ा होकर विद्वान बने, इसलिए उन्होंने उसे चर्च मिशन सोसाइटी कॉलेज में दाखिल कराया, जिसका संबंध कोलकाता विश्वविद्यालय से था। लेकिन बिपिन का मन पढ़ाई से ज्यादा देश की गुलामी की जंजीरों को तोड़ने में लग गया। वह कॉलेज छोड़कर एक स्कूल में हेडमास्टर बन गए और बाद में कोलकाता पब्लिक लाइब्रेरी में लाइब्रेरियन। यहाँ उनकी मुलाकात हुई सुरेंद्रनाथ बनर्जी, शिवनाथ

शास्त्री और बी.के. गोस्वामी जैसे नेताओं से। इन लोगों की बातों ने उनके मन में आजादी की आग सुलगा दी।

1898 में बिपिन इंग्लैंड गए और न्यू मैनचेस्टर कॉलेज, ऑक्सफोर्ड में तुलनात्मक धर्मशास्त्र पढ़ने लगे। लेकिन एक साल बाद वह अधूरी पढ़ाई छोड़कर भारत लौट आए। अब उनके मन में एक ही धुन थी—स्वराज। वह चाहते थे कि भारत न सिर्फ आजाद हो, बल्कि आत्मनिर्भर बने।

1905 में बंगाल विभाजन ने बिपिन के जीवन को नई दिशा दी। अंग्रेजों की "फूट डालो और राज करो" की नीति ने उन्हें झकझोर दिया। उन्होंने लाला लाजपत राय और बाल गंगाधर तिलक के साथ मिलकर "लाल-बाल-पाल" की तिकड़ी बनाई। यह तिकड़ी भारत की आजादी के आंदोलन में एक तूफान बन गई। बिपिन ने स्वदेशी आंदोलन को हवा दी। वे चिल्लाकर कहते, "विदेशी माल का बहिष्कार करो, अपने देश की चीजें अपनाओ।" उनकी आवाज़ में जोश था, उनके शब्दों में आग थी। उन्होंने नौजवानों को बताया कि गरीबी और बेरोजगारी को खत्म करने का रास्ता स्वदेशी से होकर गुजरता है।

बिपिन एक लेखक और वक्ता भी थे। उन्होंने "न्यू इंडिया" और "वंदे मातरम" जैसे अखबार शुरू किए। उनकी लेखनी अंग्रेजों के लिए सिरदर्द बन गई। 1907 में, जब अरबिंदो घोष के खिलाफ वंदे मातरम राजद्रोह केस चला, तो बिपिन ने गवाही देने से इनकार कर दिया। इसके लिए उन्हें छह महीने की जेल हुई। लेकिन जेल भी उनकी हिम्मत को तोड़ न सकी।

बिपिन सिर्फ राजनीति में क्रांतिकारी नहीं थे, बल्कि समाज सुधार में भी अग्रणी थे। वे जाति व्यवस्था के खिलाफ थे और विधवा विवाह का समर्थन करते थे। उनकी निजी जिंदगी भी उनकी सोच को दर्शाती थी। पहली पत्नी की मृत्यु के बाद उन्होंने एक विधवा से शादी की और ब्रह्म समाज से जुड़ गए। लेकिन गांधी जी के तरीकों से उन्हें असहमति थी। बिपिन को गांधी का अहिंसा और असहयोग आंदोलन "जादू" जैसा लगता था, न कि "तर्क" पर आधारित। वे कहते थे, "हमें पूर्ण स्वराज चाहिए, आधा-अधूरा नहीं।" 1920 में, जब कांग्रेस ने गांधी का रास्ता

अपनाया, तो बिपिन ने पार्टी छोड़ दी और अपने आखिरी साल अकेलेपन में बिताए।

20 मई 1932 को कोलकाता में बिपिन चंद्र पाल की साँसें थम गईं। वे 73 साल के थे। उनके जाने से देश ने एक नन्हा सूरज खो दिया, पर उनकी रोशनी बरकरार रही। अरबिंदो घोष ने उन्हें "राष्ट्रवाद का सबसे बड़ा पैगंबर" कहा। उनकी किताबें—जैसे "इंडियन नेशनलिज्म", "स्वराज एंड द प्रेजेंट सिचुएशन", और "द सोल ऑफ इंडिया"—आज भी हमें प्रेरित करती हैं। उनका बेटा निरंजन पाल बॉम्बे टॉकीज़ का संस्थापक बना, जिसने भारतीय सिनेमा को नई ऊँचाइयाँ दीं।

59

सेठ रामदास जी गुड़वाले: एक अनसुनी वीरगाथा

दिल्ली की गलियों में, जहाँ हवा में मसालों की खुशबू और व्यापार की चहल-पहल गूँजती थी, वहाँ एक नाम था जो हर जुबान पर चढ़ा हुआ था—सेठ रामदास जी गुड़वाले। ऊँचे मकानों और चमचमाते बाजारों के बीच उनकी हवेली किसी राजमहल से कम न थी। सोने-चाँदी के ढेर, हीरे-जवाहरात की चमक और व्यापार का ऐसा साम्राज्य कि लोग कहते थे, "अगर सेठ जी चाहें, तो गंगा की धारा को भी मोड़ दें।" मगर यह कहानी न धन की है, न वैभव की। यह कहानी है एक ऐसे दिल की, जो मातृभूमि के लिए धड़का और उसी के लिए रुक गया।

सन् 1857 का वह मई का महीना था। मेरठ की धरती पर विद्रोह की चिंगारी भड़की और देखते-देखते वह आग दिल्ली की फिजाओं तक जा पहुँची। लाल किले में अंतिम मुगल बादशाह बहादुर शाह जफर बैठे थे—बूढ़े, थके हुए, मगर आँखों में एक उम्मीद की किरण लिए। सैनिकों की टोलियाँ दिल्ली में जमा हो गईं। तलवारें चमक रही थीं, नारे गूँज रहे थे—"अंग्रेजों को भगाओ, हिंदुस्तान बचाओ!" मगर यह जोश, यह

जुनून, भूख और खाली जेबों के आगे ठिठकने लगा। शाही खजाना सूना था। सैनिकों के पेट खाली थे और घोड़ों के सामने चारा नहीं था। उस काले दिन में जब सब निराशा में डूब रहे थे, सेठ रामदास जी आगे आए।

उनकी आवाज में गहराई थी, नजरों में संकल्प। बादशाह के सामने खड़े होकर उन्होंने कहा, "हुजूर, यह धन मेरा नहीं, इस मिट्टी का है। अगर माँ भारती की रक्षा हो जाए, तो यह संपत्ति फिर कमा लूँगा।" और फिर, जैसे कोई जादू हो, उनकी हवेली के तहखाने खुल गए। सोने की अशर्फियाँ, चाँदी के सिक्के, अनाज की बोरियाँ, सत्तू के ढेर और जानवरों के लिए चारा—सब कुछ सैनिकों के हवाले कर दिया गया। सेठ जी रुके नहीं। उन्होंने गुप्तचरों की टोली बनाई, हथियारों की व्यवस्था की और रणनीति के धागे बुनने में जुट गए। अंग्रेज कमांडर तक उनकी यह चालाकी और संगठन देखकर दाँतों तले उँगली दबा बैठे।

मगर हर वीर की कहानी में एक काला अध्याय आता है। अंग्रेजों को समझ आ गया कि इस विद्रोह की रीढ़ सेठ रामदास जी हैं। धोखे का जाल बिछा। एक दिन, जब सूरज ढल रहा था और दिल्ली की गलियाँ शांत थीं, उन्हें पकड़ लिया गया। उनकी हवेली लूट ली गई, मगर उनकी आत्मा को तोड़ना आसान न था। फिर शुरू हुआ वह क्रूर नाटक, जिसे सुनकर रूह काँप जाए। उन्हें खंभे से बाँध दिया गया। शिकारी कुत्तों को छोड़ दिया गया, जो उनके शरीर को नोचते रहे। खून की धार बहती रही, मगर सेठ जी के चेहरे पर हार की एक रेखा तक न आई। अधमरे हाल में उन्हें चाँदनी चौक के थाने के सामने फाँसी के फंदे पर लटका दिया गया। वह पेड़, वह गलियाँ, वह हवा—सब गवाह बने एक ऐसे बलिदान के, जो इतिहास के पन्नों में कहीं गुम हो गया।

आज जब हम चाँदनी चौक की भीड़ में चलते हैं, शायद ही किसी को याद हो कि यहाँ एक सेठ ने अपनी सारी दौलत, अपना जीवन, अपनी हर साँस मातृभूमि को दे दी थी। सेठ रामदास जी गुड़वाले—न धन के मालिक, न व्यापार के सौदागर, बल्कि एक सच्चे वीर, जिनकी गाथा अनसुनी रह गई। मगर क्या सचमुच यह कहानी खत्म हो गई? नहीं, यह हर उस दिल में जिंदा है, जो आज भी आजादी की कीमत समझता है।

⚬⚬

60

बेगम हज़रत महल: 1857 अवध की शेरनी का उदय

भारत के इतिहास में जब भी स्वतंत्रता संग्राम की बात होती है, तो उन वीरों और वीरांगनाओं का जिक्र जरूर होता है, जिन्होंने अपने साहस और बलिदान से देश की आज़ादी की नींव रखी। ऐसी ही एक शख्सियत थीं बेगम हज़रत महल—1857 के प्रथम स्वतंत्रता संग्राम की वह नायिका, जिन्होंने अंग्रेजों के खिलाफ न सिर्फ तलवार उठाई, बल्कि अपनी बुद्धिमत्ता और नेतृत्व से एक नई मिसाल कायम की। अवध की इस रानी ने अपने पुत्र को तख्त पर बिठाकर और खुद मोर्चा संभालकर यह साबित किया कि देशभक्ति किसी लिंग या पद की मोहताज नहीं होती।

1820 के आसपास अवध की धरती पर एक साधारण परिवार में एक बेटी ने जन्म लिया, जिसका नाम रखा गया मुहम्मदी खानुम। उस दौर में लड़कियों की जिंदगी आमतौर पर घर की चारदीवारी तक सीमित रहती थी, लेकिन मुहम्मदी की किस्मत में कुछ और ही लिखा था। उनके परिवार की हालत साधारण थी, और उनकी शुरुआती जिंदगी

भी बेहद सादगी भरी थी। लेकिन उनकी खूबसूरती, बुद्धिमत्ता और आत्मविश्वास ने उन्हें अवध के शाही हरम तक पहुँचा दिया।

वहाँ उनकी मुलाकात अवध के नवाब वाजिद अली शाह से हुई। वाजिद अली शाह कला और संस्कृति के प्रेमी थे, और उनकी नज़र मुहम्मदी की प्रतिभा पर पड़ी। जल्द ही वह नवाब की पसंदीदा बेगम बन गईं, और उन्हें "हज़रत महल" की सम्मानजनक उपाधि दी गई। शाही हरम में रहते हुए उन्होंने न सिर्फ नवाब का दिल जीता, बल्कि अपनी समझदारी और सूझबूझ से सभी का सम्मान हासिल किया। लेकिन उनकी जिंदगी का असली मकसद तब सामने आया, जब अंग्रेजों ने अवध पर अपनी नज़रें गड़ा दीं।

1856 का वह काला साल था, जब अंग्रेजों ने अपनी "डॉक्ट्रिन ऑफ लैप्स" (हड़प नीति) के तहत अवध को अपने कब्जे में ले लिया। नवाब वाजिद अली शाह को मजबूरन कलकत्ता निर्वासित कर दिया गया, और अवध की जनता पर अंग्रेजी हुकूमत का जुल्म शुरू हो गया। यह वह वक्त था, जब बेगम हज़रत महल ने अपने भीतर की वीरांगना को जागृत किया। नवाब के चले जाने के बाद वह चुप नहीं बैठीं। उन्होंने अपने नाबालिग बेटे बिरजिस कद्र को अवध का राजा घोषित किया और खुद उनके संरक्षक के रूप में सत्ता की बागडोर संभाली।

1857 का प्रथम स्वतंत्रता संग्राम शुरू हुआ, और बेगम हज़रत महल ने इसमें बढ़-चढ़कर हिस्सा लिया। लखनऊ, जो अवध की राजधानी थी, वहाँ उन्होंने अंग्रेजों के खिलाफ बिगुल फूँक दिया। वह जानती थीं कि यह लड़ाई आसान नहीं होगी, लेकिन उनके दिल में देश के लिए ऐसा जुनून था कि वह हर खतरे को हँसते हुए कबूल करने को तैयार थीं। उन्होंने अवध की जनता को एकजुट किया—किसान, मजदूर, सैनिक, और आम लोग उनके साथ कंधे से कंधा मिलाकर खड़े हो गए।

बेगम हज़रत महल सिर्फ एक रानी नहीं थीं, बल्कि एक कुशल सेनानायक भी थीं। उन्होंने क्रांतिकारी सेनाओं का नेतृत्व किया और मौलवी अहमदुल्लाह शाह जैसे वीरों के साथ मिलकर अंग्रेजों से लोहा लिया। लखनऊ में रेजीडेंसी, जो अंग्रेजों का गढ़ थी, वहाँ हमला करने की योजना बनाई गई। बेगम ने अपनी सेना को संगठित किया, हथियार

जुटाए और हर कदम पर रणनीति बनाई। उनकी आवाज़ में ऐसा जोश था कि सैनिक उनके एक इशारे पर जान देने को तैयार थे।

कई महीनों तक यह जंग चली। लखनऊ की गलियों में गोलियाँ चलती थीं, तोपों की गड़गड़ाहट गूँजती थी, और बेगम हज़रत महल हर मोर्चे पर डटी रहती थीं। वह अपने सैनिकों के बीच जातीं, उनका हौसला बढ़ातीं और कहतीं, "यह हमारी मिट्टी है, इसे गुलामी की जंजीरों से आज़ाद करना हमारा फर्ज़ है।" उनकी यह बातें सुनकर सैनिकों में नया जोश भर जाता था। अंग्रेजों को कई बार पीछे हटना पड़ा, लेकिन उनकी ताकत और संसाधन भारी थे।

कई महीनों की भीषण लड़ाई के बाद अंग्रेजी सेना ने लखनऊ पर फिर से कब्जा कर लिया। बेगम हज़रत महल के लिए यह एक बड़ा झटका था, लेकिन उन्होंने हार नहीं मानी। वह अपने बेटे बिरजिस कद्र और कुछ वफादार सैनिकों के साथ नेपाल की ओर बढ़ गईं। नेपाल के राजा जंग बहादुर ने उन्हें शरण दी, लेकिन अंग्रेजों ने उन पर दबाव डाला कि वह बेगम को सौंप दें। बेगम ने साफ कह दिया, "मैं मर सकती हूँ, लेकिन अंग्रेजों के सामने कभी सिर नहीं झुकाऊँगी।"

नेपाल में उन्होंने अपनी जिंदगी के आखिरी साल गुजारे। वहाँ भी वह चुप नहीं रहीं। वह अपने साथियों के साथ मिलकर आज़ादी की योजनाएँ बनाती रहीं, लेकिन उनकी सेहत बिगड़ती गई। 1879 में नेपाल की धरती पर उन्होंने अपनी आखिरी साँस ली। वह भले ही इस दुनिया से चली गईं, लेकिन उनका नाम और उनकी वीरता हमेशा के लिए अमर हो गई।

बेगम हज़रत महल की गाथा भारतीय स्वतंत्रता संग्राम में एक सुनहरा पन्ना है। उनकी वीरता को याद करने के लिए लखनऊ में "बेगम हज़रत महल पार्क" बनाया गया, जहाँ लोग उन्हें श्रद्धांजलि देने आते हैं। 1974 में भारत सरकार ने उनके सम्मान में एक डाक टिकट जारी किया, जो उनकी शहादत को देश के सामने लाया। वह नारी शक्ति और देशभक्ति की ऐसी मिसाल हैं, जो हर भारतीय को गर्व से भर देती है।

बेगम हज़रत महल सिर्फ अवध की रानी नहीं थीं, बल्कि एक ऐसी वीरांगना थीं, जिन्होंने अपने साहस से अंग्रेजों को चुनौती दी। उनकी

कहानी हमें सिखाती है कि मुश्किल से मुश्किल हालात में भी हिम्मत नहीं हारनी चाहिए। वह 1857 के विद्रोह की वह शेरनी थीं, जिन्होंने अपने बेटे को तख्त पर बिठाया और खुद तलवार थामकर मैदान में उतर पड़ीं। उनका बलिदान आज भी हर भारतीय के दिल में देशप्रेम की लौ जलाता है।

61

मौलवी लियाकत अली: 1857 के संग्राम का वीर सेनानी

भारत की आज़ादी की लड़ाई में अनगिनत नायकों ने अपने प्राणों की आहुति दी, और उनमें से एक थे मौलवी लियाकत अली। 1857 के प्रथम स्वतंत्रता संग्राम के इस वीर सेनानी ने अंग्रेजों की हुकूमत को चुनौती दी और अपनी धार्मिक शिक्षाओं के साथ-साथ देशभक्ति की ऐसी मिसाल कायम की, जो आज भी हर भारतीय के दिल में गूँजती है। इलाहाबाद की धरती पर जन्मे इस क्रांतिकारी ने अपने साहस और बलिदान से इतिहास के पन्नों पर अपनी अमिट छाप छोड़ी।

1817 में उत्तर प्रदेश के इलाहाबाद (अब प्रयागराज) जिले के चायल परगना के महगाँव गाँव में मौलवी लियाकत अली का जन्म हुआ। उनका परिवार हज़रत मोहम्मद साहब के वंशजों से था और हाशमी जाफरी शाखा से जुड़ा था। यह परिवार धार्मिकता और सादगी के लिए जाना जाता था। मौलवी लियाकत अली का बचपन गाँव की मिट्टी में खेलते

हुए और अपने बुजुर्गों से धार्मिक कहानियाँ सुनते हुए बीता। लेकिन उनकी आँखों में बचपन से ही कुछ अलग करने की चमक थी।

उन्होंने धार्मिक शिक्षा हासिल की और अपने गाँव में लोगों को पढ़ाने का काम शुरू किया। उनकी वाणी में जादू था—जब वह बोलते, तो लोग मंत्रमुग्ध होकर सुनते। वह अपने उपदेशों में न सिर्फ नैतिकता और धर्म की बात करते, बल्कि अंग्रेजों की जुल्मी हुकूमत के खिलाफ भी लोगों को जागरूक करते। उनकी सादगी और विनम्रता ने उन्हें जनता का प्रिय बना दिया। गाँव के लोग उन्हें एक शिक्षक के साथ-साथ एक मार्गदर्शक के रूप में देखते थे। लेकिन उनके दिल में देश के लिए कुछ बड़ा करने का जुनून धधक रहा था।

1857 का साल भारत के लिए एक नया सवेरा लेकर आया। यह वह समय था जब अंग्रेजों की नीतियों से तंग आकर भारतीय सैनिकों और जनता ने विद्रोह का झंडा उठा लिया। मौलवी लियाकत अली के लिए यह वह मौका था, जिसका वह इंतज़ार कर रहे थे। अंग्रेजों ने भारतीय संस्कृति को कुचलने और यहाँ की संपत्ति को लूटने का जो सिलसिला शुरू किया था, उसे मौलवी साहब बर्दाश्त नहीं कर सके। उन्होंने ठान लिया कि अब वक्त आ गया है कि इस गुलामी की जंजीर को तोड़ा जाए।

जब मई 1857 में विद्रोह की चिंगारी पूरे देश में फैली, तो मौलवी लियाकत अली ने इलाहाबाद में इसकी कमान संभाली। उन्होंने खुसरो बाग को अपना मुख्यालय बनाया और वहाँ से अंग्रेजी सत्ता को उखाड़ फेंकने का ऐलान किया। उनकी आवाज़ में ऐसा जोश था कि चायल के जर्मींदारों, सैनिकों और आम लोगों ने उनका साथ देने में एक पल की देरी नहीं की। उन्होंने इलाहाबाद को आज़ाद घोषित कर दिया और खुद को इसका गवर्नर नियुक्त किया। यह एक साहसिक कदम था, जिसने अंग्रेजों को हक्का-बक्का कर दिया।

मौलवी लियाकत अली ने अपनी छोटी-सी सेना को संगठित किया और खुसरो बाग से अंग्रेजों के खिलाफ जंग छेड़ दी। यह लड़ाई आसान नहीं थी। अंग्रेजों के पास भारी हथियार और प्रशिक्षित सैनिक थे, जबकि मौलवी के पास सिर्फ उनके हौसले और जनता का साथ था। फिर भी, उन्होंने डटकर मुकाबला किया। खुसरो बाग की दीवारों के पीछे से

गोलियाँ चलती थीं, और मौलवी अपनी सेना के बीच में खड़े होकर उन्हें हिम्मत बँधाते थे। वह कहते, "यह हमारी मिट्टी है, इसे आज़ाद कराना हमारा हक है।"

लगभग दो हफ्ते तक यह जंग चली। मौलवी की सेना ने कई बार अंग्रेजों को पीछे धकेला, लेकिन अंग्रेजों ने भारी सैन्य बल के साथ हमला बोला और इलाहाबाद पर फिर से कब्जा कर लिया। इस हार के बाद भी मौलवी ने हिम्मत नहीं हारी। वह अपने कुछ वफादार साथियों के साथ सुरक्षित जगह पर चले गए और विद्रोह को जिंदा रखने की कोशिश करते रहे।

अंग्रेजों ने मौलवी लियाकत अली को पकड़ने के लिए पूरी ताकत झोंक दी, लेकिन वह 14 साल तक उनके हाथ नहीं आए। इस दौरान वह छिपते रहे, जगह-जगह घूमते रहे और अपने साथियों के साथ मिलकर अंग्रेजों के खिलाफ योजनाएँ बनाते रहे। उनकी जिंदगी अब एक भगोड़े की थी, लेकिन उनका इरादा कभी नहीं डगमगाया।

सितंबर 1871 में किस्मत ने उन्हें धोखा दे दिया। मुंबई के बायकुला रेलवे स्टेशन पर वह अपने किसी साथी से मिलने गए थे, तभी अंग्रेजी जासूसों ने उन्हें घेर लिया। सालों की भागदौड़ के बाद वह आखिरकार पकड़े गए। उनकी गिरफ्तारी की खबर सुनकर उनके चाहने वालों के दिल टूट गए, लेकिन मौलवी के चेहरे पर वही शांति थी, जो हमेशा उनकी पहचान थी।

अंग्रेजी अदालत में मौलवी लियाकत अली पर मुकदमा चला। उन पर विद्रोह और राजद्रोह का इल्ज़ाम लगाया गया। अदालत में जब उनसे पूछा गया कि क्या कहना चाहते हैं, तो उन्होंने सिर ऊँचा करके कहा, "मैंने अपने देश के लिए लड़ाई लड़ी, और मुझे इस पर कोई अफसोस नहीं।" उनकी यह बात सुनकर जज भी चुप रह गए। पहले उन्हें फाँसी की सजा सुनाई गई, लेकिन बाद में इसे आजीवन कारावास में बदल दिया गया।

उन्हें रंगून (अब यांगून) की जेल में भेज दिया गया। वहाँ की कठोर परिस्थितियों में उन्होंने अपने दिन काटे। ठंडी कोठरियों में, भारी जंजीरों में जकड़े हुए भी वह अपने देश के सपने देखते रहे। 17 मई 1892 को उस

जेल में उनकी आखिरी साँस निकली। वह दुनिया से चले गए, लेकिन उनकी शहादत की गूँज कभी खत्म नहीं हुई।

मौलवी लियाकत अली का नाम भारतीय स्वतंत्रता संग्राम के इतिहास में स्वर्णिम अक्षरों में लिखा गया है। वह न सिर्फ एक धार्मिक नेता थे, बल्कि एक ऐसे सेनानी थे, जिन्होंने अपनी जिंदगी देश को समर्पित कर दी। खुसरो बाग आज भी उनकी वीरता का गवाह है, जहाँ उन्होंने अंग्रेजों से लोहा लिया था। उनकी कहानी हर उस इंसान के लिए प्रेरणा है, जो अपने देश के लिए कुछ करना चाहता है।

मौलवी लियाकत अली का जीवन हमें सिखाता है कि सच्ची देशभक्ति किसी धर्म या पद की मोहताज नहीं होती। वह एक शिक्षक थे, जो अपनी कक्षा से निकलकर जंग के मैदान में उतर गए। उनकी हिम्मत और बलिदान ने 1857 के विद्रोह को एक नई ताकत दी।

62

लोकमान्य बाल गंगाधर तिलक: स्वराज के प्रथम पुजारी

गर्मियों की एक तपती दोपहर थी। महाराष्ट्र के रत्नागिरी जिले के छोटे से गाँव चिखली में चारों ओर हरियाली फैली थी, लेकिन हवा में उमस की एक भारी चादर छाई हुई थी। 23 जुलाई 1856 को गंगाधर रामचंद्र तिलक के साधारण घर में एक नन्हा बालक जन्मा। उसकी माँ ने उसे प्यार से गोद में लिया और नाम रखा—केशव गंगाधर तिलक। उसकी आँखों में एक चमक थी, जो आगे चलकर अंग्रेजी शासन की नींव हिलाने वाली गर्जना बन गई—"स्वराज मेरा जन्मसिद्ध अधिकार है और मैं इसे लेकर रहूँगा!" कौन जानता था कि यह नन्हा केशव एक दिन "लोकमान्य" कहलाएगा और भारत के लाखों दिलों में आज़ादी की आग जला देगा?

तिलक का जन्म एक विद्वान ब्राह्मण परिवार में हुआ। उनके पिता गंगाधर पंत संस्कृत और गणित के शिक्षक थे। घर में किताबों की खुशबू

और अनुशासन का माहौल था। छोटा केशव अपने पिता के साथ बैठकर संस्कृत के श्लोक और गणित के सूत्र सीखता। लेकिन उसकी जिज्ञासा किताबों तक सीमित नहीं थी। वह गाँव की गलियों में बच्चों के साथ खेलता, लेकिन उसकी आँखें अंग्रेज़ सिपाहियों की हरकतों पर भी टिकी रहतीं।

16 साल की उम्र में तिलक के सिर से माता-पिता का साया उठ गया। यह दुख बड़ा था, लेकिन इसने उनके इरादों को और मजबूत किया। वह पुणे चले गए और डेक्कन कॉलेज में दाखिला लिया। गणित में बी.ए. और फिर एल.एल.बी. की पढ़ाई पूरी की। लेकिन पढ़ाई के दौरान ही उनके मन में एक सवाल बार-बार उठता—"यह हमारा देश है, फिर हम गुलाम क्यों हैं?" अंग्रेज़ों का शोषण और भारतीय संस्कृति को नीचा दिखाने की उनकी कोशिशें तिलक को बेचैन करने लगीं।

तिलक को समझ आ गया कि स्वतंत्रता की लड़ाई के लिए सबसे पहले देश को जागरूक करना होगा। 1884 में उन्होंने अपने दोस्तों गोपाल गणेश आगरकर और महादेव गोविंद रानाडे के साथ मिलकर डेक्कन एजुकेशन सोसाइटी की नींव रखी। उनका सपना था कि हर भारतीय पढ़े-लिखे और अपने देश के गौरव को समझे। 1885 में पुणे में "फर्ग्युसन कॉलेज" की स्थापना हुई। यह कॉलेज सिर्फ पढ़ाई का केंद्र नहीं था, बल्कि राष्ट्रप्रेम और स्वाभिमान का मंदिर बन गया।

लेकिन तिलक जानते थे कि शिक्षा अकेले काफी नहीं। अंग्रेज़ों की नीतियों के खिलाफ आवाज़ उठानी होगी। इसके लिए उन्होंने कलम को अपना हथियार बनाया।

तिलक ने दो अखबार शुरू किए—"केसरी" मराठी में और "मराठा" अंग्रेज़ी में। इन अखबारों के ज़रिए वह जनता तक अपनी बात पहुँचाते। उनके लेख आग की तरह थे—सीधे, तीखे और सच्चे। वह ब्रिटिश सरकार की गलत नीतियों की खुलकर आलोचना करते और लोगों को स्वदेशी और स्वराज का मतलब समझाते। एक बार "केसरी" में उन्होंने लिखा, "अंग्रेज़ हमें गुलाम समझते हैं, लेकिन हम गुलाम नहीं हैं। हमें अपना हक़ छीनना होगा।" यह लेख पढ़कर लोग सड़कों पर उतर आए। अंग्रेज़ सरकार घबरा गई, लेकिन तिलक रुके नहीं।

1905 में जब लॉर्ड कर्ज़न ने बंगाल को दो हिस्सों में बाँटने का ऐलान किया, तो देश में उबाल आ गया। तिलक ने इस मौके को हाथ से नहीं जाने दिया। उन्होंने स्वदेशी आंदोलन को नई ताकत दी। "केसरी" में उनका नारा छपा—"स्वराज मेरा जन्मसिद्ध अधिकार है और मैं इसे लेकर रहूँगा!" यह नारा सिर्फ शब्द नहीं था, यह एक मंत्र बन गया, जो हर भारतीय के दिल में बस गया।

तिलक ने लाला लाजपत राय और बिपिन चंद्र पाल के साथ मिलकर एक ताकतवर तिकड़ी बनाई—लाल-बाल-पाल। जहाँ गांधी जी अहिंसा की राह पर थे, वहीं तिलक का मानना था कि "स्वतंत्रता भीख में नहीं मिलती, इसे छीनना पड़ता है।" उनकी यह सोच क्रांतिकारियों के लिए प्रेरणा बनी।

अंग्रेज़ तिलक के बढ़ते प्रभाव से डरने लगे। 1897 में पुणे में प्लेग फैला। अंग्रेज़ों ने इसे बहाना बनाकर जनता पर ज़ुल्म ढाए। तिलक ने "केसरी" में इसके खिलाफ लिखा। नतीजा—उन्हें 18 महीने की जेल हुई। लेकिन जेल से निकलते ही वह फिर वही शेर बन गए।

1908 में बंगाल विभाजन के खिलाफ आंदोलन तेज़ हुआ। तिलक ने क्रांतिकारियों का साथ दिया। अंग्रेज़ों ने उन्हें फिर पकड़ा और बर्मा की मांडले जेल में छह साल के लिए भेज दिया। जेल की कालकोठरी में भी तिलक का मन शांत था। वहाँ उन्होंने भगवद गीता का अध्ययन किया और "गीता रहस्य" लिखा। इस किताब में उन्होंने कर्मयोग की बात की—"कर्तव्य करो, फल की चिंता मत करो।" यह संदेश सिर्फ किताब में नहीं, उनकी ज़िंदगी में भी झलकता था।

1916 में जेल से लौटने के बाद तिलक ने एनी बेसेंट के साथ "होमरूल लीग" शुरू की। उनका मकसद था—भारत में स्वशासन की माँग को मज़बूत करना। लेकिन तिलक सिर्फ भाषणों तक सीमित नहीं रहे। उन्होंने जनता को संगठित करने के लिए अनोखा रास्ता चुना—गणपति उत्सव और शिवाजी जयंती।

गणपति उत्सव को उन्होंने घरों से निकालकर सार्वजनिक मंच पर लाया। यह सिर्फ पूजा नहीं थी, बल्कि लोगों को एकजुट करने का ज़रिया थी। शिवाजी जयंती में वह शिवाजी की वीरता की कहानियाँ सुनाते,

जिससे लोगों में देशभक्ति जागती। आज भी महाराष्ट्र में गणपति उत्सव की धूम तिलक की ही देन है।

लगातार संघर्ष और जेल की सख्ती ने तिलक के शरीर को कमज़ोर कर दिया। लेकिन उनकी आत्मा अडिग थी। 1 अगस्त 1920 को मुंबई में उनकी साँसें थम गईं। उस दिन देश रो पड़ा। महात्मा गांधी ने कहा, "तिलक स्वराज के सच्चे योद्धा थे। उनकी कमी कभी पूरी नहीं हो सकती।"

जब उनकी अंतिम यात्रा निकली, लाखों लोग सड़कों पर थे। वह चले गए, लेकिन उनके विचार ज़िंदा रहे।

तिलक के विचारों ने भगत सिंह, चंद्रशेखर आज़ाद और नेताजी सुभाष चंद्र बोस जैसे क्रांतिकारियों को प्रेरित किया। "स्वराज मेरा जन्मसिद्ध अधिकार है" आज भी हर भारतीय के दिल में गूँजता है। उनके नाम पर विश्वविद्यालय, सड़कें और संस्थान हैं। गणपति उत्सव और शिवाजी जयंती उनकी याद को ज़िंदा रखते हैं।

बाल गंगाधर तिलक सिर्फ एक नेता नहीं, भारतीय राष्ट्रवाद के पितामह थे। उन्होंने हमें सिखाया कि स्वतंत्रता माँगने से नहीं, लड़ने से मिलती है। उनकी गर्जना आज भी हमारे कानों में है—"स्वराज मेरा जन्मसिद्ध अधिकार है!" वह मरे नहीं, वह हर उस भारतीय की आत्मा में ज़िंदा हैं जो आज़ादी को अपना हक़ मानता है।

63

स्वातंत्र्यवीर सावरकर: त्याग, तपस्या और स्वतंत्रता की आवाज

गर्मियों की एक चिलचिलाती दोपहर थी। महाराष्ट्र के भगूर गाँव की सूखी धरती धूप में तप रही थी। हवा में गर्मी की लहरें तैर रही थीं, लेकिन एक छोटे से घर में ठंडक की एक लहर दौड़ गई। 28 मई 1883 को दामोदर सावरकर और उनकी पत्नी राधाबाई के घर एक नन्हा बालक जन्मा। उसका नाम रखा गया—विनायक दामोदर सावरकर। माँ ने उसे गोद में लिया और उसकी आँखों में देखा। उसकी नन्ही आँखों में एक चमक थी, जो आगे चलकर ब्रिटिश हुकूमत के लिए आग बन गई।

एक दिन, जब विनायक तेज़ी से दौड़ता हुआ माँ की गोद में आया और बोला, "माँ, मैं अंग्रेज़ों को इस धरती से निकालकर रहूँगा!" राधाबाई ने उसके सिर पर हाथ फेरा और कहा, "विनायक, बेटा, तुम सच में वीर हो। लेकिन याद रखना, सच्ची वीरता तलवार के साथ-साथ विचारों से भी लड़ी जाती है।" यह बात विनायक के मन में गहरे तक उतर गई।

विनायक का बचपन साधारण था, लेकिन उसका मन असाधारण। उसके पिता दामोदर एक विद्वान थे, जो उसे किताबों की दुनिया से

जोड़ते। विनायक को पढ़ाई से प्यार था, लेकिन उससे भी ज्यादा उसे शिवाजी महाराज और महाराणा प्रताप की वीर गाथाएँ सुनना अच्छा लगता। वह घंटों उनकी कहानियाँ सुनता और सोचता, "क्या मैं भी एक दिन ऐसा वीर बन सकता हूँ?"

1897 में जब चापेकर बंधुओं को अंग्रेज़ों ने फाँसी दी, तो 14 साल के विनायक का मन झकझोर उठा। उसने अपने दोस्तों को इकट्ठा किया। गाँव के एक मंदिर में भगवा ध्वज के नीचे खड़े होकर उसने कसम खाई, "अब से मेरी हर साँस भारत माता की आज़ादी के लिए होगी।" उस दिन एक नन्हा लड़का क्रांतिकारी सावरकर बनने की राह पर चल पड़ा।

1900 में विनायक ने "मित्र मेला" नामक गुप्त संगठन बनाया। यहाँ युवा रातों को जमा होते, अंग्रेज़ों के खिलाफ योजनाएँ बनाते। फिर 1904 में "अभिनव भारत सोसाइटी" की नींव रखी। उनका मानना था, "स्वतंत्रता भीख में नहीं मिलती, इसे सशस्त्र क्रांति से छीनना पड़ता है।" वह नासिक में युवाओं को हथियार चलाना सिखाते, बम बनाना बताते। उनकी आवाज़ में जोश था, और आँखों में सपना—आज़ाद भारत का।

1906 में वह कानून की पढ़ाई के लिए लंदन गए। लेकिन उनका असली मकसद पढ़ाई नहीं, क्रांति था। वहाँ उन्होंने "फ्री इंडिया सोसाइटी" बनाई। भारतीय छात्रों को इकट्ठा कर वह उन्हें आज़ादी की बातें समझाते। लंदन की ठंडी सड़कों पर उनकी गर्मजोशी क्रांति की आग बनकर फैल रही थी।

लंदन में सावरकर ने एक ऐसा काम किया, जिसने दुनिया को चौंका दिया। उन्होंने 1857 की क्रांति पर शोध किया और "The Indian War of Independence 1857" नामक किताब लिखी। इसमें उन्होंने साबित किया कि यह कोई सिपाही विद्रोह नहीं, बल्कि भारत का पहला स्वतंत्रता संग्राम था। किताब इतनी ताकतवर थी कि अंग्रेज़ों ने इसे बैन कर दिया। लेकिन गुप्त रूप से यह किताब भारत पहुँची और युवाओं में आग लगा गई। सावरकर की कलम तलवार से भी तेज़ निकली।

1909 में उनके साथी मदनलाल ढींगरा ने ब्रिटिश अधिकारी कर्ज़न वायली की हत्या कर दी। अंग्रेज़ों ने सावरकर को इसका ज़िम्मेदार ठहराया। 1910 में उन्हें गिरफ्तार कर लिया गया। अदालत ने 50 साल

की दोहरी आजीवन कारावास की सजा सुनाई—एक सजा जो इतिहास में पहले कभी किसी को नहीं दी गई। उन्हें अंडमान की सेलुलर जेल भेजा गया, जिसे "काला पानी" कहा जाता था।

जेल की हालत नर्क से कम नहीं थी। सावरकर को बेड़ियों में जकड़कर कोल्हू में जोता जाता। नारियल की जटाएँ कूटने का काम घंटों करना पड़ता। खाना बस नाम का था—सूखी रोटी और पानी। ज़रा-सी गलती पर कोड़े पड़ते। लेकिन सावरकर टूटे नहीं। वह जेल में कैदियों को पढ़ाते, उन्हें क्रांति की कहानियाँ सुनाते। जब कागज़-कलम नहीं मिले, तो उन्होंने नाखूनों से दीवारों पर कविताएँ और विचार लिखे। यहीं उन्होंने "हिंदुत्व" की नींव रखी—एक विचारधारा जो हिंदू समाज को एकजुट करने का सपना देखती थी।

1910 में जब उन्हें जहाज़ से अंडमान ले जाया जा रहा था, सावरकर ने एक साहसी कदम उठाया। जहाज़ फ्रांस के मार्से तट पर रुका। सावरकर ने मौका देखा और जहाज़ के छोटे से छेद से समुद्र में छलांग लगा दी। वह तैरकर किनारे पहुँचे, लेकिन फ्रांसीसी पुलिस ने उन्हें फिर अंग्रेज़ों के हवाले कर दिया। यह पलायन नाकाम रहा, लेकिन उनकी हिम्मत की गूँज दुनिया भर में फैल गई।

1924 में 14 साल की यातनाओं के बाद सावरकर को रिहा किया गया, लेकिन उन्हें रत्नागिरी में नज़रबंद रखा गया। यहाँ उन्होंने समाज सुधार का बीड़ा उठाया। अस्पृश्यता के खिलाफ आवाज़ बुलंद की। मंदिरों में दलितों का प्रवेश कराया। उनका कहना था, "जब तक समाज बँटा रहेगा, हम आज़ाद नहीं हो सकते।" उनकी लेखनी और भाषणों ने हिंदू समाज को एकजुट करने की नींव रखी।

1948 में जब नाथूराम गोडसे ने गांधी जी की हत्या की, सावरकर पर साजिश का आरोप लगा। उन्हें गिरफ्तार किया गया, लेकिन सबूतों के अभाव में बरी कर दिया गया। इस घटना ने उनकी छवि को धक्का पहुँचाया। लोग उन्हें गलत समझने लगे। सावरकर चुपचाप पीछे हट गए।

1964 में उन्होंने "आत्मनिर्णय" का रास्ता चुना। उन्होंने खाना-पीना छोड़ दिया। 26 फरवरी 1966 को 82 साल की उम्र में उनकी साँसें

थम गईं। जाते-जाते उन्होंने कहा, "मेरा कार्य पूरा हुआ। अब मैं चला।"

सावरकर की शहादत व्यर्थ नहीं गई। उनकी किताबें, उनके विचार आज भी हमें प्रेरित करते हैं। 2002 में पोर्ट ब्लेयर हवाई अड्डे का नाम "वीर सावरकर अंतरराष्ट्रीय हवाई अड्डा" रखा गया। उनके नाम पर स्मारक, सड़कें और संस्थान हैं। वह एक क्रांतिकारी थे, विचारक थे, समाज सुधारक थे।

स्वातंत्र्यवीर सावरकर का जीवन साहस और बलिदान की मिसाल है। उन्होंने हमें सिखाया कि स्वतंत्रता माँगने से नहीं, लड़ने से मिलती है। उनकी गूँज आज भी हमारे दिलों में है—"जय हिंद! वंदे मातरम्!" वह मरे नहीं, वह हर उस भारतीय की आत्मा में ज़िंदा हैं जो आज़ादी को अपना गर्व मानता है।

64

पंजाब केसरी की गर्जना: लाला लाजपत राय की अमर कहानी

सर्दी की एक कड़कड़ाती सुबह थी। पंजाब का छोटा सा गाँव धुडिके ठंड से ठिठुर रहा था। हवा में कोहरे की पतली चादर फैली थी, और सूरज अभी पूरी तरह नहीं जागा था। 28 जनवरी 1865 को राधाकृष्ण अग्रवाल और उनकी पत्नी गुलाब देवी के घर में एक नन्ही किलकारी गूँजी। माँ ने अपने नवजात को गोद में लिया और उसकी आँखों में देखा। पिता, जो एक विद्वान शिक्षक थे, अपने बेटे को देखकर गर्व से भर उठे। उसका नाम रखा गया—लाजपत राय। उस समय पंजाब अंग्रेजी हुकूमत की गुलामी में जकड़ा था, लेकिन कौन जानता था कि यह नन्हा बालक एक दिन "पंजाब केसरी" कहलाएगा और स्वतंत्रता की ज्वाला को भड़काएगा?

लाजपत राय का बचपन साधारण था, लेकिन उनका मन असाधारण। उनके पिता उन्हें पढ़ाई का महत्व समझाते। घर में किताबों

का ढेर रहता, और छोटा लाजपत घंटों उनमें डूबा रहता। लेकिन उसकी नज़रें गाँव की गलियों में घूमते अंग्रेज़ सिपाहियों पर भी टिकी रहतीं। वह अपनी माँ से पूछता, "माँ, ये गोरे लोग हमारे देश में क्यों हैं? यह हमारी धरती नहीं है क्या?" गुलाब देवी चुपचाप उसे सीने से लगातीं, लेकिन जवाब नहीं दे पातीं। यह सवाल लाजपत के मन में गहरे तक धँस गया।

उच्च शिक्षा के लिए वह लाहौर के गवर्नमेंट कॉलेज गए। वहाँ उन्होंने कानून की पढ़ाई की। लेकिन उनकी आत्मा किताबों से बाहर की दुनिया में भटकती थी। लाहौर की सड़कों पर गरीबी, अंग्रेज़ों का अत्याचार और देश की दयनीय हालत देखकर उनका मन बेचैन हो उठता। वह सोचते, "क्या हम हमेशा गुलाम रहेंगे? नहीं, कुछ करना होगा।"

पढ़ाई पूरी करने के बाद लाजपत राय वकालत करने लगे। अदालत में वह कानून की लड़ाई लड़ते, लेकिन उनका असली मकसद बाहर था। वह देश को जागृत करना चाहते थे। 1905 में जब अंग्रेज़ों ने बंगाल का विभाजन किया, तो लाजपत राय का खून खौल उठा। उन्होंने बाल गंगाधर तिलक और बिपिन चंद्र पाल के साथ मिलकर "लाल-बाल-पाल" की तिकड़ी बनाई। यह त्रिमूर्ति अंग्रेज़ों के लिए चुनौती बन गई।

लाजपत राय ने स्वदेशी आंदोलन को नई ताकत दी। लाहौर की सड़कों पर उनकी आवाज़ गूँजी, "विदेशी कपड़ों को जलाओ! स्वदेशी अपनाओ!" उनकी बातों में इतना जोश था कि लोग अपने घरों से निकल आए। विदेशी कपड़ों की होलियाँ जलीं, और स्वदेशी का नारा हर गली में गूँज उठा।

लाजपत राय सिर्फ क्रांतिकारी नहीं, समाज सुधारक भी थे। वह आर्य समाज से जुड़े और जातिवाद-छुआछूत के खिलाफ लड़ाई लड़ी। उनका मानना था, "जब तक समाज बँटा रहेगा, हम आज़ाद नहीं हो सकते।" शिक्षा को वह आज़ादी का पहला हथियार मानते थे। इसलिए उन्होंने लाहौर में दयानंद एंग्लो वैदिक कॉलेज (DAV) की स्थापना की। यह कॉलेज सिर्फ पढ़ाई का केंद्र नहीं, बल्कि राष्ट्रभक्ति का मंदिर बन गया।

उन्होंने पंजाब नेशनल बैंक (PNB) की नींव रखी, ताकि भारतीय व्यापारी अंग्रेज़ों की आर्थिक गुलामी से मुक्त हों। उनकी हर कोशिश देश को मज़बूत करने की थी।

1917 में लाजपत राय अमेरिका गए। वहाँ उन्होंने "इंडियन होमरूल लीग" बनाई। वह चाहते थे कि दुनिया भारत की गुलामी का सच जाने। अमेरिका और यूरोप की सभाओं में उनकी आवाज़ गूँजी। "यंग इंडिया" संगठन बनाकर उन्होंने विदेशों में बसे भारतीयों को एकजुट किया। उनकी किताब "Unhappy India" ने अंग्रेज़ों के क्रूर चेहरे को बेनकाब कर दिया। वह लिखते, "हमारा देश दुखी है, लेकिन यह दुख हमारी हार नहीं, हमारी ताकत बनेगा।"

1928 में अंग्रेज़ों ने "साइमन कमीशन" भेजा। इसमें एक भी भारतीय नहीं था। यह देश के सम्मान पर चोट थी। लाजपत राय, जो अब 63 साल के हो चुके थे, फिर से मैदान में उतरे। 30 अक्टूबर 1928 को लाहौर की सड़कों पर हज़ारों लोग जमा हुए। लाला जी सबसे आगे थे। उनकी गगनभेदी आवाज़ गूँजी, "साइमन, वापस जाओ! हम तुम्हें स्वीकार नहीं करेंगे!"

अंग्रेज़ पुलिस ने भीड़ को तितर-बितर करने के लिए लाठीचार्ज शुरू कर दिया। पुलिस अधीक्षक जेम्स स्कॉट ने सिपाहियों को हुक्म दिया। लाठियाँ बरसने लगीं। लाला जी पर भी निर्मम प्रहार हुए। उनके सीने, सिर और हाथों पर चोटें लगीं। खून बह रहा था, लेकिन वह डटे रहे। तभी उनकी जुबान से वह ऐतिहासिक वाक्य निकला, "मेरे शरीर पर पड़ी हर लाठी अंग्रेजी हुकूमत के ताबूत में कील ठोकेगी!"

वह घायल होकर गिर पड़े। भीड़ में सन्नाटा छा गया। लोग उन्हें उठाकर ले गए, लेकिन चोटें गहरी थीं। 17 नवंबर 1928 को उनकी साँसें थम गईं। उस दिन पंजाब रो पड़ा।

लाला जी की शहादत ने देश में आग लगा दी। उनकी मौत का बदला लेने के लिए भगत सिंह, सुखदेव और राजगुरु ने स्कॉट को निशाना बनाया। हालाँकि गलती से जे.पी. सांडर्स मारा गया, लेकिन यह घटना स्वतंत्रता संग्राम का निर्णायक मोड़ बनी। लाला जी का सपना पूरा हुआ—अंग्रेज़ों का ताबूत तैयार होने लगा।

लाला लाजपत राय का नाम आज भी देशभक्ति का पर्याय है। उनकी याद में स्कूल, सड़कें और स्मारक बने। हर साल 17 नवंबर को उनकी पुण्यतिथि "शहीद दिवस" के रूप में मनाई जाती है। वह एक नेता थे,

समाज सुधारक थे, और सबसे बढ़कर पंजाब का शेर थे।

65

स्वतंत्रता के पथ पर: तात्या टोपे की वीर गाथा

सन् 1814 की एक शांत सुबह थी। महाराष्ट्र के नासिक जिले का छोटा सा गाँव येवला सूरज की पहली किरणों से जगमगा रहा था। पांडुरंग त्र्यंबक टोपे के साधारण घर में एक नन्हा बालक जन्मा। उसका नाम रखा गया—रामचंद्र पांडुरंग टोपे। उसके पिता मराठा पेशवा बाजीराव द्वितीय के दरबारी थे, और घर में मराठा गौरव की कहानियाँ गूँजती थीं। लेकिन 1818 में जब अंग्रेज़ों ने पेशवा साम्राज्य को कुचल दिया, तो यह परिवार बिठूर (कानपुर के पास) में जा बसा। कौन जानता था कि यह नन्हा रामचंद्र, जिसे लोग प्यार से "तात्या" कहते थे, एक दिन 1857 की क्रांति का सबसे बड़ा योद्धा बनेगा?

बिठूर की गंगा किनारे तात्या का बचपन बीता। वहाँ उनकी दोस्ती नाना साहिब से हुई। दोनों साथ खेलते, घुड़सवारी सीखते, और तलवारबाज़ी का अभ्यास करते। तात्या की आँखों में बचपन से ही एक चमक थी—निर्भीकता की, साहस की। वह अपने पिता से मराठा वीरों की कहानियाँ सुनता—शिवाजी की चतुराई, बाजीराव की तेज़ी। एक दिन

उसने नाना से कहा, "हमारा देश हमारा है, फिर ये अंग्रेज़ यहाँ राज क्यों करते हैं?" नाना हँस पड़ा, लेकिन तात्या का यह सवाल उनके मन में गहरे तक धँस गया।

तात्या ने युद्ध-कला में महारत हासिल की। उनकी तलवार हवा में चमकती, और घोड़ा उनके इशारे पर दौड़ता। वह निर्भीक था, और अन्याय को बर्दाश्त नहीं करता था।

10 मई 1857 को मेरठ में विद्रोह की चिंगारी भड़की। यह आग पूरे देश में फैल गई। तात्या टोपे इस क्रांति के मस्तिष्क थे। नाना साहिब के साथ मिलकर उन्होंने कानपुर को अंग्रेज़ों से मुक्त करने की ठानी। उनकी रणनीति गज़ब की थी। वह सैनिकों को प्रेरित करते, "यह हमारी मिट्टी है, इसे गुलाम नहीं रहने देंगे!" 5 जून 1857 को कानपुर पर क्रांतिकारियों का कब्ज़ा हो गया। तात्या की सूझबूझ और नेतृत्व ने अंग्रेज़ों को हक्का-बक्का कर दिया।

लेकिन अंग्रेज़ों ने हार नहीं मानी। उन्होंने भारी सेना के साथ कानपुर पर फिर से हमला किया। नाना साहिब और तात्या को पीछे हटना पड़ा। लेकिन तात्या ने हिम्मत नहीं हारी। उन्होंने एक नई रणनीति अपनाई—छापामार युद्ध।

तात्या टोपे ने गुरिल्ला युद्ध को अपना हथियार बनाया। वह अपनी छोटी-सी सेना को लेकर जंगलों, पहाड़ियों और बीहड़ों में छिपते। अंग्रेज़ जब थककर रुकते, तात्या बिजली की तरह हमला करते। उनकी सेना कभी यहाँ, कभी वहाँ प्रकट होती, और अंग्रेज़ों को नाकों चने चबवा देती।

एक बार अंग्रेज़ सेनापति कैम्पबेल अपनी सेना के साथ तात्या को पकड़ने निकला। तात्या ने चाल चली। अपनी सेना को दो हिस्सों में बाँटा—एक को सामने से भेजा, और दूसरा पीछे से ले गए। अचानक दोनों तरफ से हमला हुआ। अंग्रेज़ सैनिक घबरा गए। उनकी पंक्तियाँ टूट गईं। कैम्पबेल ने कहा, "यह टोपे शैतान है, इसे पकड़ना नामुमकिन है!"

तात्या की सेना झांसी पहुँची। वहाँ उनकी मुलाकात रानी लक्ष्मीबाई से हुई। दोनों ने मिलकर कालपी और ग्वालियर पर हमला बोला। ग्वालियर को अंग्रेज़ों से छीन लिया गया। यह विजय गर्व का क्षण था। लेकिन अंग्रेज़ों ने भारी सेना भेजी। 17 जून 1858 को रानी लक्ष्मीबाई

वीरगति को प्राप्त हुईं। तात्या का मन टूटा, लेकिन उनकी आत्मा नहीं। वह अपनी सेना लेकर जंगलों में चले गए।

1500 किलोमीटर तक उन्होंने अंग्रेज़ों को छकाया। कभी राजस्थान के रेगिस्तान में, कभी मध्य प्रदेश के बीहड़ों में, तो कभी उत्तर प्रदेश की पहाड़ियों में। उनकी सेना भूखी-प्यासी थी, लेकिन तात्या का हौसला अडिग था।

तात्या अपराजेय थे। अंग्रेज़ उन्हें पकड़ नहीं पा रहे थे। लेकिन 1859 में उनके साथी राजा मानसिंह ने धोखा दे दिया। मानसिंह ने तात्या को शिवपुरी में मिलने बुलाया और अंग्रेज़ों को खबर दे दी। 3 अप्रैल 1859 को तात्या को गिरफ्तार कर लिया गया।

अंग्रेज़ों ने उन पर मुकदमा चलाया। 18 अप्रैल 1859 की सुबह शिवपुरी में फाँसी का तख्ता तैयार था। तात्या को ले जाया गया। उनके चेहरे पर डर का नामोनिशान नहीं था। जेलर ने पूछा, "कोई आखिरी इच्छा?" तात्या ने गर्व से कहा, "मैंने अपने देश के लिए जो किया, वह मेरा धर्म था। मुझे कोई पछतावा नहीं। अंग्रेज़ों को याद रखना—भारत हमेशा गुलाम नहीं रहेगा।"

फंदा कसा गया। तात्या की देह झूल गई। उस दिन सूरज भी शर्मिंदा सा ढल गया। तात्या टोपे की शहादत ने स्वतंत्रता की आग को और भड़काया। उनके छापामार युद्ध की रणनीति आज भी सैन्य प्रशिक्षण में पढ़ाई जाती है। तात्या टोपे एक योद्धा थे, जिन्होंने हार को कभी स्वीकार नहीं किया। उनकी गाथा साहस, बलिदान और देशभक्ति की मिसाल है। वह मरे नहीं, वह हर उस भारतीय की आत्मा में ज़िंदा हैं जो स्वतंत्रता को अपना गर्व मानता है।

66

अग्निपुत्र बटुकेश्वर: स्वतंत्रता संग्राम का अनसुना अध्याय

साल 1910 की सर्द भरी सुबह थी। बंगाल के एक छोटे से गाँव औरी, खंडघोष में चारों ओर कोहरा छाया हुआ था। पेड़ों की पत्तियों पर ओस की बूँदें चमक रही थीं, और हवा में ठंडक के साथ एक अजीब-सी शांति थी। उसी सुबह, एक छोटे से मिट्टी के घर में एक बच्चे की किलकारी गूँजी। माँ सरस्वती देवी ने जब उस नन्हे शिशु को पहली बार अपनी गोद में लिया, तो उनके चेहरे पर ममता के साथ-साथ एक अनजानी चमक थी। उस बच्चे की आँखों में कुछ अलग था—एक जिज्ञासा, एक तेज़ी, और शायद एक अनदेखा संकल्प। पिता गोष्ठ बिहारी दत्त ने उसे नाम दिया—बटुकेश्वर दत्त। उस पल को शायद ही कोई जानता था कि यह नन्हा बालक आगे चलकर इतिहास के पन्नों पर अपनी अमिट छाप छोड़ेगा।

बटुकेश्वर का बचपन गाँव की सादगी में बीता, लेकिन वह आम बच्चों से अलग था। जहाँ गाँव के बच्चे मिट्टी के घरौंदे बनाते, नदी किनारे कंकड़ फेंकते, या पेड़ों पर चढ़कर आम तोड़ते, वहीं बटुकेश्वर

अपने पिता के पास बैठकर कुछ और ही दुनिया में खोया रहता। गोष्ठ बिहारी दत्त एक साधारण किसान थे, लेकिन उनकी आत्मा में देशभक्ति की आग जलती थी। शाम ढलते ही वे अपने बेटे को गोद में बिठाते और आज़ादी की कहानियाँ सुनाते। "बेटा, ये अंग्रेज हमारे देश के मालिक नहीं, बल्कि हमारे गुलाम बनाने वाले हैं," वे कहते। छोटा बटुकेश्वर अपनी बड़ी-बड़ी आँखों से पिता को देखता और पूछता, "बाबा, ये अंग्रेज कौन हैं? ये हमारे घर में क्यों रहते हैं?" पिता उसे भारत की गुलामी की कहानी सुनाते—कैसे अंग्रेजों ने देश को जंजीरों में जकड़ा, कैसे हमारे लोगों को भूखा मरने को मजबूर किया। हर कहानी के साथ बटुकेश्वर के नन्हे मन में गुस्सा पनपने लगा। उसकी छोटी-छोटी मुट्ठियाँ भींच जातीं, और आँखों में एक चिंगारी सुलगने लगती।

समय बीता, और बटुकेश्वर की शिक्षा के लिए परिवार उसे कानपुर ले आया। कानपुर उस समय एक उफनता हुआ शहर था—जहाँ कारखानों की चिमनियों से धुआँ उठता था, और गलियों में आज़ादी की बातें गूँजती थीं। वहाँ का माहौल बटुकेश्वर के भीतर की आग को और भड़काने वाला था। एक दिन, एक सभा में उसकी मुलाकात हुई एक ऐसे नौजवान से, जिसकी आवाज़ में बिजली थी और आँखों में आग। उसका नाम था—भगत सिंह। बटुकेश्वर ने जब उसे बोलते सुना, तो लगा जैसे उसकी अपनी आत्मा बोल रही हो। सभा खत्म होने के बाद दोनों पास आए। "आपके शब्दों में वही सच्चाई है, जो मैं अपने भीतर महसूस करता हूँ," बटुकेश्वर ने कहा। भगत सिंह ने मुस्कुराकर उसका कंधा थपथपाया और बोले, "तो फिर साथ चलो, दोस्त। यह देश हमारा इंतज़ार कर रहा है।" उस दिन से दोनों का रिश्ता सिर्फ दोस्ती का नहीं, बल्कि एक साझा मकसद का बन गया।

भगत सिंह ने बटुकेश्वर को हिंदुस्तान सोशलिस्ट रिपब्लिकन एसोसिएशन (HSRA) से जोड़ा। यह संगठन उन नौजवानों का था, जो सिर्फ अंग्रेजों से लड़ना नहीं चाहते थे, बल्कि एक ऐसा भारत बनाना चाहते थे जहाँ हर इंसान को बराबरी और सम्मान मिले। बटुकेश्वर ने वहाँ बम बनाने की कला सीखी। उनकी उंगलियाँ तेज़ी से बारूद और तारों के बीच काम करतीं, लेकिन उनका दिल हमेशा देश के लिए धड़कता।

जल्द ही वे संगठन के एक अहम हिस्से बन गए।

साल 1929 का समय था। अंग्रेज़ों ने एक नया कानून लाने की तैयारी की थी—पब्लिक सेफ्टी बिल और ट्रेड डिस्प्यूट बिल। ये कानून आज़ादी की हर आवाज़ को कुचलने के लिए थे। HSRA ने फैसला किया कि अब चुप रहने का वक्त नहीं। दुनिया को बताना होगा कि भारत के नौजवान सोए नहीं हैं। यह जिम्मा सौंपा गया भगत सिंह और बटुकेश्वर दत्त को।

8 अप्रैल की दोपहर थी। दिल्ली की सेंट्रल असेम्बली में सूट-बूट पहने नेता बहस में मशगूल थे। बाहर धूप चढ़ रही थी, और अंदर गर्मागर्मी थी। तभी, अचानक हॉल में दो बम गिरे। 'धड़ाम!' एक जोरदार धमाका हुआ, और चारों ओर धुआँ फैल गया। लोग चीखते-चिल्लाते इधर-उधर भागने लगे। कुर्सियाँ उलट गईं, कागज़ हवा में उड़ने लगे। लेकिन उसी धुएँ के बीच से दो बुलंद आवाज़ें गूँजीं—"इंकलाब ज़िंदाबाद!" "साम्राज्यवाद मुर्दाबाद!" यह भगत सिंह और बटुकेश्वर थे। उनके हाथों में पर्चे थे, जिनमें लिखा था कि यह हमला किसी को मारने के लिए नहीं, बल्कि अंग्रेजी सरकार के कानों तक क्रांति की आवाज़ पहुँचाने के लिए था।

वे भाग सकते थे। हॉल में अफरा-तफरी थी, और बाहर निकलना आसान था। लेकिन दोनों वहीं खड़े रहे। बटुकेश्वर ने भगत सिंह की ओर देखा, और दोनों के चेहरों पर एक संतोष की मुस्कान थी। जब अंग्रेजी पुलिस ने उन्हें पकड़ा, तो उनकी आँखों में न भय था, न पछतावा—बल्कि एक विजेता की चमक थी।

अदालत में मुकदमा चला। जहाँ कोई अपने बचाव में तर्क देता, वहीं भगत सिंह और बटुकेश्वर ने उस मंच का इस्तेमाल अंग्रेजी हुकूमत की निंदा करने के लिए किया। "हमारा मकसद आज़ादी है," बटुकेश्वर ने कहा, "और इसके लिए हम हर सजा कबूल करते हैं।" अदालत ने भगत सिंह, सुखदेव और राजगुरु को फाँसी की सजा सुनाई, लेकिन बटुकेश्वर को आजीवन कारावास देकर अंडमान की सेलुलर जेल भेज दिया गया।

सेलुलर जेल—जिसे 'कालापानी' कहते थे—वहाँ का जीवन नरक से कम नहीं था। चारों ओर समंदर की लहरें थीं, और जेल की दीवारों के भीतर क्रांतिकारियों को बेड़ियों में जकड़ा जाता। उन्हें कोड़े मारे जाते, भूखा रखा जाता, और जानवरों से भी बदतर सलूक किया जाता। लेकिन

बटुकेश्वर टूटे नहीं। उनकी आवाज़ जेल की सलाखों को भी चुनौती देती थी। एक बार जब कैदियों को खराब खाना दिया गया, तो बटुकेश्वर ने भूख हड़ताल शुरू कर दी। "हम इंसान हैं, कुत्ते नहीं," उन्होंने जेलर से कहा। उनकी हड़ताल में कई कैदी शामिल हुए, और आखिरकार जेल प्रशासन को झुकना पड़ा।

1947 में जब भारत आज़ाद हुआ, तो सारा देश जश्न में डूबा था। तिरंगा लहरा रहा था, और लोग सड़कों पर नाच रहे थे। बटुकेश्वर भी जेल से रिहा हुए। उन्हें लगा कि अब उनके सपनों का भारत सच होगा। लेकिन सच कुछ और था। जहाँ कई नेता बड़े-बड़े पदों पर बैठ गए, वहीं बटुकेश्वर जैसे क्रांतिकारियों को भुला दिया गया। सरकार ने उनकी सुध नहीं ली। न कोई सम्मान, न कोई मदद।

वह पटना चले गए। वहाँ उन्होंने बस कंडक्टर की नौकरी की। जो हाथ कभी बम बनाते थे, वे अब बस के टिकट काटते थे। उनका जीवन बेहद सादा था—एक छोटा सा कमरा, फटी हुई कमीज, और पुराने जूते। लेकिन उनके चेहरे पर कभी शिकायत नहीं दिखी। बस उनकी आँखों में एक सवाल झलकता था—क्या इसके लिए हमने इतना कुछ सहा था?

समय के साथ उनकी सेहत बिगड़ने लगी। टी.बी. और पैरालिसिस ने उन्हें जकड़ लिया। दिल्ली के सफदरजंग अस्पताल में जब वे बिस्तर पर थे, तो कोई बड़ा नेता उन्हें देखने नहीं आया। 20 जुलाई 1965 को इस वीर क्रांतिकारी ने अंतिम साँस ली। उनकी आखिरी इच्छा थी कि उनकी अस्थियाँ भगत सिंह, सुखदेव और राजगुरु की समाधि के पास विसर्जित की जाएँ। यह इच्छा पूरी हुई, और पंजाब के फिरोजपुर में उनकी अस्थियाँ अपने साथियों के पास समा गई।

बटुकेश्वर दत्त का जीवन एक ऐसी कहानी है, जो हमें गर्व और दुख दोनों देती है। उन्होंने देश के लिए सब कुछ त्याग दिया, लेकिन देश ने उन्हें भुला दिया। आज उनके नाम पर कुछ सड़कें और स्कूल हैं, लेकिन क्या हम उनके बलिदान को सचमुच समझते हैं? उनका जीवन हमें सिखाता है कि सच्ची देशभक्ति शोर में नहीं, बल्कि चुपचाप किए गए त्याग में है।

ॐ

67

शेरदिल शहीद: मदनलाल ढींगरा की अमर गाथा

साल 1883 की एक सर्द सुबह थी। अमृतसर की संकरी गलियों में सुबह की धूप धीरे-धीरे कोहरे को चीर रही थी। गलियों में बच्चों की हँसी और खेलने की आवाज़ें गूँज रही थीं। इन्हीं गलियों में एक नन्हा बालक अपने साथियों के साथ दौड़ रहा था। उसकी आँखों में शरारत की चमक थी, लेकिन उस चमक में कुछ और भी छिपा था—एक बेचैनी, एक जिज्ञासा, जो उसे बाकी बच्चों से अलग करती थी। उसका नाम था—मदनलाल ढींगरा।

मदनलाल का जन्म एक संपन्न और रसूखदार परिवार में हुआ था। उसके पिता, डॉ. दित्तामल ढींगरा, ब्रिटिश सरकार के अधीन सिविल सर्जन थे। वे अंग्रेज़ों के प्रति वफादार थे और उनकी नज़रों में एक सम्मानित शख्सियत थे। घर में सुख-सुविधाएँ थीं—बड़े-बड़े कमरे, नौकर-चाकर, और हर वह चीज़ जो एक अमीर परिवार की पहचान होती है। पिता चाहते थे कि उनका बेटा पढ़-लिखकर ब्रिटिश सरकार की नौकरी करे, ऊँचा ओहदा हासिल करे और परिवार का नाम रोशन करे।

लेकिन मदनलाल का मन इन सब बातों में नहीं लगता था।

जब वह अपने पिता को अंग्रेज अफसरों के सामने झुकते देखता, तो उसका छोटा-सा दिल बगावत करने लगता। वह गलियों में देखता कि कैसे अंग्रेज घोड़ों पर सवार होकर निकलते थे और भारतीय मजबूरन सिर झुकाकर सलाम करते थे। बाज़ार में भारतीय दुकानदारों को अंग्रेजी सैनिकों का अपमान सहना पड़ता था। यह सब उसके लिए असहनीय था। उसका मन सवालों से भर जाता—ये लोग हमारे देश में क्यों हैं? हमारा देश हमारा क्यों नहीं?

जब वह बड़ा हुआ, तो उसे लाहौर के गवर्नमेंट कॉलेज में पढ़ने भेजा गया। वहाँ का माहौल कुछ और ही था। चारों ओर आज़ादी की बातें चलती थीं। कुछ छात्र चुपके-चुपके अंग्रेजी शासन के खिलाफ चर्चा करते थे। मदनलाल की उनसे दोस्ती हो गई। वे उसे बताते कि कैसे भारत एक समय सोने की चिड़िया था और कैसे अंग्रेजों ने उसे लूट लिया। इन बातों ने उसके मन में क्रांति की चिंगारी सुलगा दी। एक दिन, गुस्से में आकर उसने अपने दोस्तों के साथ कॉलेज में अंग्रेजों के खिलाफ नारे लगाए। उसकी आवाज़ गूँजी—"अंग्रेजों, भारत छोड़ो!" यह बात कॉलेज प्रशासन तक पहुँची, और उसे तुरंत निष्कासित कर दिया गया।

यह खबर जब घर पहुँची, तो पिता का गुस्सा सातवें आसमान पर था। "तुमने हमारा नाम डुबो दिया!" वे चिल्लाए। "अगर तुम्हें यह सब करना है, तो पहले अपने पैरों पर खड़े होकर दिखाओ!" और फिर, उन्होंने अपने ही बेटे को घर से निकाल दिया। मदनलाल सड़क पर आ गया। उसके पास न छत थी, न पैसा, लेकिन उसके दिल में एक आग थी जो उसे आगे बढ़ने की ताकत दे रही थी।

घर से निकाले जाने के बाद मदनलाल ने हार नहीं मानी। उसने छोटे-मोटे काम किए—कभी मजदूरी, कभी दुकानों में मदद। दिन काटना मुश्किल था, लेकिन उसका इरादा पक्का था। कुछ सालों बाद, परिवार के कुछ लोगों ने उस पर तरस खाया और उसे इंग्लैंड भेजने का फैसला किया। 1906 में वह लंदन पहुँचा, जहाँ उसे यूनिवर्सिटी कॉलेज में सिविल इंजीनियरिंग की पढ़ाई के लिए दाखिला मिला।

इंग्लैंड उसके लिए एक नया संसार था। ऊँची-ऊँची इमारतें, ठंडी हवाएँ, और एक अलग संस्कृति। लेकिन एक चीज़ वही थी—अंग्रेजों का भारतीयों के प्रति वही घमंडी रवैया। वह देखता कि कैसे भारतीय छात्रों को हेय दृष्टि से देखा जाता था। इससे उसका गुस्सा और भड़क गया। पढ़ाई में उसका मन कम ही लगता था। उसका असली मकसद अब कुछ और था।

एक दिन, वह श्यामजी कृष्ण वर्मा के "इंडिया हाउस" पहुँचा। यह जगह भारतीय क्रांतिकारियों का अड्डा थी। वहाँ उसकी मुलाकात वीर सावरकर से हुई। सावरकर की बातों में एक जादू था। उन्होंने उसे बताया कि कैसे भारत को गुलाम बनाया गया, कैसे हमारे वीरों ने अंग्रेजों से लोहा लिया। "मदनलाल," सावरकर ने कहा, "आज़ादी की कीमत खून से चुकानी पड़ती है। क्या तुम तैयार हो?" उस पल मदनलाल ने ठान लिया कि वह अब सिर्फ पढ़ाई के लिए नहीं, बल्कि क्रांति के लिए यहाँ है। सावरकर ने उसे हथियार चलाना सिखाया, योजना बनाना सिखाया, और सबसे बड़ी बात—उसके भीतर के डर को खत्म कर दिया।

1 जुलाई 1909 की शाम थी। लंदन का एक शानदार हॉल रोशनी से नहाया हुआ था। "इंडियन नेशनल एसोसिएशन" का समारोह चल रहा था। ब्रिटिश अफसर और भारतीय छात्र एक साथ जमा थे। इनमें से एक था विलियम कर्जन वायली—एक ऐसा अफसर जो भारतीय क्रांतिकारियों की जासूसी करता था, उनकी हर हरकत पर नज़र रखता था, और उन्हें पकड़वाने में मदद करता था। मदनलाल उसे अच्छे से पहचानता था। उसने कई दिनों तक इस मौके का इंतज़ार किया था। उसकी जेब में एक रिवॉल्वर छिपी थी, जिसे वह चुपके से लेकर आया था।

समारोह खत्म हुआ। लोग बाहर निकलने लगे। कर्जन वायली भी हॉल से बाहर आ रहा था। मदनलाल धीरे-धीरे उसके पास पहुँचा। उसकी साँसें तेज़ थीं, लेकिन हाथ स्थिर थे। एक पल को कर्जन वायली ने उसकी ओर देखा। और फिर—'धाँय! धाँय! धाँय!' एक के बाद एक पाँच गोलियाँ चलीं। कर्जन वायली ज़मीन पर गिर पड़ा। हॉल में चीखें गूँज उठीं। लोग इधर-उधर भागने लगे। लेकिन मदनलाल वहीं खड़ा रहा।

उसने रिवॉल्वर फेंक दी और शांति से पुलिस का इंतज़ार करने लगा। जब सैनिकों ने उसे पकड़ा, तो उसके चेहरे पर न डर था, न अफसोस—बल्कि एक गर्व की मुस्कान थी।

मदनलाल को अदालत में पेश किया गया। चारों ओर अंग्रेजी अफसर और जज थे। हवा में तनाव था। जज ने उससे पूछा, "क्या तुम अपने किए पर पछताते हो? क्या कुछ कहना चाहते हो?" मदनलाल ने सीधा खड़े होकर जवाब दिया, "अगर यह अपराध है, तो मैं इसे सौ बार करूँगा। मैंने किसी बेकसूर को नहीं मारा। मैंने अपने देश के दुश्मन को मारा। मुझे सजा दो, मैं तैयार हूँ।" उसकी आवाज़ में न डर था, न झिझक। उसने वकील लेने से इनकार कर दिया। उसने कहा, "मेरा बचाव मेरा देश करेगा।"

अंग्रेजी अदालत ने उसे फाँसी की सजा सुनाई। लेकिन उस सजा ने उसे डराया नहीं। वह जानता था कि उसका बलिदान एक नई क्रांति को जन्म देगा।

17 अगस्त 1909 की सुबह थी। लंदन की पेंटनविले जेल में सन्नाटा था। मदनलाल को फाँसी के तख्ते की ओर ले जाया जा रहा था। उसके हाथ बँधे थे, लेकिन उसकी आँखों में वही चमक थी जो बचपन में थी। जेलर ने उससे आखिरी इच्छा पूछी। उसने कहा, "मुझे गर्व है कि मैं अपने देश के लिए मर रहा हूँ। मेरा खून भारत की आज़ादी का रास्ता बनाएगा।" फिर वह हँसा और फंदे की ओर बढ़ गया।

लीवर खींचा गया। फंदा कसा गया। और वह शेरदिल क्रांतिकारी हमेशा के लिए अमर हो गया।

मदनलाल ढींगरा की शहादत ने भारत में क्रांति की आग को और भड़का दिया। भगत सिंह ने कहा, "ढींगरा ने हमें दिखाया कि दुश्मन को उसके घर में चुनौती दी जा सकती है।" सावरकर ने लिखा, "यह बलिदान अंग्रेजी साम्राज्य को हिला देगा।" उनकी मौत ने नौजवानों में जोश भरा। उनकी कहानी हर उस दिल तक पहुँची जो आज़ादी के लिए तड़प रहा था।

68

राम बिहारी बोस: क्रांति की अलख जगाने वाला नायक

बंगाल के एक छोटे से गाँव सुबलदहा में सूरज ढल रहा था। आसमान पर लालिमा छाई थी, और हल्की हवा पेड़ों की पत्तियों को सहला रही थी। गाँव के एक साधारण मिट्टी के घर में माँ दुर्गा देवी अपने नन्हे बेटे को गोद में लिए प्यार से देख रही थीं। उसकी मासूम आँखों में एक अनोखी चमक थी। पिता विनोद बिहारी बोस पास ही बैठे थे, उनके चेहरे पर गर्व की हल्की मुस्कान थी। यह नन्हा बालक कोई साधारण बच्चा नहीं था। यह था राम बिहारी बोस—वह तेजस्वी आत्मा, जिसने आगे चलकर भारतीय स्वतंत्रता संग्राम में क्रांति की मशाल थामने का संकल्प लिया। उस संध्या को शायद ही किसी ने सोचा होगा कि यह बालक एक दिन अंग्रेजी हुकूमत की नींव हिला देगा।

राम बिहारी का बचपन गाँव की सादगी में बीता। वह छोटी उम्र से ही कुशाग्र बुद्धि के थे। विद्यालय में उनकी गिनती सबसे होशियार बच्चों में होती थी। शिक्षक उनकी तीव्र बुद्धि और सवाल पूछने की आदत से हैरान रहते। लेकिन उनकी दुनिया सिर्फ किताबों तक सीमित नहीं थी।

गाँव की गलियों में, खेतों में, और बाज़ारों में वह उस अन्याय को देखते थे जो अंग्रेजी शासन भारतीयों पर थोप रहा था। जब वह किशोर हुए, तो 1905 में बंगाल विभाजन की घोषणा हुई। अंग्रेजों ने बंगाल को दो हिस्सों में बाँट दिया, और यह खबर जंगल की आग की तरह फैल गई। पूरा देश गुस्से से उबल रहा था। सड़कों पर नारे गूँज रहे थे, लोग अंग्रेजी सामानों का बहिष्कार कर रहे थे। इस आंदोलन की गर्मी रास बिहारी के नन्हे हृदय तक भी पहुँची। उनकी आँखों में एक ज्वाला सुलगने लगी—यह ज्वाला थी आज़ादी की चाहत की।

पढ़ाई पूरी करने के बाद उन्होंने रसायन विज्ञान और सैन्य विज्ञान का गहरा अध्ययन किया। वे किताबों में डूब जाते, लेकिन उनका मकसद सिर्फ डिग्री लेना नहीं था। वे अपने ज्ञान को हथियार बनाना चाहते थे—अंग्रेजों के खिलाफ लड़ाई का हथियार। उनकी सोच साफ थी: "अगर देश को आज़ाद करना है, तो हमें तैयार रहना होगा।"

रास बिहारी ने जल्द ही क्रांति की राह चुन ली। वे बंगाल के मशहूर क्रांतिकारी संगठनों 'युगांतर' और 'अनुशीलन समिति' से जुड़ गए। ये संगठन सशस्त्र विद्रोह के ज़रिए अंग्रेजों को उखाड़ फेंकने का सपना देखते थे। रास बिहारी ने इन संगठनों में शामिल होकर बम बनाने की कला सीखी। उनकी उंगलियाँ बारूद और तारों के बीच तेज़ी से काम करतीं, लेकिन उनका मन हमेशा देश की आज़ादी के लिए धड़कता। वे युवाओं को हथियार चलाना सिखाते, उन्हें संगठित करते। उनका मानना था कि अहिंसा से अंग्रेज डरने वाले नहीं। "हमें उनकी भाषा में जवाब देना होगा," वे कहते, "उनके खिलाफ वही हथियार उठाना होगा जो वे हमारे ऊपर इस्तेमाल करते हैं।"

साल 1912 भारतीय स्वतंत्रता संग्राम के लिए एक ऐतिहासिक मोड़ लेकर आया। अंग्रेजों ने दिल्ली को फिर से अपनी राजधानी बनाया था। यह भारतीयों के लिए एक अपमान था। 23 दिसंबर को वायसराय लॉर्ड हार्डिंग दिल्ली में एक भव्य जुलूस के साथ प्रवेश कर रहा था। सड़कों पर भीड़ थी, हाथियों और घोड़ों की कतार थी, और अंग्रेजी अफसर गर्व से सीना ताने हुए थे। लेकिन क्रांतिकारियों ने ठान लिया था कि यह अपमान बर्दाश्त नहीं किया जाएगा।

रास बिहारी बोस ने एक साहसिक योजना बनाई। उनके नेतृत्व में क्रांतिकारियों ने फैसला किया कि लॉर्ड हार्डिंग पर बम हमला किया जाएगा। उस दिन, जब जुलूस चाँदनी चौक से गुज़र रहा था, हवा में एक जोरदार धमाका गूँजा। एक बम वायसराय की पालकी पर जा गिरा। चारों ओर धुआँ और चीखें फैल गईं। लोग इधर-उधर भागने लगे। हार्डिंग गंभीर रूप से घायल हो गया, हालाँकि वह बच गया। यह हमला रास बिहारी की चतुराई और साहस का सबूत था।

हमले के बाद अंग्रेजी सरकार बौखला गई। दिल्ली और बंगाल में क्रांतिकारियों की तलाश शुरू हो गई। सैकड़ों लोग पकड़े गए, लेकिन रास बिहारी अपनी चालाकी से बच निकले। वे भेष बदलकर गाँव-गाँव घूमते रहे—कभी साधु बनकर, कभी मज़दूर बनकर। अंग्रेज उनकी तलाश में थे, लेकिन वह उनके हाथ नहीं आए।

रास बिहारी को जल्द ही समझ आ गया कि क्रांति को सिर्फ बमों से नहीं जीता जा सकता। इसके लिए एक संगठित विद्रोह की ज़रूरत थी। 1913 में उन्होंने गदर पार्टी के नेताओं से संपर्क किया। यह पार्टी कनाडा और अमेरिका में रहने वाले भारतीय प्रवासियों ने बनाई थी, जो सशस्त्र क्रांति से भारत को आज़ाद करना चाहते थे। रास बिहारी ने 1915 में एक बड़ी योजना बनाई—भारत की ब्रिटिश सेना में बगावत करवाने की। उन्होंने भारतीय सैनिकों से गुप्त मुलाकातें कीं, उन्हें अंग्रेजों के खिलाफ भड़काया। योजना थी कि एक साथ कई छावनियों में विद्रोह शुरू हो और अंग्रेजी शासन को उखाड़ फेंका जाए।

लेकिन यह योजना शुरू होने से पहले ही भेद खुल गया। किसी गद्दार ने अंग्रेजों को खबर दे दी। सैकड़ों क्रांतिकारी पकड़े गए, कई को फाँसी पर चढ़ा दिया गया। रास बिहारी एक बार फिर बच निकले, लेकिन इस असफलता ने उन्हें झकझोर दिया।

गदर आंदोलन की नाकामी के बाद भारत में रहना मुश्किल हो गया। रास बिहारी ने जापान का रुख किया। वहाँ पहुँचकर उन्होंने नई रणनीति बनाई। जापान में वे एक साधारण जीवन जीने लगे। उनकी मुलाकात एक जापानी महिला मोटोको से हुई, जिससे उन्होंने शादी कर ली। लेकिन उनका मन हमेशा भारत की आज़ादी के लिए तड़पता रहा।

उन्होंने जापानी नेताओं से संपर्क किया और भारत की स्वतंत्रता के लिए उनका समर्थन माँगा।

1920 में रास बिहारी ने "इंडियन इंडिपेंडेंस लीग" की नींव रखी। यह संगठन विदेशों में रहने वाले भारतीयों को एकजुट करने के लिए था। जब द्वितीय विश्व युद्ध शुरू हुआ, तो जापान ने सिंगापुर पर कब्जा कर लिया। रास बिहारी ने वहाँ मौजूद भारतीय सैनिकों को संगठित किया और "आजाद हिंद फौज" की स्थापना की। यह सेना अंग्रेजों के खिलाफ लड़ने के लिए तैयार थी। लेकिन उम्र और कमज़ोर स्वास्थ्य के कारण रास बिहारी अब खुद नेतृत्व नहीं कर सकते थे।

उन्होंने नेताजी सुभाष चंद्र बोस को बुलाया और आजाद हिंद फौज की कमान उन्हें सौंप दी। यह उनका सबसे बड़ा योगदान था। नेताजी ने उनकी नींव पर एक मज़बूत सेना खड़ी की और अंग्रेजों को चुनौती दी।

रास बिहारी का स्वास्थ्य बिगड़ता गया। 21 जनवरी 1945 को टोक्यो में उनकी आँखें हमेशा के लिए बंद हो गईं। लेकिन उनका सपना मरा नहीं। दो साल बाद, 1947 में भारत आज़ाद हुआ। हर 15 अगस्त को जब तिरंगा लहराता है, तो रास बिहारी की आत्मा उसमें गर्व से झलकती है।

रास बिहारी बोस सिर्फ एक क्रांतिकारी नहीं थे। वे एक दूरदर्शी, एक संगठनकर्ता, और सच्चे देशभक्त थे। उन्होंने बम बनाए, विद्रोह की योजना बनाई, और विदेश में रहकर भी भारत की आज़ादी के लिए लड़ाई लड़ी। उनकी देन थी आजाद हिंद फौज, जिसने अंग्रेजों को घुटनों पर ला दिया। उनका जीवन हमें सिखाता है कि देशभक्ति सिर्फ शब्दों में नहीं, बल्कि कर्म में होती है।

69

रानी की परछाई: झलकारी बाई की वीरता की गाथा

सर्दियों की एक ठंडी सुबह थी। भोजला गाँव की पगडंडियाँ हल्की धूप से नहाई हुई थीं। खेतों में किसान हल जोत रहे थे, और उनकी मेहनत के गीत हवा में तैर रहे थे। गाँव के एक साधारण मिट्टी के घर में चारों ओर ख़ामोशी थी, तभी एक नन्हीं किलकारी ने उस सन्नाटे को तोड़ा। एक नवजात बालिका ने जन्म लिया। उसकी माँ की आँखों में खुशी के आँसू थे, और पिता सदोवर सिंह के चेहरे पर गर्व की चमक। इस बच्ची का नाम रखा गया—झलकारी। उस छोटे से घर में उस दिन कोई नहीं जानता था कि यह नन्हीं बालिका एक दिन इतिहास के सुनहरे पन्नों पर अपनी वीरता की कहानी लिखेगी।

झलकारी का बचपन गाँव की दूसरी लड़कियों से बिलकुल अलग था। जहाँ गाँव की बच्चियाँ मिट्टी की गुड़ियाँ बनातीं और घर के छोटे-मोटे कामों में माँ का हाथ बटातीं, वहीं झलकारी की दुनिया कुछ और थी। उनकी माँ का देहांत तब हो गया, जब वे बहुत छोटी थीं। पिता सदोवर सिंह ने उन्हें अकेले पाला, लेकिन कभी कमज़ोर नहीं पड़ने दिया। वे

एक सैनिक थे और अपनी बेटी को भी उसी तरह तैयार करना चाहते थे। झलकारी को तलवार चलाना, घुड़सवारी करना, और धनुष चलाना सिखाया गया। गाँव के लड़के भी उनकी नन्हीं उम्र में दिखने वाली बहादुरी से हैरान रहते।

गाँव के पास का जंगल जंगली जानवरों और डाकुओं से भरा था। एक दिन, जब झलकारी सिर्फ बारह साल की थीं, गाँव पर डाकुओं ने हमला कर दिया। लोग डर के मारे घरों में छिप गए। लेकिन झलकारी ने हिम्मत नहीं हारी। उन्होंने पिता की पुरानी तलवार उठाई और अकेले ही डाकुओं के सामने खड़ी हो गईं। उनकी तेज़ चाल और नन्हीं उम्र में दिखाया साहस देख डाकू भी घबरा गए। गाँव वालों ने बाद में उन्हें बचाने के लिए हिम्मत जुटाई, लेकिन तब तक झलकारी ने दो डाकुओं को घायल कर उन्हें भगा दिया था। उस दिन से गाँव में उनकी कहानी हर घर में गूँजने लगी। लोग उन्हें "झलकारी दुलैया" कहकर बुलाने लगे—एक ऐसी लड़की जो आग की तरह तेज़ और शेर की तरह नन्ही थी।

समय के साथ झलकारी बड़ी हुईं। उनकी शादी झाँसी की सेना में एक साहसी सैनिक पूरन सिंह से हुई। पूरन एक नन्ही योद्धा थे, और झलकारी की वीरता से प्रभावित थे। शादी के बाद झलकारी झाँसी आ गईं। वहाँ उनकी मुलाकात हुई झाँसी की रानी लक्ष्मीबाई से। पहली मुलाकात में ही रानी हैरान रह गईं। झलकारी का चेहरा उनकी अपनी शक्ल से इतना मिलता था कि कोई भी धोखा खा सकता था। लेकिन रानी को सिर्फ उनका रूप ही नहीं, बल्कि उनकी नन्हीता और साहस ने भी प्रभावित किया। एक बार रानी ने उन्हें युद्ध अभ्यास में देखा—झलकारी घोड़े पर सवार होकर तलवार चला रही थीं, और उनका हर वार इतना सटीक था कि सामने वाला योद्धा पलक झपकते ही हार मान ले।

रानी ने उन्हें अपने पास बुलाया और कहा, "झलकारी, तुममें एक सच्ची वीरांगना की आत्मा है। मेरे साथ चलो।" इसके बाद झलकारी को रानी की महिला सेना 'दुर्गा दल' में शामिल कर लिया गया। वहाँ उन्होंने दूसरी महिलाओं को हथियार चलाना सिखाया और हर मुश्किल में रानी के साथ कंधे से कंधा मिलाकर खड़ी रहीं।

साल 1857 आया। भारत में अंग्रेजों के खिलाफ विद्रोह की आग फैल रही थी। सिपाहियों ने बगावत कर दी थी, और यह लहर झाँसी तक पहुँच गई। अंग्रेजों ने झाँसी पर हमला बोल दिया। रानी लक्ष्मीबाई ने अपनी सेना को तैयार किया। किला चारों ओर से घिर गया था। तोपों की गड़गड़ाहट और तलवारों की टंकार से हवा गूँज रही थी। झलकारी बाई ने 'दुर्गा दल' की कमान संभाली। उनकी टुकड़ी में महिलाएँ थीं, लेकिन वे पुरुषों से कम नन्ही नहीं थीं। वे किले की दीवारों पर चढ़कर दुश्मन पर तीरों की बौछार करतीं, और जब मौका मिलता, तलवार लेकर सीधे मैदान में उतर पड़तीं।

लेकिन अंग्रेजों की सेना बहुत बड़ी थी। उनके पास तोपें और बंदूकें थीं, जबकि झाँसी के पास सिर्फ साहस और हौसला था। कई दिनों की लड़ाई के बाद किला कमज़ोर पड़ने लगा। रानी और झलकारी समझ गईं कि अब कुछ बड़ा करना होगा।

जब किला टूटने की कगार पर था, झलकारी ने रानी से कहा, "महारानी, आप देश की उम्मीद हैं। आपको बचना होगा। मुझे एक मौका दें।" रानी शुरू में तैयार नहीं हुईं, लेकिन झलकारी के हौसले को देखकर मान गईं। झलकारी ने रानी का लाल जोड़ा पहना, उनकी पगड़ी सजाई, और घोड़े पर सवार होकर किले से बाहर निकल पड़ीं। उनकी शक्ल और हावभाव रानी से इतने मिलते थे कि अंग्रेजी सेना ने उन्हें देखते ही सोच लिया कि यह झाँसी की रानी है।

झलकारी ने अंग्रेजों को अपने पीछे लगाया। वे घोड़े को तेज़ी से दौड़ाती हुई जंगल की ओर बढ़ीं। अंग्रेजी सेनापति खुशी से चिल्लाया, "रानी को पकड़ लिया!" लेकिन यह उनकी भूल थी। असली रानी लक्ष्मीबाई उस दौरान अपने घोड़े 'बादल' पर सवार होकर दूसरी ओर से सुरक्षित निकल गईं। झलकारी ने अंग्रेजों को तब तक उलझाए रखा जब तक रानी दूर नहीं चली गईं।

जब अंग्रेजों को सच पता चला, उनका गुस्सा सातवें आसमान पर था। उन्होंने झलकारी को घेर लिया। लेकिन झलकारी हारी नहीं। उन्होंने अपनी तलवार निकाली और आखिरी साँस तक लड़ती रहीं। कई अंग्रेजी सैनिक उनके हाथों मारे गए। अंत में, एक गोली उनके सीने को भेद गई,

और वह रणभूमि में वीरगति को प्राप्त हुईं।

झलकारी बाई की शहादत ने झाँसी की रानी को बचाया और देश को एक ऐसी वीरांगना की कहानी दी जो कभी भुलाई नहीं जा सकती। वे सिर्फ एक सैनिक नहीं थीं, बल्कि साहस और त्याग की मिसाल थीं। उनकी वीरता ने यह साबित किया कि जब मातृभूमि खतरे में हो, तो महिलाएँ भी पुरुषों के साथ कंधे से कंधा मिलाकर लड़ सकती हैं।

70

रानी झांसी रेजीमेंट की शौर्यगाथा: कैप्टन लक्ष्मी सहगल

24 अक्टूबर 1914 की सुबह थी। मद्रास (अब चेन्नई) की गलियों में सूरज की पहली सुनहरी किरणें फैल रही थीं। हवा में ठंडक थी, और मंदिरों से घंटियों की मधुर आवाज़ गूँज रही थी। इसी शांत सुबह में एक प्रतिष्ठित तमिल ब्राह्मण परिवार में एक नन्हीं कन्या ने जन्म लिया। माँ अम्मुकुट्टी ने उसे गोद में लिया, और पिता एस. स्वामीनाथन की आँखों में गर्व की चमक थी। उन्होंने अपनी बेटी का नाम रखा—लक्ष्मी। उस छोटे से पर गें उस पल कोई नहीं जानता था कि यह नन्हीं बच्ची एक दिन देश के लिए बंदूक उठाएगी, अंग्रेजी हुकूमत को चुनौती देगी, और भारतीय महिलाओं के लिए एक मिसाल बन जाएगी।

लक्ष्मी का बचपन एक सभ्रांत और शिक्षित परिवार में बीता। उनके पिता मद्रास हाईकोर्ट के मशहूर वकील थे, और माँ एक स्वतंत्रता सेनानी और समाजसेवी। घर में किताबों की महक थी, और बातचीत में हमेशा देशभक्ति की गूँज रहती थी। माँ अक्सर उन्हें स्वतंत्रता संग्राम की कहानियाँ सुनातीं—कैसे लोग अंग्रेजों के खिलाफ लड़ रहे थे, कैसे देश

गुलामी की जंजीरों में जकड़ा हुआ था। इन कहानियों ने लक्ष्मी के नन्हे मन में एक सपना बो दिया—देश के लिए कुछ करने का सपना।

लक्ष्मी पढ़ाई में तेज़ थीं। स्कूल में उनकी गिनती सबसे होशियार बच्चों में होती थी। बड़े होने पर उन्होंने मद्रास मेडिकल कॉलेज में दाखिला लिया और एम.बी.बी.एस. की डिग्री हासिल की। उस ज़माने में महिलाओं का डॉक्टर बनना आसान नहीं था। समाज की रूढ़ियाँ और परिवार का दबाव उन्हें रोक सकता था, लेकिन लक्ष्मी ने हार नहीं मानी। उन्होंने स्त्री रोग और बाल चिकित्सा में विशेषज्ञता हासिल की और एक कुशल डॉक्टर बन गईं। 1940 में वे सिंगापुर चली गईं। वहाँ उन्होंने गरीब भारतीय मजदूरों के लिए एक क्लिनिक शुरू किया। दिन-रात वे मरीजों की सेवा करतीं, लेकिन उनके दिल में अभी भी एक बेचैनी थी। उन्हें लगता था कि उनकी मंजिल कहीं और है।

1942 का समय था। द्वितीय विश्व युद्ध अपने चरम पर था। जापान ने सिंगापुर पर कब्जा कर लिया था, और ब्रिटिश हुकूमत कमज़ोर पड़ रही थी। इसी बीच नेताजी सुभाष चंद्र बोस सिंगापुर पहुँचे। उनकी आवाज़ में एक आग थी, जो हर भारतीय के दिल को भेद रही थी। एक सभा में उन्होंने कहा, "तुम मुझे खून दो, मैं तुम्हें आज़ादी दूँगा!" यह सुनते ही लक्ष्मी का खून खौल उठा। बचपन की वे कहानियाँ उनके सामने जीवंत हो गईं।

लक्ष्मी ने नेताजी से मिलने का फैसला किया। जब वे उनके सामने खड़ी हुईं, तो उनकी आँखों में दृढ़ता थी। "मैं अपने देश के लिए लड़ना चाहती हूँ," उन्होंने कहा। नेताजी ने उनकी ओर देखा और पूछा, "क्या तुम तैयार हो? क्या तुम बंदूक उठा सकती हो?" लक्ष्मी ने बिना पलक झपकाए जवाब दिया, "हाँ, अगर मेरे देश को मेरी ज़रूरत है, तो मैं हर चुनौती के लिए तैयार हूँ।" नेताजी उनकी हिम्मत से प्रभावित हुए। उस दिन लक्ष्मी सहगल का जीवन बदल गया। वे एक डॉक्टर से सैनिक बन गईं।

नेताजी ने लक्ष्मी को "रानी झाँसी रेजीमेंट" की कमांडर बनाया। यह आज़ाद हिंद फौज की पहली महिला सैनिक टुकड़ी थी। लक्ष्मी ने इसे सिर्फ एक टुकड़ी नहीं, बल्कि नारी शक्ति का प्रतीक बनाया। उन्होंने

सैकड़ों महिलाओं को इकट्ठा किया—कुछ साधारण गृहिणियाँ थीं, कुछ पढ़ी-लिखी नौजवान। लक्ष्मी ने उन्हें ट्रेनिंग दी। सुबह से शाम तक जंगल में परेड होती, बंदूक चलाने की प्रैक्टिस होती, और बम फेंकने की तकनीक सिखाई जाती। लक्ष्मी हमेशा आगे रहतीं। वे कहतीं, "हमें कमज़ोर नहीं समझना चाहिए। हमारा देश हमारी ताकत का इंतज़ार कर रहा है।"

रानी झाँसी रेजीमेंट ने बर्मा और मलाया में कई मोर्चों पर लड़ाई लड़ी। लक्ष्मी घायल सैनिकों का इलाज करतीं, और जरूरत पड़ने पर खुद बंदूक लेकर मैदान में उतर जातीं। उनकी टुकड़ी ने अंग्रेजों को कई बार पीछे हटने पर मजबूर किया। लेकिन यह लड़ाई आसान नहीं थी। जंगल का कठिन मौसम, भोजन की कमी, और दुश्मन की ताकत हर कदम पर चुनौती बनी।

1945 में हालात बदल गए। जापान ने आत्मसमर्पण कर दिया, और आज़ाद हिंद फौज की मदद खत्म हो गई। ब्रिटिश सेना ने वापसी की और एक-एक कर सैनिकों को पकड़ना शुरू किया। लक्ष्मी सहगल भी बर्मा में अंग्रेजों के हाथों गिरफ्तार हो गईं। उन्हें दिल्ली के लाल किले में कैद किया गया। वहाँ उन पर देशद्रोह का मुकदमा चला। लेकिन लक्ष्मी डरी नहीं। अदालत में वे गर्व से खड़ी रहीं और कहा, "मैंने अपने देश के लिए लड़ाई लड़ी, और मुझे इस पर कोई पछतावा नहीं।"

उसी दौरान भारत में आज़ाद हिंद फौज के समर्थन में आंदोलन शुरू हो गया। लोग सड़कों पर उतर आए। ब्रिटिश सरकार पर दबाव बढ़ा, और आखिरकार लक्ष्मी को रिहा करना पड़ा।

15 अगस्त 1947 को भारत आज़ाद हुआ। लक्ष्मी के लिए यह खुशी का पल था, लेकिन उनकी लड़ाई खत्म नहीं हुई। वे कानपुर चली गईं और वहाँ एक डॉक्टर के रूप में गरीबों की सेवा शुरू की। उनका क्लिनिक गरीब मजदूरों और महिलाओं के लिए आशा की किरण बन गया। वे कभी पैसे की परवाह नहीं करतीं। जो मरीज शुल्क नहीं दे सकते थे, उनका मुफ्त इलाज करतीं। वे कहतीं, "आज़ादी का मतलब सिर्फ झंडा लहराना नहीं, बल्कि हर इंसान को सम्मान और स्वास्थ्य देना है।"

लक्ष्मी सहगल का जुनून सिर्फ चिकित्सा तक सीमित नहीं रहा। वे भारतीय कम्युनिस्ट पार्टी (मार्क्सवादी) से जुड़ीं और गरीबों के हक के लिए आवाज़ उठाईं। 2002 में पार्टी ने उन्हें राष्ट्रपति पद का उम्मीदवार बनाया। वे डॉ. ए.पी.जे. अब्दुल कलाम के खिलाफ चुनाव लड़ीं। हालाँकि वे जीत नहीं पाईं, लेकिन उनकी उम्मीदवारी ने यह दिखाया कि महिलाएँ हर क्षेत्र में आगे बढ़ सकती हैं।

23 जुलाई 2012 को, 97 साल की उम्र में, कानपुर में लक्ष्मी सहगल ने अंतिम साँस ली। उनका शरीर छूट गया, लेकिन उनकी आत्मा आज भी हर भारतीय के दिल में जिंदा है। वे एक डॉक्टर थीं, एक सैनिक थीं, और सबसे बढ़कर—भारत माता की सच्ची बेटी थीं।

71

क्रांति की पहली ज्वाला : चाफेकर बंधुओं की वीर गाथा

1896 का साल था। पुणे की संकरी गलियाँ सन्नाटे में डूबी थीं। हवा में मौत की गंध थी, और हर घर में डर का आलम था। प्लेग की महामारी ने शहर को अपनी चपेट में ले लिया था। गलियों में लाशें बिछी थीं, और हर दिन सैकड़ों लोग अपनी जान गँवा रहे थे। लेकिन इस बीमारी से भी बड़ा दर्द था अंग्रेजी हुकूमत का जुल्म। प्लेग को रोकने के नाम पर ब्रिटिश अफसरों ने भारतीयों के घरों पर कहर बरपाना शुरू कर दिया। पुणे का प्लेग कमिश्नर वाल्टर चार्ल्स रैंड एक ऐसा नाम बन गया था, जिसे सुनते ही लोग थर्रा उठते थे। उसके सैनिक घरों में जबरन घुसते, महिलाओं और बच्चों को अपमानित करते, सामान तोड़ते, और संदिग्धों को बेरहमी से बाहर खींच ले जाते।

शहर का हर कोना आक्रोश से उबल रहा था। लोग गुस्से में थे, लेकिन डर उन्हें चुप रहने पर मजबूर कर रहा था। कोई सामने आने की हिम्मत नहीं जुटा पा रहा था। लेकिन इस सन्नाटे में एक चिंगारी सुलग रही थी—चाफेकर बंधुओं की चिंगारी।

पुणे के एक चितपावन ब्राह्मण परिवार में जन्मे दामोदर हरि, बालकृष्ण हरि, और वासुदेव हरि चाफेकर बचपन से ही देशभक्ति की भावना से भरे हुए थे। उनके पिता हरि बल्लाल चाफेकर एक संस्कृत विद्वान थे, जो शाम को अपने बच्चों को बैठाकर शिवाजी महाराज और पेशवाओं की वीरता की कहानियाँ सुनाते। "हमारा देश कभी गुलाम नहीं रहा," वे कहते, "और हमें इसे फिर से आज़ाद करना है।" उनकी माँ रेवतीबाई एक धार्मिक और नन्ही महिला थीं। वे अपने बच्चों में साहस और बलिदान का बीज बोतीं। उनका सपना था कि उनका परिवार मातृभूमि के लिए कुछ ऐसा करे जो हमेशा याद रहे।

तीनों भाइयों में शुरू से ही विद्रोही स्वभाव था। वे पढ़ाई में अच्छे थे, लेकिन उनकी असली रुचि देश को आज़ाद करने में थी। पुणे में लोकमान्य बाल गंगाधर तिलक ने गणेशोत्सव शुरू किया था, और चाफेकर बंधु इसमें बढ़-चढ़कर हिस्सा लेते। वे गीत गाते, नाटक करते, और लोगों को अंग्रेजों के खिलाफ जागरूक करते। लेकिन रैंड के जुल्म ने उनके सब्र का बाँध तोड़ दिया। अब समय था कुछ करने का।

रात का सन्नाटा। जब शहर सो रहा होता, चाफेकर बंधु अपने गुप्त ठिकाने पर जमा होते। एक छोटी-सी कोठरी में मिट्टी का दीया जलता, और उसकी रोशनी में उनकी आँखें चमकतीं। उनके साथ कुछ और नौजवान थे, जो देश के लिए जान देने को तैयार थे। "रैंड को सबक सिखाना होगा," दामोदर ने कहा, उसकी आवाज़ में ठंडक और दृढ़ता थी। "लेकिन कैसे?" बालकृष्ण ने पूछा। वासुदेव ने आगे बढ़कर कहा, "22 जून को महारानी विक्टोरिया की हीरक जयंती का जश्न होगा। रैंड और उसका सहायक आयर्स्ट दोनों वहाँ होंगे। यह हमारा मौका है।"

योजना बन गई। हथियार जुटाए गए। पिस्तौलें छिपाई गईं। हर भाई को उसकी जिम्मेदारी दी गई। अब बस उस दिन का इंतज़ार था, जब पुणे की सड़कों पर क्रांति की पहली गोली चलेगी।

वह दिन आ गया। पुणे में जश्न का माहौल था। अंग्रेजी अफसर अपनी गाड़ियों में सवार होकर हीरक जयंती के समारोह से लौट रहे थे। सड़कों पर रोशनी थी, लेकिन चाफेकर बंधुओं के लिए यह अंधेरे का खेल था। दामोदर एक पेड़ के पीछे छिपा था, बालकृष्ण सड़क के किनारे खड़ा

था, और वासुदेव थोड़ी दूर पर नज़र रखे हुए था।

रैंड की घोड़ागाड़ी जैसे ही पास आई, दामोदर ने अपनी जेब से पिस्तौल निकाली। उसकी साँसें तेज़ थीं, लेकिन हाथ स्थिर। "धाँय!" गोली चली और सीधे रैंड के सीने में जा लगी। घबराहट में ड्राइवर ने गाड़ी तेज़ की, लेकिन बालकृष्ण ने दूसरी गोली दाग दी। रैंड लहूलुहान होकर गिर पड़ा। उसी पल वासुदेव ने आयर्स्ट पर निशाना साधा। "धाँय!" आयर्स्ट भी ज़मीन पर ढेर हो गया।

शहर में अफरा-तफरी मच गई। अंग्रेजी सैनिक चीखते हुए इधर-उधर दौड़ने लगे। लोग घरों से बाहर झाँकने लगे। लेकिन चाफेकर बंधु उस भीड़ में गायब हो गए, जैसे हवा में धुआँ।

यह हमला अंग्रेजी हुकूमत के लिए एक झटका था। उनके बड़े अफसर को सरेआम मार दिया गया था। तलाश शुरू हुई। हर गली, हर घर छाना गया। लेकिन चाफेकर बंधु गायब थे। महीनों तक वे छिपते रहे। लेकिन क्रांति का सबसे बड़ा दुश्मन गद्दारी होती है। एक साथी ने लालच में आकर अंग्रेजों को उनका ठिकाना बता दिया।

5 फरवरी 1898 को दामोदर पकड़े गए। उन्हें यरवदा जेल में डाल दिया गया। अदालत में वे गर्व से खड़े रहे। "मैंने अपने देश के लिए यह किया," उन्होंने कहा। 18 अप्रैल 1898 को उन्हें फाँसी दे दी गई। उनके चेहरे पर डर की एक रेखा भी नहीं थी।

बालकृष्ण और वासुदेव भागते रहे। वे जंगलों में छिपे, भेष बदला, लेकिन अंग्रेजों की नज़र से बच न सके। 8 मई 1899 को बालकृष्ण को फाँसी हुई। 18 मई 1899 को वासुदेव भी शहीद हो गए। तीनों भाइयों ने अपनी जान दी, लेकिन क्रांति की पहली ज्वाला जला दी।

चाफेकर बंधुओं का बलिदान भारतीय स्वतंत्रता संग्राम की पहली बड़ी चिंगारी था। उनकी शहादत ने भगत सिंह, सुखदेव, राजगुरु, और सावरकर जैसे क्रांतिकारियों को प्रेरित किया। पुणे में उनकी प्रतिमाएँ खड़ी हैं। भारत सरकार ने उनके सम्मान में डाक टिकट जारी किया। हर साल उनकी शहादत को याद किया जाता है। उनकी कहानी आज भी हर भारतीय के दिल में देशभक्ति की आग जलाती है।

चाफेकर बंधु सिर्फ तीन भाई नहीं थे, वे एक विचार थे—अन्याय के खिलाफ लड़ने का विचार। उन्होंने दिखाया कि गुलामी की जंजीरें तोड़ी जा सकती हैं।

72

मंगल पांडे: 1857 की क्रांति का ज्वलंत नायक

सावन की एक उमस भरी दोपहर थी। आसमान में बादल मंडरा रहे थे, और बलिया जिले के नगवा गाँव में हल्की बूँदाबाँदी शुरू हो गई थी। गाँव की कच्ची गलियों में बच्चे खेल रहे थे, और खेतों में किसान मेहनत कर रहे थे। इसी सादगी भरे माहौल में 1827 में एक साधारण किसान परिवार में एक बालक ने जन्म लिया। माँ-पिता ने उसका नाम रखा—मंगल पांडे। उस छोटे से मिट्टी के घर में उस दिन कोई नहीं जानता था कि यह नन्हा बालक एक दिन ब्रिटिश साम्राज्य की नींव हिला देगा।

मंगल का बचपन गाँव की मिट्टी में खेलते-कूदते बीता। उनके माता-पिता मेहनती और धार्मिक थे। घर में गाय की सेवा होती, और हर शाम भगवान के भजन गाए जाते। ये संस्कार मंगल के मन में गहरे तक उतर गए। गाँव की पाठशाला में वे पढ़ने जाते, लेकिन उनकी आँखों में एक अलग चमक थी। वे शांत थे, पर उनके भीतर कुछ सुलग रहा था—शायद वह आग जो आगे चलकर क्रांति की ज्वाला बनने वाली थी।

जैसे-जैसे मंगल बड़े हुए, उनके परिवार की आर्थिक हालत कमज़ोर होती गई। गाँव में रोज़गार के साधन सीमित थे। 1849 में, जब वे 22 साल के थे, उन्होंने ब्रिटिश ईस्ट इंडिया कंपनी की सेना में भर्ती होने का फैसला किया। वे "34वीं बंगाल नेटिव इन्फैंट्री" में सिपाही बन गए। मंगल लंबे-चौड़े थे, उनकी कद-काठी मजबूत थी, और उनकी वीरता देखकर साथी सैनिक भी हैरान रहते। अंग्रेज अफसर उनकी तारीफ करते, लेकिन मंगल के मन में उनके लिए कोई सम्मान नहीं था। वे देखते थे कि कैसे अंग्रेज भारतीय सैनिकों को नीची नज़रों से देखते थे, कैसे उन्हें गुलामों की तरह ट्रीट करते थे। उनका दिल चुपचाप उस दिन का इंतज़ार कर रहा था जब वह इस जुल्म का जवाब दे सके।

1857 की शुरुआत में एक खबर छावनियों में आग की तरह फैल गई। अंग्रेजों ने नई एनफील्ड पी-53 राइफल पेश की थी। इसके कारतूस को इस्तेमाल करने से पहले मुँह से खोलना पड़ता था। लेकिन अफवाह उड़ी कि इन कारतूसों पर गाय और सूअर की चर्बी लगी होती है। हिंदुओं के लिए गाय माता थी, और मुसलमानों के लिए सूअर हराम। यह खबर सुनते ही सैनिकों का खून खौल उठा। मंगल पांडे के लिए यह सिर्फ कारतूस की बात नहीं थी—यह उनकी आस्था, उनके धर्म, और उनकी पहचान पर हमला था।

उन्होंने अपने साथियों से कहा, "यह कोई गलती नहीं, यह अंग्रेजों की चाल है। वे हमें अपने धर्म से दूर करना चाहते हैं, हमें अपने गुलाम बनाना चाहते हैं।" सैनिकों में बेचैनी बढ़ने लगी। कुछ डर रहे थे, कुछ चुप थे, लेकिन मंगल का गुस्सा अब थमने वाला नहीं था।

29 मार्च का दिन था। बैरकपुर की छावनी में सुबह की शांति थी। सैनिक अपने काम में लगे थे, लेकिन मंगल पांडे का मन एक तूफान बन चुका था। वे अपनी वर्दी में थे, हाथ में बंदूक लिए खड़े थे। उनकी आँखें लाल थीं, और चेहरा गुस्से से तमतमाया हुआ था। उन्होंने साथियों को पुकारा, "क्या हम चुप रहेंगे? क्या हम अपनी मातृभूमि का अपमान सहेंगे?" उनकी आवाज़ में जोश था, पर ज्यादातर सैनिक अभी भी हिचक रहे थे।

तभी अंग्रेज अफसर लेफ्टिनेंट बॉघ घोड़े पर सवार होकर छावनी में आया। वह सैनिकों को डाँटने लगा। मंगल ने उसे देखा, और उनके भीतर का क्रांतिकारी जाग उठा। उन्होंने अपनी बंदूक उठाई, निशाना साधा, और "धाँय!" गोली चली। गोली बॉघ के कंधे में लगी, और वह घोड़े से नीचे गिर पड़ा। छावनी में हड़कंप मच गया। सेरजेंट मेजर ह्यूसन मंगल को पकड़ने दौड़ा, लेकिन मंगल ने उस पर तलवार से वार कर दिया। ह्यूसन भी घायल होकर गिर पड़ा।

सैनिक यह सब देख रहे थे। कुछ ने मंगल का साथ देने की सोची, लेकिन अंग्रेजों का डर उन्हें रोक रहा था। मंगल अकेले ही दो अंग्रेज अफसरों से भिड़ गए। यह नज़ारा किसी चमत्कार से कम नहीं था—एक साधारण सिपाही ने ब्रिटिश हुकूमत को चुनौती दे दी थी।

अंग्रेजों ने जल्द ही भारी संख्या में सैनिक भेजे। मंगल पांडे को घेर लिया गया। उन्होंने आखिरी दम तक लड़ने की कोशिश की, लेकिन संख्या बल के आगे वे पकड़े गए। उन्हें जंजीरों में जकड़ा गया और कोर्ट मार्शल के सामने पेश किया गया। 6 अप्रैल 1857 को उन्हें फाँसी की सजा सुनाई गई। अंग्रेजों ने 18 अप्रैल की तारीख तय की, लेकिन डर था कि कहीं सैनिक बगावत न कर दें। इसलिए 8 अप्रैल 1857 को ही मंगल को फाँसी के तख्ते पर लटका दिया गया। फंदा उनके गले में पड़ा, लेकिन उनकी आँखों में कोई डर नहीं था—सिर्फ गर्व था कि उन्होंने अपने देश के लिए कुछ किया।

मंगल पांडे की शहादत कोई अंत नहीं थी, बल्कि एक शुरुआत थी। उनकी फाँसी की खबर जंगल की आग की तरह फैली। 10 मई 1857 को मेरठ में सैनिकों ने खुला विद्रोह कर दिया। यह आग दिल्ली, झाँसी, कानपुर, लखनऊ तक पहुँची। झाँसी की रानी, तात्या टोपे, नाना साहेब, और बहादुर शाह ज़फर जैसे वीरों ने इस क्रांति को आगे बढ़ाया। हालाँकि 1857 का विद्रोह दबा दिया गया, लेकिन मंगल पांडे ने जो चिंगारी जलाई, वह 1947 तक जलती रही, जब भारत आज़ाद हुआ। मंगल पांडे एक सिपाही से बढ़कर थे—वे स्वतंत्रता संग्राम के पहले नायक थे। उनकी एक गोली ने पूरे देश को जगा दिया।

❦

73

फील्ड मार्शल सैम मानेकशॉ:साहस, नेतृत्त्व और भारत की सैन्य शान

कई दशक पहले की बात है, जब भारत की धरती पर आजादी की सुगंध फैल रही थी, और देश अपने पैरों पर खड़ा हो रहा था। उस समय एक ऐसा सैनिक पैदा हुआ, जिसने अपनी हिम्मत, हास्य और हौसले से भारत को न सिर्फ गर्व का पल दिया, बल्कि इतिहास के पन्नों पर सुनहरे अक्षरों में अपना नाम लिख दिया। उनका नाम था—सैम होर्मूसजी फ्रेमजी जमशेदजी मानेकशॉ, जिन्हें दुनिया फील्ड मार्शल सैम मानेकशॉ के नाम से जानती है। यह कहानी एक सैनिक की है, जिसने गोलियों के बीच हँसना सिखाया और 1971 के युद्ध में भारत को ऐतिहासिक जीत दिलाई।

3 अप्रैल 1914 की सुबह, पंजाब के अमृतसर में एक पारसी परिवार में सैम ने पहली साँस ली। उनके पिता डॉक्टर होर्मूसजी मानेकशॉ और माँ हीरबाई एक साधारण परिवार से थे, लेकिन सैम का मन साधारण

नहीं था। बचपन में वह शरारती था, लेकिन उसकी आँखों में एक चमक थी। वह अपने पिता से कहता, "मैं डॉक्टर नहीं, सैनिक बनूँगा।" पिता ने उसे समझाया, पर सैम का जिद्दी मन नहीं माना।

उन्होंने शेरवुड कॉलेज, नैनीताल में पढ़ाई की। वहाँ वह खेल में आगे रहता, और उसकी हाजिरजवाबी से टीचर भी हँस पड़ते। 1932 में जब भारतीय सैन्य अकादमी (IMA) देहरादून में पहला बैच शुरू हुआ, तो सैम ने मौका देखा। वह उस बैच का हिस्सा बने और 1934 में सेना में भर्ती हुए। उनकी लंबी कद-काठी, तेज नजर और मुस्कान देखकर लोग कहते, "यह लड़का कुछ बड़ा करेगा।"

सैम का सैन्य करियर रॉयल इंडियन आर्मी से शुरू हुआ। द्वितीय विश्व युद्ध के दौरान वह बर्मा (अब म्यांमार) के जंगलों में उतरे। 1942 में एक भयंकर जंग हुई। जापानी सेना ने हमला बोला, और सैम अपनी टुकड़ी के साथ मोर्चे पर थे। तभी उनके सीने में 9 गोलियाँ लगीं। खून बह रहा था, साँसें रुक रही थीं, लेकिन सैम ने हार नहीं मानी। उनके साथी उन्हें पीछे ले गए। डॉक्टर ने कहा, "यह नहीं बचेगा।" पर सैम ने मुस्कुराकर कहा, "मैं अभी मरने वाला नहीं हूँ।"

उनकी हिम्मत देखकर उन्हें मिलिट्री क्रॉस से सम्मानित किया गया। वह ठीक हुए और फिर मैदान में लौट आए। उनकी यह कहानी सेना में आग की तरह फैली। लोग कहते, "सैम में जान से ज्यादा जुनून है।"

1969 में सैम मानेकशॉ को भारतीय सेना का थल सेनाध्यक्ष बनाया गया। उस समय पूर्वी पाकिस्तान (अब बांग्लादेश) में पाकिस्तानी सेना के जुल्म चरम पर थे। लाखों लोग शरणार्थी बनकर भारत आ रहे थे। 1971 में हालात बिगड़े, और युद्ध की आहट सुनाई देने लगी। तत्कालीन प्रधानमंत्री इंदिरा गांधी ने सैम से कहा, "हमें लड़ना होगा। तैयार रहो।" सैम ने शांत स्वर में जवाब दिया, "मैडम, मैं तैयार हूँ, लेकिन मुझे समय चाहिए। जल्दबाजी में हार होगी, तैयारी में जीत।"

उन्होंने अपनी रणनीति बनाई। सैनिकों को तैयार किया, हथियार जुटाए, और हर कदम सोच-समझकर उठाया। 3 दिसंबर 1971 को युद्ध शुरू हुआ। सैम की अगुवाई में भारतीय सेना पूर्वी और पश्चिमी मोर्चे

पर लड़ी। उनकी रणनीति ऐसी थी कि पाकिस्तानी सेना हक्की-बक्की रह गई। सैम अपने सैनिकों से कहते, "तुम मेरे परिवार हो। डरो मत, मैं तुम्हारे साथ हूँ।" उनकी बातों से सैनिकों में जोश भर जाता।

13 दिन बाद, 16 दिसंबर 1971 को ढाका में पाकिस्तान के 93,000 सैनिकों ने आत्मसमर्पण कर दिया। यह विश्व सैन्य इतिहास का सबसे बड़ा समर्पण था। बांग्लादेश आजाद हुआ, और भारत की जीत की गूँज पूरी दुनिया में फैली। सैम की इस जीत ने उन्हें "सैम बहादुर" बना दिया।

1973 में भारत सरकार ने सैम मानेकशॉ को फील्ड मार्शल की उपाधि दी—यह सम्मान भारतीय सेना में पहली बार किसी को मिला। यह आजीवन सम्मान था, जो उनकी बहादुरी और नेतृत्व का प्रतीक बना। उन्हें पद्म विभूषण भी मिला। सैम ने इसे स्वीकार करते हुए कहा, "यह सम्मान मेरा नहीं, मेरे सैनिकों का है।"

सैम का व्यक्तित्व अनोखा था। वह सादगी से रहते, लेकिन उनकी हाजिरजवाबी और व्यंग्य हर किसी को हैरान कर देते। एक बार किसी ने पूछा, "आपको मरने से डर नहीं लगता?" सैम हँसे और बोले, "जो कहे उसे डर नहीं लगता, वह या तो झूठ बोल रहा है या गोरखा है।" वह अपने सैनिकों को बेटों की तरह मानते। उनकी सख्ती और प्यार ने सेना में अनुशासन और भाईचारा बनाए रखा।

उनका निजी जीवन भी सादगी से भरा था। वह अपनी पत्नी सिलू और बच्चों के साथ समय बिताना पसंद करते। रिटायरमेंट के बाद वह तमिलनाडु के वेलिंगटन में बस गए, जहाँ वह बागवानी करते और किताबें पढ़ते।

27 जून 2008 को वेलिंगटन में सैम मानेकशॉ की साँसें थम गईं। 94 साल की उम्र में वह दुनिया छोड़ गए, लेकिन उनकी गाथा कभी खत्म नहीं हुई। उनकी अंतिम यात्रा में सैनिकों की आँखें नम थीं, और पूरा देश उन्हें सलाम कर रहा था। उनकी कब्र पर लिखा गया, "सैम बहादुर—एक सैनिक की जिंदगी।"

सैम मानेकशॉ भारत के वीर सपूत थे। उनकी हँसी, उनका हौसला, और उनकी हिम्मत आज भी भारतीय सेना में गूँजती है। वह सिर्फ एक सेनापति नहीं, बल्कि एक प्रेरणा थे। उनकी कहानी हर नौजवान को

सिखाती है कि साहस और सादगी से कोई भी जंग जीती जा सकती है।

74

कैप्टन विक्रम बत्रा: शेरशाह की शौर्यगाथा

हिमाचल प्रदेश के पालमपुर में हिमालय की ऊँचाइयाँ आसमान को छूती हैं। यहाँ की हर सुबह सूरज की किरणों से शुरू होती है, जो देवदार के पेड़ों को सुनहरी रोशनी में नहलाती हैं। इसी शांत और खूबसूरत कस्बे में 9 सितंबर 1974 को एक घर में खुशी की किलकारी गूँजी। एक बालक का जन्म हुआ, जिसका नाम रखा गया—विक्रम बत्रा। माँ कमलकांता और पिता जी.एल. बत्रा की आँखों में अपने नन्हे बेटे को देखकर गर्व और प्यार था। उस दिन शायद ही किसी ने सोचा हो कि यह बच्चा एक दिन भारत का "शेरशाह" कहलाएगा।

विक्रम का बचपन पहाड़ों की सादगी में बीता। जहाँ गाँव के बच्चे गेंद से खेलते या नदियों में कंकड़ फेंकते, वहीं विक्रम लकड़ी की तलवार लेकर अपने दोस्तों के साथ युद्ध का खेल खेलता। उसकी आँखों में एक चमक थी—एक ऐसा सपना जो उसे देश की रक्षा के लिए पुकार रहा था। एक दिन स्कूल में शिक्षक ने सवाल किया, "बड़े होकर तुम क्या बनना चाहते हो?" जवाबों की बौछार शुरू हुई—कोई डॉक्टर बनना चाहता था, कोई इंजीनियर। लेकिन जब विक्रम की बारी आई, वह सीधा खड़ा हुआ और उसकी गूँजती आवाज़ ने सबको चौंका दिया, "मैं फौजी बनूँगा, सर! और देश के दुश्मनों को खत्म करूँगा!" शिक्षक ने मुस्कुराकर कहा, "बेटे,

भगवान करे तुम अपने सपने को सच कर दिखाओ।"

समय बीता, और विक्रम ने अपनी पढ़ाई पूरी की। स्कूल और कॉलेज में वह हमेशा अव्वल रहता। लेकिन उसकी मंजिल किताबें नहीं, बल्कि रणभूमि थी। 1996 में उसने भारतीय सैन्य अकादमी (IMA), देहरादून में कदम रखा। यहाँ हर दिन एक नई चुनौती थी। बर्फीली सुबह में मीलों दौड़ना, ठंडी हवाओं में ट्रेनिंग करना, और बंदूक की निशानेबाजी में सटीकता हासिल करना—विक्रम हर परीक्षा में आगे रहा। उसके साथी उसे देखकर कहते, "विक्रम, तुम तो शेर हो!" यहीं से उसका नाम पड़ा—"शेरशाह"। 6 दिसंबर 1997 को वह IMA से पास आउट हुआ और 13 जम्मू-कश्मीर राइफल्स में लेफ्टिनेंट बना। उसकी माँ ने उस दिन कहा था, "बेटा, हमेशा देश का नाम रोशन करना।" विक्रम ने मुस्कुराकर जवाब दिया, "माँ, यह मेरा वादा है।"

1999 का साल था। कारगिल की चोटियों पर दुश्मन ने कब्जा जमा लिया था। पाकिस्तानी घुसपैठियों ने भारत की सीमा में ऊँचाइयों पर मोर्चा संभाल लिया था। भारतीय सेना को बुलावा आया, और विक्रम बत्रा की बटालियन को भी रणभूमि में उतारा गया। उसकी आँखों में जोश था, और दिल में देश के लिए जुनून। घर से निकलते वक्त उसने अपने पिता से कहा, "पापा, चिंता मत करना। या तो मैं जीतकर लौटूँगा, या तिरंगे में लिपटकर आऊँगा।" यह सुनकर पिता की आँखें नम हुईं, लेकिन गर्व से सीना चौड़ा भी हुआ।

20 जून 1999 की रात थी। हिमालय की चोटियों पर अंधेरा गहरा था, और ठंडी हवाएँ साँय-साँय कर रही थीं। प्वाइंट 5140 पर दुश्मन ने मजबूत बंकर बना रखे थे। यह चोटी इतनी ऊँची थी कि वहाँ तक पहुँचना नामुमकिन लगता था। लेकिन विक्रम ने अपनी टीम को हौसला दिया। "चलो, भाइयों! आज दुश्मन को दिखा दें कि भारत का सैनिक क्या होता है!" वे चुपचाप आगे बढ़े। चट्टानों पर चढ़ाई शुरू हुई। अचानक दुश्मन ने गोलीबारी शुरू कर दी। गोलियाँ हवा को चीर रही थीं। एक सैनिक के पैर में गोली लगी। वह कराहते हुए बोला, "सर, मैं आगे नहीं जा सकता।"

विक्रम ने उसे देखा और कहा, "तू पीछे हट, तेरा परिवार है। मैं संभाल लूँगा।" फिर वे खुद आगे बढ़े। दुश्मन के बंकर पर ग्रेनेड फेंका और एक-

एक को खत्म कर दिया। सुबह होते-होते प्वाइंट 5140 पर तिरंगा लहरा रहा था। विक्रम ने रेडियो पर अपनी गूँजती आवाज़ में कहा, "ये दिल मांगे मोर!" यह सुनकर मुख्यालय में खुशी की लहर दौड़ गई। शेरशाह की पहली जीत ने सबके दिल जीत लिए।

4 जुलाई 1999 को विक्रम को नया मिशन मिला—प्वाइंट 4875 पर कब्जा करना। यह कारगिल की सबसे मुश्किल और खतरनाक चोटी थी। बर्फ से ढकी ढलानें, खड़ी चढ़ाई, और दुश्मन की भारी गोलीबारी—हर कदम पर मौत नज़र आ रही थी। लेकिन विक्रम ने कहा, "अगर दुश्मन ऊपर है, तो हमें भी वहाँ तक पहुँचना है।" 7 जुलाई की सुबह लड़ाई शुरू हुई। चारों ओर गोलियों की बौछार थी। विक्रम अपनी टीम के साथ आगे बढ़ रहे थे। तभी एक साथी अधिकारी को गोली लग गई। वह चीखा, "सर, आप मत जाइए, बहुत खतरा है!"

विक्रम ने उसकी ओर देखा और बोला, "तू पीछे हट, मैं देखता हूँ।" वे आगे बढ़े और दुश्मन के बंकर पर टूट पड़े। एक-एक कर दुश्मनों को मार गिराया। जीत करीब थी, लेकिन तभी एक गोली उनके सीने को भेद गई। खून बहने लगा। वे घुटनों पर गिरे, लेकिन उनकी आँखों में संतोष था। अंतिम साँस के साथ उनके होंठों से निकला, "जय माता दी!" और वह वीर सैनिक हमेशा के लिए अमर हो गया।

विक्रम की शहादत ने पूरे देश को झकझोर दिया। उनकी बहादुरी की कहानियाँ हर घर में गूँजीं। उन्हें मरणोपरांत परमवीर चक्र से सम्मानित किया गया—भारत का सर्वोच्च सैन्य सम्मान। प्वाइंट 4875 को "बत्रा टॉप" नाम दिया गया। विक्रम बत्रा सिर्फ सैनिक नहीं, देशभक्ति की जीती-जागती मिसाल थे। उनकी कहानी हमें सिखाती है कि साहस और बलिदान से ही देश की रक्षा होती है। "ये दिल मांगे मोर!"—यह नारा आज भी हर भारतीय के दिल में गूँजता है।

75

हवलदार अब्दुल हमीद: दुश्मन पर भारी एक अमर योद्धा

सितंबर 1965 की एक शाम थी। सूरज पश्चिम की ओर ढल रहा था, और पंजाब के खेमकरण सेक्टर में आसमान नारंगी रंग से रंगा हुआ था। चारों ओर तनाव था। भारतीय सैनिक अपनी मोर्चाबंदी को मज़बूत कर रहे थे, क्योंकि सामने से पाकिस्तान की ताकतवर पैटन टैंक रेजिमेंट आगे बढ़ रही थी। इन टैंकों की गड़गड़ाहट से ज़मीन काँप रही थी। हर सैनिक के मन में एक सवाल था—इन लोहे के पहाड़ों को कौन रोक पाएगा? तभी एक सैनिक अपनी जीप पर सवार हुआ। उसकी आँखों में चिंगारी थी, और चेहरे पर एक आत्मविश्वास भरी मुस्कान। उसने अपनी एंटी-टैंक गन संभाली और अपने साथियों से कहा, "जब तक मेरे शरीर में साँस है, ये टैंक आगे नहीं बढ़ेंगे!" वह वीर योद्धा कोई और नहीं, हवलदार अब्दुल हमीद थे।

यह कहानी शुरू होती है 1 जुलाई 1933 से, जब उत्तर प्रदेश के गाजीपुर जिले के धामूपुर गाँव में एक साधारण किसान परिवार में एक बालक ने जन्म लिया। गाँव में चारों ओर खेत थे, और मिट्टी के घरों में सादगी भरा जीवन था। उसके पिता मोहम्मद उस्मान खेतों में पसीना बहाते, और माँ सकीना बेगम घर की ज़िम्मेदारियाँ संभालतीं। इस बच्चे का नाम रखा गया—अब्दुल हमीद।

अब्दुल का बचपन गाँव की गलियों में बीता। वह शांत और मेहनती था। गाँव में कोई मुसीबत में होता, तो सबसे पहले अब्दुल दौड़ पड़ता। कभी हकीम को बुलाने जाता, तो कभी बुजुर्गों का बोझ उठाता। लेकिन उसकी आँखों में एक अलग सपना था। जब भी वह सेना की वर्दी में किसी जवान को देखता, उसका सीना चौड़ा हो जाता। वह सोचता, "एक दिन मैं भी देश की सेवा करूँगा।" उसकी माँ उसकी नन्ही शरारतों पर हँसती, लेकिन उसे नहीं पता था कि उसका बेटा एक दिन इतिहास रचेगा।

16 साल की उम्र में अब्दुल ने फैसला कर लिया कि वह सेना में जाएगा। 1949 में वह भारतीय सेना की भर्ती के लिए निकला। माँ ने आँखों में आँसू लिए उसे विदा किया और कहा, "बेटा, हमेशा अपनी मिट्टी का मान रखना।" अब्दुल ने माँ के पैर छुए और बोला, "माँ, मैं भारत माँ की रक्षा के लिए अपनी जान भी दे दूँगा।" उसकी यह बात सिर्फ शब्द नहीं, बल्कि एक कसम थी।

1954 में वह 4 ग्रेनेडियर्स रेजिमेंट में भर्ती हुआ। वहाँ उसने मशीनगन और एंटी-टैंक गन चलाने की ट्रेनिंग ली। उसकी मेहनत और अनुशासन देखकर अफसर भी हैरान रहते। वह हर काम में आगे रहता। उसकी शादी रसूलन बीबी से हुई, लेकिन उसने हमेशा कहा, "मेरा पहला प्यार मेरी मातृभूमि है।"

सितंबर 1965 में भारत-पाकिस्तान युद्ध शुरू हुआ। खेमकरण सेक्टर में पाकिस्तान ने अपने अमेरिकी पैटन टैंकों को उतारा। ये टैंक उस समय के सबसे मज़बूत हथियारों में से थे। भारतीय सेना के पास इनका मुकाबला करने के लिए ज्यादा साधन नहीं थे। सैनिकों के चेहरों पर चिंता थी। लेकिन अब्दुल हमीद ने हार नहीं मानी। उसने अपनी जीप पर लगी रिकॉइललेस एंटी-टैंक गन को तैयार किया और अपने साथियों

से कहा, "ये टैंक लोहे के हो सकते हैं, लेकिन मेरा इरादा स्टील से भी मज़बूत है।"

8 सितंबर की सुबह थी। पाकिस्तानी टैंक भारतीय सीमा की ओर बढ़ रहे थे। अब्दुल ने अपनी जीप को खेतों के बीच छिपाया। जैसे ही पहला टैंक नज़र आया, उसने निशाना साधा। "धड़ाम!" एक ज़ोरदार धमाका हुआ, और टैंक जलने लगा। दूसरा टैंक आया, अब्दुल ने फिर गोला दागा—वह भी नष्ट। तीसरा टैंक भी उसकी गन का शिकार बना। पाकिस्तानी सैनिक हैरान थे। एक अकेला सैनिक उनकी ताकत को चुनौती दे रहा था।

10 सितंबर की सुबह और भी खतरनाक थी। दर्जनों पैटन टैंक एक साथ आगे बढ़े। अब्दुल ने अपनी जीप को फिर से तैयार किया। उसने अपने साथी से कहा, "तुम पीछे रहो, मैं इनसे निपटता हूँ।" उसने चौथा, पाँचवाँ, और छठा टैंक ध्वस्त कर दिया। हर धमाके के साथ उसकी हिम्मत बढ़ती जा रही थी। लेकिन तभी एक दुश्मन टैंक ने उसकी जीप पर निशाना साधा। "धड़ाम!" एक भयानक विस्फोट हुआ। धूल और धुआँ छँटने पर अब्दुल का शरीर ज़मीन पर पड़ा था। वह शहीद हो गया था।

अब्दुल की शहादत ने भारतीय सैनिकों में जोश भर दिया। उनकी बहादुरी से प्रेरित होकर सेना ने पाकिस्तान को पीछे हटने पर मजबूर कर दिया। खेमकरण में दुश्मन की हार हुई, और यह जीत अब्दुल हमीद के नाम लिखी गई।

26 जनवरी 1966 को राष्ट्रपति डॉ. एस. राधाकृष्णन ने अब्दुल हमीद को मरणोपरांत परमवीर चक्र से सम्मानित किया। उनकी पत्नी रसूलन बीबी ने यह पुरस्कार लिया, और उनकी आँखों में गर्व के साथ आँसू थे।

अब्दुल हमीद की याद में गाजीपुर में स्मारक बने। उनके नाम पर डाक टिकट जारी हुआ। हर साल 10 सितंबर को उनकी शहादत को सलाम किया जाता है। सेना में उनके नाम से ट्रेनिंग सेंटर हैं। उनकी कहानी हर सैनिक को प्रेरित करती है।

मुकेश दुबे

76

रेजांग ला का रणबांकुरा: मेजर शैतान सिंह

नवंबर 1962 की सर्द रात थी। लद्दाख के रेजांग ला की ऊँचाइयों पर बर्फीली हवाएँ साँय-साँय कर रही थीं। तापमान शून्य से 20 डिग्री नीचे था, और चारों ओर बर्फ का सफेद कंबल बिछा हुआ था। इस सुनसान और ठंडी रणभूमि में 13 कुमाऊँ रेजिमेंट की एक छोटी टुकड़ी मोर्चा संभाले हुए थी। उनके सामने दुश्मन की विशाल सेना थी, लेकिन उनके दिल में एक आग जल रही थी—मातृभूमि की रक्षा की आग। इस टुकड़ी का नेतृत्व कर रहे थे मेजर शैतान सिंह—एक ऐसा नाम, जो उस रात इतिहास के पन्नों पर शौर्य और बलिदान की सुनहरी स्याही से लिखा गया।

1 दिसंबर 1924 को राजस्थान के बाड़मेर जिले के जसोल गाँव में एक ठेठ राजपूती परिवार में शैतान सिंह का जन्म हुआ। गाँव के चारों ओर रेत के टीले थे, और सूरज की तपती किरणें यहाँ की मिट्टी को और सख्त बनाती थीं। उनके पिता हेमसिंह भाटी सेना में अधिकारी थे, और माँ का दिल देशभक्ति से भरा था। शैतान सिंह बचपन से ही नन्ही थे। वे

दोस्तों के साथ तलवारबाज़ी का खेल खेलते, और जब कोई कहानी सुनने को मिलती, तो उनकी पसंद हमेशा शिवाजी और राणा प्रताप की वीरता की गाथाएँ होतीं। एक दिन उन्होंने अपने पिता से कहा, "पिताजी, मैं भी सेना में जाऊँगा और देश के लिए लड़ूँगा।" पिता ने हँसकर उनकी पीठ थपथपाई और कहा, "बेटा, तू राजपूत है, तेरे खून में ही वीरता है।"

1949 में शैतान सिंह ने भारतीय सेना में कदम रखा और 13 कुमाऊँ रेजिमेंट में शामिल हुए। उनकी ट्रेनिंग के दौरान ही उनकी बहादुरी और नेतृत्व का पता चल गया। वे सैनिकों के लिए सिर्फ अफसर नहीं, बल्कि एक भाई थे। ठंडी रातों में वे अपने जवानों के साथ बैठते, उनकी बातें सुनते, और हौसला बढ़ाते। उनकी मुस्कान में गर्मी थी, और आवाज़ में ठंडक। जल्द ही वे मेजर बन गए, और हर मोर्चे पर उनकी शेरदिली की चर्चा होने लगी।

अक्टूबर 1962 में भारत-चीन युद्ध शुरू हुआ। लद्दाख का रेजांग ला सामरिक दृष्टि से बेहद अहम था। अगर यहाँ दुश्मन कब्जा कर लेता, तो भारत की सीमाएँ खतरे में पड़ जातीं। 13 कुमाऊँ रेजिमेंट की चार्ली कंपनी को यहाँ तैनात किया गया। सैनिकों के पास गर्म कपड़े कम थे, हथियार सीमित थे, और खाना भी पूरा नहीं था। लेकिन उनके पास जो था, वह था मेजर शैतान सिंह का नेतृत्व और देश के लिए मर मिटने का जज़्बा। सामने चीन की सेना थी—हज़ारों सैनिक, मशीनगनें, और तोपों से लैस।

18 नवंबर की सुबह 3 बजे थी। रेजांग ला पर घना अंधेरा था। बर्फ की चादर में लिपटी चोटियाँ सन्नाटे में डूबी थीं। तभी पहाड़ियों पर हलचल हुई। चीनी सैनिकों ने हमला बोल दिया। 120 भारतीय जवानों के सामने 1300 से ज़्यादा दुश्मन थे। यह लड़ाई नामुमकिन लग रही थी। लेकिन मेजर शैतान सिंह ने अपने सैनिकों को पुकारा, "हमारे पास गोला-बारूद कम हो सकता है, लेकिन हिम्मत असीमित है। आखिरी साँस तक लड़ेंगे, और भारत की एक इंच ज़मीन भी नहीं छोड़ेंगे!"

पहला हमला आया। चीनी सैनिक मशीनगनों से गोलियाँ बरसा रहे थे। भारतीय सैनिकों ने जवाब दिया। मेजर शैतान सिंह एक पोस्ट से दूसरी पोस्ट दौड़ रहे थे। "डटे रहो, पीछे मत हटना!" उनकी आवाज़ गूँज

रही थी। पहला हमला नाकाम हुआ। दूसरा हमला तोपों के साथ आया। बर्फ में धमाके गूँजने लगे। फिर भी सैनिक डटे रहे। तीसरा हमला और भयंकर था। गोलियाँ खत्म होने लगीं। मेजर ने कहा, "संगीनें निकालो, अब हाथों से लड़ेंगे!" सैनिकों ने संगीनों और नंगे हाथों से दुश्मन का मुकाबला किया।

लड़ाई के बीच मेजर शैतान सिंह हर मोर्चे पर थे। तभी एक गोली उनके कंधे में लगी। खून बहने लगा। एक सैनिक चीखा, "सर, पीछे हट जाइए!" लेकिन शैतान सिंह ने जवाब दिया, "राजपूत कभी पीठ नहीं दिखाता।" वे लड़ते रहे। फिर मशीनगन की बौछार ने उन्हें घेर लिया। उनके सीने में कई गोलियाँ लगीं। सैनिक उन्हें बचाने दौड़े, लेकिन उन्होंने कहा, "मुझे छोड़ो, अपने मोर्चे संभालो।" उनकी साँसें धीमी हुईं। अंतिम बार उन्होंने बर्फीली चोटियों की ओर देखा, और होंठों पर हल्की मुस्कान लिए वीरगति को प्राप्त हुए।

उस रात 120 में से 114 सैनिक शहीद हो गए। लेकिन उन्होंने 1000 से ज़्यादा चीनी सैनिकों को मार गिराया। इतना नुकसान देख चीनी सेना पीछे हट गई। रेजांग ला भारत के पास रहा। यह लड़ाई दुनिया के सबसे महान सैन्य बलिदानों में गिनी जाती है।

1963 में मेजर शैतान सिंह को मरणोपरांत परमवीर चक्र से सम्मानित किया गया। उनकी माँ ने यह सम्मान लिया, और उनकी आँखों में गर्व के आँसू थे। रेजांग ला में "शहीद स्मारक" उनकी याद में खड़ा है। मेजर शैतान सिंह सिर्फ एक सैनिक नहीं, बल्कि शौर्य की मूर्ति थे।

77

तुम पीछे हटो, मैं कवर करता हूँ!" - मेजर संदीप उन्नीकृष्णन

26 नवंबर 2008 की रात थी। मुंबई की चमचमाती रोशनी अचानक डर और दहशत में डूब गई। समुद्र की लहरों के बीच से आए 10 आतंकियों ने शहर पर हमला बोल दिया। ताज होटल की भव्य इमारत आग और गोलियों की चपेट में थी। सड़कें सुनसान थीं, और हवा में सिर्फ चीखें और सायरन गूँज रहे थे। अंदर सैकड़ों बेकसूर लोग फँसे थे, बाहर पूरा देश साँस रोके यह मंज़र देख रहा था। उस अंधेरे में एक शख्स था, जो मौत को चुनौती देने को तैयार था—मेजर संदीप उन्नीकृष्णन। उस रात वह सिर्फ एक सैनिक नहीं, बल्कि भारत की उम्मीद बनकर उभरा।

15 मार्च 1977 को केरल के कोझीकोड में संदीप का जन्म हुआ। उनका परिवार बाद में बेंगलुरु में बस गया। पिता के. उन्नीकृष्णन इसरो में वैज्ञानिक थे, और माँ धनलक्ष्मी एक गृहिणी। घर में पढ़ाई का माहौल था, लेकिन संदीप का मन किताबों से ज्यादा सेना की वर्दी में रमता था।

स्कूल में जहाँ बच्चे खिलौनों से खेलते, संदीप अपना बैग बंदूक बनाकर दोस्तों के साथ "सैनिक-सैनिक" खेलता। उसकी बड़ी-बड़ी आँखों में एक सपना था। एक दिन माँ ने प्यार से पूछा, "बेटा, बड़ा होकर क्या बनोगे?" संदीप ने सीना तानकर कहा, "माँ, मैं देश के लिए लड़ूँगा।" माँ ने हँसकर उसे गले लगाया, लेकिन उसकी बात में एक आग थी जो आगे चलकर सच हुई।

संदीप ने बेंगलुरु के फ्रैंक एंथोनी पब्लिक स्कूल से पढ़ाई पूरी की। 1995 में वह राष्ट्रीय रक्षा अकादमी (NDA), खड़कवासला में शामिल हुआ। वहाँ उसकी नन्हीता और नेतृत्व ने उसे सबसे अलग बनाया। साथी उसे "सैनिक संदीप" कहते। 1999 में वह भारतीय सैन्य अकादमी (IMA), देहरादून से पास आउट हुआ और 7 बिहार रेजिमेंट में लेफ्टिनेंट बना। लेकिन उसकी असली मंजिल 2003 में आई, जब उसने NSG (राष्ट्रीय सुरक्षा गार्ड) की कठिन ट्रेनिंग पास की और ब्लैक कैट कमांडो बना। अब वह तैयार था—हर खतरे से लड़ने के लिए, हर चुनौती को कुचलने के लिए।

26 नवंबर 2008 को मुंबई पर आतंकी हमला हुआ। ताज होटल में आतंकियों ने कब्जा जमा लिया था। NSG को बुलाया गया, और "ऑपरेशन ब्लैक टॉर्नेडो" की कमान मेजर संदीप को सौंपी गई। 27 नवंबर की रात वह अपनी टीम के साथ ताज होटल में दाखिल हुआ। उसका एक ही लक्ष्य था—बेकसूरों को बचाना और आतंकियों को खत्म करना। उसने अपनी टीम से कहा, "हम अंदर जा रहे हैं। कोई पीछे नहीं हटेगा।" उसकी आवाज़ में दृढ़ता थी, और आँखों में जोश।

होटल के अंदर गोलियों की बौछार शुरू हुई। आतंकी ऊपरी मंजिलों पर छिपे थे और लगातार फायरिंग कर रहे थे। संदीप अपनी टीम को आगे बढ़ा रहा था। तभी एक गोली उसके साथी कमांडो सुनील यादव को लगी। वह ज़मीन पर गिर पड़ा। संदीप ने उसे सहारा दिया, लेकिन आतंकी करीब आ रहे थे। उसने अपने साथी की ओर देखा और दहाड़ा, "तुम पीछे हटो, मैं कवर करता हूँ!" फिर वह अकेले ही आतंकियों की ओर बढ़ा। उसकी बंदूक गरज रही थी। एक-एक कर उसने कई आतंकियों को ढेर कर दिया।

लेकिन तभी एक आतंकी ने छिपकर उस पर पीछे से हमला किया। एक गोली उसकी पीठ में लगी। ख़ून बहने लगा। वह लड़खड़ाया, लेकिन रुका नहीं। दूसरी गोली लगी, फिर तीसरी। उसका शरीर कमज़ोर पड़ रहा था, पर उसकी आँखों में वही आग थी। आखिरी साँस तक वह लड़ा, और 28 नवंबर 2008 को वह शहीद हो गया। उसकी शहादत ने ऑपरेशन को सफल बनाया। बाकी कमांडो ने आतंकियों का सफाया कर दिया, और ताज को आज़ाद कराया।

26 जनवरी 2009 को मेजर संदीप उन्नीकृष्णन को मरणोपरांत "अशोक चक्र" से सम्मानित किया गया—शांतिकाल का सर्वोच्च वीरता पुरस्कार। उनके माता-पिता ने यह सम्मान लिया, और पूरा देश उनकी शहादत पर नतमस्तक हो गया।

संदीप की याद में बेंगलुरु में "मेजर संदीप उन्नीकृष्णन रोड" बनाई गई। उनकी प्रतिमाएँ कई जगहों पर लगाई गईं। 2021 में उनकी ज़िंदगी पर फिल्म "मेजर" बनी। हर 26 नवंबर को देश उन्हें याद करता है।

"तुम पीछे हटो, मैं कवर करता हूँ!"—ये शब्द सिर्फ एक आदेश नहीं, बल्कि एक सैनिक का अपने देश और साथियों के प्रति प्यार थे। मेजर संदीप उन्नीकृष्णन एक योद्धा थे, जिन्होंने अपनी जान देकर सैकड़ों को बचाया।

78

गलवान का वीर: कर्नल संतोष बाबू

15 जून 2020 की रात थी। लद्दाख की गलवान घाटी में बर्फ की चादर बिछी हुई थी, और ठंडी हवाएँ सन्नाटे को चीर रही थीं। आसमान में तारे चमक रहे थे, लेकिन नीचे ज़मीन पर एक तूफान तैयार हो रहा था। 16 बिहार रेजिमेंट के जवान अपनी चौकियों पर तैनात थे, और उनके सामने चीन की पीपुल्स लिबरेशन आर्मी (PLA) की चालबाजी चल रही थी। इस टुकड़ी का नेतृत्व कर रहे थे कर्नल बी. संतोष बाबू—एक ऐसा योद्धा, जिसकी आँखों में दृढ़ता और दिल में देशभक्ति की आग थी। वह जानते थे कि दुश्मन की मंशा खतरनाक है, लेकिन वह अपनी मातृभूमि की एक इंच ज़मीन भी नहीं छोड़ने वाले थे।

13 फरवरी 1983 को तेलंगाना के सूर्यापेट में संतोष बाबू का जन्म हुआ। उनके पिता बी. उपेंद्र डाक विभाग में अधिकारी थे, और माँ मंजुला ने उन्हें अनुशासन और नैतिकता सिखाई। संतोष का बचपन सादगी में बीता, लेकिन उनकी आँखों में हमेशा एक चमक थी। गाँव में जब भी कोई सैनिक वर्दी में दिखता, वह उसे देखकर मंत्रमुग्ध हो जाता। स्कूल में जब शिक्षक भविष्य के बारे में पूछते, संतोष का जवाब हमेशा एक होता—"मैं सैनिक बनूँगा।"

हैदराबाद के सैनिक स्कूल में पढ़ाई के दौरान उसकी यह चाहत और मजबूत हुई। फिर उसने राष्ट्रीय रक्षा अकादमी (NDA) में दाखिला लिया। वहाँ उसकी मेहनत और लगन ने उसे सबसे अलग बनाया। 2004 में भारतीय सैन्य अकादमी (IMA), देहरादून से पास आउट होकर वह 16 बिहार रेजिमेंट में शामिल हुआ। उसकी शादी संतोषी से हुई, लेकिन उसका पहला प्यार हमेशा उसकी मातृभूमि रही।

मई 2020 में भारत-चीन सीमा पर तनाव बढ़ा। चीन ने गलवान घाटी में LAC के पास अवैध निर्माण शुरू कर दिया। भारतीय सेना ने इसका विरोध किया। कर्नल संतोष बाबू को अपनी रेजिमेंट के साथ वहाँ तैनात किया गया। उनकी ज़िम्मेदारी थी कि दुश्मन की हर हरकत पर नज़र रखें और भारत की संप्रभुता की रक्षा करें। वह हर दिन अपने सैनिकों को हौसला देते और कहते, "हम यहाँ देश के लिए हैं, डरने के लिए नहीं।"

रात करीब 7 बजे थी। ठंड इतनी थी कि साँसें भी जम रही थीं। कर्नल संतोष को खबर मिली कि चीनी सैनिकों ने भारतीय क्षेत्र में घुसपैठ की और अस्थायी ढाँचे खड़े कर दिए। वह अपनी टुकड़ी के साथ वहाँ पहुँचे। सामने चीनी सैनिक खड़े थे। कर्नल ने सख्त लहजे में कहा, "यह हमारी ज़मीन है। अपने ढाँचे हटाओ और पीछे हटो।" चीनी सैनिक पहले शांत रहे, लेकिन यह उनकी चाल थी। अचानक उन्होंने कंटीले डंडों, लोहे की छड़ों और पत्थरों से हमला बोल दिया।

हमला अप्रत्याशित था। हथियारों का इस्तेमाल नहीं हो रहा था, लेकिन यह जंग कम खतरनाक नहीं थी। कर्नल संतोष सबसे आगे थे। उन्होंने अपने सैनिकों को पुकारा, "हम पीछे नहीं हटेंगे! यह हमारी मिट्टी है, इसे बचाना है!" उनकी आवाज़ सुनते ही सैनिकों में जोश भर गया। वे दुश्मन से भिड़ गए। कर्नल ने कई चीनी सैनिकों को अपने हाथों से ढेर कर दिया। लेकिन दुश्मन की संख्या ज्यादा थी। चीनी सैनिकों ने उन्हें घेर लिया। उनके सिर और सीने पर वार हुए। खून बह रहा था, लेकिन वह डटे रहे। आखिरी साँस तक वह लड़े, और फिर शहीद हो गए।

उस रात 20 भारतीय सैनिक शहीद हुए, जिनमें कर्नल संतोष बाबू भी शामिल थे। लेकिन उन्होंने 45 से ज्यादा चीनी सैनिकों को मार गिराया।

उनकी वीरता ने दुश्मन को पीछे हटने पर मजबूर किया। गलवान घाटी भारत के पास रही। यह बलिदान भारत की जीत की नींव बना।

26 जनवरी 2021 को कर्नल संतोष बाबू को मरणोपरांत "महावीर चक्र" से सम्मानित किया गया। उनकी पत्नी संतोषी और माता-पिता ने यह पुरस्कार लिया। उस पल पूरा देश गर्व और शोक में डूबा था।

तेलंगाना में उनके नाम पर स्मारक और सड़कें बनीं। हर 15 जून को उनकी शहादत को याद किया जाता है। उनकी कहानी सेना में हर जवान के लिए प्रेरणा है। "हम पीछे नहीं हटेंगे!"—यह कर्नल संतोष बाबू का नारा था, जो उनकी वीरता का प्रतीक बन गया।

79

कारगिल के शेर: कैप्टन मनोज पांडे

जुलाई 1999 की एक रात थी। हिमालय की बर्फीली चोटियाँ अंधेरे में डूबी हुई थीं। कारगिल की खालुबर पहाड़ी पर ठंडी हवाएँ साँय-साँय कर रही थीं। चारों ओर सन्नाटा था, लेकिन यह सन्नाटा आने वाले तूफान की खामोशी थी। दूर से गोलियों की आवाज़ें गूँज रही थीं। 1/11 गोरखा राइफल्स के कैप्टन मनोज पांडे अपनी टुकड़ी के साथ उस दुर्गम चोटी पर चढ़ाई कर रहे थे। पाकिस्तानी घुसपैठियों ने इस रणनीतिक पहाड़ी पर कब्जा कर लिया था। इसे वापस लेना भारत के लिए ज़रूरी था, और मनोज इसके लिए तैयार थे। उनकी आँखों में आत्मविश्वास चमक रहा था, और होंठों पर एक ही बात थी—"युद्ध में विजय ही हमारा लक्ष्य है!" यह नारा उनकी जिंदगी का मंत्र था।

25 जून 1975 को उत्तर प्रदेश के सीतापुर में मनोज पांडे का जन्म हुआ। उनके पिता गोपी चंद्र पांडे एक सरकारी कर्मचारी थे, और माँ मोहिनी पांडे ने उन्हें संस्कार और साहस सिखाया। मनोज बचपन से ही अलग थे। जहाँ बच्चे खेल में मस्त रहते, मनोज गलियों में दोस्तों के साथ "सैनिक" बनकर युद्ध की नकल करते। एक दिन माँ ने पूछा, "बेटा, बड़ा होकर क्या बनोगे?" मनोज ने सीना तानकर कहा, "माँ, मैं सेना में जाऊँगा और देश के लिए लड़ूँगा।" यह बात सुन माँ मुस्कुराईं,

लेकिन उनके दिल में गर्व था।

लखनऊ सैनिक स्कूल में पढ़ाई के दौरान उनकी यह चाहत और पक्की हुई। फिर उन्होंने राष्ट्रीय रक्षा अकादमी (NDA), खड़कवासला में दाखिला लिया। वहाँ उनकी मेहनत और अनुशासन ने उन्हें सबसे अलग बनाया। 1997 में भारतीय सैन्य अकादमी (IMA), देहरादून से पास आउट होकर वह 1/11 गोरखा राइफल्स में लेफ्टिनेंट बने। उनकी नियुक्ति से लेकर हर कदम पर उनकी वीरता की छाप थी।

1999 में पाकिस्तान ने कारगिल में घुसपैठ की। ऊँची चोटियों पर कब्जा कर दुश्मन ने भारत को चुनौती दी। ऑपरेशन "विजय" शुरू हुआ। कैप्टन मनोज को खालुबर पहाड़ी पर कब्जा करने का आदेश मिला। यह मिशन आसान नहीं था। दुश्मन ऊँचाई पर था, बंकरों में छिपा था, और गोलियाँ बरसा रहा था। लेकिन मनोज ने हार नहीं मानी। रात के अंधेरे में वह अपनी टुकड़ी के साथ आगे बढ़े। "साथियों, हम रुकेंगे नहीं। हर बंकर हमारा होगा," उनकी आवाज़ में जोश था। सैनिकों का हौसला दोगुना हो गया।

पहला बंकर सामने आया। दुश्मन की गोलियाँ हवा को चीर रही थीं। मनोज ने बिना रुके ग्रेनेड फेंका। "धड़ाम!" बंकर ध्वस्त हो गया। पहली जीत ने सैनिकों में उत्साह भरा। दूसरा बंकर और मुश्किल था। मनोज ने खुद आगे बढ़कर हमला किया। ग्रेनेड और गोलियों से उन्होंने दुश्मनों को ढेर कर दिया। तीसरा बंकर भी उनकी रणनीति के आगे नहीं टिका। लेकिन असली चुनौती थी चौथा बंकर—सबसे मजबूत और खतरनाक।

3 जुलाई 1999 की रात थी। चौथा बंकर सामने था। दुश्मन ने मशीनगनों से हमला तेज कर दिया। एक गोली मनोज के कंधे में लगी। खून बहने लगा, लेकिन वह रुके नहीं। "आगे बढ़ो!" वह चीखे। दूसरी गोली उनके पैर में लगी। वह लड़खड़ाए, पर हिम्मत नहीं हारी। तीसरी गोली उनके सीने को भेद गई। दर्द असहनीय था, लेकिन उनकी आँखों में वही आग थी। आखिरी ताकत से उन्होंने ग्रेनेड फेंका। "धड़ाम!" चौथा बंकर भी नष्ट हो गया। खालुबर पहाड़ी पर तिरंगा लहराने लगा। लेकिन इस जीत की कीमत थी मनोज की जान। वह रणभूमि में शहीद हो गए।

26 जनवरी 2000 को कैप्टन मनोज पांडे को मरणोपरांत "परमवीर चक्र" से सम्मानित किया गया। उनकी माँ मोहिनी ने यह पुरस्कार लिया। उस पल पूरा देश गर्व और शोक में डूबा था। लखनऊ में "कैप्टन मनोज पांडे सैनिक स्कूल" उनकी याद में बना। "युद्ध में विजय ही हमारा लक्ष्य है!"—यह मनोज का संकल्प था, जो उन्होंने पूरा किया।

80

अदम्य वीरता की मिसाल: लेफ्टिनेंट अरुण खेत्रपाल

16 दिसंबर 1971 की सुबह थी। बसंतर नदी के किनारे ठंडी हवा में बारूद की गंध घुली हुई थी। जलते टैंकों की लपटें आसमान को लाल कर रही थीं। चारों ओर धुआँ और गोलियों की गूँज थी। पाकिस्तान की शक्तिशाली पैटन टैंक रेजिमेंट भारतीय सीमा को तोड़ने की कोशिश कर रही थी। लेकिन उनके सामने खड़ी थी 17वीं पूना हॉर्स रेजिमेंट, और उसमें एक 21 साल का युवा योद्धा—लेफ्टिनेंट अरुण खेत्रपाल। उसकी आँखों में आग थी, और दिल में देश के लिए मर मिटने का जज़्बा। वह अपने टैंक "फामगोस" के साथ मोर्चे पर था, और उसका एक ही मकसद था—दुश्मन को रोकना।

14 अक्टूबर 1950 को पुणे में अरुण खेत्रपाल का जन्म हुआ। उनके पिता ब्रिगेडियर एम.एल. खेत्रपाल सेना में थे, और माँ महेश्वरी देवी ने उन्हें अनुशासन और देशभक्ति सिखाई। अरुण बचपन से ही अलग थे। जहाँ बच्चे खेल में मस्त रहते, अरुण अपने दोस्तों के साथ सैनिक बनने की बातें करते। लॉरेंस स्कूल, सनावर में पढ़ाई के दौरान उनकी तेज़

बुद्धि और नेतृत्व ने सबको प्रभावित किया। फिर उन्होंने राष्ट्रीय रक्षा अकादमी (NDA) में कदम रखा। वहाँ उनकी मेहनत और साहस ने उन्हें सबसे आगे रखा। 13 जून 1971 को भारतीय सैन्य अकादमी (IMA) से पास आउट होकर वह 17 पूना हॉर्स रेजिमेंट में शामिल हुए। उनकी उम्र कम थी, लेकिन हौसला आसमान छूता था।

1971 का भारत-पाकिस्तान युद्ध अपने चरम पर था। पाकिस्तान ने बसंतर नदी क्षेत्र में घुसपैठ की। उनके पास अमेरिकी पैटन टैंक थे—मज़बूत और घातक। भारतीय सेना को हर हाल में सीमा बचानी थी। 16 दिसंबर की रात को रेडियो पर संदेश आया, "दुश्मन के टैंक तेज़ी से बढ़ रहे हैं। उन्हें रोकना होगा।" अरुण ने अपने टैंक को तैयार किया और बिना डरे आगे बढ़े। सामने दुश्मन की विशाल सेना थी, लेकिन अरुण के लिए यह सिर्फ एक मौका था—देश के लिए कुछ करने का मौका।

लड़ाई शुरू हुई। अरुण ने अपने टैंक की तोप से निशाना साधा। "धड़ाम!" पहला पैटन टैंक ध्वस्त। दूसरा, तीसरा, और चौथा टैंक भी उनकी गोलियों का शिकार बना। दुश्मन हैरान था। एक युवा सैनिक उनकी ताकत को चूर-चूर कर रहा था। लेकिन लड़ाई अभी खत्म नहीं हुई थी। तभी एक गोला उनके टैंक पर लगा। "फामगॉस" क्षतिग्रस्त हो गया। अरुण घायल हो गए। रेडियो पर अफसर की आवाज़ आई, "पीछे हट जाओ, टैंक अब नहीं लड़ सकता।"

अरुण की गर्जना गूँजी, "No Sir, I will not abandon my tank. My main gun is still working and I will get these bastards!" (नहीं सर, मैं अपना टैंक नहीं छोड़ूंगा। मेरी तोप काम कर रही है, और मैं इन दुश्मनों को खत्म कर दूंगा!) घायल होने के बावजूद उन्होंने पाँचवाँ टैंक नष्ट किया। लेकिन तभी दुश्मन के एक और टैंक ने उन पर हमला किया। उनका टैंक आग में घिर गया। खून बह रहा था, शरीर कमज़ोर पड़ रहा था। फिर भी उनकी आँखों में संतोष था। अंतिम शब्दों में उन्होंने कहा, "हम जीत रहे हैं!" और वह शहीद हो गए।

अरुण की शहादत के बाद उनकी टुकड़ी ने लड़ाई जारी रखी और बसंतर पर विजय हासिल की। उनके बलिदान ने दुश्मन को पीछे हटने पर मजबूर किया। भारत की सीमा सुरक्षित रही। 26 जनवरी 1972

को अरुण खेत्रपाल को मरणोपरांत "परमवीर चक्र" से सम्मानित किया गया। उनकी माँ ने यह पुरस्कार लिया, और उनकी आँखों में गर्व के साथ आँसू थे।

17 पूना हॉर्स में अरुण का नाम आज भी गर्व से लिया जाता है। दिल्ली में "खेत्रपाल भवन", NDA में "अरुण खेत्रपाल ब्लॉक", और कई स्मारक उनकी याद में हैं।

81

राष्ट्र के वीर पुत्र: सुबेदार जोगिंदर सिंह की कहानी

हिमालय की ऊँची चोटियों के बीच एक सर्द सुबह थी। चारों ओर बर्फ की मोटी सफेद चादर बिछी हुई थी, और हवा इतनी ठंडी थी कि साँस लेते वक्त भी कंपकंपी छूट रही थी। तवांग सेक्टर के सिंह-रिक पोस्ट पर सन्नाटा पसरा हुआ था—एक ऐसा सन्नाटा जो किसी बड़े तूफान से पहले की शांति की तरह लगता था। पर्वतों की चोटियाँ बादलों में छिपी हुई थीं, और कोहरे की पतली परत हर ओर फैली हुई थी। लेकिन इस शांति के पीछे एक अजीब सी बेचैनी थी, जैसे कोई अनहोनी आने वाली हो।

यहाँ तैनात भारतीय सेना की 1 सिख रेजिमेंट के जवान अपने मोर्चों पर सतर्क खड़े थे। उनके हाथों में बंदूकें थीं, आँखों में सजगता और दिल में देश के लिए कुछ कर गुजरने का जज्बा। उन्हें पता था कि दुश्मन की नजरें उनकी चौकी पर टिकी हुई हैं। उनके सामने थी विशाल हिमालय की श्रृंखला, और पीछे थी मातृभूमि की रक्षा की जिम्मेदारी। इन जवानों के बीच एक शख्स ऐसा था, जिसकी मौजूदगी ही उनके लिए हौसले का

पहाड़ थी—उनके कमांडर, सुबेदार जोगिंदर सिंह।

26 सितंबर 1921 को पंजाब के मोगा जिले के एक छोटे से गाँव मेहलकलां में जोगिंदर सिंह का जन्म हुआ था। उनका गाँव ऐसा था जहाँ हवा में खेतों की खुशबू और मेहनत की महक बसी हुई थी। उनके पिता शेर सिंह एक साधारण किसान थे, जो दिन-रात खेतों में मेहनत करते थे। माँ ने उन्हें प्यार से पाला, लेकिन पिता ने उनके भीतर कुछ ऐसा बोया जो जिंदगी भर उनके साथ रहा—देश के लिए कुछ करने की तड़प।

बचपन में जोगिंदर खेतों में खेलते थे, मिट्टी से कुश्ती लड़ते थे और गाँव के बच्चों के साथ दौड़ लगाते थे। उनकी कद-काठी धीरे-धीरे मजबूत होती गई, और साथ ही उनके इरादे भी पक्के होते गए। गाँव के बुजुर्ग बताते थे कि जोगिंदर में कुछ अलग बात थी—उनकी आँखों में चमक थी, और उनके दिल में एक जुनून था जो उन्हें आम बच्चों से अलग करता था।

जब वे बड़े हुए, तो एक दिन गाँव में खबर आई कि भारतीय सेना में भर्ती हो रही है। उस खबर ने जोगिंदर के मन को झकझोर दिया। उन्होंने सोचा, "अगर देश के लिए कुछ करना है, तो इससे बेहतर मौका क्या हो सकता है?" बिना देर किए, 28 सितंबर 1936 को उन्होंने सेना में कदम रखा और 1 सिख रेजिमेंट का हिस्सा बन गए। वहाँ उनकी मेहनत, अनुशासन और लगन ने उन्हें एक साधारण सैनिक से एक कुशल नेता बना दिया।

वर्ष 1962 का अक्टूबर महीना था। भारत और चीन के बीच तनाव अपने चरम पर था। तवांग सेक्टर में स्थित सिंह-रिक पोस्ट पर हालात बेहद नाजुक थे। यहाँ भारतीय सेना की एक छोटी टुकड़ी तैनात थी—कुल 120 जवान। उनके पास सीमित हथियार थे, गोला-बारूद कम था, और ठंड इतनी थी कि हाथ सुन्न पड़ रहे थे। दूसरी ओर, चीन की सेना पूरी तैयारी के साथ आगे बढ़ रही थी। उनके पास 600 से ज्यादा सैनिक थे, भारी हथियार थे, और एक ऐसा इरादा था जो भारत की सीमा को लाँघने के लिए बेताब था।

23 अक्टूबर की सुबह थी। सूरज अभी कोहरे के पीछे छिपा हुआ था। पहाड़ों से ठंडी हवा बह रही थी, और सैनिक अपने बंकरों में सतर्कता से

नजर रखे हुए थे। तभी अचानक कोहरे के बीच से गोलियों की आवाज गूँज उठी। चीनी सैनिकों ने पहला हमला बोल दिया था। चारों तरफ से गोलियाँ बरसने लगीं, और धुआँ फैलने लगा।

जोगिंदर सिंह अपने जवानों के बीच खड़े थे। उनकी आवाज में एक दृढ़ता थी, जो हर सैनिक के दिल तक पहुँच रही थी। उन्होंने जोर से कहा, "हम सिख हैं, हमारा इतिहास वीरता से भरा है। आज हम पीछे नहीं हटेंगे। यह हमारी मिट्टी है, और इस पर कोई कदम नहीं रख सकता!" उनकी बातों ने जवानों में नई जान फूँक दी।

पहली लहर में भारतीय सैनिकों ने ऐसा जवाब दिया कि दुश्मन को पीछे हटना पड़ा। लेकिन यह जीत ज्यादा देर तक नहीं टिकी। कुछ ही घंटों बाद चीनी सेना ने दूसरा हमला बोला—इस बार पहले से भी ज्यादा ताकत के साथ। गोलियाँ, बम और ग्रेनेड की बौछार शुरू हो गई। बर्फ और धुएँ के बीच सैनिकों का खून बहने लगा। कई जवान घायल हो गए, कई शहीद हो गए।

तभी एक गोली जोगिंदर सिंह के पैर में आकर लगी। खून बहने लगा, और दर्द असहनीय था। लेकिन वे रुके नहीं। उन्होंने अपनी पगड़ी उतारी, उसे अपने घाव पर कसकर बाँधा, और फिर से मोर्चे पर डट गए। उनकी आँखों में आग थी, और उनकी हर साँस में देश के लिए लड़ने का जुनून था।

लड़ाई अब अपने चरम पर थी। भारतीय सैनिकों के पास गोला-बारूद खत्म होने की कगार पर था। थकान और ठंड ने उनके शरीर को तोड़ दिया था, लेकिन उनका हौसला अभी भी अडिग था। तभी चीनी सेना ने तीसरा और सबसे भयानक हमला किया। इस बार उनकी संख्य। पहले से भी ज्यादा थी। वे हर हाल में सिंह-रिक पोस्ट पर कब्जा करना चाहते थे।

जोगिंदर सिंह ने अपने जवानों को देखा। उनके चेहरों पर थकान थी, लेकिन आँखों में वही जज्बा था जो उनकी अपनी आँखों में जल रहा था। उन्होंने अपनी बंदूक उठाई और कहा, "लड़ाई तब तक नहीं हारी जाती, जब तक हमारा एक भी सैनिक जिंदा है।"

उन्होंने दुश्मन पर टूट पड़ने का फैसला किया। घायल पैर के साथ वे आगे बढ़े। उनकी बंदूक से गोलियाँ बरस रही थीं, और एक-एक दुश्मन ढेर हो रहा था। लेकिन जल्द ही उनकी गोलियाँ खत्म हो गईं। फिर भी वे रुके नहीं। उन्होंने अपनी संगीन निकाली और हाथों-हाथ लड़ने लगे। एक के बाद एक दुश्मन को वे मारते गए। उनकी हर चीख में "वाहेगुरु" का नाम था, और हर वार में देश की शान थी।

लेकिन तभी एक गोली उनके सीने में आकर लगी। उनका शरीर लड़खड़ा गया। खून उनकी वर्दी को भिगो रहा था, और साँसें धीमी पड़ रही थीं। फिर भी वे हारे नहीं। अंतिम साँस तक वे लड़ते रहे। आखिरी बार उनकी आवाज गूँजी—"सत श्री अकाल!"—और फिर वे हमेशा के लिए शांत हो गए।

जोगिंदर सिंह का बलिदान व्यर्थ नहीं गया। उनकी वीरता की गूँज पूरे देश में फैल गई। 26 जनवरी 1963 को उन्हें भारत के सर्वोच्च सैन्य सम्मान "परमवीर चक्र" से मरणोपरांत सम्मानित किया गया। यह सम्मान उनकी पत्नी को सौंपा गया, और उस पल पूरा देश अपने इस वीर सपूत को सलाम कर रहा था।

82

बर्फ का शेर: लांस नायक हनुमंथप्पा की अडिग वीरता

कर्नाटक के धारवाड़ जिले में बेटादुर नाम का एक छोटा सा गाँव बसा है। चारों तरफ हरे-भरे खेत, मिट्टी की सौंधी खुशबू और सूरज की पहली किरणों के साथ जागती प्रकृति—यहाँ 1983 में एक साधारण किसान परिवार में हनुमंथप्पा कोप्पड़ का जन्म हुआ। उनके पिता बेसवराजप्पा और माँ महादेवी दिन-रात खेतों में पसीना बहाते थे। घर की हालत ऐसी थी कि दो वक्त की रोटी जुटाना भी एक जंग से कम नहीं था। लेकिन इस अभावों भरे जीवन में भी हनुमंथप्पा के सपने छोटे नहीं थे। उनकी आँखों में एक चमक थी, जो कहती थी कि यह लड़का कुछ बड़ा करने के लिए पैदा हुआ है।

गाँव का सरकारी स्कूल उनकी दुनिया का पहला पड़ाव था। जहाँ बाकी बच्चे गर्मी से बचने के लिए पेड़ों की छाँव में खेलते, हनुमंथप्पा धूप में दौड़ता, कूदता और अपने सपनों को पंख देता। उसे आसमान की ऊँचाई छूनी थी। एक दिन गाँव के मंदिर में बैठे पुजारी ने उससे कहा, "बेटा, देश की सेवा से बड़ा कोई धर्म नहीं।" यह बात उसके नन्हे दिल में

गहरे तक उतर गई। फिर एक दिन, जब उसने टीवी पर सेना के जवानों को कदमताल करते देखा, तो उसके भीतर का सोया हुआ जुनून जाग उठा। उसने ठान लिया—वह सिर्फ एक किसान का बेटा नहीं रहेगा, वह देश का रक्षक बनेगा।

सपने देखना आसान था, लेकिन उन्हें सच करना मुश्किल। गाँव में न बिजली की ठीक सुविधा थी, न पढ़ाई के साधन। फिर भी हनुमंथप्पा ने हार नहीं मानी। दिन में खेतों में पिता का हाथ बँटाता, और रात में मिट्टी के दीये की रोशनी में किताबें खोलकर बैठ जाता। उसकी माँ उसे देखती और चुपचाप आँसू पोंछती—उन्हें पता था कि उनका बेटा कुछ अलग है।

साल 2002 आया। हनुमंथप्पा ने सेना में भर्ती होने की ठान ली। उसने अपने शरीर को फौलाद की तरह ढाला—दौड़ लगाई, मेहनत की, और हर उस चुनौती को पार किया जो उसके सामने आई। आखिरकार वह दिन आया जब वह भारतीय सेना का हिस्सा बन गया। 19 मद्रास रेजिमेंट में उसका नाम लिखा गया। गाँव का वह लड़का, जो कभी मिट्टी में खेलता था, अब वर्दी पहनकर देश की शान बन गया।

ट्रेनिंग के दिन आसान नहीं थे। सुबह की ठंड में मैदान में पसीना बहाना, अनुशासन की सख्त राह पर चलना और हर पल खुद को बेहतर बनाना—हनुमंथप्पा ने हर कदम पर खुद को साबित किया। उसका हौसला देखकर अफसर भी हैरान रह जाते। वह सिर्फ सैनिक नहीं था, वह एक जुनून था।

2016 की शुरुआत में हनुमंथप्पा की यूनिट को सियाचिन ग्लेशियर पर तैनाती का आदेश मिला। सियाचिन—यह नाम सुनते ही रोंगटे खड़े हो जाते हैं। यह कोई साधारण जगह नहीं थी। दुनिया का सबसे ऊँचा और सबसे ठंडा युद्धक्षेत्र, जहाँ 19,600 फीट की ऊँचाई पर साँस लेना भी एक चुनौती है। तापमान माइनस 45 डिग्री तक गिर जाता है, और हवा में बर्फ के कण ऐसे चुभते हैं जैसे सुइयाँ। यहाँ हर कदम पर मौत मुँह बाए खड़ी रहती है—कभी हिमस्खलन, कभी बर्फीले तूफान, और कभी दुश्मन की गोली।

हनुमंथप्पा और उनके साथी एक चौकी पर तैनात थे। चारों तरफ सिर्फ सफेदी थी—न पेड़, न पहाड़, बस बर्फ का एक अंतहीन समंदर। सुबह उठते ही बर्फ हटाओ, चौकी की रखवाली करो, और रात को ठंड से लड़ते हुए सो जाओ—यही उनकी जिंदगी थी। लेकिन उनके चेहरे पर कभी शिकन नहीं आई। देश की रक्षा का जज्बा उनके खून में था। हनुमंथप्पा अक्सर अपने साथियों से कहता, "हम यहाँ मरने नहीं, जीने आए हैं—अपने देश के लिए।"

3 फरवरी की सुबह कुछ खास नहीं थी। सैनिक अपने रोज़मर्रा के कामों में लगे थे। कोई चौकी की निगरानी कर रहा था, तो कोई चाय बनाने के लिए बर्फ पिघला रहा था। ठंड इतनी थी कि हाथ सुन्न पड़ रहे थे। हनुमंथप्पा अपने साथियों के साथ हँसते-बतियाते हुए दिन की शुरुआत कर रहे थे। तभी अचानक एक गड़गड़ाहट की आवाज़ गूँजी। ऊपर पहाड़ से बर्फ का एक विशाल टुकड़ा टूटकर नीचे की ओर लुढ़कने लगा।

हिमस्खलन!

कोई कुछ समझ पाता, उससे पहले ही बर्फ का वह पहाड़ उनकी चौकी पर टूट पड़ा। एक पल में सब कुछ खत्म हो गया। 19 मद्रास रेजिमेंट की पूरी चौकी 35 फीट गहरी बर्फ के नीचे दफन हो गई। हनुमंथप्पा और उनके नौ साथी उस ठंडी कब्र में कैद हो गए। बाहर सिर्फ सन्नाटा था, और अंदर मौत की ठंडी साँसें।

बाहर बचाव दल ने तुरंत काम शुरू कर दिया। लेकिन सियाचिन की बेरहम ठंड और तूफानी हवाओं ने हर कोशिश को मुश्किल बना दिया। बर्फ इतनी सख्त थी कि उसे काटना पहाड़ तोड़ने जैसा था। हर कोई उम्मीद खो रहा था। लेकिन हनुमंथप्पा के भीतर अभी भी एक ज्योत जल रही थी।

35 फीट नीचे, बर्फ की उस ठंडी जेल में वह अकेले पड़े थे। ऑक्सीजन खत्म हो चुकी थी। ठंड उनके शरीर को जकड़ रही थी। उनके साथी एक-एक करके ठंड और भूख से दम तोड़ चुके थे। लेकिन हनुमंथप्पा का इरादा अभी भी मजबूत था। वह अपनी माँ को याद करते थे—उनकी साड़ी की महक, खेतों की मिट्टी, और गाँव की वह सुबह जब सूरज की

किरणें उनके चेहरे को छूती थीं। वह अपने देश को याद करते थे—उस तिरंगे को, जिसके लिए वह यहाँ थे।

उनका मन चीख रहा था, "मैं हार नहीं मानूँगा। मैं एक सैनिक हूँ।" उनके शरीर ने जवाब देना शुरू कर दिया था, लेकिन उनकी आत्मा अभी भी लड़ रही थी।

छह दिन बीत चुके थे। बचाव दल की उम्मीदें धूमिल हो रही थीं। लेकिन 8 फरवरी की सुबह, जब सूरज की पहली किरण बर्फ पर पड़ी, एक सैनिक को बर्फ में कुछ हलचल महसूस हुई। सब दौड़ पड़े। हाथों से बर्फ हटाई गई, मशीनें लगाई गईं। और फिर—एक चमत्कार सामने आया। हनुमंथप्पा वहाँ थे—बेहोश, जमा हुआ शरीर, लेकिन साँसें अभी चल रही थीं।

उन्हें तुरंत बाहर निकाला गया। डॉक्टरों की टीम हैरान थी। कोई इंसान छह दिन तक बिना खाए-पिए, बिना ऑक्सीजन, माइनस 45 डिग्री में कैसे जिंदा रह सकता है? हनुमंथप्पा को दिल्ली के सेना अस्पताल ले जाया गया। पूरा देश उनके लिए दुआएँ माँग रहा था। प्रधानमंत्री नरेंद्र मोदी खुद उनकी हालत जानने अस्पताल पहुँचे। हर भारतीय की नजरें उनके ठीक होने की उम्मीद पर टिकी थीं।

लेकिन जिंदगी और मौत की इस जंग में हनुमंथप्पा का शरीर थक गया। छह दिन तक बर्फ में लड़ने के बाद, उनके फेफड़े और शरीर ने जवाब दे दिया। 11 फरवरी 2016 की सुबह, उनकी धड़कनें हमेशा के लिए थम गईं। देश ने अपना एक सपूत खो दिया। अस्पताल में सन्नाटा छा गया। उनकी माँ का रोना आसमान तक पहुँच रहा था। लेकिन हनुमंथप्पा सिर्फ मरे नहीं थे—वे अमर हो गए थे।

हनुमंथप्पा को मरणोपरांत "सेना मेडल" से सम्मानित किया गया। वे हमें सिखाते हैं कि हौसले के आगे कोई तूफान नहीं टिकता। सियाचिन की बर्फ में दफन होने के बाद भी उनका नाम जिंदा है—हर उस सैनिक के दिल में जो देश के लिए लड़ता है, हर उस बच्चे के सपनों में जो बड़ा बनना चाहता है। हनुमंथप्पा सिर्फ एक नाम नहीं, एक मिसाल हैं। एक ऐसा शेर, जो बर्फ में भी नहीं हारा।

83

पहला परमवीर: मेजर सोमनाथ शर्मा का अमर बलिदान

हिमाचल प्रदेश के कांगड़ा जिले में बसा डाडू गाँव, जहाँ पहाड़ों की ऊँचाइयाँ आसमान को छूती हैं और हवा में ठंडक की सिहरन बसी रहती है, वहाँ 31 जनवरी 1923 की एक शीतल सुबह एक बालक ने जन्म लिया। माता-पिता ने उसका नाम रखा—सोमनाथ। उनके पिता लेफ्टिनेंट कर्नल अमरनाथ शर्मा भारतीय सेना में एक सम्मानित अधिकारी थे, जिनके जीवन का हर पल देशभक्ति और अनुशासन से रंगा हुआ था। माँ श्रीमती दया शर्मा एक धार्मिक और सौम्य स्वभाव की महिला थीं, जिन्होंने अपने बच्चों में संस्कारों की नींव डाली। सोमनाथ का बचपन सैनिक जीवन की छाया में बीता। घर में सेना की वर्दी, बंदूक की गूँज और युद्ध की कहानियाँ ही उनकी दुनिया थीं।

जब वे अपने पिता को वर्दी में देखते, तो उनकी नन्ही आँखों में चमक भर आती। उनके चाचा कैप्टन कृष्णा शर्मा, जो कई युद्धों में वीरता की मिसाल बने थे, उनकी कहानियाँ सुनकर सोमनाथ का मन जोश से भर उठता। "मैं भी ऐसा ही बनूँगा," वह अपने दोस्तों से कहता, और

उसकी आवाज़ में एक अटल विश्वास झलकता। गाँव की सँकरी गलियों में खेलते हुए भी वह सैनिकों की तरह कदमताल करता, मानो जन्म से ही उसके भीतर एक योद्धा बसता हो।

सोमनाथ की पढ़ाई नैनीताल के मशहूर शेरवुड कॉलेज में हुई। वहाँ वे न सिर्फ किताबों में डूबे रहे, बल्कि खेल के मैदान में भी अपनी छाप छोड़ते। क्रिकेट का बल्ला हो या फुटबॉल का मैदान, सोमनाथ हर जगह आगे रहते। लेकिन उनकी असली मंजिल कहीं और थी। 1941 में उन्होंने राष्ट्रीय रक्षा अकादमी (एनडीए) में कदम रखा। वहाँ का कठिन प्रशिक्षण, सुबह की ठंड में मैदान में पसीना बहाना और अनुशासन की सख्त राह—यह सब उनके लिए एक सपने के सच होने जैसा था। फिर इंडियन मिलिट्री अकादमी (आईएमए), देहरादून में उनकी ट्रेनिंग पूरी हुई।

22 फरवरी 1942 का दिन उनके जीवन का स्वर्णिम पल था। उस दिन उन्होंने भारतीय सेना की वर्दी पहनी और 4 कुमाऊं रेजिमेंट में अपनी जगह बनाई। अब वह सिर्फ सोमनाथ नहीं थे—वे मेजर सोमनाथ शर्मा थे, भारत माता के सच्चे सपूत।

द्वितीय विश्व युद्ध के दौरान, जब बर्मा (अब म्यांमार) में जापानी सेना के खिलाफ भारतीय सैनिक लड़ रहे थे, सोमनाथ की बटालियन को भी वहाँ भेजा गया। यह उनके जीवन का पहला बड़ा युद्ध था। घने जंगलों में दुश्मन की गोलियाँ, बारूद की गंध और हर पल मंडराती मौत—यहाँ सोमनाथ ने अपनी रणनीति और साहस का परिचय दिया। एक बार उनकी टुकड़ी जंगल में घिर गई थी। दुश्मन चारों ओर से हमला कर रहा था। लेकिन सोमनाथ ने हार नहीं मानी। उन्होंने अपने सैनिकों को एकजुट किया और कहा, "हम भारतीय हैं, हम डरते नहीं!" उनकी आवाज़ में ऐसा जादू था कि हर सैनिक मौत को भूलकर लड़ने को तैयार हो गया।

उनकी इस वीरता को देखते हुए उन्हें जल्द ही मेजर के पद पर पदोन्नति मिली। लेकिन यह तो बस शुरुआत थी। असली परीक्षा अभी सामने थी।

15 अगस्त 1947 को भारत आज़ाद हुआ, लेकिन आज़ादी की खुशी ज्यादा दिन नहीं टिकी। पाकिस्तान ने अपनी नापाक नजरें कश्मीर पर गड़ा दीं। उसने कबायलियों और अपने सैनिकों को भेजकर कश्मीर पर हमला कर दिया। उनकी योजना थी श्रीनगर एयरफील्ड पर कब्जा करना, ताकि भारतीय सेना वहाँ तक न पहुँच सके और कश्मीर को हड़प लिया जाए। यह भारत के लिए एक भयानक संकट था।

मेजर सोमनाथ शर्मा और उनकी 4 कुमाऊं रेजिमेंट को श्रीनगर की रक्षा का जिम्मा सौंपा गया। यह कोई आसान लड़ाई नहीं थी। दुश्मन की तादाद ज्यादा थी, हथियार भारी थे, और हालात मुश्किल। लेकिन सोमनाथ के लिए यह देश की अस्मिता की लड़ाई थी।

3 नवंबर 1947 की सुबह कश्मीर की वादियों में सन्नाटा था। बर्फ से ढकी पहाड़ियाँ चुपचाप खड़ी थीं। लेकिन यह शांति ज्यादा देर नहीं टिकी। अचानक पहाड़ियों से गोलियों की आवाज़ गूँजने लगी। 1000 से ज्यादा पाकिस्तानी कबायली और सैनिक श्रीनगर एयरफील्ड की ओर बढ़ रहे थे। उनके पास भारी हथियार थे, और उनका इरादा साफ था—श्रीनगर को हथियाना।

मेजर सोमनाथ शर्मा के पास सिर्फ 150 जवान थे। संख्या में वे दुश्मन से बहुत पीछे थे। लेकिन उनके हौसले आसमान छू रहे थे। उन्होंने अपनी टुकड़ी को इकट्ठा किया और कहा, "यह हमारी धरती है। इसे बचाना हमारा कर्तव्य है। हम पीछे नहीं हटेंगे!" उनकी आवाज़ में ऐसा दम था कि हर सैनिक के भीतर आग जल उठी।

युद्ध शुरू हुआ। दुश्मन ने तीन तरफ से हमला बोला। गोलियाँ बरस रही थीं, बम फट रहे थे, और चारों ओर बारूद का धुआँ छा गया। सोमनाथ अपनी टुकड़ी के साथ आगे बढ़े। वे खुद मोर्चे पर खड़े होकर सैनिकों को निर्देश दे रहे थे। "आगे बढ़ो! दुश्मन को पीछे धकेलो!" उनकी आवाज़ गोलियों की गड़गड़ाहट के बीच भी साफ सुनाई देती थी।

लड़ाई घंटों तक चली। भारतीय सैनिकों की संख्या कम होती जा रही थी। तभी एक गोला सोमनाथ के बाजू के पास आकर फटा। उनका हाथ बुरी तरह जख्मी हो गया। खून बह रहा था, लेकिन वे रुके नहीं। उन्होंने अपने सैनिकों का हौसला बढ़ाया, "डरने की कोई जरूरत नहीं।

हम अंतिम गोली तक लड़ेंगे!"

फिर एक और बम उनके पास आकर फटा। धमाका इतना जोरदार था कि चारों ओर धुआँ और धूल छा गई। जब सब साफ हुआ, तो मेजर सोमनाथ शर्मा वहाँ शांत पड़े थे—उनका शरीर खून से लथपथ था, लेकिन चेहरा अभी भी गर्व से चमक रहा था। वे वीरगति को प्राप्त हो चुके थे।

लेकिन उनकी यह कुर्बानी व्यर्थ नहीं गई। उनके बलिदान ने भारतीय सेना को समय दिया। हवाई सहायता पहुँची, और दुश्मन को खदेड़ दिया गया। श्रीनगर एयरफील्ड बच गया। कश्मीर भारत का हिस्सा बना रहा। यह जीत मेजर सोमनाथ शर्मा और उनके सैनिकों की देन थी।

26 जनवरी 1950 को भारत सरकार ने मेजर सोमनाथ शर्मा की वीरता को सम्मानित करते हुए उन्हें मरणोपरांत परमवीर चक्र से नवाजा। यह भारत का पहला परमवीर चक्र था। उनके पिता लेफ्टिनेंट कर्नल अमरनाथ शर्मा ने यह सम्मान राष्ट्रपति डॉ. राजेंद्र प्रसाद से ग्रहण किया। उस पल उनकी आँखों में आँसू थे, लेकिन चेहरे पर गर्व की चमक। उनका बेटा अमर हो गया था।

84

रणबांकुरे की गाथा: कर्नल बलराम सिंह मेहता

यह एक ठंडी, सर्द रात थी। चारों ओर घना कोहरा फैला हुआ था, जिसमें हाथ को हाथ नहीं सूझ रहा था। हवा में तनाव की गंध थी, और कहीं दूर से टैंकों की गड़गड़ाहट की हल्की-हल्की आवाज़ सुनाई दे रही थी। 20 नवंबर 1971 की वह रात थी जब भारतीय सेना की 45 कैवेलरी रेजिमेंट के सैनिक गरिबपुर की लड़ाई के लिए तैयार बैठे थे। यह युद्ध अभी औपचारिक रूप से शुरू नहीं हुआ था, लेकिन पूर्वी पाकिस्तान (अब बांग्लादेश) की सीमा पर हलचल तेज हो चुकी थी। सैनिकों के मन में सवाल थे—दुश्मन कब हमला करेगा? क्या हम तैयार हैं? लेकिन एक शख्स ऐसा था, जिसके चेहरे पर न डर था, न घबराहट। उसकी आँखों में सिर्फ एक जुनून चमक रहा था—अपनी मातृभूमि की रक्षा और विजय। वह थे कर्नल बलराम सिंह मेहता।

बलराम सिंह मेहता का जन्म 16 अप्रैल 1945 को पंजाब प्रांत में एक सैन्य परिवार में हुआ था। उनके पिता ब्रिटिश भारतीय सेना में थे और बाद में डिप्टी कंट्रोलर ऑफ डिफेंस अकाउंट्स के पद पर कार्यरत रहे।

बलराम के चार भाई और एक बहन थे, और उनके परिवार में सैन्य सेवा की गहरी परंपरा थी। उनके बड़े भाई शमशेर मेहता, नरिंदर मेहता और राज मेहता भी सेना में शामिल हुए, और बहन कुसुम एक डेंटिस्ट बनीं। बलराम का बचपन सैन्य परिवेश में बीता। घर में वर्दी की खनक, युद्ध की कहानियाँ और देशभक्ति की चर्चाएँ उनकी रोज़मर्रा की ज़िंदगी का हिस्सा थीं।

बचपन से ही बलराम किताबों से ज्यादा रणनीति और हथियारों में रुचि रखते थे। जब वे अपने पिता को वर्दी में देखते या बड़े भाइयों से उनकी सैन्य ट्रेनिंग की बातें सुनते, तो उनके मन में एक सपना पनपने लगा—भारतीय सेना का हिस्सा बनकर देश की सेवा करना। जनवरी 1962 में उन्होंने नेशनल डिफेंस एकेडमी (एनडीए) में दाखिला लिया। यहाँ उनकी प्रतिभा निखरने लगी। जून 1965 में वे इंडियन मिलिट्री एकेडमी (आईएमए), देहरादून पहुँचे, और 15 जून 1966 को सेकेंड लेफ्टिनेंट के रूप में 45 कैवेलरी रेजिमेंट में कमीशन प्राप्त किया। टैंक युद्धकला में उनकी विशेषज्ञता और नेतृत्व क्षमता ने उन्हें जल्द ही अपने साथियों के बीच अलग पहचान दिला दी।

1971 का साल भारत के लिए एक निर्णायक मोड़ लेकर आया। पूर्वी पाकिस्तान में बंगाली राष्ट्रवादियों पर पाकिस्तानी सेना के अत्याचार बढ़ते जा रहे थे। लाखों शरणार्थी भारत में शरण ले रहे थे। भारत ने मुक्ति बाहिनी का समर्थन शुरू किया, और तनाव चरम पर पहुँच गया। 3 दिसंबर 1971 को औपचारिक युद्ध की घोषणा से पहले ही, 20-21 नवंबर को गरिबपुर की लड़ाई ने युद्ध का आगाज़ कर दिया। यह टैंक बनाम टैंक की एक ऐसी जंग थी, जिसने इतिहास के पन्नों पर अपनी अमिट छाप छोड़ी।

उस रात कर्नल बलराम सिंह मेहता, जो तब कैप्टन थे, 45 कैवेलरी की सी स्क्वाड्रन के सेकेंड-इन-कमांड थे। उनकी टुकड़ी में रूसी पीटी-76 टैंक थे, जिन्हें "पिप्पा" कहा जाता था—एक ऐसा टैंक जो पानी पर तैर सकता था। भारतीय सेना को खबर मिली थी कि पाकिस्तानी सेना गरिबपुर गाँव पर कब्जा करने की योजना बना रही है। यह गाँव रणनीतिक रूप से महत्वपूर्ण था, क्योंकि यहाँ से जेसोर छावनी तक का

रास्ता खुल सकता था।

रात के अंधेरे में, घने कोहरे की आड़ में, बलराम और उनकी टुकड़ी ने काबोदक नदी को पार किया और गरिबपुर की ओर बढ़े। उनके साथ 14 पंजाब बटालियन भी थी। सुबह होते ही, 21 नवंबर को, पाकिस्तानी टैंकों की गड़गड़ाहट सुनाई दी। उनके पास 14 अमेरिकी एम-24 चाफी टैंक थे—भारी और शक्तिशाली।

"सावधान, सैनिकों! यह हमारी धरती है। इसे कोई छू नहीं सकता!" बलराम ने अपनी गहरी आवाज़ में सैनिकों का हौसला बढ़ाया। उन्होंने तुरंत अपनी रणनीति बनाई। टुकड़ी को तीन हिस्सों में बाँटा गया—एक हिस्सा सामने से हमला करने के लिए, दूसरा बाईं ओर से घेरने के लिए, और तीसरा छिपकर पीछे से सहायता के लिए तैयार रहा।

जैसे ही पाकिस्तानी टैंक भारतीय सीमा में घुसे, बलराम ने बिना देर किए हमले का आदेश दिया। गोलियाँ बरसने लगीं, टैंकों की तोपें गरजने लगीं। कोहरे के कारण दृश्यता कम थी, लेकिन बलराम ने इसका फायदा उठाया। उनकी टुकड़ी ने दुश्मन को भ्रमित कर दिया। लेकिन युद्ध का एक खतरनाक मोड़ तब आया, जब उनके स्क्वाड्रन कमांडर मेजर दलबीर सिंह नरंग शहीद हो गए। उनका टैंक दुश्मन की गोली का शिकार बन गया। रेडियो पर सन्नाटा छा गया। सैनिकों के मन में डर पैदा होने लगा कि अब क्या होगा।

लेकिन बलराम ने हिम्मत नहीं हारी। उन्होंने तुरंत कमान संभाली और रेडियो पर संदेश भेजा, "मैं कमान ले रहा हूँ। हम लड़ाई जारी रखेंगे!" उनकी आवाज़ ने सैनिकों में नई जान फूँक दी।

दुश्मन के टैंक संख्या में ज्यादा और ताकतवर थे। भारतीय टैंकों पर हमले तेज हो गए। एक-एक कर दो भारतीय टैंक नष्ट हो गए। लेकिन बलराम ने हार नहीं मानी। उन्होंने एक जोखिम भरा फैसला लिया। अपने टैंकों को गरिबपुर के पास के दलदली क्षेत्र की ओर मोड़ दिया। पाकिस्तानी सेना को लगा कि भारतीय सेना पीछे हट रही है, और वे उनका पीछा करने लगे। लेकिन यह बलराम की चाल थी।

जैसे ही पाकिस्तानी टैंक दलदल में पहुँचे, उनके भारी चाफी टैंक कीचड़ में फँस गए। अब बलराम ने पूरा जोर लगा दिया। भारतीय

पीटी-76 टैंकों ने तेजी से हमला बोला। एक के बाद एक, पाकिस्तानी टैंक जलने लगे। आकाश में भारतीय वायुसेना के गनैट विमानों ने भी सहायता की और तीन पाकिस्तानी सैबर जेट्स को मार गिराया। कुछ ही घंटों में, पाकिस्तान के 14 टैंकों का सफाया हो गया। गरिबपुर पर भारत का कब्जा हो गया।

इस जीत ने बलराम सिंह मेहता को एक नायक बना दिया। 1971 के युद्ध में उनकी वीरता के लिए उन्हें 1974 में "मेंशन इन डिस्पैचेस" से सम्मानित किया गया। बाद में वे ब्रिगेडियर के पद तक पहुँचे। 1984 में उन्होंने 13 आर्मर्ड रेजिमेंट की स्थापना की, जो बाद में "एक्स ब्रास टैक्स" अभ्यास में उनकी कमान में शानदार प्रदर्शन के लिए जानी गई। 1998 में उन्होंने समय से पहले रिटायरमेंट ले लिया और गुजरात सरकार के साथ काम किया। यहाँ उन्होंने 2000 में रिटायर होने वाले सैनिकों के लिए उद्यमिता कोर्स शुरू किया।

उन्होंने "महर्षि इनविंसिबल डिफेंस फॉर पीस" नामक एनजीओ के महानिदेशक के रूप में भी कार्य किया। 2015 में, अपने सैनिकों से किए वादे को पूरा करते हुए, उन्होंने "द बर्निंग चाफीज़" नामक किताब लिखी, जिसमें गरिबपुर की लड़ाई के अनुभव साझा किए। यह किताब 2023 में फिल्म "पिप्पा" का आधार बनी, जिसमें अभिनेता ईशान खट्टर ने उनका किरदार निभाया।

बलराम सिंह मेहता सिर्फ एक सैनिक नहीं थे, वे एक रणबांकुरा थे। उनकी रणनीति, साहस और नेतृत्व ने न सिर्फ गरिबपुर की जीत सुनिश्चित की, बल्कि 1971 के युद्ध में भारत की विजय की नींव रखी। उनका जीवन हमें सिखाता है कि असली जीत हथियारों से नहीं, बल्कि हौसले, समझदारी और देशभक्ति से मिलती है। आज वे हिमाचल प्रदेश के धर्मशाला में रहते हैं, लेकिन उनकी गाथा हर भारतीय के दिल में जिंदा है।

85

पराक्रम की प्रतिमूर्ति: कैप्टन सलारिया का अमर बलिदान

सर्दी की एक ठिठुरती सुबह थी। 29 नवंबर 1935 को पंजाब के जालंधर जिले के छोटे से गाँव जमवाल, शंकरगढ़ में एक सिख परिवार में एक नन्हा बालक जन्मा। गाँव की हवा में उस दिन कुछ अलग सा उल्लास था। बुजुर्गों ने एक-दूसरे को देखकर कहा, "यह बच्चा कुछ खास करेगा।" माता-पिता ने बड़े प्यार से उसका नाम रखा—गुरबचन सिंह सलारिया। उनके पिता सुंदर सिंह सलारिया एक सख्त और देशभक्त इंसान थे, जिन्होंने अपने बेटे के भीतर बचपन से ही वीरता और अनुशासन के बीज बोए। माँ का लाड़-प्यार और दादा की कहानियाँ गुरबचन के लिए प्रेरणा का स्रोत बन गईं।

गुरबचन का बचपन सादगी से भरा था। गाँव की मिट्टी में खेलते हुए वह अपने दादा से स्वतंत्रता संग्राम की कहानियाँ सुनता। भगत सिंह, सुखदेव और राजगुरु की वीरता की बातें उसके कानों में गूँजतीं, और उसका मन जोश से भर उठता। जब गाँव के बच्चे पतंग उड़ाते या गुल्ली-डंडा खेलते, गुरबचन अक्सर दूर बैठकर सैनिकों की नकल

करता—लकड़ी की छड़ी को बंदूक की तरह थामे, कदमताल करता हुआ। स्कूल में उसके शिक्षक उसकी चमकती आँखों को देखकर कहते, "यह लड़का एक दिन बड़ा सैनिक बनेगा।" उसकी नन्ही आत्मा में देशभक्ति की आग पहले से ही सुलग रही थी।

गुरबचन के सपने छोटे नहीं थे। पढ़ाई में वह औसत था, लेकिन उसकी मेहनत और जुनून असाधारण थे। 1956 में उसका चयन राष्ट्रीय रक्षा अकादमी (एनडीए) में हुआ। वहाँ का कठिन प्रशिक्षण, सुबह की ठंड में मैदान में पसीना बहाना और अनुशासन की सख्त डोर—यह सब उसके लिए एक सुनहरा मौका था। फिर वह भारतीय सैन्य अकादमी (आईएमए), देहरादून पहुँचा। यहाँ उसने अपने भीतर के योद्धा को और तराशा।

9 जून 1957 को वह भारतीय सेना का हिस्सा बना। उसे 3 गोरखा राइफल्स की दूसरी बटालियन में कमीशन मिला। गोरखा सैनिकों का नारा "जय महाकाली, आयो गोरखाली!" उसके दिल में बस गया। उसकी वर्दी पर गोरखा टोपी और हाथ में खुखरी लिए वह एक सच्चा योद्धा बन गया। अपने साथियों से वह हमेशा कहता, "हम सिर्फ सैनिक नहीं, हम देश के रक्षक हैं।" उसकी आवाज़ में दृढ़ता थी, और उसका नेतृत्व देखकर बड़े अधिकारी भी प्रभावित हुए।

1960 में अफ्रीकी देश कांगो में तूफान मच गया। बेल्जियम से आज़ादी मिलने के बाद वहाँ गृहयुद्ध छिड़ गया था। कटांगा प्रांत के विद्रोहियों ने हिंसा का तांडव शुरू कर दिया। संयुक्त राष्ट्र (यूएन) ने शांति स्थापित करने के लिए सेना भेजी, और भारत ने अपने साहसी सैनिकों को इस मिशन में शामिल किया। कैप्टन गुरबचन सिंह सलारिया को कांगो भेजा गया। उनकी टुकड़ी का मिशन था—एलिज़ाबेथविल शहर में कटांगा विद्रोहियों को रोकना, जो यूएन सैनिकों और स्थानीय लोगों पर हमले कर रहे थे।

यह कोई आसान काम नहीं था। विद्रोही भारी हथियारों से लैस थे, और उनकी क्रूरता की कहानियाँ चारों ओर फैली हुई थीं। लेकिन गुरबचन के लिए यह मिशन सिर्फ एक ड्यूटी नहीं, बल्कि देश का सम्मान बढ़ाने का मौका था।

5 दिसंबर 1961 की सुबह कांगो के एलिज़ाबेथविल में तनाव चरम पर था। कटांगा विद्रोहियों ने यूएन के एक काफिले को राउंडअबाउट के पास घेर लिया था। उनके पास 90 से ज्यादा सैनिक थे, बख्तरबंद गाड़ियाँ थीं, और मशीन गनें गरज रही थीं। दूसरी ओर, कैप्टन गुरबचन सिंह सलारिया के पास सिर्फ 16 गोरखा सैनिक थे—हाथ में राइफलें और कमर पर खुखरी बँधी हुई। संख्या में वे दुश्मन से बहुत कम थे, लेकिन हौसले में कोई कमी नहीं थी।

गुरबचन ने अपनी टुकड़ी को देखा और कहा, "हम गोरखा हैं। हमारा नाम ही दुश्मन के दिल में खौफ पैदा करता है। आज हम हार नहीं मानेंगे!" उनकी आवाज़ में ऐसा जोश था कि सैनिकों के भीतर आग जल उठी। उन्होंने बिना देर किए हमले का फैसला किया।

जैसे ही पहली गोली चली, जंगल में सन्नाटा टूट गया। गुरबचन अपनी टुकड़ी के साथ आगे बढ़े। गोरखा सैनिकों ने अपनी खुखरियाँ निकालीं और दुश्मन पर टूट पड़े। एक-एक सैनिक ने तीन-तीन विद्रोहियों को ढेर कर दिया। गुरबचन खुद मोर्चे पर थे, अपनी राइफल से निशाना साधते हुए और सैनिकों को निर्देश देते हुए। "आगे बढ़ो! कोई रुकना नहीं!" उनकी आवाज़ गोलियों की गड़गड़ाहट को चीरती हुई सुनाई देती थी।

कटांगा विद्रोही घबरा गए। वे उम्मीद नहीं कर रहे थे कि इतनी छोटी टुकड़ी इतना भयानक हमला कर सकती है। लेकिन उन्होंने भी जवाबी गोलीबारी शुरू कर दी। मशीन गनों की आवाज़ से आसमान गूँज उठा। तभी एक गोली गुरबचन के गले में जा लगी। खून की धार बहने लगी, और वह लड़खड़ा गए। सैनिकों के चेहरों पर डर की लकीरें उभर आईं। लेकिन गुरबचन ने ज़मीन पर हाथ टेका, उठे, और चीखे, "कोई पीछे नहीं हटेगा! जय महाकाली!"

उनकी यह हुंकार सुनकर गोरखा सैनिकों का खून खौल उठा। वे दुगने जोश से लड़ने लगे। खुखरियाँ हवा में लहराईं, और विद्रोहियों के हौसले पस्त हो गए। कुछ ही मिनटों में कटांगा विद्रोही भाग खड़े हुए। यूएन काफिला बच गया, और मिशन सफल हुआ। लेकिन इस जीत की कीमत बहुत भारी थी। गुरबचन ज़मीन पर गिर पड़े। उनके होंठों पर एक हल्की

मुस्कान थी, मानो कह रहे हों, "मैंने अपना वचन निभा दिया।" 5 दिसंबर 1961 को वे वीरगति को प्राप्त हुए।

जब गुरबचन की शहादत की खबर भारत पहुँची, तो पूरा देश सन्न रह गया। उनके गाँव जामनगर में मातम छा गया। उनकी माँ ने अपने आँसुओं को पोंछते हुए कहा, "मेरा बेटा मरा नहीं, वह तो अमर हो गया।" उनके पिता ने गर्व से सिर उठाकर कहा, "उसने सिखों की शान बढ़ाई।" अखबारों में उनकी वीरता की कहानियाँ छपीं। पूरा देश अपने इस सपूत के लिए रोया, लेकिन उसकी शहादत पर गर्व भी किया।

26 जनवरी 1962 को भारत सरकार ने कैप्टन गुरबचन सिंह सलारिया को मरणोपरांत परमवीर चक्र से सम्मानित किया। यह सम्मान उनके परिवार को राष्ट्रपति ने सौंपा। वे संयुक्त राष्ट्र मिशन में शहीद होने वाले पहले और एकमात्र भारतीय सैनिक थे, जिन्हें यह सर्वोच्च सम्मान मिला। उनकी वीरता ने न सिर्फ भारत का, बल्कि गोरखा सैनिकों का नाम भी दुनिया भर में रोशन किया।

गुरबचन सिंह सलारिया की शहादत आज भी जीवित है। उनके नाम पर सड़कें, स्कूल और सैन्य प्रतिष्ठान हैं। भारतीय सैन्य अकादमी में उनकी कहानी हर कैडेट को सुनाई जाती है। हर साल 5 दिसंबर को उनकी वीरता को सलाम किया जाता है। उनकी खुखरी और वर्दी आज भी गोरखा सैनिकों के लिए प्रेरणा का प्रतीक है।

86

सैन्य विद्रोह का नायक: ब्रिगेडियर मोहन सिंह

सर्दियों की एक ठंडी सुबह थी, 3 जनवरी 1909 को, जब पंजाब के रावलपिंडी जिले (अब पाकिस्तान में) के निकट उगोके गाँव में एक सिख परिवार में एक बालक ने जन्म लिया। परिवार में खुशी की लहर दौड़ गई। माता हुकम कौर और पिता तारा सिंह ने उसका नाम रखा—मोहन सिंह। उनके पिता का देहांत जन्म से दो महीने पहले ही हो गया था, जिसके बाद उनकी माँ उन्हें लेकर अपने मायके बडियाना गाँव चली गईं। यहीं मोहन सिंह का बचपन बीता—गाँव की मिट्टी की सौंधी खुशबू और खेतों की हरियाली के बीच।

मोहन बचपन से ही अलग थे। जहाँ उनके हमउम्र खेल-कूद में मस्त रहते, वहीं मोहन अपने दादा से 1857 की क्रांति और स्वतंत्रता संग्राम की कहानियाँ सुनते। इन कहानियों ने उनके मन में देशभक्ति की चिंगारी जला दी। गाँव के बुजुर्गों की बातें उनके दिल में गहरे उतर गईं। वे अक्सर सोचते, "हमारा देश गुलाम क्यों है? इसे आज़ाद करने का हक हमारा है।" उनके पिता चाहते थे कि वे पढ़-लिखकर कोई सरकारी नौकरी

करें, लेकिन मोहन का सपना बड़ा था—वह देश की सेवा करना चाहते थे, उसकी गुलामी की बेड़ियाँ तोड़ना चाहते थे।

1927 में, 18 साल की उम्र में, मोहन सिंह ने ब्रिटिश भारतीय सेना की भर्ती परीक्षा पास की और 14वीं पंजाब रेजिमेंट में सिपाही के रूप में शामिल हो गए। यह उनके लिए गर्व का पल था। प्रशिक्षण के बाद उन्हें उत्तर-पश्चिम सीमांत प्रांत (अब खैबर पख्तूनख्वा) में तैनात किया गया। उनकी मेहनत और लगन देखकर 1931 में उन्हें अधिकारी प्रशिक्षण के लिए चुना गया। छह महीने किचनर कॉलेज, नौगाँव (मध्य प्रदेश) और ढाई साल भारतीय सैन्य अकादमी (आईएमए), देहरादून में प्रशिक्षण के बाद, 1 फरवरी 1935 को उन्हें कमीशन मिला। पहले साल वे ब्रिटिश सेना की 2nd बॉर्डर रेजिमेंट में रहे, फिर 24 फरवरी 1936 को 1/14 पंजाब रेजिमेंट में शामिल हुए, जो तब झेलम में तैनात थी।

लेकिन सेना में रहते हुए उन्हें ब्रिटिश अधिकारियों का भेदभाव साफ दिखा। भारतीय सैनिकों से कठोर श्रम लिया जाता, पर उन्हें सम्मान नहीं मिलता। ब्रिटिश अफसर उन्हें हिकारत की नज़र से देखते। यह सब मोहन के मन को कचोटता था। वे सोचते, "हमारी वर्दी एक है, फिर यह अंतर क्यों? क्या हम सिर्फ उनके साम्राज्य की ढाल बनने आए हैं?" यह सवाल उनके विद्रोही मन को जन्म देने लगा।

1941 में द्वितीय विश्व युद्ध अपने चरम पर था। मोहन सिंह, जो अब कैप्टन बन चुके थे, को अपनी बटालियन के साथ मलाया (अब मलेशिया) भेजा गया। दिसंबर 1940 में सिकंदराबाद में उनकी शादी जसवंत कौर से हुई, और 4 मार्च 1941 को वे मलाया रवाना हुए। 7 दिसंबर 1941 को जापान ने पर्ल हार्बर पर हमला किया और दक्षिण-पूर्व एशिया पर कब्जे की मुहिम शुरू की। मलाया में जित्रा की लड़ाई में मोहन की बटालियन जापानी टैंकों से हार गई। कई दिन जंगल में भटकने के बाद वे जापानी सेना के हाथों युद्धबंदी बन गए।

जापानियों ने उन्हें अलोर स्टार ले जाकर मेजर फुजीवारा इवाइची और गियानी प्रीतम सिंह से मिलवाया। फुजीवारा, जो जापानी खुफिया विभाग F-किकन के प्रमुख थे, ने मोहन से कहा, "हम ब्रिटिश साम्राज्य को कमज़ोर करना चाहते हैं। अगर आप हमारे साथ आएँ, तो भारत की

आज़ादी का सपना सच हो सकता है।" यह सुनकर मोहन का मन हिल गया। यह वही मौका था जिसका उन्हें इंतज़ार था।

दिसंबर 1941 में अलोर स्टार में मोहन सिंह ने भारतीय राष्ट्रीय सेना (INA) की नींव रखी। यह भारत की आज़ादी के लिए पहली सशस्त्र सेना थी। जापानियों ने उन्हें 40,000 से ज्यादा भारतीय युद्धबंदियों को सौंपा, जो मलाया और सिंगापुर में पकड़े गए थे। मोहन ने इन सैनिकों को एकजुट किया और कहा, "हमारा दुश्मन ब्रिटिश साम्राज्य है। यह हमारी आज़ादी की लड़ाई है।" उनकी बातों ने सैनिकों में जोश भर दिया।

फरवरी 1942 में INA औपचारिक रूप से गठित हुई। देखते ही देखते हजारों सैनिक इसमें शामिल हो गए। लेकिन कुछ सैनिक डर रहे थे। वे कहते, "अगर हम हारे, तो ब्रिटिश हमें फाँसी दे देंगे।" मोहन ने जवाब दिया, "गुलामी की ज़िंदगी से बेहतर है आज़ादी के लिए मरना। हमारा बलिदान व्यर्थ नहीं जाएगा।" उनकी यह बात हर सैनिक के दिल में उतर गई।

1942 तक INA मज़बूत हो रही थी, लेकिन मोहन को लग रहा था कि इसे जन-नेतृत्व की ज़रूरत है। जून 1942 में बैंकॉक सम्मेलन में INA को इंडियन इंडिपेंडेंस लीग (IIL) का सैन्य अंग बनाया गया। लेकिन जापानियों से मतभेद बढ़ने लगे। दिसंबर 1942 में, जापानी नीतियों से असहमति के कारण, मोहन ने INA भंग कर दी और उन्हें गिरफ्तार कर लिया गया।

1943 में सुभाष चंद्र बोस जापान पहुँचे। रास बिहारी बोस ने उन्हें INA की कमान सौंपी। 21 अक्टूबर 1943 को नेताजी ने सिंगापुर में आज़ाद हिंद फौज का पुनर्गठन किया। जब उन्होंने कहा, "तुम मुझे खून दो, मैं तुम्हें आज़ादी दूँगा," तो INA में नई जान आ गई। मोहन सिंह, जो तब तक जेल से रिहा हो चुके थे, ने नेताजी का स्वागत किया। उन्हें लगा कि उनका सपना अब पूरा होगा। नेताजी के नेतृत्व में INA ने इम्फाल और कोहिमा में ब्रिटिश सेना से लड़ाई लड़ी।

मोहन सिंह INA को एक स्वतंत्र सेना बनाना चाहते थे, लेकिन जापानी इसे अपनी कठपुतली बनाना चाहते थे। जब मोहन ने इसका विरोध किया, तो जापानियों ने उन्हें दिसंबर 1942 में हिरासत में ले

लिया। कई महीनों तक वे जेल में रहे, पर उनकी देशभक्ति कभी कम नहीं हुई। वे कहते थे, "मैं जेल में हूँ, पर मेरा सपना आज़ाद है।"

1945 में जापान हार गया। INA के सैनिकों को ब्रिटिश ने गिरफ्तार किया। मोहन सिंह को भी पकड़ा गया, लेकिन भारत में उनकी शहादत की कहानियाँ फैल चुकी थीं। जनता का दबाव बढ़ा, और 1946 में उन्हें रिहा कर दिया गया। 15 अगस्त 1947 को जब भारत आज़ाद हुआ, तो मोहन सिंह की आँखों में आँसू थे—खुशी और गर्व के।

आज़ादी के बाद मोहन सिंह राजनीति में सक्रिय हुए। 1952 और फिर 1967 में वे राज्यसभा के सदस्य बने। वे स्वतंत्रता सेनानियों के हक के लिए लड़ते रहे। 26 दिसंबर 1989 को लुधियाना में उनका निधन हुआ, लेकिन उनकी गाथा अमर रही।

मोहन सिंह का नाम स्वतंत्रता संग्राम में स्वर्णिम अक्षरों में लिखा है। भारत सरकार ने उन्हें स्वतंत्रता सेनानी का सम्मान दिया। दिल्ली के नेताजी सुभाष प्लेस में INA संग्रहालय में उनकी कहानी प्रदर्शित है। ब्रिगेडियर मोहन सिंह INA के जन्मदाता थे। उन्होंने वह राह दिखाई, जिसे नेताजी ने मजबूत किया। उनकी वीरता और बलिदान भारत के स्वतंत्रता संग्राम का अमिट हिस्सा है।

87

रणभूमि का अमर नायक: जसवंत सिंह रावत की वीरगाथा

19 अगस्त 1941 की एक साधारण सुबह थी। उत्तराखंड के पौड़ी गढ़वाल जिले के बडियासु गाँव में एक छोटे से घर में एक बालक का जन्म हुआ। चारों ओर ऊँचे पहाड़ और घने जंगल थे। हवा में ठंडक और शांति थी। माता भट्टू देवी और पिता गेंदा सिंह रावत ने अपने बेटे का नाम रखा—जसवंत सिंह रावत। यह परिवार साधारण था, जो खेतों में मेहनत कर दो वक्त की रोटी कमाता था। लेकिन जसवंत के भीतर कुछ असाधारण था।

बचपन से ही वह नन्हा योद्धा साहस और जुनून से भरा था। गाँव की पथरीली गलियों में वह लकड़ी की तलवार लेकर खेलता, कभी शिवाजी बनकर दुश्मनों से लड़ता, तो कभी महाराणा प्रताप की तरह घोड़े पर सवार होने का सपना देखता। उसकी माँ उसे प्यार से देखती और कहती, "मेरा बेटा एक दिन बड़ा नाम करेगा।" पिता गेंदा सिंह उसे अनुशासन और मेहनत का पाठ पढ़ाते। गरीबी के बावजूद, जसवंत की आँखों में सपनों की चमक कभी कम नहीं हुई।

1960 में, जब वह 19 साल का था, भारतीय सेना की भर्ती का मौका आया। जसवंत ने बिना देर किए नाम लिखवाया। उसका चयन हुआ, और 4 गढ़वाल राइफल्स में उसे जगह मिली। वर्दी पहनते ही उसका सीना गर्व से चौड़ा हो गया। उसने ठान लिया कि वह अपनी मातृभूमि के लिए कुछ ऐसा करेगा, जो हमेशा याद रहे।

1962 का साल भारत के लिए मुश्किलों से भरा था। चीन ने अचानक भारत की पूर्वी सीमा पर हमला बोल दिया। अरुणाचल प्रदेश और लद्दाख के इलाकों में घुसपैठ शुरू हो गई। भारतीय सेना पूरी ताकत से लड़ी, लेकिन हथियारों और संसाधनों की कमी ने हालात को मुश्किल बना दिया। अक्टूबर-नवंबर में युद्ध अपने चरम पर था।

जसवंत सिंह की बटालियन को अरुणाचल प्रदेश के तवांग जिले में नूरानांग पोस्ट पर तैनात किया गया। यह जगह समुद्र तल से 14,000 फीट की ऊँचाई पर थी। चारों ओर बर्फ से ढके पहाड़ और घने जंगल थे। ठंड इतनी थी कि सैनिकों की उंगलियाँ सुन्न पड़ जातीं, और बंदूकें जाम हो जातीं। ऑक्सीजन की कमी साँसों को भारी बना देती थी। लेकिन जसवंत के लिए ये मुश्किलें मायने नहीं रखती थीं। वह अपने साथियों से कहता, "हम पहाड़ी लोग हैं। ये ठंड और ऊँचाई हमारा घर है। हम यहाँ दुश्मन को हराएँगे।"

17 नवंबर 1962 की रात थी। आसमान पर बादल छाए थे, और बर्फीली हवाएँ सनसनाकर चल रही थीं। नूरानांग पोस्ट पर सन्नाटा था। तभी अचानक गोलियों की आवाज़ गूँजी। चीनी सेना ने 600 से ज्यादा सैनिकों के साथ हमला बोल दिया। उनकी मशीनगनें और मोर्टार गरज रहे थे। 4 गढ़वाल राइफल्स की डेल्टा कंपनी ने जवाबी कार्रवाई शुरू की। लेकिन दुश्मन की संख्या और हथियारों की ताकत के आगे भारतीय सैनिक कम पड़ने लगे।

कई सैनिक शहीद हो गए। सुबह होते-होते स्थिति बिगड़ गई, और बटालियन को पीछे हटने का आदेश मिला। सैनिक एक-एक कर पोस्ट छोड़कर लौटने लगे। लेकिन जसवंत सिंह ने अपने कमांडर से कहा, "साहब, मैं पीछे नहीं हटूँगा। यह मेरी धरती है, इसे छोड़ना मेरे लिए मौत से बदतर है।" कमांडर ने समझाने की कोशिश की, लेकिन जसवंत

अडिग थे। उनके साथ दो सैनिक—राइफलमैन त्रिलोक सिंह नेगी और गोपाल सिंह गुसाईं—भी रुक गए। लेकिन बाद में वे भी घायल होकर पीछे चले गए। अब जसवंत अकेले रह गए।

जसवंत ने हार नहीं मानी। उनके पास एक राइफल, कुछ हथगोले और असीम साहस था। उन्होंने फैसला किया कि वह अकेले ही दुश्मन को रोकेगा। उनकी रणनीति अनोखी थी। उन्होंने पोस्ट के तीन अलग-अलग बंकरों में हथियार तैनात किए—एक में लाइट मशीनगन, दूसरे में राइफल, और तीसरे में हथगोले। फिर वे तेजी से एक बंकर से दूसरे में दौड़ते। पहले बंकर से गोली चलाते, फिर दूसरे में जाकर मशीनगन से हमला करते, और तीसरे से हथगोले फेंकते।

चीनी सैनिक भ्रमित हो गए। उन्हें लगा कि भारतीय सेना की पूरी टुकड़ी अभी भी पोस्ट पर मौजूद है। यह भ्रम इतना गहरा था कि वे आगे बढ़ने से डरने लगे। जसवंत ने 72 घंटे तक यह खेल जारी रखा। अकेले लड़ते हुए उन्होंने 200 से ज्यादा चीनी सैनिकों को मार गिराया। उनकी गोलियों की गूँज और हथगोलों के धमाकों ने दुश्मन के हौसले तोड़ दिए। लेकिन यह चमत्कार हमेशा नहीं चल सकता था।

तीन दिन तक अकेले लड़ने के बाद, चीनी सेना को शक हुआ। उन्होंने एक स्थानीय नागरिक को जासूसी के लिए भेजा, जिसने बताया कि यह सिर्फ एक सैनिक की करतूत है। यह सुनकर चीनी कमांडर हैरान रह गया। उसने तुरंत चारों ओर से हमले का आदेश दिया। जसवंत पर गोलियाँ बरसने लगीं। उनकी गोलियाँ खत्म हो चुकी थीं। शरीर पर कई ज़ख्म थे, और खून बह रहा था। लेकिन उन्होंने हार नहीं मानी।

आखिरी बार उन्होंने अपनी राइफल उठाई। "भारत माता की जय!" की हुंकार भरी और दुश्मन पर टूट पड़े। एक चीनी सैनिक ने उन पर गोली चलाई, जो उनके सिर में लगी। जसवंत ज़मीन पर गिर पड़े। उनका शरीर शांत हो गया, लेकिन उनकी आत्मा अमर हो गई। उनकी शहादत ने चीनी सेना को इतना झकझोर दिया कि वे उस पोस्ट पर कब्जा करने की हिम्मत नहीं जुटा सके।

युद्ध खत्म होने के बाद चीनी सैनिक जसवंत के शव को अपने साथ ले गए। लेकिन उनकी वीरता से प्रभावित होकर, उन्होंने कुछ दिनों बाद

उनका सिर और एक पीतल की मूर्ति भारतीय सेना को सम्मान के साथ लौटा दी। यह दुश्मन की ओर से मिला सबसे बड़ा सम्मान था।

भारतीय सेना ने जसवंत को मृत घोषित नहीं किया। उनकी वीरता को देखते हुए उन्हें "अमर सैनिक" का दर्जा दिया गया। नूरानांग में उनकी याद में "जसवंत गढ़" बनाया गया। वहाँ उनकी वर्दी, जूते और बिस्तर आज भी उसी तरह रखे जाते हैं, जैसे 1962 में थे। हर सुबह उनकी वर्दी को इस्त्री किया जाता है, जूतों पर पॉलिश होती है, और बिस्तर तैयार किया जाता है। उन्हें नियमित वेतन मिलता है, और समय-समय पर पदोन्नति भी दी जाती है। आज वे मानद नायक के रूप में सम्मानित हैं।

जसवंत गढ़ आज एक तीर्थस्थान है। जो भी सैनिक तवांग जाता है, सबसे पहले वहाँ जसवंत को सलाम करता है। स्थानीय लोग मानते हैं कि उनकी आत्मा आज भी पहाड़ों में गश्त लगाती है और सैनिकों की रक्षा करती है। कई सैनिकों ने उनकी मौजूदगी महसूस करने की बात कही है। उनकी कुर्सी पर कोई नहीं बैठता, और उनका कमरा हमेशा खुला रहता है।

88

अमर शूरवीर: मेजर विभूति शंकर ढौंडियाल की कहानी

"किसी के हिस्से में घर आता है, किसी के हिस्से में सरहद..."

सर्दी की हल्की धुंध देहरादून की सड़कों पर छाई थी। एक छोटा सा बच्चा अपने घर के बाहर खड़ा था। उसकी आँखों में जिज्ञासा थी, और वह अपनी माँ से बार-बार पूछ रहा था, "माँ, सेना के लोग इतने बहादुर क्यों होते हैं?" माँ ने प्यार से उसका सिर सहलाया और कहा, "बेटा, वे बहादुर इसलिए होते हैं क्योंकि वे अपने देश से सबसे ज्यादा प्यार करते हैं।" उस बच्चे का नाम था विभूति शंकर ढौंडियाल। शायद उस दिन माँ की यह बात उसके नन्हे मन में गहरे तक उतर गई थी। समय ने करवट ली, और वह बच्चा बड़ा होकर वही बन गया जो उसने सपने में देखा था—एक सच्चा देशभक्त और वीर सैनिक।

18 दिसंबर 1987 को उत्तराखंड के देहरादून में जन्मे विभूति शंकर ढौंडियाल का बचपन पहाड़ों की गोद में बीता। उनके पिता ओमप्रकाश ढौंडियाल कंट्रोलर डिफेंस अकाउंट्स के कार्यालय में कार्यरत थे, और माँ सरोज ढौंडियाल एक समर्पित गृहिणी थीं। तीन बड़ी बहनों—वैशाली,

वैश्नवी और विजेता—के बीच सबसे छोटे विभूति परिवार के लाड़ले थे। लेकिन उनकी शरारतों और जिज्ञासा ने उन्हें सबसे अलग बनाया।

विभूति को कहानियाँ सुनना पसंद था। स्कूल में जब बच्चे खेलते, वह अपने दादा से स्वतंत्रता संग्राम की बातें सुनते। भगत सिंह की फाँसी, सूबेदार जोगिंदर सिंह का साहस, और शिवाजी की चतुराई—ये कहानियाँ उनके मन में बस गईं। सेंट जोसेफ एकेडमी, देहरादून में पढ़ाई के दौरान ही उन्होंने सेना में जाने का सपना देख लिया। बाद में डीएवी कॉलेज से ग्रेजुएशन पूरा करने के बाद, उन्होंने संयुक्त रक्षा सेवा (सीडीएस) परीक्षा पास की और 18 सितंबर 2011 को भारतीय सेना में कमीशन प्राप्त किया। वे कोर ऑफ इलेक्ट्रॉनिक्स एंड मैकेनिकल इंजीनियर्स (ईएमई) में शामिल हुए।

सेना में शामिल होने के बाद विभूति का पहला अनुभव जम्मू-कश्मीर के कृष्णा घाटी सेक्टर में 17 महार रेजिमेंट के साथ रहा। यहाँ की कठिन परिस्थितियों ने उन्हें निखारा। बाद में राजस्थान, पुणे और सिकंदराबाद में विभिन्न प्रशिक्षणों ने उन्हें एक कुशल अधिकारी बनाया। 2018 में उनकी नियुक्ति 55 राष्ट्रीय राइफल्स (आरआर) में हुई, जो कश्मीर में आतंकवाद विरोधी अभियानों के लिए तैनात थी। यहाँ वे डेल्टा कंपनी के कमांडर बने।

विभूति का नेतृत्व असाधारण था। वे हमेशा आगे रहते, अपने सैनिकों का हौसला बढ़ाते। साथी उन्हें "टाइगर ऑफ नेशनल राइफल्स" कहते, क्योंकि उनकी निडरता और जुनून किसी बाघ से कम नहीं था। बीच में उनकी ज़िंदगी में प्यार भी आया। 19 अप्रैल 2018 को उन्होंने दिल्ली की नितिका कौल से शादी की। यह एक साधारण लेकिन खूबसूरत प्रेम कहानी थी। लेकिन नियति को शायद कुछ और मंज़ूर था।

14 फरवरी 2019 का दिन भारत के लिए काला दिन बन गया। जम्मू-कश्मीर के पुलवामा में जैश-ए-मोहम्मद (जेईएम) के एक आत्मघाती हमलावर ने सीआरपीएफ के काफिले पर हमला किया। 40 से ज्यादा जवान शहीद हो गए। पूरा देश गम और गुस्से से उबल रहा था। हर भारतीय पूछ रहा था, "इसका जवाब कब मिलेगा?" सेना ने तुरंत कार्रवाई की योजना बनाई। खुफिया सूचना मिली कि हमले का

मास्टरमाइंड अब्दुल रशीद गाजी उर्फ कमरान पिंगलान गाँव में छिपा है।

17-18 फरवरी 2019 की रात। कश्मीर की घाटी में कोहरा और ठंड छाई थी। मेजर विभूति शंकर ढौंडियाल ने 55 आरआर की एक टुकड़ी का नेतृत्व संभाला। ब्रिगेडियर हरबीर सिंह के निर्देश पर शुरू हुआ यह ऑपरेशन बेहद खतरनाक था। रात 1 बजे पिंगलान में एक संदिग्ध घर को घेरा गया। जैसे ही सैनिक अंदर घुसे, आतंकवादियों ने गोलीबारी शुरू कर दी।

विभूति आगे थे। दुश्मन की गोलियों ने उन्हें निशाना बनाया—उनके सीने और पेट में कई गोलियाँ लगीं। लेकिन वे रुके नहीं। घायल होने के बावजूद उन्होंने अपने सैनिकों को फिर से संगठित किया और जवाबी हमला बोला। एक आतंकवादी को उन्होंने खुद ढेर किया। लेकिन तभी आतंकवादियों ने एक हथगोला फेंका, जो उनके लिए घातक साबित हुआ। वे ज़मीन पर गिर पड़े। उनके आखिरी शब्द थे, "ऑपरेशन पूरा करो... देश पहले है।"

उनके बलिदान से प्रेरित सैनिकों ने ऑपरेशन पूरा किया। पाँच आतंकवादी मारे गए, जिनमें कमरान भी शामिल था। 200 किलोग्राम विस्फोटक बरामद हुआ, जिससे एक और बड़ा हमला टल गया। लेकिन इस जीत की कीमत थी—मेजर विभूति और उनके तीन साथी—हवलदार शियो राम, सिपाही अजय कुमार, और सिपाही हरि सिंह—शहीद हो गए।

18 फरवरी 2019 को देहरादून में उनका पार्थिव शरीर लाया गया। "भारत माता की जय" और "विभूति अमर रहें" के नारों के बीच हजारों लोग उन्हें अंतिम विदाई देने आए। उनकी पत्नी नितिका ने उनकी पार्थिव देह को सलामी दी और कहा, "तुमने मुझसे कहा था कि तुम मुझसे प्यार करते हो, लेकिन सच यह है कि तुम देश से ज्यादा प्यार करते थे।" उनकी माँ सरोज, जो हृदय रोगी थीं, और दादी की आँखों में आँसू थे, पर गर्व भी था।

26 जनवरी 2020 को मेजर विभूति को मरणोपरांत "शौर्य चक्र" से सम्मानित किया गया। 22 नवंबर 2021 को राष्ट्रपति रामनाथ कोविंद ने यह सम्मान उनकी पत्नी लेफ्टिनेंट नितिका कौल और माँ सरोज

को सौंपा। यह सम्मान उनके अदम्य साहस और सर्वोच्च बलिदान का प्रतीक था।

नितिका कौल ने अपने पति की शहादत को न सिर्फ स्वीकार किया, बल्कि उसे अपनी ताकत बनाया। फरवरी 2020 में उन्होंने कॉरपोरेट नौकरी छोड़ दी और शॉर्ट सर्विस कमीशन (एसएससी) परीक्षा पास की। चेन्नई के ऑफिसर्स ट्रेनिंग एकेडमी (ओटीए) में कठिन प्रशिक्षण के बाद, 29 मई 2021 को वे लेफ्टिनेंट नितिका कौल ढौंडियाल के रूप में सेना में शामिल हुईं। उत्तरी कमान के कमांडर लेफ्टिनेंट जनरल वाई.के. जोशी ने खुद उनके कंधों पर सितारे लगाए। यह पल पूरे देश के लिए गर्व का क्षण था।

89

कारगिल का नायक: मेजर संजय कुमार का अदम्य साहस

हिमाचल प्रदेश के बिलासपुर जिले का एक छोटा सा गाँव बकैन। पहाड़ों की हरी-भरी ढलानों के बीच बसा यह गाँव सूरज की किरणों से सुबह-सुबह सुनहरा हो उठता था। एक कच्चे मकान के आँगन में मिट्टी से खेलता एक नन्हा बालक अपनी माँ से पूछता, "माँ, मैं बड़ा होकर क्या बनूँगा?" उसकी माँ शांति देवी ने प्यार से उसका माथा सहलाया और कहा, "बेटा, तू जो चाहे बन, लेकिन अपने देश का नाम रोशन करना।" यह साधारण सा जवाब उस बच्चे के मन में गहरे तक उतर गया। उसका नाम था संजय कुमार। उस दिन से उसके भीतर एक सपना जागा—एक ऐसा सपना जो उसे कारगिल की ऊँचाइयों तक ले गया और इतिहास में अमर कर गया।

3 मार्च 1976 को संजय कुमार का जन्म हुआ। उनके पिता लाला राम एक साधारण किसान थे, और माँ शांति देवी घर संभालती थीं। परिवार की आर्थिक स्थिति कमज़ोर थी। संजय ने अपनी शुरुआती पढ़ाई गाँव के स्कूल में की। बचपन से ही वह सेना के जवानों को देखकर

रोमांचित हो उठते। जब गाँव में कोई सैनिक छुट्टी पर आता, संजय उसके पास घंटों बैठकर उनकी कहानियाँ सुनते। "एक दिन मैं भी फौजी बनूँगा," यह बात उनके होठों पर हमेशा रहती।

लेकिन सेना में भर्ती का रास्ता आसान नहीं था। 18 साल की उम्र में पहली बार उन्होंने कोशिश की, पर असफल रहे। फिर कई बार नाकामी हाथ लगी। लोग कहते, "संजय, कोई और काम देख ले।" लेकिन उनके हौसले डगमगाए नहीं। आखिरकार, 1996 में उनकी मेहनत रंग लाई। 20 साल की उम्र में वे भारतीय सेना की 13 जम्मू-कश्मीर राइफल्स (13 JAK RIF) में सिपाही के रूप में भर्ती हुए। यह उनके जीवन की पहली बड़ी जीत थी।

1999 की गर्मियाँ। कारगिल की ऊँची चोटियों पर बर्फ पिघल रही थी, लेकिन वहाँ का माहौल गर्म था। पाकिस्तानी सेना और घुसपैठियों ने नियंत्रण रेखा (एलओसी) पार कर भारत की कई चौकियों पर कब्जा कर लिया था। मई में शुरू हुआ यह युद्ध जुलाई तक अपने चरम पर था। 18,000 फीट की ऊँचाई, हड्डियाँ जमा देने वाली ठंड, और दुश्मन की गोलियाँ—यह भारतीय सेना के लिए सबसे मुश्किल परीक्षा थी।

13 जम्मू एंड कश्मीर राइफल्स (13 JAK RIF) को कारगिल युद्ध के दौरान द्रास सेक्टर में तैनात किया गया था। संजय कुमार तब तक राइफलमैन बन चुके थे। उनका जोश और अनुशासन देखकर उन्हें टुकड़ी का स्काउट बनाया गया। हर सैनिक के मन में एक ही संकल्प था—"यह हमारी ज़मीन है, इसे हर कीमत पर वापस लेंगे।"

4 जुलाई 1999 की सुबह। प्वाइंट 4875—जिसे फ्लैट टॉप भी कहा जाता था—कारगिल की सबसे ऊँची और रणनीतिक चोटियों में से एक थी। दुश्मन ने यहाँ मजबूत बंकर बना रखे थे और नीचे भारतीय सैनिकों पर हमले कर रहा था। इस चोटी को वापस लेना ज़रूरी था। संजय की टुकड़ी को यह मिशन सौंपा गया। उनकी बटालियन के कमांडिंग ऑफिसर कर्नल वासुदेवन ने ऑपरेशन की कमान संभाली।

सुबह होते ही टुकड़ी आगे बढ़ी। लेकिन जैसे ही वे चोटी के पास पहुँचे, दुश्मन की मशीनगनों ने गोलियाँ बरसानी शुरू कर दीं। ऊँचाई पर बैठे घुसपैठियों को देखना मुश्किल था। कई सैनिक घायल हो गए। संजय ने

अपने साथियों को ढाल बनाकर आगे बढ़ने को कहा। लेकिन एक बंकर से लगातार गोलीबारी हो रही थी, जो उनकी राह रोक रही थी।

संजय ने बिना सोचे फैसला लिया। अपने कमांडर से कहा, "सर, मुझे उस बंकर को खत्म करने दें।" अनुमति मिलते ही वे आगे बढ़े।

संजय ने अपनी राइफल कंधे पर टाँगी और बंकर की ओर दौड़े। गोलियाँ उनके शरीर को भेद रही थीं। एक गोली उनके कंधे में लगी, दूसरी जाँघ में। खून बह रहा था, लेकिन वे रुके नहीं। बंकर के पास पहुँचते ही उन्होंने हथगोला फेंका और अंदर घुस गए। वहाँ बैठे दो दुश्मन सैनिकों को उन्होंने अपनी संगीन से मार गिराया। फिर उनकी मशीनगन छीन ली और उसी से ताबड़तोड़ गोलियाँ चलाईं।

यह देखकर दूसरा बंकर भी सक्रिय हुआ। संजय फिर दौड़े। उनके शरीर में अब तक कई गोलियाँ लग चुकी थीं, लेकिन उनका जोश कम नहीं हुआ। दूसरे बंकर में घुसकर उन्होंने तीन और घुसपैठियों को ढेर कर दिया। उनकी इस वीरता से बाकी सैनिकों में जोश भर गया। पूरी टुकड़ी आगे बढ़ी और दुश्मन को खदेड़ दिया। कुछ ही घंटों में प्वाइंट 4875 पर तिरंगा लहराने लगा।

लड़ाई खत्म हुई। संजय ज़मीन पर लेटे थे। उनका शरीर खून से लथपथ था। सैनिक उन्हें उठाने आए और बोले, "संजय, अब अस्पताल चलो।" लेकिन संजय ने कमज़ोर आवाज़ में कहा, "पहले चोटी देख लूँ, तिरंगा लहरा रहा है न?" उनकी आँखों में संतुष्टि थी। उन्हें तुरंत नीचे लाया गया और श्रीनगर के बेस हॉस्पिटल में भर्ती किया गया। डॉक्टर भी हैरान थे कि इतने घावों के बाद भी वे ज़िंदा कैसे थे।

संजय की इस अद्भुत वीरता की गूँज पूरे देश में फैली। 15 अगस्त 1999 को स्वतंत्रता दिवस के मौके पर उन्हें मरणोपरांत नहीं, बल्कि जीवित परमवीर चक्र से सम्मानित किया गया। तत्कालीन राष्ट्रपति के.आर. नारायणन ने दिल्ली के राष्ट्रपति भवन में उन्हें यह सम्मान दिया। उनकी माँ और पत्नी रेणुका के चेहरों पर गर्व की चमक थी। संजय आज भी परमवीर चक्र पाने वाले तीन जीवित सैनिकों में से एक हैं।

संजय ठीक हुए और सेना में लौट आए। 2000 में उनकी शादी रेणुका से हुई। आज वे मेजर के पद पर हैं और जम्मू-कश्मीर राइफल्स

रेजिमेंटल सेंटर, जालंधर में प्रशिक्षक के रूप में नए सैनिकों को तैयार करते हैं। उनके दो बच्चे—साक्षी और निखिल—उनके गर्व का हिस्सा हैं। वे कहते हैं, "जब तक साँस है, देश के लिए लड़ता रहूँगा।"

90

लोंगेवाला का शेर: ब्रिगेडियर कुलदीप सिंह चांदपुरी

सर्दियों की एक ठंडी शाम थी। पंजाब के मोंटगोमरी जिले (अब पाकिस्तान में साहिवाल) के छोटे से गाँव चक नंबर 132 में एक लड़का अपने दादा की गोद में बैठा था। दादा, जो ब्रिटिश भारतीय सेना में सैनिक रह चुके थे, उसे 1947 के विभाजन और युद्ध की कहानियाँ सुना रहे थे। उस लड़के की आँखों में चमक थी, मन में एक जज़्बा था—अपने देश के लिए कुछ करने का, अपनी मातृभूमि की रक्षा का सपना। वह लड़का था कुलदीप सिंह चांदपुरी, जो आगे चलकर लोंगेवाला की लड़ाई में इतिहास रचने वाला था।

22 नवंबर 1940 को कुलदीप का जन्म हुआ। 1947 में विभाजन के बाद उनका परिवार पंजाब के होशियारपुर जिले में बस गया। उनके पिता ठाकुर दान सिंह एक साधारण किसान थे और चाहते थे कि कुलदीप पढ़-लिखकर डॉक्टर या इंजीनियर बने। लेकिन कुलदीप का मन सैनिक जीवन की ओर खिंचता था। गाँव में जब भी कोई सैनिक छुट्टी पर आता, कुलदीप उसके पास बैठकर उसकी वीरता की कहानियाँ सुनते।

कुलदीप ने पंजाब विश्वविद्यालय से स्नातक की पढ़ाई पूरी की। 1962 में भारत-चीन युद्ध के बाद सेना में भर्ती का मौका आया। कुलदीप ने बिना देर किए भारतीय सैन्य अकादमी (IMA), देहरादून में दाखिला लिया। यहाँ का कठिन प्रशिक्षण उनके लिए चुनौती भी था और मौका भी। 19 दिसंबर 1963 को वे 23 पंजाब रेजिमेंट में सेकंड लेफ्टिनेंट के रूप में शामिल हुए।

1965 के भारत-पाक युद्ध में उन्होंने पहली बार युद्ध का स्वाद चखा। उनकी टुकड़ी ने पश्चिमी मोर्चे पर कई ऑपरेशनों में हिस्सा लिया। उनकी बहादुरी और रणनीतिक समझ ने उन्हें जल्द ही सम्मान दिलाया। लेकिन उनकी असली परीक्षा अभी बाकी थी—1971 का युद्ध, जो उन्हें इतिहास में अमर करने वाला था।

1971 में भारत-पाकिस्तान युद्ध छिड़ा। पूर्वी मोर्चे पर बांग्लादेश की आज़ादी की लड़ाई चल रही थी, तो पश्चिमी मोर्चे पर पाकिस्तान ने भारत पर दबाव बनाने की कोशिश की। राजस्थान के जैसलमेर में लोंगेवाला पोस्ट एक रणनीतिक चौकी थी। यहाँ से आगे बढ़कर पाकिस्तानी सेना जैसलमेर और रामगढ़ पर कब्जा करना चाहती थी। लेकिन इस पोस्ट की रक्षा का जिम्मा था मेजर कुलदीप सिंह चांदपुरी और उनकी 23 पंजाब रेजिमेंट की अल्फा कंपनी पर।

4 दिसंबर 1971 की रात। रेगिस्तान में ठंडी हवाएँ चल रही थीं। चाँद की हल्की रोशनी में रेत चमक रही थी। मेजर चांदपुरी के पास सिर्फ 120 सैनिक थे—92 राइफलमैन और 28 बीएसएफ जवान। उनके पास हल्के हथियार, दो रिकॉइललेस जीप, और सीमित गोला-बारूद था। सामने थी पाकिस्तान की 51वीं इन्फैंट्री ब्रिगेड—लगभग 2000 सैनिक, 40 से ज्यादा टी-59 और शेरमैन टैंक, और भारी तोपखाना। यह एक असंभव लड़ाई थी।

रात 12:30 बजे। एक सैनिक ने दौड़कर मेजर चांदपुरी को बताया, "साहब, टैंकों की आवाज़ आ रही है!" दूर से धूल का गुबार और टैंकों की गड़गड़ाहट साफ दिख रही थी। मेजर चांदपुरी ने दूरबीन से देखा और तुरंत फैसला लिया। उन्होंने अपनी टुकड़ी को इकट्ठा किया और कहा, "डरने की जरूरत नहीं! यह हमारी ज़मीन है। हम इसे आखिरी साँस तक

बचाएँगे।"

उन्होंने रणनीति बनाई—दुश्मन को रातभर रोकना है, ताकि सुबह वायुसेना मदद कर सके। सैनिकों को बंकरों में तैनात किया गया। रिकॉइललेस जीपों को टैंकों पर निशाना साधने का आदेश दिया। रात 1 बजे पाकिस्तानी टैंकों ने हमला शुरू कर दिया। गोलियाँ और गोले हवा में गरजने लगे।

मेजर चांदपुरी हर बंकर पर जाकर सैनिकों का हौसला बढ़ा रहे थे। उनकी टुकड़ी ने मशीनगनों और मोर्टार से जवाबी हमला शुरू किया। रिकॉइललेस जीप से सिपाही हरनाम सिंह और बीएसएफ के भैरों सिंह ने कई टैंकों को नष्ट किया। रेगिस्तान की ढीली रेत में भारी टैंक फँसने लगे, जिसे चांदपुरी ने अपने फायदे में बदला।

पूरी रात लड़ाई चली। भारतीय सैनिकों ने हार नहीं मानी। सुबह 4 बजे मेजर चांदपुरी ने वायरलेस पर 12वीं एयर बेस, जोधपुर को संदेश भेजा—"हमें हवाई मदद चाहिए!" सूरज निकलते ही भारतीय वायुसेना के हंटर और मारुत जेट विमान आसमान में गरजे। टैंकों पर बमबारी शुरू हुई। कुछ ही घंटों में 12 से ज्यादा टैंक जलकर राख हो गए। पाकिस्तानी सेना को भारी नुकसान हुआ—सैकड़ों सैनिक मारे गए और बाकी भाग खड़े हुए।

5 दिसंबर की सुबह लोंगेवाला पर तिरंगा लहरा रहा था। 120 सैनिकों ने 2000 दुश्मनों को हराकर इतिहास रच दिया। इस लड़ाई में भारत के सिर्फ 2 जवान शहीद हुए और 1 घायल हुआ।

मेजर चांदपुरी की इस असाधारण वीरता और नेतृत्व के लिए 26 जनवरी 1972 को उन्हें "महावीर चक्र" से सम्मानित किया गया। यह सम्मान तत्कालीन राष्ट्रपति वी.वी. गिरि ने प्रदान किया। उनकी टुकड़ी के कई सैनिकों को भी वीरता पुरस्कार मिले। यह लड़ाई सैन्य इतिहास में एक मिसाल बन गई।

1997 में जे.पी. दत्ता की फिल्म *बॉर्डर* रिलीज़ हुई, जो लोंगेवाला की लड़ाई पर आधारित थी। सनी देओल ने मेजर चांदपुरी का किरदार निभाया। फिल्म का संवाद—"हम आखिरी गोली तक लड़ेंगे"—हर भारतीय के दिल में बस गया। फिल्म देखकर लाखों युवाओं में देशभक्ति

की लहर दौड़ गई। चांदपुरी ने बाद में कहा, "यह फिल्म मेरे सैनिकों की वीरता को श्रद्धांजलि थी।"

सेना में 34 साल सेवा के बाद चांदपुरी 1996 में ब्रिगेडियर के पद से रिटायर हुए। वे चंडीगढ़ में बस गए। 17 नवंबर 2018 को लंबी बीमारी (कैंसर) के बाद उनका निधन हो गया। उनके अंतिम संस्कार में हजारों लोग शामिल हुए। उनकी पत्नी संतोख कौर और तीन बच्चों—हरदीप, हरमिंदर, और अनूपिंदर—ने उन्हें गर्व के साथ विदाई दी।

ब्रिगेडियर कुलदीप सिंह चांदपुरी सिर्फ एक सैनिक नहीं, एक किंवदंती थे। जब भी लोंगेवाला का नाम लिया जाएगा, रेगिस्तान की रेत में उनकी हुंकार गूँजेगी।

91

मेजर मोहित शर्मा: राष्ट्र के लिए जिया और अमर हो गया

सर्दियों की एक सुबह थी। हल्की धुंध के बीच सूरज की किरणें धरती को छूने की कोशिश कर रही थीं। गाजियाबाद की सड़कों पर सन्नाटा था, लेकिन एक घर के बाहर भीड़ उमड़ पड़ी थी। लोग खामोश खड़े थे, आँखों में आँसू और दिल में गर्व लिए। तिरंगे में लिपटा एक पार्थिव शरीर अंतिम यात्रा पर था। चारों ओर गूँज रही थी एक ही आवाज़—"भारत माता की जय!" यह दृश्य था मेजर मोहित शर्मा की अंतिम विदाई का। एक ऐसा योद्धा, जिसने अपनी हर साँस देश को समर्पित कर दी और बलिदान की ऐसी मिसाल कायम की, जो हमेशा याद रहेगी।

13 जनवरी 1978 को हरियाणा के रोहतक में रजत और सुषमा शर्मा के घर एक नन्हा सपूत जन्मा—मोहित शर्मा। जल्द ही उनका परिवार गाजियाबाद, उत्तर प्रदेश में बस गया। मोहित का बचपन साधारण था, लेकिन उनके सपने असाधारण थे। डीपीएस गाजियाबाद में पढ़ाई के दौरान वे न सिर्फ किताबों में अव्वल थे, बल्कि खेल और एनसीसी में भी आगे रहते। उनके दोस्त उन्हें एक चंचल, मज़ाकिया, लेकिन अनुशासित

लड़के के रूप में याद करते हैं।

स्कूल में राष्ट्रीय पर्वों की परेड देखकर उनके मन में देशभक्ति की चिंगारी जली। एक दिन टीवी पर सेना की परेड देखते हुए उन्होंने अपने पिता से कहा, "पापा, मैं भी सेना में जाऊँगा। देश के लिए कुछ बड़ा करना चाहता हूँ।" उनके पिता, जो एक बैंकर थे, और माँ, एक शिक्षिका, ने उनके इस सपने का समर्थन किया। मोहित ने सेंट स्टीफंस कॉलेज, दिल्ली से बीए ऑनर्स की पढ़ाई पूरी की और फिर अपने सपने की ओर बढ़ चले।

1995 में मोहित ने राष्ट्रीय रक्षा अकादमी (एनडीए), पुणे में दाखिला लिया। यहाँ की कठिन ट्रेनिंग ने उनके भीतर के सैनिक को तराशा। 1998 में वे इंडियन मिलिट्री एकेडमी (आईएमए), देहरादून पहुँचे और 11 दिसंबर 1999 को 5 मद्रास रेजिमेंट में लेफ्टिनेंट के रूप में कमीशन प्राप्त किया। उनकी पहली पोस्टिंग हैदराबाद में हुई, जहाँ उन्होंने अपनी मेहनत और समर्पण से सबका दिल जीत लिया।

लेकिन मोहित का मन कुछ और चाहता था। वे चुनौतियों से डरने वाले नहीं थे। 2003 में उन्होंने सेना की सबसे खतरनाक शाखा—1 पैरा स्पेशल फोर्स (1 PARA SF)—में शामिल होने का फैसला किया। यहाँ की ट्रेनिंग इतनी कठिन थी कि कई लोग बीच में हार मान लेते थे। लेकिन मोहित ने हर चुनौती को पार किया। उनकी निशानेबाज़ी, जंगल युद्धकला, और नेतृत्व क्षमता ने उन्हें "शेरदिल" का खिताब दिलाया।

2004 में कश्मीर में आतंकवाद अपने चरम पर था। सेना को एक ऐसे सैनिक की ज़रूरत थी जो दुश्मन के बीच घुसकर उनकी योजनाएँ उजागर कर सके। मेजर मोहित ने यह जोखिम उठाया। उन्होंने अपनी पहचान बदली, दाढ़ी बढ़ाई, और "इफ्तिखार भट" बनकर हिजबुल मुजाहिदीन में घुसपैठ की। यह मिशन इतना खतरनाक था कि एक गलती उनकी जान ले सकती थी।

मोहित ने आतंकियों का विश्वास जीता। महीनों तक वे उनके साथ रहे, उनकी गतिविधियों पर नज़र रखी, और महत्वपूर्ण जानकारी सेना तक पहुँचाई। उनकी सूझबूझ से दो खूंखार आतंकियों को पकड़ा गया और कई हमले टाले गए। मिशन पूरा होने के बाद वे सुरक्षित लौटे।

उनकी इस बहादुरी के लिए उन्हें 2005 में "चीफ ऑफ आर्मी स्टाफ कमेंडेशन कार्ड" से सम्मानित किया गया। लेकिन यह गुप्त ऑपरेशन था, इसलिए उनकी वीरता की कहानी गुमनाम रही।

21 मार्च 2009। जम्मू-कश्मीर के कुपवाड़ा जिले के हाफरुदा जंगल में खुफिया सूचना मिली कि चार आतंकी छिपे हैं। मेजर मोहित शर्मा, जो तब 1 PARA SF की डेल्टा कंपनी के कमांडर थे, को इस ऑपरेशन की कमान सौंपी गई। रात के अंधेरे में, ठंडी हवाओं के बीच, उनकी टुकड़ी जंगल में घुसी।

सुबह 4 बजे आतंकियों का ठिकाना मिला—एक छोटा सा घर। जैसे ही सैनिकों ने घेराबंदी की, अंदर से गोलियाँ चलने लगीं। मोहित ने अपनी टीम को दो हिस्सों में बाँटा। एक आतंकी को उन्होंने खुद गोली मारी। लेकिन तभी एक आतंकी छिपकर उनकी यूनिट पर हमला करने वाला था। मोहित ने उसे देख लिया और अपने साथियों को बचाने के लिए आगे बढ़े।

उन्होंने उस आतंकी को ढेर कर दिया, लेकिन इस दौरान कई गोलियाँ उनके सीने और बाजू में लगीं। खून बह रहा था, लेकिन वे रुके नहीं। अपने रेडियो से उन्होंने आखिरी संदेश भेजा—"जय हिंद! ऑपरेशन पूरा करो।" उनकी टीम ने चारों आतंकियों को मार गिराया, लेकिन मोहित ज़मीन पर गिर चुके थे। उनके चेहरे पर शांति थी, मानो कह रहे हों—"मेरा भारत अमर रहे।"

15 अगस्त 2009 को स्वतंत्रता दिवस के मौके पर लाल किले पर मेजर मोहित शर्मा को मरणोपरांत "अशोक चक्र" से सम्मानित किया गया। यह शांतिकाल का सर्वोच्च वीरता पुरस्कार है। राष्ट्रपति प्रतिभा पाटिल ने यह सम्मान उनकी पत्नी मेजर रश्मि शर्मा और माता-पिता को सौंपा। उनकी माँ सुषमा ने कहा, "मेरा बेटा मरा नहीं, वह देश के लिए अमर हो गया।"

92

कैप्टन विजयंत थापर : राष्ट्रभक्ति की अमर ज्योति

जून 1999 की एक ठंडी रात थी। कारगिल की ऊँची चोटियों पर बर्फ की सफेद चादर बिछी थी, लेकिन हवा में गोलियों की सनसनाहट और बारूद की गंध थी। टोलोलिंग की पहाड़ी पर भारतीय सेना के जवान दुश्मन से लोहा लेने को तैयार थे। इनमें से एक था 22 साल का युवा योद्धा—कैप्टन विजयंत थापर। उसकी आँखों में जोश की चमक, सीने में देशभक्ति का जुनून, और दिल में भारत माता के लिए अटूट प्रेम था। उस रात उसने न सिर्फ अपने कर्तव्य को निभाया, बल्कि अपनी शहादत से एक ऐसी मिसाल कायम की, जो पीढ़ियों को प्रेरित करती रहेगी।

26 दिसंबर 1976 को उत्तर प्रदेश के नोएडा में विजयंत थापर का जन्म हुआ। उनका परिवार सेना की गहरी परंपरा से जुड़ा था। पिता कर्नल वी.एन. थापर भारतीय सेना में थे, और माँ तृप्ता थापर ने उन्हें बचपन से ही देशभक्ति और अनुशासन की सीख दी। विजयंत का बचपन सैन्य माहौल में बीता। जहाँ उनके हमउम्र खिलौनों से खेलते, वहीं विजयंत अपने पिता की वर्दी को देखकर रोमांचित हो उठते। पिता

की युद्ध की कहानियाँ सुनकर उनके मन में एक सपना जागा—सेना में जाकर देश की सेवा करना।

विजयंत ने अपनी स्कूली शिक्षा लॉरेंस स्कूल, सनावर से पूरी की। यहाँ वे पढ़ाई, खेल, और नेतृत्व में हमेशा आगे रहे। स्कूल की परेड में हिस्सा लेते हुए उनकी छाती गर्व से चौड़ी हो जाती। 1994 में उन्होंने राष्ट्रीय रक्षा अकादमी (एनडीए), पुणे में दाखिला लिया। यहाँ की कठिन ट्रेनिंग ने उनके साहस को और निखारा। फिर भारतीय सैन्य अकादमी (आईएमए), देहरादून में प्रशिक्षण के बाद, 12 दिसंबर 1998 को वे 2 राजपूताना राइफल्स में लेफ्टिनेंट के रूप में शामिल हुए। सिर्फ छह महीने बाद उन्हें कैप्टन के पद पर पदोन्नति मिली।

1999 में पाकिस्तानी सेना और घुसपैठियों ने कारगिल की चोटियों पर कब्जा कर लिया। मई में शुरू हुआ यह युद्ध जून तक अपने चरम पर था। टोलोलिंग की पहाड़ी इस युद्ध का एक महत्वपूर्ण मोर्चा थी। यहाँ से दुश्मन भारतीय सेना पर लगातार हमले कर रहा था। 2 राजपूताना राइफल्स को टोलोलिंग को वापस लेने का आदेश मिला, और कैप्टन विजयंत अपनी टुकड़ी के साथ इस मिशन में जुट गए।

12-13 जून 1999 की रात। ठंड और ऑक्सीजन की कमी के बावजूद विजयंत ने अपने सैनिकों को इकट्ठा किया और कहा, "यह सिर्फ जमीन की लड़ाई नहीं, यह भारत माता की इज्जत की लड़ाई है। हम झुकेंगे नहीं, रुकेंगे नहीं, जीतेंगे!" रात के अंधेरे में उनकी टुकड़ी चुपचाप आगे बढ़ी। दुश्मन ने ऊँचाई से गोलियाँ बरसानी शुरू कीं। कई सैनिक घायल हो गए, लेकिन विजयंत डटे रहे। उन्होंने एक-एक बंकर पर हमला बोला। ग्रेनेड फेंके, गोलियाँ चलाईं, और दुश्मन को पीछे धकेला। कई घंटों की भीषण लड़ाई के बाद टोलोलिंग पर तिरंगा लहरा उठा। यह कारगिल युद्ध की पहली बड़ी जीत थी, और विजयंत की वीरता ने इसे संभव बनाया।

टोलोलिंग की जीत के बाद विजयंत को आराम का मौका नहीं मिला। 28 जून 1999 को उनकी बटालियन को नया मिशन मिला—नोल-खोप की चोटी को दुश्मन से मुक्त कराना। यह चोटी 16,500 फीट की ऊँचाई पर थी, और दुश्मन ने यहाँ मजबूत बंकर बना रखे थे। विजयंत ने अपनी चार सैनिकों की टीम—सिपाही जयसिंह, कुंवर सिंह, बलवान सिंह, और

एक अन्य—के साथ हमले की योजना बनाई।

29 जून की सुबह। बर्फीली हवाएँ और गोलियों की आवाज़ के बीच विजयंत आगे बढ़े। उन्होंने चुपके से दुश्मन के दो बंकरों को नष्ट कर दिया। लेकिन तीसरा बंकर सबसे मुश्किल था। अचानक दुश्मन की मशीनगन गरजी। एक गोली विजयंत के कंधे में लगी। खून बहने लगा, लेकिन उन्होंने पीछे हटने से इनकार कर दिया। अपने सैनिकों को हौसला देते हुए वे आगे बढ़े। "आगे बढ़ो, कोई रुकना नहीं!" उनकी आवाज़ गोलियों को चीरती हुई गूँजी।

तीसरे बंकर पर ग्रेनेड फेंकते वक्त एक गोली उनके सीने से आर-पार हो गई। वे धीरे से ज़मीन पर गिरे। उनके साथी दौड़े, लेकिन तब तक विजयंत शहीद हो चुके थे। उनके चेहरे पर सुकून था, मानो कह रहे हों—"मैंने अपना वादा निभा दिया।" उनकी शहादत के बाद उनकी टुकड़ी ने नोल-खोप पर कब्जा कर लिया। यह उनकी आखिरी जीत थी।

विजयंत ने युद्ध से पहले अपने माता-पिता को एक पत्र लिखा था, जो उनकी शहादत के बाद उनके सामान में मिला। उसमें लिखा था:

"प्रिय माँ-पापा, अगर आप यह पढ़ रहे हैं, तो मैं किसी और दुनिया में हूँ। मुझे कोई अफसोस नहीं। मैंने अपने सपने को जिया और देश के लिए लड़ाई लड़ी। अगर मुझे फिर से जन्म मिले, तो मैं फिर से सेना में आऊँगा। मेरे दोस्तों को मेरी राइफल और टोपी दे देना। भारत माता की जय!"

यह पत्र आज हर भारतीय को भावुक कर देता है। उनकी इस वीरता के लिए उन्हें मरणोपरांत "वीर चक्र" से सम्मानित किया गया। 15 अगस्त 1999 को उनकी माँ तृप्ता ने यह सम्मान ग्रहण किया।

कैप्टन विजयंत थापर सिर्फ 22 साल जिए, लेकिन उनकी शहादत ने उन्हें अमर बना दिया। वे साबित करते हैं कि सच्चा साहस उम्र से नहीं, जज़्बे से पैदा होता है। उनकी गाथा हर भारतीय को याद दिलाती है कि देश के लिए बलिदान देने वाले ही असली हीरो होते हैं। जब तक कारगिल की चोटियाँ खड़ी रहेंगी, विजयंत का नाम गूँजता रहेगा।

93

चेतन चीता: एक वीर की अनकही गाथा

हिमालय की ऊँची वादियों में, जहाँ हवाएँ साहस की कहानियाँ सुनाती हैं और पहाड़ वीरता के साक्षी बनते हैं, वहाँ एक साधारण परिवार में एक असाधारण योद्धा का जन्म हुआ। उनका नाम था चेतन कुमार। लेकिन समय के साथ उनकी बहादुरी ने उन्हें "चेतन चीता" नाम दिया—एक ऐसा नाम जो दुश्मनों के लिए खौफ और देशवासियों के लिए गर्व का प्रतीक बन गया।

चेतन का जन्म राजस्थान के एक छोटे से गाँव में हुआ था। उनके पिता एक किसान थे, जो मेहनत और ईमानदारी से अपने परिवार का पालन-पोषण करते थे। बचपन से ही चेतन में कुछ अलग करने की ललक थी। गाँव के मैदानों में खेलते हुए वे अक्सर अपने दोस्तों को सेना की कहानियाँ सुनाते और कहते, "एक दिन मैं भी देश की रक्षा करूँगा।" उनकी आँखों में सपने थे, और दिल में देशभक्ति की आग।

स्कूल की पढ़ाई पूरी करने के बाद चेतन ने सेना में भर्ती होने की ठानी। लेकिन नियति ने उन्हें केंद्रीय रिजर्व पुलिस बल (CRPF) की ओर मोड़ दिया। सख्त प्रशिक्षण, अनुशासन और कठिन परिस्थितियों ने उन्हें एक सच्चा योद्धा बनाया। उनकी तेजी, साहस और रणनीतिक सोच ने उन्हें "चीता" की उपाधि दिलाई। जल्द ही वे CRPF की 205

कोबरा बटालियन में कमांडेंट के पद तक पहुँचे—एक ऐसी इकाई जो आतंकवाद के खिलाफ जंग में सबसे आगे रहती है।

14 फरवरी 2017 का दिन था। कश्मीर घाटी में बर्फीली हवाएँ चल रही थीं, और श्रीनगर के बाहरी इलाके में बांदीपोरा जिले के हाजिन क्षेत्र में तनाव का माहौल था। खुफिया सूचना मिली थी कि आतंकवादी एक घर में छिपे हुए हैं। चेतन अपनी टीम के साथ उस मिशन का नेतृत्व कर रहे थे। रात का अंधेरा था, और दुश्मन की गोलियाँ हवा में तैर रही थीं। यह एक सामान्य ऑपरेशन नहीं था—यह एक ऐसी लड़ाई थी जिसमें हिम्मत और होशियारी की परीक्षा होनी थी।

चेतन ने अपनी टीम को संगठित किया और आगे बढ़े। अचानक आतंकवादियों ने उन पर हमला बोल दिया। गोलियों की बौछार शुरू हो गई। चेतन ने देखा कि उनकी टीम खतरे में है। बिना एक पल की देरी किए, वे आगे बढ़े और आतंकियों का मुकाबला करने लगे। लेकिन तभी एक गोली उनके शरीर को भेद गई। फिर दूसरी, तीसरी—कुल नौ गोलियाँ उनके शरीर में लगीं। खून से लथपथ, वे जमीन पर गिर पड़े। उनकी टीम ने उन्हें तुरंत अस्पताल पहुँचाया, लेकिन डॉक्टरों ने कहा कि उनकी हालत गंभीर है। चेतन कोमा में चले गए। ऐसा लग रहा था कि यह वीर योद्धा अब शायद न लौटे।

दिन बीते, हफ्ते गुजरे। चेतन की हालत में कोई सुधार नहीं हो रहा था। उनके परिवार, दोस्तों और पूरे देश ने उनके लिए प्रार्थनाएँ कीं। लेकिन चेतन का जज्बा मरने वाला नहीं था। दो महीने बाद, एक चमत्कार हुआ। चेतन की आँखें खुलीं। डॉक्टर हैरान थे, और उनके साथी खुशी से झूम उठे। धीरे-धीरे वे ठीक होने लगे। उनकी वीरता की कहानी हर ओर फैल गई। यह केवल एक सैनिक की वापसी नहीं थी—यह एक संदेश था कि सच्चा योद्धा कभी हार नहीं मानता।

चेतन कुमार चीता को उनकी अदम्य साहस के लिए भारत सरकार ने कीर्ति चक्र से सम्मानित किया—यह देश का दूसरा सबसे बड़ा शांतिकालीन वीरता पुरस्कार है। उनकी कहानी ने न केवल CRPF के जवानों को प्रेरित किया, बल्कि देश के हर युवा के लिए एक मिसाल कायम की। वे आज भी अपनी ड्यूटी पर तैनात हैं, और उनकी हर साँस

देश के लिए समर्पित है।

चेतन कहते हैं, "जो लोग देश की सेवा करते हैं, उनके लिए मौत कोई डर नहीं। डर तो उस दिन का है जब हम अपने कर्तव्य से पीछे हट जाएँ।"

94

मेजर अनुज नैय्यर: मातृभूमि के लिए समर्पित एक वीर

6 जुलाई 1999 की रात। कारगिल की चोटियों पर ठंड इतनी थी कि साँसें जम रही थीं। पॉइंट 4875—18,000 फीट की ऊँचाई पर बसी यह पहाड़ी—भारतीय सेना के लिए एक चुनौती थी। चारों ओर अंधेरा, बर्फीली हवाएँ, और दुश्मन की गोलियों की सनसनाहट। इस मिशन का नेतृत्व कर रहे थे मेजर अनुज नैय्यर। उनकी आँखों में संकल्प था—हर हाल में इस चोटी पर तिरंगा लहराना। दुश्मन ऊँचाई पर था, उनके पास मजबूत बंकर और भारी हथियार थे। लेकिन अनुज और उनकी टुकड़ी का हौसला इन सब से बड़ा था। उस रात अनुज ने न सिर्फ वीरता दिखाई, बल्कि अपने बलिदान से एक ऐसी गाथा लिखी जो हमेशा याद रहेगी।

28 अगस्त 1975 को दिल्ली के जनकपुरी में एक मध्यमवर्गीय परिवार में अनुज नैय्यर का जन्म हुआ। उनके पिता सतीश कुमार नैय्यर एक बैंक अधिकारी थे, और माँ मंजुला नैय्यर एक समर्पित गृहिणी। अनुज का बचपन साधारण था, लेकिन उनके सपने असाधारण थे। छोटी उम्र से ही उन्हें खिलौने वाली बंदूकें और सैनिकों की वर्दी पसंद

थी। स्कूल में जब स्वतंत्रता संग्राम की कहानियाँ पढ़ाई जातीं, तो अनुज के मन में देशभक्ति की चिंगारी जल उठती। भगत सिंह की कुर्बानी और नेताजी की हुंकार उनकी प्रेरणा बने।

दिल्ली के डीएवी पब्लिक स्कूल में पढ़ाई के दौरान एक घटना ने उनके जीवन की दिशा तय की। दसवीं कक्षा में स्कूल में एक सैनिक सम्मान समारोह हुआ। एक सैनिक ने सियाचिन और कारगिल की कहानियाँ सुनाईं। यह सुनकर अनुज का मन जोश से भर गया। उसी दिन उन्होंने ठान लिया—"मैं सेना में जाऊँगा।"

1992 में अनुज ने राष्ट्रीय रक्षा अकादमी (एनडीए), पुणे में प्रवेश लिया। यहाँ की कठिन ट्रेनिंग ने उनके साहस और अनुशासन को निखारा। 1995 में वे भारतीय सैन्य अकादमी (आईएमए), देहरादून पहुँचे। परेड ग्राउंड पर घंटों अभ्यास करते हुए उनकी आँखों में एक ही सपना था—भारत माँ की सेवा। 7 जून 1997 को वे 17 जाट रेजिमेंट में लेफ्टिनेंट के रूप में शामिल हुए। उनकी मेहनत और नेतृत्व ने उन्हें जल्द ही मेजर के पद तक पहुँचाया।

जब वे पहली बार वर्दी में घर आए, तो माँ ने उनका माथा चूमा और कहा, "अनुज, देश का नाम रोशन करना।" अनुज ने जवाब दिया, "माँ, मैं भारत माँ का बेटा हूँ। उसकी रक्षा के लिए सब कुछ दूँगा।"

1999 की गर्मियाँ। पाकिस्तानी घुसपैठियों ने कारगिल की चोटियों पर कब्जा कर लिया। भारतीय सेना के सामने दुश्मन को खदेड़ने की चुनौती थी। पॉइंट 4875—जिसे बाद में "नैय्यर हिल" कहा गया—इस युद्ध का एक महत्वपूर्ण मोर्चा था। यहाँ से दुश्मन टाइगर हिल और दूसरी चौकियों पर गोलाबारी कर रहा था। मेजर अनुज नैय्यर और उनकी चार्ली कंपनी को यह चोटी वापस लेने का आदेश मिला।

6 जुलाई की रात। ठंड, ऑक्सीजन की कमी, और खतरनाक ढलान के बावजूद अनुज अपनी टुकड़ी के साथ आगे बढ़े। उनके पास 27 सैनिक थे, और सामने दुश्मन की पूरी बटालियन। फिर भी, अनुज ने हार नहीं मानी।

रात 2 बजे हमला शुरू हुआ। अनुज ने अपनी टुकड़ी को ललकारा, "हम पीछे नहीं हटेंगे! यह चोटी हमारी है, इसे हर हाल में लेना है!" जैसे ही

वे चढ़ाई करने लगे, दुश्मन की मशीनगनें गरज उठीं। गोलियाँ पहाड़ियों से टकरा रही थीं। अनुज ने पहला ग्रेनेड फेंका और एक बंकर को उड़ा दिया। उनकी टीम ने दूसरा बंकर भी नष्ट कर दिया। हर कदम पर खतरा था, लेकिन अनुज आगे बढ़ते रहे।

तीसरे बंकर पर हमले के दौरान दुश्मन की गोलियाँ तेज़ हो गईं। अनुज ने अपने सैनिकों को कवर दिया और खुद ग्रेनेड फेंककर बंकर को ध्वस्त किया। लेकिन चौथा बंकर सबसे मुश्किल था।

चौथे बंकर की ओर बढ़ते हुए एक गोली अनुज के कंधे में लगी। खून बहने लगा, लेकिन वे रुके नहीं। अपने सैनिकों को हौसला देते हुए बोले, "आगे बढ़ो, मैं ठीक हूँ!" उन्होंने आखिरी ग्रेनेड फेंका और बंकर को नष्ट कर दिया। तभी पीछे से एक दुश्मन ने रॉकेट लॉन्चर दागा। विस्फोट इतना तेज़ था कि अनुज ज़मीन पर गिर पड़े।

उनके साथी दौड़े। उनकी साँसें धीमी हो रही थीं। अंतिम शब्दों में उन्होंने कहा, "तिरंगा लहराना... किसी भी कीमत पर!" और फिर उनकी आँखें हमेशा के लिए बंद हो गईं। उनकी शहादत से प्रेरित उनकी टुकड़ी ने अगली सुबह 7 जुलाई को पॉइंट 4875 पर कब्ज़ा कर लिया। तिरंगा लहरा रहा था, लेकिन अनुज उसे देखने के लिए नहीं थे।

15 अगस्त 1999 को स्वतंत्रता दिवस के मौके पर मेजर अनुज नैय्यर को मरणोपरांत "महावीर चक्र" से सम्मानित किया गया। यह सम्मान उनकी माँ मंजुला ने ग्रहण किया। राष्ट्रपति के.आर. नारायणन ने उनकी वीरता को सलाम किया। अनुज की शहादत ने कारगिल युद्ध में एक निर्णायक मोड़ ला दिया।

मेजर अनुज नैय्यर सिर्फ 23 साल जिए, लेकिन उनकी वीरता ने उन्हें अमर कर दिया। अगर वे कहते थे, "मैं फिर से सेना में आऊँगा," तो यह उनकी आत्मा का जज़्बा था। जब तक कारगिल की चोटियाँ रहेंगी, अनुज की गाथा गूँजेगी।

95

शौर्य की मिसाल: मेजर अक्षय गिरीश की वीरगाथा

एक ठंडी सुबह थी। बेंगलुरु की हल्की हवा पेड़ों को सहला रही थी, और सूरज अपनी सुनहरी किरणों से शहर को जगाने की कोशिश कर रहा था। इसी शांत माहौल में एक छोटे से घर में एक बच्चे की किलकारी गूँजी। यह कोई साधारण बालक नहीं था—यह था मेजर अक्षय गिरीश कुमार, एक ऐसा नायक जिसने अपने जीवन को देश की सेवा में समर्पित कर दिया।

अक्षय का जन्म 1980 के दशक में हुआ था। उनके पिता गिरीश कुमार भारतीय वायुसेना में विंग कमांडर थे, और माँ मंजुला गिरीश एक मज़बूत और प्रेरणादायक महिला थीं। सैन्य परिवार में जन्मे अक्षय के भीतर बचपन से ही अनुशासन और देशभक्ति के बीज बोए गए। जब वे अपने पिता को वायुसेना की वर्दी में देखते, तो उनकी आँखों में चमक आ जाती। वे अक्सर कहते, "मैं भी एक दिन वर्दी पहनूँगा।"

अक्षय पढ़ाई और खेल में हमेशा अव्वल रहे। बेंगलुरु के एक स्कूल में पढ़ते हुए उनकी दीवार पर एक पोस्टर लगा था—*"Some goals are so worthy, it's glorious even to fail."* (कुछ लक्ष्य इतने महान होते हैं कि उनमें असफल होना भी गौरवपूर्ण होता है।) यह वाक्य उनके जीवन का मूलमंत्र बन गया।

उन्होंने दिल्ली के जवाहरलाल नेहरू विश्वविद्यालय (JNU) से पढ़ाई की, लेकिन उनका असली सपना सेना में शामिल होना था। राष्ट्रीय रक्षा अकादमी (NDA) की कठिन परीक्षा पास कर वे पुणे पहुँचे। यहाँ की ट्रेनिंग ने उनके साहस को तराशा। फिर भारतीय सैन्य अकादमी (IMA), देहरादून से प्रशिक्षण पूरा कर वे 51 इंजीनियर्स रेजिमेंट में शामिल हुए। बाद में उनकी तैनाती 51 राष्ट्रीय राइफल्स में हुई, जो जम्मू-कश्मीर में आतंकवाद के खिलाफ लड़ाई में अग्रणी थी।

29 नवंबर 2016। जम्मू-कश्मीर के नगरोटा में सर्दी की सुबह थी। सेना का कैंप शांत था। जवान अपने रोज़मर्रा के कामों में लगे थे। लेकिन सुबह 5:40 बजे एक धमाके ने शांति को चीर दिया। पाकिस्तान समर्थित जैश-ए-मोहम्मद के आतंकवादी भारी हथियारों और ग्रेनेड्स के साथ कैंप में घुस आए। उनका मकसद था सैनिकों और उनके परिवारों को बंधक बनाना।

हमले में चार जवान तुरंत शहीद हो गए। स्थिति गंभीर थी। मेजर अक्षय गिरीश, जो उस समय अपनी यूनिट में थे, को क्विक रिएक्शन टीम (QRT) का नेतृत्व करने का आदेश मिला। बिना एक पल गँवाए, वे अपनी टीम के साथ मोर्चे पर पहुँचे।

मेजर अक्षय ने स्थिति का जायज़ा लिया। चारों ओर गोलियाँ चल रही थीं, धुआँ और बारूद की गंध हवा में थी। उन्होंने अपनी टीम को प्रेरित किया—"हम पीछे नहीं हटेंगे। यह हमारा कैंप है, इसे बचाना है!" उनकी रणनीति थी आतंकियों को आगे बढ़ने से रोकना।

आतंकियों ने एक आवासीय इमारत पर कब्जा करने की कोशिश की, जहाँ सैनिकों के परिवार फँसे थे। अक्षय ने बिना अपनी जान की परवाह किए इमारत में प्रवेश किया। अंदर घुसते ही उन्होंने आतंकियों पर गोलियाँ बरसाईं। एक-एक कर आतंकी ढेर होने लगे। लेकिन तभी एक आतंकी ने ग्रेनेड फेंका। धमाका इतना ज़ोरदार था कि दीवारें हिल गईं। अक्षय बुरी तरह घायल हो गए। उनके शरीर से खून बह रहा था,

लेकिन वे लड़ते रहे।

सुबह 8:30 बजे तक मेजर अक्षय की साँसें थम गईं। उनकी टीम ने सभी आतंकियों को मार गिराया और फँसे परिवारों को बचा लिया। लेकिन इस जीत की कीमत थी अक्षय की शहादत।

जब अक्षय की शहादत की खबर बेंगलुरु पहुँची, तो उनके घर में सन्नाटा छा गया। उनकी पत्नी संगीता और ढाई साल की बेटी नैना के लिए यह पल असहनीय था। नैना ने मासूमियत से पूछा, "पापा कब आएँगे?" माँ मंजुला और पिता गिरीश खामोश रहे, लेकिन उनकी आँखों में गर्व था। मंजुला ने कहा, "मेरा बेटा देश के लिए शहीद हुआ। इससे बड़ा सम्मान क्या हो सकता है?"

मेजर अक्षय को मरणोपरांत "कीर्ति चक्र" से सम्मानित किया गया, जो शांतिकाल का दूसरा सबसे बड़ा वीरता पुरस्कार है। बेंगलुरु में उनके नाम पर सड़कें और स्मारक हैं। उनकी कहानी सेना के जवानों और युवाओं के लिए प्रेरणा है।

मेजर अक्षय गिरीश सिर्फ एक सैनिक नहीं थे—वे एक पिता, पति, और देश का सच्चा सपूत थे। उन्होंने अपने जीवन से साबित किया कि देश से बड़ा कुछ नहीं। उनकी शहादत ने नगरोटा में सैकड़ों ज़िंदगियाँ बचाईं। आज उनकी बेटी नैना जब अपने पिता की वर्दी देखती है, तो गर्व से कहती है, "मेरे पापा हीरो थे।"

96

कर्नल संतोष महादिक: साहस, समर्पण और शहादत

महाराष्ट्र के सतारा जिले में बसा एक छोटा सा गाँव, जहाँ चारों ओर हरियाली और पहाड़ों की शांत वादियाँ फैली थीं, वहाँ 1977 की एक साधारण सुबह एक बालक का जन्म हुआ। उसका नाम रखा गया संतोष। यह गाँव उस समय बेहद सादगी भरा था—मिट्टी के घर, खेतों में काम करते किसान और दूर तक फैली शांति। संतोष का परिवार भी ऐसा ही था, मेहनती और साधारण। उनके पिता खेतों में पसीना बहाते थे, और गाँ घर की छोटी छोटी जिम्मेदारियों को संभालती थीं। लेकिन इस बालक की आँखों में एक अलग चमक थी, जो गाँव की सीमाओं से परे कुछ देख रही थी।

संतोष का बचपन गाँव की धूल में खेलते हुए बीता। वह अपने दोस्तों के साथ पहाड़ियों पर चढ़ता, पेड़ों की छाँव में बैठकर आसमान को निहारता और दूर तक फैले खेतों में दौड़ लगाता। लेकिन इन मासूम खेलों के बीच उसके मन में कुछ और ही चल रहा था। जब गाँव में कोई सैनिक अपनी वर्दी में छुट्टियों पर आता, तो संतोष की नन्ही आँखें

चमक उठतीं। वह घंटों उस सैनिक के पास बैठकर उसकी कहानियाँ सुनता—सीमा पर बर्फीले पहाड़ों की, दुश्मनों से लड़ाई की, और तिरंगे को ऊँचा रखने की। उस छोटे से मन में एक सपना जन्म ले चुका था—वह भी एक दिन वर्दी पहनेगा और देश की सेवा करेगा।

उसके माता-पिता को शायद यह अहसास नहीं था कि उनका यह नन्हा संतोष एक दिन इतिहास के पन्नों में अपनी जगह बनाएगा। लेकिन संतोष का हौसला कुछ और ही कहता था। वह स्कूल में मेहनती था, खेल के मैदान में तेज़ था, और अपने दोस्तों के बीच हमेशा आगे रहता था। उसकी इस लगन को देखकर परिवार ने उसे सतारा सैनिक स्कूल में दाखिल करवाया।

सैनिक स्कूल संतोष के लिए एक नया संसार था। यहाँ की सख्त दिनचर्या, सुबह की परेड, और अनुशासन ने उसे एक नया रूप दिया। सुबह की ठंडी हवा में मैदान में दौड़ते हुए, तिरंगे को सलामी देते हुए, और अपने अध्यापकों से सैनिक जीवन की कहानियाँ सुनते हुए उसका सपना और मजबूत होता गया। यहाँ उसने न सिर्फ किताबों से ज्ञान लिया, बल्कि साहस, नेतृत्व और देशभक्ति के वे बीज बोए जो आगे चलकर उसे एक महान सैनिक बनाएँगे। स्कूल के मैदानों में कदमताल करते हुए वह अपने भविष्य को देख सकता था—एक ऐसा भविष्य जहाँ वह वर्दी में होगा, सीना ताने देश के लिए खड़ा होगा।

साल 1998 आया, और संतोष का सपना सच हुआ। कड़ी मेहनत और लगन के बाद उन्होंने भारतीय सेना में कमीशन प्राप्त किया। यह उनके जीवन का वह पल था जब उनकी माँ की आँखों में गर्व के आँसू थे और पिता का सीना गर्व से चौड़ा हो गया था। लेकिन यह तो बस शुरुआत थी। संतोष का जज़्बा उन्हें सेना की विशेष पैरा फोर्स तक ले गया—वह इकाई जो सबसे खतरनाक मिशनों के लिए जानी जाती थी। यहाँ उनकी ट्रेनिंग ने उन्हें और निखारा। ऊँचे पहाड़ों पर चढ़ना, जंगलों में रातें बिताना, और हर परिस्थिति में अपने आप को ढालना—संतोष अब एक नन्हे गाँव के लड़के से कहीं आगे बढ़ चुके थे।

उनकी पहली बड़ी परीक्षा पूर्वोत्तर भारत में 'ऑपरेशन राइनो' के दौरान आई। यह इलाका उग्रवादियों का गढ़ था, जहाँ हर पल खतरे से

भरा था। लेकिन संतोष ने यहाँ अपनी वीरता का ऐसा परचम लहराया कि हर कोई हैरान रह गया। जंगलों में दुश्मन को खदेड़ते हुए, अपने जवानों को हिम्मत देते हुए, और हर चुनौती को मात देते हुए उन्होंने असाधारण साहस दिखाया। इस ऑपरेशन के लिए 2003 में उन्हें सेना मेडल से सम्मानित किया गया। उनके साथी उन्हें न सिर्फ एक निडर योद्धा मानते थे, बल्कि एक ऐसा नेता भी जो हमेशा अपने जवानों के साथ कंधे से कंधा मिलाकर चलता था।

समय बीता, और संतोष महादिक अब कर्नल बन चुके थे। उनकी मेहनत और नेतृत्व ने उन्हें जम्मू-कश्मीर में 41 राष्ट्रीय राइफल्स का कमांडिंग ऑफिसर बनाया। यह इलाका आतंकवादियों की घुसपैठ का केंद्र था। बर्फ से ढके पहाड़, घने जंगल और हर कदम पर छिपा खतरा—यहाँ की हर सुबह एक नई चुनौती लेकर आती थी। लेकिन कर्नल महादिक इसे अपनी नियति मानते थे। वह अपने जवानों के बीच हमेशा आगे रहते—कभी उनकी हौसला-अफजाई करते, कभी उनके साथ ठंडी रातों में चौकी पर पहरा देते। उनके लिए जवान सिर्फ सैनिक नहीं, बल्कि उनका परिवार थे।

17 नवंबर 2015 की सुबह कुपवाड़ा के जंगलों में सन्नाटा पसरा था। ठंडी हवा पेड़ों के बीच से गुजर रही थी, और बर्फ की एक पतली परत जमीन पर चमक रही थी। तभी खबर आई कि जंगल में आतंकवादी छिपे हैं। कर्नल महादिक ने एक पल भी नहीं सोचा। उन्होंने अपने जवानों को तैयार किया और ऑपरेशन की कमान संभाली। जंगल में घुसते ही हर तरफ सावधानी बरती जा रही थी। पेड़ों की छाया में खतरा छिपा था, हर कदम पर मौत का साया मंडरा रहा था।

अचानक गोलियों की तड़तड़ाहट शुरू हुई। आतंकियों ने घात लगाकर हमला कर दिया। लेकिन कर्नल महादिक डरे नहीं। उन्होंने अपने जवानों को संभाला, उन्हें आगे बढ़ने का हौसला दिया और एक-एक आतंकी को ढेर करने में अगुवाई की। गोलियाँ चारों तरफ से आ रही थीं, लेकिन वह रुके नहीं। तभी एक गोली उनके सीने को भेद गई। खून बहने लगा, दर्द असहनीय था, लेकिन उनके चेहरे पर हिम्मत अभी भी बरकरार थी। घायल होने के बावजूद उन्होंने अपने जवानों को पीछे हटने

का आदेश नहीं दिया। पहले उन्होंने यह सुनिश्चित किया कि उनका हर जवान सुरक्षित जगह पर पहुँच जाए। इसके बाद ही वह खुद रुके।

उन्हें तुरंत अस्पताल ले जाया गया। डॉक्टरों ने पूरी कोशिश की, लेकिन वह वीर योद्धा अब अपने देश के लिए शहीद हो चुका था। उस ठंडी सुबह कुपवाड़ा का जंगल एक महान सैनिक के बलिदान का गवाह बना।

कर्नल संतोष महादिक की शहादत की खबर ने पूरे देश को हिलाकर रख दिया। उनके गाँव में मातम छा गया, लेकिन उनके बलिदान ने हर भारतीय के दिल में गर्व की लौ जला दी। उनकी पत्नी स्वाति महादिक ने इस दुख को अपनी ताकत बनाया। उन्होंने अपने पति की विरासत को आगे बढ़ाने का फैसला किया और 2017 में भारतीय सेना में अधिकारी के रूप में कमीशन प्राप्त किया। यह एक ऐसी मिसाल थी जिसने यह दिखाया कि संतोष का बलिदान सिर्फ एक अंत नहीं, बल्कि एक नई शुरुआत था।

97

ब्रिगेडियर उस्मान: वीरता की अमर मिसाल

उत्तर प्रदेश के आजमगढ़ जिले की मिट्टी में 15 जुलाई 1912 की एक गर्मियों की सुबह एक सितारा जन्मा। उसका नाम रखा गया मोहम्मद उस्मान। यह वह दौर था जब देश गुलामी की बेड़ियों में जकड़ा हुआ था, लेकिन आजमगढ़ की शांत गलियों और खेतों की हरियाली में पल रहे इस नन्हे बालक के मन में आजादी और देशभक्ति की एक चिंगारी सुलग रही थी। उस्मान का परिवार साधारण था—उनके पिता एक पुलिस अधिकारी थे, जो अपने बच्चों में ईमानदारी और कर्तव्यनिष्ठा के गुण भरना चाहते थे। उनकी माँ एक सौम्य और धार्मिक महिला थीं, जो बच्चों को नैतिकता की कहानियाँ सुनाया करती थीं। लेकिन उस्मान की आँखों में जो सपना चमकता था, वह कुछ और ही कहानी लिखने वाला था।

मोहम्मद उस्मान का बचपन आजमगढ़ की मिट्टी में खेलते हुए बीता। वह अपने दोस्तों के साथ नदियों के किनारे दौड़ लगाता, पेड़ों पर चढ़ता और गाँव की छोटी-छोटी शरारतों में हिस्सा लेता। लेकिन उसकी

शरारतों में भी एक अलग बात थी—वह हमेशा अपने साथियों की मदद के लिए आगे रहता। अगर कोई दोस्त मुश्किल में होता, तो उस्मान उसे बचाने के लिए बिना सोचे कूद पड़ता। गाँव के लोग उसकी इस नन्ही उम्र में दिखने वाली साहसी और नेतृत्व की खूबियों को देखकर हैरान थे। उसकी माँ अक्सर हँसकर कहती, "यह लड़का एक दिन बड़ा नाम करेगा।"

स्कूल में उस्मान पढ़ाई में तेज़ था। उसे किताबों से उतना ही प्यार था जितना खेल के मैदान से। लेकिन जब भी कोई देशभक्ति की बात होती, उसकी आँखें चमक उठतीं। उस दौर में अंग्रेजों के खिलाफ आजादी की लड़ाई तेज हो रही थी, और उस्मान के कानों में स्वतंत्रता सेनानियों की कहानियाँ गूँजती थीं। तभी उसने सुना कि देहरादून में भारतीय सैन्य अकादमी (आईएमए) की स्थापना हुई है। यह खबर उसके लिए किसी स्वर्णिम अवसर से कम नहीं थी। उसने ठान लिया कि वह इस अकादमी का हिस्सा बनेगा और देश की सेवा करेगा।

आईएमए में प्रवेश पाना आसान नहीं था। इसके लिए कड़ी मेहनत, शारीरिक दक्षता और मानसिक मजबूती की जरूरत थी। उस्मान ने दिन-रात एक कर दिए। सुबह की ठंड में दौड़ लगाना, किताबों में सिर झुकाए रातें बिताना—उसके लिए हर चुनौती एक कदम था अपने सपने की ओर। आखिरकार उसकी मेहनत रंग लाई, और वह आईएमए के पहले बैच में शामिल हो गया। देहरादून की वादियों में, हरी-भरी पहाड़ियों के बीच, उस्मान ने सैनिक जीवन की कठिन ट्रेनिंग को गले लगाया। परेड में कदम मिलाना, हथियारों का प्रशिक्षण लेना और अनुशासन की बारीकियों को सीखना—यह सब उसके खून में बस गया।

1934 में जब उस्मान ने कमीशन प्राप्त किया, तो वह भारतीय सेना का एक गर्वित अफसर बन चुका था। उस दिन आजमगढ़ में उसके घर में खुशी का ठिकाना नहीं रहा। उसकी माँ ने मिठाइयाँ बाँटीं, और पिता ने अपने दोस्तों को गर्व से बताया, "मेरा बेटा अब देश का सैनिक है।"

मोहम्मद उस्मान को डोगरा रेजिमेंट में नियुक्त किया गया। यह रेजिमेंट अपनी बहादुरी और अनुशासन के लिए जानी जाती थी, और उस्मान ने इसमें अपनी अलग छाप छोड़ी। वह अपने जवानों के साथ

ऐसा व्यवहार करते थे जैसे वे उनका परिवार हों। उनकी वर्दी पर लगे सितारे उनकी मेहनत और नेतृत्व का प्रतीक थे। वह हमेशा आगे की पंक्ति में रहते, अपने सैनिकों को हौसला देते और हर मिशन को अपनी जान की बाजी लगाकर पूरा करते। उनके साथी अधिकारी उन्हें एक ऐसा सेनानायक मानते थे जो कभी हार नहीं मानता।

1947 में जब भारत और पाकिस्तान का बँटवारा हुआ, तो देश एक बड़े संकट से गुजर रहा था। उस्मान उस समय एक वरिष्ठ अधिकारी थे। पाकिस्तान ने उन्हें अपने पक्ष में शामिल होने का प्रस्ताव दिया। यह एक ऐसा मौका था जो उनके लिए पद, सम्मान और शायद एक आसान जिंदगी ला सकता था। लेकिन उस्मान का दिल भारत के लिए धड़कता था। उन्होंने साफ शब्दों में कहा, "मैं भारत का सपूत हूँ। यह मेरी मातृभूमि है, और मैं इसके लिए हर कुर्बानी देने को तैयार हूँ।" यह फैसला उनके अटूट देशप्रेम का सबूत था।

जब पाकिस्तान समर्थित कबायलियों ने जम्मू-कश्मीर पर हमला किया, तो ब्रिगेडियर मोहम्मद उस्मान को झंगर की रक्षा का जिम्मा सौंपा गया। झंगर एक रणनीतिक रूप से महत्वपूर्ण क्षेत्र था, जिसे दुश्मन ने कब्जे में ले लिया था। लेकिन उस्मान ने इसे चुनौती के रूप में लिया। उन्होंने 27 डोगरा और 50 पैरा ब्रिगेड के साथ एक ऐसी रणनीति बनाई जो दुश्मन को हैरान कर दे। बर्फ से ढके पहाड़ों और ठंडी हवाओं के बीच उन्होंने अपने सैनिकों को एकजुट किया। उनकी आवाज में जोश था जब उन्होंने कहा, "हम पीछे नहीं हटेंगे। भारत माता की रक्षा हमारा धर्म है, और हम इसे अपनी आखिरी साँस तक निभाएँगे।"

झंगर की लड़ाई आसान नहीं थी। दुश्मन की संख्या ज्यादा थी, और उनके पास भारी हथियार थे। लेकिन ब्रिगेडियर उस्मान का नेतृत्व अडिग था। वह अपने जवानों के साथ अग्रिम मोर्चे पर डटे रहे, हर गोली का जवाब गोली से दिया। उनकी प्रेरणा और साहस ने सैनिकों में नई जान फूँक दी। आखिरकार, भारतीय सेना ने झंगर पर दोबारा कब्जा कर लिया। यह जीत देश के लिए एक बड़ी उपलब्धि थी, और इसकी नींव ब्रिगेडियर उस्मान की वीरता थी।

3 जुलाई 1948 की सुबह थी। सूरज की पहली किरणें पहाड़ों पर पड़ रही थीं, और चारों तरफ एक अजीब सन्नाटा था। तभी पाकिस्तानी सेना ने भारी गोलाबारी शुरू कर दी। ब्रिगेडियर उस्मान उस दिन भी अपने जवानों के साथ मोर्चे पर थे। वह बंकर से बाहर निकलकर अपने सैनिकों को हौसला दे रहे थे, उनकी स्थिति का जायजा ले रहे थे। अचानक एक गोला उनके पास आकर फटा। धमाके की आवाज गूँज उठी, और उस्मान जमीन पर गिर पड़े। उनके सीने से खून बह रहा था, लेकिन उनकी आँखों में अभी भी वही जोश था।

उनके सैनिक उन्हें बचाने के लिए दौड़े, लेकिन तब तक बहुत देर हो चुकी थी। ब्रिगेडियर मोहम्मद उस्मान ने अपनी मातृभूमि के लिए आखिरी साँस ली। उनकी शहादत ने सैनिकों में एक नया जोश भर दिया, और उन्होंने दुश्मन को पीछे खदेड़ दिया। उस दिन झंगर की धरती ने एक वीर सपूत को खो दिया, लेकिन उसकी गाथा अमर हो गई।

ब्रिगेडियर उस्मान की बहादुरी और बलिदान को देखते हुए भारत सरकार ने उन्हें मरणोपरांत "महावीर चक्र" से सम्मानित किया। वह 1947-48 के युद्ध में शहीद होने वाले भारतीय सेना के पहले उच्च अधिकारी थे। उनका नाम इतिहास के पन्नों में स्वर्ण अक्षरों से लिखा गया। दिल्ली में उनके नाम पर एक सड़क का नामकरण किया गया, और उनकी कहानी आज भी सैन्य प्रशिक्षण केंद्रों में गर्व के साथ सुनाई जाती है। ब्रिगेडियर मोहम्मद उस्मान सिर्फ एक सैनिक नहीं थे, बल्कि देशभक्ति और साहस की जीती-जागती मिसाल थे। वह आज भी हर सैनिक के दिल में जिंदा हैं, जो सीमा पर तिरंगे को ऊँचा रखने के लिए लड़ता है।

98

पराक्रम की मिसाल: मेजर होशियार सिंह का वीरत्व

हरियाणा की धरती, जो अपने बलिदानी सपूतों के लिए जानी जाती है, उसने 5 मई 1936 को एक और हीरा जन्म दिया। रोहतक जिले के सिसाय गाँव में चौधरी हीरा सिंह और कृपाण देवी के घर एक बालक ने जन्म लिया, जिसका नाम रखा गया होशियार। यह गाँव उस समय सादगी और मेहनत की मिसाल था। चारों तरफ खेतों की हरियाली, मिट्टी की खुशबू और गाँव की गलियों में बच्चों की चहल-पहल—इसी माहौल में होशियार का बचपन बीता। लेकिन इस नन्हे बालक में कुछ खास था। उसकी आँखों में चमक थी, उसके कदमों में तेजी थी, और उसके दिल में देश के लिए कुछ कर गुजरने का जुनून था।

होशियार का बचपन खेतों में खेलते हुए और गाँव की मिट्टी में दौड़ते हुए बीता। वह अपने दोस्तों के साथ पेड़ों पर चढ़ता, गाय-भैंसों के पीछे भागता और शाम को घर लौटकर अपनी माँ से कहानियाँ सुनता। उसकी माँ कृपाण देवी उसे वीरों की गाथाएँ सुनातीं—शिवाजी की, राणा प्रताप की, और गुरु गोबिंद सिंह की। इन कहानियों ने होशियार के मन में

देशभक्ति की एक ऐसी लौ जलाई जो कभी बुझने वाली नहीं थी। उसके पिता चौधरी हीरा सिंह एक सख्त और अनुशासित इंसान थे, जो अपने बच्चों को मेहनत और ईमानदारी का पाठ पढ़ाते थे। होशियार उनके हर सबक को दिल से अपनाता था।

गाँव के स्कूल में पढ़ाई के दौरान ही उसकी नेतृत्व क्षमता सबके सामने आने लगी। जब भी कोई खेल होता, होशियार अपनी टीम को आगे ले जाता। अगर कोई दोस्त मुश्किल में होता, तो वह सबसे पहले मदद के लिए दौड़ता। गाँव के बड़े-बूढ़े उसकी इस नन्ही उम्र में दिखने वाली हिम्मत को देखकर कहते, "यह लड़का एक दिन बड़ा काम करेगा।" और होशियार भी यही सपना देखता था—एक दिन वह वर्दी पहनेगा और देश की सेवा करेगा।

स्कूल की पढ़ाई पूरी करने के बाद होशियार ने सेना में जाने का फैसला किया। यह वह दौर था जब हरियाणा के गाँवों से नौजवान सेना में भर्ती होने के लिए निकलते थे। 1957 में, अपनी मेहनत और लगन से होशियार भारतीय सेना में शामिल हो गए। उन्हें 3 ग्रेनेडियर्स रेजिमेंट में जगह मिली। प्रशिक्षण का पहला दिन उनके लिए एक नया जन्म था। सुबह की ठंड में मैदान में दौड़ना, हथियारों की ट्रेनिंग लेना, और अपने अफसरों से अनुशासन सीखना—यह सब उनके लिए एक सपने के सच होने जैसा था।

प्रशिक्षण के दौरान ही उनकी हिम्मत और नेतृत्व की झलक दिखने लगी। वह हर चुनौती को हँसते हुए स्वीकार करते थे। चाहे वह ऊँचे पहाड़ों पर चढ़ना हो या रातभर जागकर पहरे देना, होशियार कभी पीछे नहीं हटे। उनके अफसरों को यकीन हो गया था कि यह जवान एक दिन बड़ा नाम कमाएगा। 1965 के भारत-पाकिस्तान युद्ध में उन्होंने अपनी वीरता का पहला परिचय दिया। दुश्मन की गोलियों के बीच वह अपने साथियों के साथ डटकर लड़े, लेकिन उनकी असली परीक्षा अभी बाकी थी।

दिसंबर 1971 का वह ठंडा महीना था जब भारत और पाकिस्तान फिर आमने-सामने थे। पूर्वी पाकिस्तान (अब बांग्लादेश) की आजादी की लड़ाई चल रही थी, और पश्चिमी मोर्चे पर भी जंग छिड़ गई थी।

बसंतर नदी के पास का इलाका रणनीतिक रूप से बेहद महत्वपूर्ण था। यहाँ दुश्मन के टैंक और भारी हथियारों का जमावड़ा था। मेजर होशियार सिंह को इस मोर्चे की कमान सौंपी गई। उनके कंधों पर एक ऐसी जिम्मेदारी थी जो किसी भी सैनिक की हिम्मत को तोड़ सकती थी, लेकिन होशियार के लिए यह मौका था अपनी मिट्टी का कर्ज चुकाने का।

15 दिसंबर की रात को जब युद्ध शुरू हुआ, तो आसमान में अंधेरा था और जमीन पर गोलियों की गूँज। पाकिस्तानी सेना ने टैंकों और तोपों के साथ हमला बोला। मेजर होशियार अपनी टुकड़ी के साथ मोर्चे पर डट गए। उन्होंने अपने सैनिकों को इकट्ठा किया और कहा, "यह हमारी मिट्टी है, हमारे देश की शान है। हर कदम पर हमें जीत हासिल करनी है। अपने खून की आखिरी बूँद तक हमें लड़ना है।" उनकी आवाज में ऐसा जोश था कि हर जवान की रगों में खून तेजी से दौड़ने लगा।

मेजर होशियार ने दुश्मन के बंकरों पर एक-एक कर कब्जा करना शुरू किया। वह आगे बढ़ते थे, और उनके पीछे उनकी टुकड़ी। गोलियाँ उनके आसपास से गुजर रही थीं, टैंकों की गड़गड़ाहट कानों में गूँज रही थी, लेकिन उनके चेहरे पर डर का नामोनिशान नहीं था। वह अपने जवानों को रास्ता दिखाते थे, हथियारों को संभालते थे, और हर पल दुश्मन को पीछे धकेलते थे। उनकी नजर में बस एक मकसद था—अपनी धरती को दुश्मन के कब्जे से बचाना।

17 दिसंबर को पाकिस्तानी सेना ने एक बार फिर जोरदार जवाबी हमला किया। इस बार उनकी तादाद ज्यादा थी, और हथियार भी भारी थे। जंग का मैदान धुएँ और बारूद से भर गया था। इसी बीच एक गोली मेजर होशियार के शरीर को भेद गई। खून बहने लगा, दर्द असहनीय था, लेकिन वह रुके नहीं। उन्होंने अपने सिर पर पट्टी बाँधी, अपने जवानों को देखा और जोर से कहा, "जब तक मैं खड़ा हूँ, यह जमीन दुश्मन की नहीं होगी।" उनकी यह बात सुनकर सैनिकों में जैसे बिजली दौड़ गई।

लहूलुहान हालत में भी वह लड़ते रहे। एक हाथ से हथियार थामे, दूसरे से अपने जवानों को इशारा करते हुए वह आगे बढ़ते गए। उनकी वीरता ने दुश्मन को भी हक्का-बक्का कर दिया। आखिरकार, बसंतर

की लड़ाई में भारतीय सेना ने जीत हासिल की। मेजर होशियार सिंह की अगुवाई में दुश्मन के टैंक तबाह हुए, और उनकी सेना पीछे हटने को मजबूर हुई। यह एक ऐसी जीत थी जिसने भारतीय सेना के इतिहास में एक नया अध्याय जोड़ा।

मेजर होशियार सिंह की इस अद्भुत वीरता और नेतृत्व को देखते हुए भारत सरकार ने उन्हें देश के सर्वोच्च सैन्य सम्मान, परमवीर चक्र से नवाजा। जब राष्ट्रपति वी.वी. गिरी ने उन्हें यह सम्मान दिया, तो पूरा देश गर्व से झूम उठा। सिसाय गाँव में खुशी की लहर दौड़ गई। उनकी माँ की आँखों में आँसू थे, और पिता का सीना गर्व से चौड़ा हो गया। यह सम्मान सिर्फ होशियार का नहीं, बल्कि हर उस जवान का था जो अपनी मिट्टी के लिए लड़ता है।

1981 में मेजर होशियार सिंह सेना से रिटायर हुए और अपने गाँव सिसाय लौट आए। वहाँ उन्होंने सादगी भरा जीवन जिया। लेकिन उनका जोश कभी कम नहीं हुआ। वह गाँव के नौजवानों से मिलते, उन्हें सेना में जाने की प्रेरणा देते और देशभक्ति की कहानियाँ सुनाते। उनके घर के बाहर हमेशा लोगों का ताँता लगा रहता था, जो उनके साथ वक्त बिताना चाहते थे। 6 दिसंबर 1998 को उन्होंने अपनी आखिरी साँस ली, लेकिन उनकी गाथा आज भी जिंदा है।

99

शहीद कैप्टन सौरभ कालिया: वीरता और देशभक्ति की मिसाल

भारत की पावन धरती ने अनगिनत वीर सपूतों को जन्म दिया है, जिन्होंने अपने खून से इस मिट्टी की हिफाजत की और अपने बलिदान से देशभक्ति की नई परिभाषा लिखी। इन्हीं में से एक थे कैप्टन सौरभ कालिया—एक ऐसा नाम जो साहस, समर्पण और शहादत का प्रतीक बन गया। उनकी कहानी हर भारतीय के लिए एक ऐसी मशाल है, जो मुश्किलों में भी देश के लिए जीने और मरने का हौसला देती है।

29 जून 1976 की एक साधारण सुबह, पंजाब के अमृतसर में एक घर में खुशियों की किलकारी गूँजी। श्री एन.के. कालिया और श्रीमती विजय कालिया के यहाँ एक पुत्र ने जन्म लिया, जिसका नाम रखा गया सौरभ। यह परिवार बाद में हिमाचल प्रदेश के खूबसूरत शहर पालमपुर में बस गया, जहाँ चारों तरफ पहाड़ों की शांत वादियाँ और हरियाली थी। सौरभ का बचपन इसी माहौल में बीता—पहाड़ों की गोद में खेलते हुए, प्रकृति के साथ दोस्ती करते हुए।

उनके पिता एक शिक्षक थे, जो अपने बच्चों में अनुशासन और मेहनत का बीज बोना चाहते थे। माँ विजय कालिया ने सौरभ को प्यार के साथ-साथ नैतिकता और देशप्रेम की कहानियाँ सुनाईं। सौरभ बचपन से ही कुछ अलग थे। उनकी आँखों में चमक थी, और उनके मन में जिज्ञासा थी। वह अपने दोस्तों के बीच हमेशा आगे रहते—चाहे पढ़ाई हो या खेल। पालमपुर के डी.ए.वी. पब्लिक स्कूल में उनकी पढ़ाई शुरू हुई। वहाँ वह अपनी तेज बुद्धि और मेहनत के लिए जाने गए। विज्ञान में उनकी खास रुचि थी, और उन्होंने हिमाचल प्रदेश कृषि विश्वविद्यालय से मेडिकल साइंस में स्नातक की डिग्री हासिल की।

लेकिन सौरभ का असली सपना कुछ और था। किताबों और प्रयोगशालाओं से परे, वह अपने देश की सेवा करना चाहते थे। जब भी वह सैनिकों को वर्दी में देखते, उनका सीना गर्व से चौड़ा हो जाता। वह अक्सर अपने माता-पिता से कहते, "मैं एक दिन सेना में जाऊँगा और देश के लिए कुछ करूँगा।" यह सपना उनके दिल में पलता रहा, और 1998 में यह सच हो गया। भारतीय सैन्य अकादमी (आईएमए), देहरादून में उनका चयन हुआ, और वहाँ से प्रशिक्षण पूरा कर वे 4 जाट रेजिमेंट में एक गर्वित अफसर बनकर उभरे।

सेना में शामिल होने के बाद सौरभ ने अपनी मेहनत और लगन से सबका दिल जीत लिया। उनकी वर्दी पर लगे सितारे सिर्फ उनकी रैंक नहीं, बल्कि उनके जज्बे का प्रतीक थे। वह अपने जवानों के बीच एक भाई की तरह रहते—उनकी हिम्मत बढ़ाते, उनके साथ कंधे से कंधा मिलाकर चलते। उनकी मुस्कान में गर्मी थी, और उनकी बातों में जोश। उनके अफसर उन्हें एक नन्हा सितारा मानते थे, जिसकी चमक अभी और बढ़नी थी।

1999 की शुरुआत में जब कारगिल में तनाव बढ़ा, तो कैप्टन सौरभ कालिया को कारगिल सेक्टर में तैनात किया गया। यह वह इलाका था जहाँ बर्फीले पहाड़ और ठंडी हवाएँ हर सैनिक की हिम्मत की परीक्षा लेती थीं। लेकिन सौरभ के लिए यह एक मौका था—अपने देश की रक्षा करने का, अपने सपने को सच करने का।

मई 1999 की बात है। कारगिल की ऊँची चोटियों पर दुश्मन की गतिविधियाँ बढ़ रही थीं। पाकिस्तानी सेना और घुसपैठिए चुपके से भारतीय सीमा में घुस आए थे। 15 मई की रात को कैप्टन सौरभ को खबर मिली कि बजरंग पोस्ट के पास कुछ संदिग्ध हरकतें हो रही हैं। उन्होंने बिना वक्त गँवाए अपनी छोटी सी टुकड़ी को तैयार किया। उनके साथ थे सिपाही अर्जुन राम, भीका राम, भंवर लाल, मूला राम और नरेश सिंह—ये सभी जवान जो अपने कैप्टन की तरह ही देश के लिए जीने-मरने को तैयार थे।

रात का अंधेरा था, हवा में सर्दी और तनाव घुला हुआ था। बर्फ से ढके पहाड़ों के बीच सौरभ अपनी टीम के साथ गश्त पर निकले। हर कदम सावधानी से उठ रहा था, हर साया खतरे की आहट दे रहा था। तभी अचानक गोलियों की तड़तड़ाहट शुरू हुई। पाकिस्तानी सैनिकों ने उन्हें घेर लिया। सौरभ और उनके जवान डटकर लड़े। गोलियाँ चलती रहीं, बारूद की गंध हवा में फैलती रही। लेकिन दुश्मन की संख्या ज्यादा थी। सौरभ ने अपने जवानों को हौसला दिया, "लड़ते रहो, पीछे नहीं हटना है।" उनकी आवाज में वही जोश था जो हमेशा उनके साथियों को ताकत देता था।

लेकिन उस रात किस्मत ने साथ नहीं दिया। भारी गोलीबारी के बीच सौरभ और उनके पाँच साथी दुश्मन के हाथों बंदी बना लिए गए। यह एक ऐसा पल था जिसने न सिर्फ उनकी जिंदगी, बल्कि पूरे देश के लिए एक नया अध्याय लिख दिया।

अगले 22 दिन सौरभ और उनके साथियों के लिए नरक से कम नहीं थे। पाकिस्तानी सेना ने उन्हें अमानवीय यातनाएँ दीं। ठंडी जेलों में बिना खाने-पानी के रखा गया, उनके शरीर पर जख्म दिए गए, उनकी हड्डियाँ तोड़ी गईं। लेकिन सौरभ ने कभी हिम्मत नहीं हारी। उनके होंठों पर देश का नाम था, और उनकी आँखों में दुश्मन को चुनौती देने की चमक। वह जानते थे कि उनका बलिदान व्यर्थ नहीं जाएगा। उनके साथी जवान भी उसी हौसले के साथ डटे रहे।

9 जून 1999 को उनके शव भारत को सौंपे गए। जब उनके शरीर को देखा गया, तो हर आँख नम हो गई। उनके चेहरे पर यातनाओं के निशान

थे—गहरे घाव, टूटी हड्डियाँ, और जख्मों की कहानी। लेकिन इन सबके बीच उनकी शहादत की वह चमक थी जो बता रही थी कि उन्होंने अंतिम साँस तक हार नहीं मानी।

कैप्टन सौरभ कालिया की शहादत ने पूरे देश को झकझोर दिया। पालमपुर में उनके घर के बाहर मातम छा गया। उनकी माँ की आँखों से आँसू थमने का नाम नहीं ले रहे थे, और पिता का सीना गर्व से ऊँचा था। सौरभ ने सिर्फ अपनी जान नहीं दी, बल्कि यह साबित कर दिया कि देश की रक्षा के लिए कोई भी कीमत छोटी नहीं होती। उनके बलिदान ने कारगिल युद्ध में भारतीय सेना के हौसले को और मजबूत किया।

सौरभ की शहादत को देश ने सिर झुकाकर याद किया। उनके सम्मान में पालमपुर में एक सड़क का नाम उनके नाम पर रखा गया। हर साल 29 जून को उनकी जयंती पर लोग उन्हें श्रद्धांजलि देते हैं। उनके पिता एन.के. कालिया ने अपने बेटे के लिए न्याय की लड़ाई लड़ी। उन्होंने अंतरराष्ट्रीय मंचों पर पाकिस्तान की क्रूरता को उजागर किया और सौरभ के बलिदान को दुनिया के सामने लाया।

100

टाइगर हिल का विजेता: सूबेदार योगेंद्र सिंह यादव"

हरियाणा की धरती, जहाँ खेतों की हरियाली और मेहनत की महक बस्ती है, वहाँ झज्जर जिले के खंडसा गाँव में 10 जनवरी 1980 को एक साधारण किसान के घर में एक बच्चे ने जन्म लिया। नाम रखा गया—योगेंद्र सिंह यादव। उनके पिता कर्म सिंह यादव कभी सेना में थे, और माँ रामवती देवी घर की धुरी थीं। घर में सादगी थी—मिट्टी की दीवारें, खेतों का अनाज, और मेहनत का पसीना। लेकिन इस सादगी के बीच देशप्रेम की ऐसी आग जलती थी, जो योगेंद्र के दिल में बचपन से ही बस गई।

शाम को जब पिता थके हुए खेत से लौटते, तो योगेंद्र उनके पास बैठकर सेना की कहानियाँ सुनते। कैसे जंग के मैदान में सैनिक अपनी जान की बाजी लगाते हैं, कैसे दुश्मन को धूल चटाते हैं—ये किस्से उनके लिए किसी परीकथा से कम नहीं थे। उनकी आँखों में चमक आती, और मन में एक सपना पनपने लगा—वह भी एक दिन वर्दी पहनेगा। गाँव के स्कूल में पढ़ाई शुरू हुई। किताबों में उनका मन खूब लगता था, पर खेल

के मैदान में वे अपनी अलग पहचान बनाते। दौड़ में उनकी रफ्तार हवा से बातें करती, कुश्ती में उनकी ताकत पहलवानों को चित कर देती। गाँव वाले कहते, "यह लड़का कुछ बड़ा करेगा।"

15 साल की उम्र में योगेंद्र ने ठान लिया—सेना में जाएँगे। उनकी मेहनत और जुनून ने उन्हें 18 ग्रेनेडियर्स रेजिमेंट में जगह दिलाई। जब वे पहली बार वर्दी में गाँव लौटे, तो माँ ने तिलक लगाया, और पिता ने गर्व से सीना चौड़ा किया। "हमारा बेटा देश का नाम रोशन करेगा," कर्म सिंह ने कहा। योगेंद्र ने यह वादा अपने सीने में बाँध लिया।

फौज में योगेंद्र का पहला दिन ऐसा था जैसे शेर को जंगल मिल गया। ट्रेनिंग के दिन कठिन थे—सुबह की ठंड में मीलों दौड़, पहाड़ों पर चढ़ाई, और हथियारों की तालीम। लेकिन योगेंद्र के लिए यह सब जुनून था। उनकी मेहनत और अनुशासन ने अफसरों का ध्यान खींचा। वे अपने जवानों के बीच भाई की तरह रहते—उनके साथ हँसते, उनकी बातें सुनते, और हर मुश्किल में कंधे से कंधा मिलाते। उनकी मुस्कान में आत्मविश्वास था, और उनकी आँखों में देश के लिए कुछ कर गुजरने का सपना।

1999 का साल। कारगिल की ऊँची चोटियों पर दुश्मन ने कब्जा जमा लिया था। पाकिस्तानी सेना ने टाइगर हिल, द्रास और बटालिक को अपने कब्जे में ले लिया। भारत के लिए यह चुनौती थी। योगेंद्र उस समय सिर्फ 19 साल के थे, लेकिन उनका हौसला किसी अनुभवी सैनिक से कम नहीं था। उन्हें बटालिक सेक्टर में भेजा गया। मिशन था—टाइगर हिल को दुश्मन से छीनना। यह नामुमकिन लगने वाला काम था, पर योगेंद्र ने इसे चुनौती की तरह लिया। "हम तिरंगा लहराकर लौटेंगे," उन्होंने अपनी टुकड़ी से कहा।

4 जुलाई 1999 की रात। कारगिल की बर्फीली चोटियाँ, जहाँ साँसें जम जाती थीं। टाइगर हिल 16,500 फीट की ऊँचाई पर था—एक ऐसी चोटी, जो दुश्मन के लिए ढाल और भारत के लिए चुनौती थी। योगेंद्र अपनी टुकड़ी के साथ रात के अंधेरे में चढ़ाई पर निकले। बर्फ से ढकी चट्टानें फिसलन भरी थीं, ठंडी हवाएँ चेहरा चीर रही थीं। ऊपर दुश्मन की चौकियाँ थीं—मशीनगनें, रॉकेट लॉन्चर, और हर तरफ मौत का साया।

योगेंद्र सबसे आगे थे। "डर को पीछे छोड़ो, बस आगे बढ़ो," उनकी आवाज़ ने सैनिकों में जोश भरा।

चढ़ाई शुरू हुई। रस्सी के सहारे वे चट्टानों पर चढ़ते गए। अचानक दुश्मन की नज़र पड़ गई। गोलियाँ बरसने लगीं। उनकी टुकड़ी पर हमला हो गया। कई जवान घायल हो गए, कुछ शहीद हो गए। योगेंद्र का दिल दहल गया, पर हौसला नहीं डगमगाया। तभी एक गोली उनके कंधे को भेद गई। खून बहने लगा। दर्द से शरीर काँप उठा। लेकिन वे रुके नहीं। "यहाँ रुकना हार है," मन में यह बात दोहराते हुए वे आगे बढ़े। फिर एक गोली जाँघ में लगी, फिर तीसरी। खून बर्फ पर लाल निशान छोड़ रहा था। सैनिक चिल्लाए, "साहब, पीछे हट जाइए!" योगेंद्र गरजे, "जो पीछे हटा, वह मेरा भाई नहीं!"

घायल शरीर के साथ उन्होंने हथियार कसकर पकड़ा। एक बंकर दिखा। रेंगते हुए पास पहुँचे। एक ग्रेनेड फेंका, जो बंकर में जाकर फटा। कई दुश्मन ढेर हो गए। उनकी यह हिम्मत देख बाकी जवान जोश से भर गए। खून से सनी चट्टानों पर रेंगते हुए वे दूसरे बंकर तक पहुँचे। दूसरा ग्रेनेड फेंका। दूसरा बंकर भी चुप हो गया। उनकी वीरता ने रास्ता साफ कर दिया। सुबह होने तक भारतीय सेना टाइगर हिल की चोटी पर थी। तिरंगा लहरा रहा था। योगेंद्र की साँसें कमज़ोर थीं, पर आँखों में संतुष्टि थी।

योगेंद्र की हालत गंभीर थी। उन्हें अस्पताल ले जाया गया। डॉक्टरों ने कहा, "यह चमत्कार है कि वे जिंदा हैं।" उनकी वीरता की खबर फैली। भारत सरकार ने उन्हें परमवीर चक्र से नवाज़ा—सबसे कम उम्र में यह सम्मान पाने वालों में से एक। खंडसा गाँव में खुशी की लहर दौड़ गई। माँ ने बेटे को गले लगाया, और पिता की आँखों में गर्व के आँसू थे।

योगेंद्र आज भी हमारे बीच हैं। उनकी सादगी और विनम्रता उनकी पहचान है। वे युवाओं से मिलते हैं, कहते हैं, "देश के लिए जियो, और जरूरत पड़े तो मरो।"

101

लांस नायक अल्बर्ट एक्का: गंगासागर का वीर

झारखंड की हरी-भरी वादियों में, जहाँ जंगल और पहाड़ एक-दूसरे से गले मिलते हैं, वहाँ गुमला जिले के जारी गाँव में 27 दिसंबर 1942 को एक सितारा पैदा हुआ। नाम रखा गया—अल्बर्ट एक्का। यह गाँव उरांव आदिवासी समुदाय का घर था। उनके पिता जूलियस एक्का और माँ मरियम एक्का साधारण लोग थे। खेतों में मेहनत करते, जंगल से लकड़ी लाते, और अपने छोटे से परिवार को पालते। अल्बर्ट का बचपन जंगल की गोद में बीता। हवा में पेड़ों की सरसराहट और पक्षियों की चहचहाहट उनकी लोरी थी।

छोटी उम्र से ही अल्बर्ट में कुछ अलग करने की चिंगारी थी। पतराटोली के सी.सी. स्कूल और फिर भिखमपुर मिडिल स्कूल में पढ़ाई की, लेकिन किताबों से ज्यादा उनकी दोस्ती जंगल से थी। आदिवासी परंपरा में शिकार का रिवाज था, और अल्बर्ट तीरंदाजी में माहिर हो गए। जंगल में घंटों भटकते, शिकार करते, और अपनी निशानेबाजी को निखारते। उनकी नज़र इतनी तेज़ थी कि दूर बैठे शिकार को भेद

सकते थे। गाँव के मैदान में हॉकी खेलते, और उनकी फुर्ती देख हर कोई हैरान रह जाता। लेकिन उनके दिल में एक बड़ा सपना पल रहा था—वर्दी पहनने का, देश के लिए कुछ कर दिखाने का।

गाँव में जब लोग सेना की कहानियाँ सुनाते—जंग के मैदान, दुश्मन की गोलियाँ, और वीरता के किस्से—तो अल्बर्ट की आँखें चमक उठतीं। "मैं भी ऐसा ही बनूँगा," वे मन ही मन सोचते। 20 साल की उम्र में, अपने जन्मदिन 27 दिसंबर 1962 को, उन्होंने वह सपना सच कर दिखाया। बिहार रेजिमेंट में सिपाही बनकर भर्ती हुए। गाँव में खुशी की लहर दौड़ गई। माँ ने तिलक लगाया, और पिता ने गर्व से कहा, "हमारा बेटा देश का नाम रोशन करेगा।"

फौज में अल्बर्ट का पहला दिन ऐसा था जैसे जंगल का शिकारी अपनी असली राह पर आ गया। ट्रेनिंग के कठिन दिन—सुबह की ठंड में दौड़, भारी बोझ उठाना, और बंदूक की तालीम—उनके लिए खेल थे। उनकी ताकत, अनुशासन और निशानेबाजी ने अफसरों का दिल जीत लिया। जल्द ही उन्हें लांस नायक बना दिया गया। 1962 का भारत-चीन युद्ध उनकी पहली परीक्षा था। ऊँचे पहाड़ों और ठंडी वादियों में उन्होंने दुश्मन से लोहा लिया। एक बार उनकी टुकड़ी पर घात लगाई गई। अल्बर्ट ने अपनी तेज़ नज़र और साहस से दुश्मन की पोजीशन भेदी और टुकड़ी को बचाया। उनकी इस बहादुरी ने उन्हें योद्धा बना दिया।

1968 में जब 14 गाइर्स बटालियन बनी, तो अल्बर्ट को इसमें शामिल किया गया। यहाँ उनकी प्रतिभा को और निखरने का मौका मिला। लेकिन उनकी असली मंजिल अभी बाकी थी—1971 का युद्ध, जिसने उन्हें अमर कर दिया।

1971 का साल। पूर्वी पाकिस्तान में अत्याचार की आग जल रही थी। पाकिस्तानी सेना बंगालियों पर जुल्म ढा रही थी। भारत ने उनकी मदद का बीड़ा उठाया। 3 दिसंबर को युद्ध शुरू हुआ। अल्बर्ट की 14 गाइर्स बटालियन को त्रिपुरा के ब्राह्मणबेरिया जिले में गंगासागर भेजा गया। उनका मिशन था रेलवे स्टेशन पर दुश्मन की चौकियों को तोड़ना। यह इलाका बारूदी सुरंगों और मशीनगनों से भरा था। दुश्मन ने मजबूत बंकर बना रखे थे। यह मिशन आसान नहीं था, लेकिन अल्बर्ट के लिए

यह जंगल का शिकार था—बस शिकार अब इंसान था।

3 और 4 दिसंबर की रात। अंधेरा ऐसा कि हाथ को हाथ न सूझे। गोलियों की आवाज़ से जंगल काँप रहा था। अल्बर्ट अपनी कंपनी के साथ आगे बढ़े। दुश्मन की मशीनगनें आग उगल रही थीं। सैनिक घायल हो रहे थे। अल्बर्ट ने देखा कि अगर बंकर चुप न हुए, तो सब खत्म हो जाएगा। "मैं जाता हूँ," उन्होंने कहा और बिना रुके दुश्मन की ओर दौड़ पड़े।

पहले बंकर पर पहुँचे। संगीन हाथ में थी। एक झटके में दुश्मन सैनिक को ढेर कर दिया। मशीनगन चुप हो गई। लेकिन तभी दूसरी मशीनगन से गोली चल पड़ी। उनके सीने में गोली लगी। खून बहने लगा। सैनिक चिल्लाए, "साहब, पीछे हट जाइए!" अल्बर्ट गरजे, "जंगल में शिकारी पीछे नहीं हटता!" दर्द को भूलकर वे दूसरे बंकर की ओर बढ़े। एक ग्रेनेड फेंका और बंकर को उड़ा दिया। गोलीबारी रुक गई।

अल्बर्ट का शरीर अब थक रहा था। कई गोलियाँ लग चुकी थीं। खून से वर्दी लाल हो गई थी। लेकिन उनका हौसला नहीं टूटा। तीसरे बंकर की ओर बढ़े। वहाँ भी दुश्मन को मार गिराया। उनकी यह वीरता देख सैनिकों में जोश भर गया। गंगासागर पर ने कब्जा हो गया। लेकिन इस जीत की कीमत अल्बर्ट को अपनी जान देकर चुकानी पड़ी। 3 दिसंबर 1971 को, 29 साल की उम्र में, वे रणभूमि में शहीद हो गए। उनकी आखिरी साँस में भी विजय की मुस्कान थी।

अल्बर्ट की शहादत की खबर फैली। भारत सरकार ने उन्हें मरणोपरांत परमवीर चक्र से नवाज़ा। वे झारखंड से इस सम्मान को पाने वाले पहले और एकमात्र सैनिक बने। उनकी पत्नी बलमदीन एक्का ने आँसुओं के बीच गर्व महसूस किया। रांची में अल्बर्ट एक्का चौक बना, उनकी प्रतिमा लगी। हर साल 27 दिसंबर और 3 दिसंबर को देश उन्हें याद करता है।

102

लांस नायक करम सिंह:रीछमार गली का परमवीर

पंजाब की हरी-भरी धरती, जहाँ खेतों की लहलहाहट और मेहनत की खुशबू बस्ती है, वहाँ 15 सितंबर 1915 को बरनाला जिले के सेहना गाँव में एक सिख जाट परिवार में एक बच्चे ने जन्म लिया। नाम रखा गया—करम सिंह। उनके पिता सरदार उत्तम सिंह खेतों के मालिक थे, जिनके पास जमीन थी और गाँव में इज्जत थी। वे चाहते थे कि करम खेती में हाथ बँटाए, घर का नाम रोशन करे। माँ की गोद में पलते हुए करम का बचपन गाय भैंसों के बीच और गाँव की गलियों में बीता। छह साल की उम्र में स्कूल भेजा गया, पर किताबों से उनका मन नहीं लगा। शिक्षक डाँटते, पिता समझाते, लेकिन करम की दुनिया तो कुश्ती, दौड़ और शारीरिक जोर आजमाने में थी।

गाँव में उनकी ताकत की मिसाल दी जाती थी। कुश्ती में कोई उन्हें हरा नहीं पाता था। छोटी उम्र में ही उनकी लंबी कद-काठी और जोश देखकर लोग कहते, "ये लड़का तो शेर है!" लेकिन करम के मन में कुछ और चल रहा था। उनके चाचा, जो ब्रिटिश भारतीय सेना में जूनियर

कमांडिंग ऑफिसर थे, उनकी प्रेरणा बने। चाचा की वर्दी, उनकी जंग की कहानियाँ—कैसे उन्होंने दुश्मन को धूल चटाई, कैसे वीरता के झंडे गाड़े—ये सब सुनकर करम के सीने में आग जल उठती। गाँव के बुजुर्ग, जो प्रथम विश्व युद्ध से लौटे थे, उनकी बहादुरी के किस्से सुनाते। करम सोचते, "मैं भी ऐसा ही बनूँगा।"

खेती में मन नहीं लगा, पढ़ाई छूट गई। आखिरकार, 26 साल की उम्र में, अपने जन्मदिन 15 सितंबर 1941 को, करम ने वह कदम उठाया जो उनकी जिंदगी बदलने वाला था। सिख रेजिमेंट की पहली बटालियन में सिपाही बनकर भर्ती हुए। गाँव में खुशी की लहर दौड़ गई। पिता ने गर्व से सीना चौड़ा किया, और माँ ने आशीर्वाद दिया—"देश की सेवा करना, नाम रोशन करना।"

फौज में करम का पहला दिन ऐसा था जैसे मछली को पानी मिल गया। ट्रेनिंग के कठिन दिन—सुबह की ठंड में दौड़, भारी बोझ उठाना, बंदूक की तालीम—उनके लिए खेल थे। उनकी ताकत और अनुशासन ने अफसरों का दिल जीत लिया। जल्द ही उन्हें बर्मा भेजा गया, जहाँ द्वितीय विश्व युद्ध की आग धधक रही थी। फरवरी 1944 में एडमिन बॉक्स की लड़ाई में करम ने पहली बार अपनी वीरता दिखाई। जापानी सेना के खिलाफ जंगल में लड़ते हुए उन्होंने ऐसा कमाल किया कि दुश्मन हैरान रह गया। एक बार उनकी टुकड़ी घात में फँस गई थी। करम ने आगे बढ़कर दुश्मन की पोजीशन पर ग्रेनेड फेंके और अपनी टुकड़ी को बचाया। उनकी इस बहादुरी के लिए उन्हें मिलिट्री मेडल मिला, और लांस नायक बना दिया गया। सैनिकों में उनकी चर्चा होने लगी—"करम सिंह डर को नहीं जानता।"

युद्ध खत्म हुआ, और करम भारत लौटे। 1947 में देश आजाद हुआ। लेकिन आजादी की खुशी ज्यादा दिन न ठहरी। जम्मू-कश्मीर में जंग छिड़ गई। 22 अक्टूबर 1947 को पाकिस्तानी कबायलियों और सेना ने कश्मीर पर हमला बोला। करम की सिख रेजिमेंट तैयार थी। उनकी असली परीक्षा अब सामने थी।

13 अक्टूबर 1948। टिथवाल के दक्षिण में रीछमार गली की पहाड़ियाँ। ठंड ऐसी कि साँसें जम जाएँ। यह इलाका रणनीति के लिहाज

से अहम था। पाकिस्तान इसे छीनकर श्रीनगर तक पहुँचना चाहता था। मई में टिथवाल उनके हाथ लग गया था, लेकिन भारतीय सेना ने वापस लेने की ठान ली। करम सिंह उस समय अपनी टुकड़ी के सेक्शन कमांडर थे। उनकी चौकी रीछमार गली पर थी—एक ऐसी जगह, जहाँ हर तरफ खतरा मँडरा रहा था।

सुबह तड़के दुश्मन ने हमला बोला। तोपों और मोर्टारों की गड़गड़ाहट से पहाड़ काँप उठे। करम की टुकड़ी के बंकर और खाइयाँ मिट्टी में मिल गईं। सैनिक घायल हो रहे थे, और दुश्मन की संख्या उनकी टुकड़ी से दस गुना थी। लेकिन करम ने हिम्मत नहीं हारी। "कोई पीछे नहीं हटेगा!" उनकी आवाज़ गूँजी। वे बंकर से बंकर दौड़ते, सैनिकों को हौसला देते, और ग्रेनेड फेंकते।

उस दिन आठ बार हमला हुआ। हर बार करम ने दुश्मन को नाकाम किया। पहला हमला नाकाम हुआ तो दूसरा आया। इस बार उनके सीने में गोली लगी। खून बहने लगा, लेकिन वे रुके नहीं। तीसरे हमले में पैर में गोली लगी। दर्द से शरीर काँप रहा था, पर उनकी आँखों में आग थी। सैनिकों ने कहा, "साहब, पीछे हट जाइए।" करम गरजे, "जो पीछे हटेगा, उसे मैं खुद मार दूँगा!"

पांचवां हमला सबसे खतरनाक था। दो पाकिस्तानी सैनिक उनकी खाई तक पहुँच गए। करम ने मौका नहीं गँवाया। घायल शरीर के साथ खाई से कूद पड़े और अपनी संगीन से दोनों को ढेर कर दिया। यह देख दुश्मन का हौसला टूट गया। सैनिकों ने देखा—उनका लांस नायक खून से लथपथ है, फिर भी शेर की तरह लड़ रहा है। छठा, सातवाँ और आठवाँ हमला भी आया। हर बार करम ने अपनी सूझबूझ से दुश्मन को पीछे धकेला। गोला-बारूद खत्म हो गया था, सुदृढ़ीकरण नहीं पहुँचा था, लेकिन करम की हिम्मत ने चौकी बचा ली।

लड़ाई खत्म हुई। दुश्मन भाग खड़ा हुआ। करम ने दो घायल सैनिकों को अपनी पीठ पर लादा और सुरक्षित जगह तक पहुँचाया। उनकी साँसें तेज थीं, शरीर थक चुका था, लेकिन चेहरा विजेता का था।

करम की वीरता की गूँज दिल्ली तक पहुँची। 26 जनवरी 1950 को, गणतंत्र दिवस पर, उन्हें परमवीर चक्र से नवाज़ा गया। वे पहले जीवित

सैनिक थे, जिन्हें यह सम्मान मिला। देश के दूसरे परमवीर चक्र विजेता बने। 15 अगस्त 1947 को, जब नेहरू ने पहली बार तिरंगा फहराया, करम उन पाँच सैनिकों में थे, जिन्हें यह गर्व हासिल हुआ। उनकी जिंदगी सम्मान से भरी थी—मिलिट्री मेडल, परमवीर चक्र, और सैनिकों का प्यार।

करम की शादी गुरदयाल कौर से हुई थी, जो उनकी ताकत बनीं। वे सैनिकों को अपने भाइयों की तरह मानते थे। उनकी हँसी और हाजिरजवाबी सबको पसंद थी। 1969 में सूबेदार के पद से रिटायर हुए, और मानद कैप्टन की उपाधि पाई। गाँव सेहना में बस गए। 20 जनवरी 1993 को, 77 साल की उम्र में, वे दुनिया से चले गए। उनकी पत्नी उनके साथ थी। गाँव में मातम छाया, लेकिन गर्व भी था।

संगरूर में उनका स्मारक बना। एक ऑयल टैंकर का नाम उनके नाम पर रखा गया—"एमटी लांस नायक करम सिंह, पीवीसी।" उनकी कहानी स्कूलों में पढ़ाई जाती है, सैनिक उनके नाम से हौसला लेते हैं। हर साल 15 सितंबर और 13 अक्टूबर को गाँव में मेला लगता है।

103

एक बनाम तीन सौ: नायक जदुनाथ सिंह की शहादत

उत्तर प्रदेश के शाहजहाँपुर जिले का खजूरी गाँव। वहाँ 21 नवंबर 1916 की ठंडी सुबह, जब सूरज की पहली किरण खेतों पर पड़ी, एक छोटे से किसान के घर में एक बच्चे की किलकारी गूँजी। नाम रखा गया—जदुनाथ सिंह। उनके पिता बीरबल सिंह खेतों में पसीना बहाने वाले मेहनती किसान थे, और माँ जमुना कँवर एक ऐसी महिला, जिनके दिल में भक्ति और हाथों में साहस था। आठ भाई-बहनों के बीच जदुनाथ बड़े हुए। घर की हालत ऐसी थी कि पेट भरना भी मुश्किल था, लेकिन माँ-पिता ने बच्चों को मेहनत और इमानदारी की सीख दी।

जदुनाथ का बचपन गाँव की गलियों में गाय-भैंस चराते और दोस्तों के साथ कुश्ती लड़ते बीता। स्कूल में चौथी तक पढ़े, पर किताबों से उनका मन नहीं लगा। उनकी दुनिया खेत, खेल और गाँव की मस्ती थी। कुश्ती में वे गाँव के चैंपियन थे। उनकी ताकत ऐसी कि बड़े-बड़े पहलवान उनके सामने हाँफ जाते। गाँव वाले हँसते हुए कहते, "ये तो हनुमान का अवतार है!" जदुनाथ को यह बात पसंद थी। हनुमान जी उनके आराध्य

थे। हर मंगलवार को मंदिर जाते, पूजा करते, और मन में एक ही बात बसाए रखते—मैं भी हनुमान की तरह बलशाली बनूँगा।

उनका मन धार्मिक था, और शरीर योद्धा का। शादी की बात कभी उनके दिमाग में नहीं आई। "मेरा परिवार तो मेरा गाँव है, मेरा देश है," वे कहते। गाँव में कोई मुसीबत आती, जदुनाथ सबसे पहले मदद को दौड़ते। उनकी नटखट हँसी और जोश हर किसी को भा जाता। लेकिन उनके दिल में एक सपना पल रहा था—वर्दी पहनने का, देश के लिए कुछ कर दिखाने का।

21 नवंबर 1941 को, अपने 25वें जन्मदिन पर, जदुनाथ ने वह सपना सच कर दिखाया। 7वीं राजपूत रेजिमेंट की पहली बटालियन में सिपाही बनकर भर्ती हुए। गाँव में ढोल बजे, माँ ने तिलक लगाया, और पिता की आँखों में गर्व झलका। "हमारा बेटा देश का नाम रोशन करेगा," बीरबल सिंह ने कहा। जदुनाथ ने यह वादा अपने सीने में बाँध लिया।

फौज में दिन कठिन थे। सुबह की ठंड में दौड़, बंदूक की तालीम, और अनुशासन की सख्ती। लेकिन जदुनाथ के लिए यह सब खेल था। उनकी ताकत और हौसला देखकर अफसर हैरान रहते। जल्द ही उन्हें बर्मा के जंगलों में भेजा गया, जहाँ द्वितीय विश्व युद्ध की आग धधक रही थी। 1942-43 के अराकान अभियान में जापानी सेना से लोहा लिया। जंगल में जहाँ हर कदम पर मौत का साया था, जदुनाथ ने अपनी सूझबूझ और साहस से सबको चौंका दिया। एक बार दुश्मन की चौकी पर हमला करते वक्त वे अकेले आगे बढ़ गए और गोलियों की बौछार के बीच पोजीशन हासिल कर ली। अफसरों ने कहा, "यह सैनिक नहीं, शेर है।"

युद्ध खत्म हुआ, और जदुनाथ भारत लौटे। 1947 में देश आजाद हुआ, और वे नवगठित भारतीय सेना का हिस्सा बने। जुलाई 1947 में उनकी मेहनत रंग लाई—लांस नायक बन गए। उनकी हँसी और जोश सैनिकों के बीच मशहूर था। वे कहते, "हनुमान जी मेरे साथ हैं, डर किस बात का?"

1947 का साल। आजादी की खुशी अभी ठंडी भी नहीं पड़ी थी कि जम्मू-कश्मीर में जंग छिड़ गई। 22 अक्टूबर को पाकिस्तानी कबायलियों और सेना ने कश्मीर पर हमला बोला। नौशेरा, एक ऐसा

इलाका जो भारत के लिए रणनीतिक रूप से जरूरी था। दुश्मन इसे किसी भी कीमत पर छीनना चाहता था। जदुनाथ की राजपूत रेजिमेंट, 50वीं पैरा ब्रिगेड का हिस्सा, वहाँ तैनात थी। 1 फरवरी 1948 को नौशेरा पर कब्जा मजबूत किया गया, लेकिन दुश्मन ने हार नहीं मानी।

6 फरवरी 1948 की सुबह। ठंड ऐसी कि हड्डियाँ जमा दें। टैन धार की पहाड़ी पर जदुनाथ अपनी नौ सैनिकों की छोटी टुकड़ी के साथ एक अग्रिम चौकी पर थे। चारों तरफ सन्नाटा, सिर्फ हवा की सनसनाहट। तभी अचानक गोलियों की आवाज़ गूँजी। करीब 300 दुश्मन—पाकिस्तानी सैनिक और कबायली—ने उनकी चौकी को घेर लिया। भारी गोलाबारी शुरू हुई। जदुनाथ ने फुर्ती से अपनी टुकड़ी को तैयार किया। "पोजीशन संभालो, कोई पीछे नहीं हटेगा!" उनकी आवाज़ में वही जोश था जो हनुमान जी की सेना में रहा होगा।

पहला हमला आया। जदुनाथ ने अपनी स्टेन गन उठाई, सैनिकों को सही जगह तैनात किया, और जवाबी फायरिंग शुरू की। दुश्मन की संख्या ज्यादा थी, लेकिन उनकी चतुराई ने हमला नाकाम कर दिया। दुश्मन पीछे हटा। सैनिकों ने राहत की साँस ली, लेकिन जदुनाथ जानते थे—यह खत्म नहीं हुआ।

दूसरा हमला और तेज था। गोलियाँ बारिश की तरह बरस रही थीं। चार सैनिक घायल हो गए। जदुनाथ की बाँह में भी गोली लगी, खून बहने लगा। लेकिन वे रुके नहीं। "हनुमान जी मेरे साथ हैं!" कहते हुए वे अकेले खाई से निकले और दुश्मन पर गोलियाँ बरसाईं। उनकी यह हरकत देख दुश्मन घबरा गया और फिर पीछे हट गया। सैनिकों ने देखा—उनका लांस नायक खून से लथपथ है, फिर भी डटा हुआ है।

तीसरा हमला सबसे खतरनाक था। गोला-बारूद खत्म हो चुका था। बाकी सैनिक लड़ने लायक नहीं बचे थे। जदुनाथ अकेले रह गए। सुदृढीकरण अभी दूर था। लेकिन हार उनके लिए कोई रास्ता नहीं थी। एक घायल सैनिक से स्टेन गन छीनी, और खाई से बाहर निकल आए। "जय हनुमान!" का नारा लगाते हुए वे दुश्मन पर टूट पड़े। गोलियों की बौछार से कई हमलावर ढेर हो गए। दुश्मन हैरान था—एक अकेला सैनिक इतना जोश कैसे दिखा सकता है? उनकी इस बहादुरी ने दुश्मन

को पीछे धकेल दिया। लेकिन तभी एक गोली उनके सिर में लगी। खून की धार बही, और वे धीरे-धीरे जमीन पर गिरे। उनकी आँखें बंद हुईं, लेकिन चेहरे पर संतोष था—उन्होंने अपनी चौकी बचा ली।

जदुनाथ की शहादत के बाद सुदृढ़ीकरण पहुँचा। घायल सैनिकों ने उनके बलिदान से जोश पाया, और 3 पैरा राजपूत की टुकड़ी ने दुश्मन को खदेड़ दिया। टैन धार बच गया, नौशेरा पर भारत का कब्जा कायम रहा। यह जीत जदुनाथ के खून से लिखी गई।

जदुनाथ की वीरता की खबर फैली। 26 जनवरी 1950 को, गणतंत्र दिवस पर, उन्हें मरणोपरांत परमवीर चक्र से सम्मानित किया गया। वे भारत के चौथे परमवीर चक्र विजेता बने। उनकी शहादत ने राजपूत रेजिमेंट की शान बढ़ाई। गाँव में मातम छाया, लेकिन गर्व भी था। "हमारा हनुमान देश के लिए लड़ते हुए गया," माँ ने आँसुओं के बीच कहा।

जदुनाथ कभी शादी नहीं करना चाहते थे। उनका परिवार उनका गाँव था, उनका देश था। उनकी सादगी और हँसी आज भी लोगों को याद है। हर साल 21 नवंबर को उनकी जयंती और 6 फरवरी को शहादत दिवस पर गाँव में मेला लगता है।

जदुनाथ सिंह की गाथा सिर्फ जंग की नहीं, बल्कि हौसले की है। नौ सैनिकों के साथ 300 दुश्मनों से लड़ने वाला यह योद्धा हमें सिखाता है कि सच्ची ताकत हथियारों में नहीं, दिल में होती है। उनकी शहादत यह संदेश देती है कि देश के लिए कुछ कर गुजरने का जज़्बा ही सबसे बड़ी जीत है। वे उत्तर प्रदेश के शेर थे, भारतीय सेना की शान थे, और हर भारतीय के लिए एक प्रेरणा हैं। उनकी वीरता की आग हमेशा जलती रहेगी।

104

सेकंड लेफ्टिनेंट रामसरूप सिंह: विक्टोरिया क्रॉस विजेता

हरियाणा की धरती, जहाँ सूरज की तपिश और खेतों की हरियाली एक साथ साँस लेती है, वहाँ 12 अप्रैल 1919 को एक छोटे से गाँव खेरी तलवाना में एक बच्चे ने जन्म लिया। नाम रखा गया—रामसरूप सिंह। उनके पिता ठाकुर जोरावर सिंह एक सीधे-सादे लेकिन सम्मानित राजपूत थे, जिनके सीने में गर्व और आँखों में सपने थे। रामसरूप का परिवार तंवर राजपूतों की उस शाखा से था, जहाँ तलवार की धार और देशभक्ति की बातें बच्चों को लोरी की तरह सुनाई जाती थीं। गाँव में हर घर से कोई न कोई फौज में था, और रामसरूप के दादा-चाचा भी वर्दी की शान बढ़ा चुके थे।

रामसरूप का बचपन गाँव की धूल में खेलते और भैंसों को चराते बीता। छोटी-छोटी कुश्तियाँ, पेड़ों पर चढ़ना, और दोस्तों के साथ दौड़ लगाना—उनके दिन ऐसे ही गुज़रते थे। पढ़ाई में वे तेज़ नहीं थे, लेकिन

उनकी ताकत और हिम्मत की मिसाल गाँव में दी जाती थी। कनिना के अहीर हाई स्कूल में मिडिल तक पढ़े, पर किताबों से ज्यादा उनकी नज़र आसमान पर थी। जब गाँव के बुजुर्ग फौज की कहानियाँ सुनाते—जंग के मैदान, दुश्मन की गोलियाँ, और वीरता के किस्से—तो रामसरूप की आँखें चमक उठतीं। उनके मन में एक सपना पनप रहा था—वर्दी पहनने का, देश के लिए कुछ कर दिखाने का।

18 साल की उम्र में, अपने जन्मदिन पर, रामसरूप ने वह कदम उठाया जो उनकी किस्मत बदलने वाला था। 12 अप्रैल 1937 को वे 1 पंजाब रेजिमेंट की दूसरी बटालियन में सिपाही बनकर भर्ती हुए। गाँव में ढोल बजे, माँ की आँखों में आँसू थे, और पिता ने गर्व से सीना चौड़ा किया। "हमारा बेटा देश का नाम रोशन करेगा," ठाकुर जोरावर ने कहा, और रामसरूप ने यह वादा अपने दिल में बाँध लिया।

फौज में कदम रखते ही रामसरूप की ज़िंदगी बदल गई। ट्रेनिंग के दिन कठिन थे—सुबह की ठंड में दौड़, भारी बोझ उठाना, और बंदूक की तालीम। लेकिन उनकी हिम्मत और लगन ने सबको हैरान कर दिया। छह साल तक सिपाही की ड्यूटी निभाई, हर मुश्किल को हँसते हुए पार किया। उनके अफसरों ने देखा कि इस नौजवान में कुछ खास है—न सिर्फ ताकत, बल्कि नेतृत्व का जज़्बा भी। अप्रैल 1943 में उनकी मेहनत रंग लाई। उन्हें वायसराय कमीशन मिला, और वे सेकंड लेफ्टिनेंट बन गए। गाँव में खबर पहुँची तो मिठाइयाँ बँटीं। फिर जेमदार बने, और आखिरकार सूबेदार तक का सफर तय किया। हर कदम पर उन्होंने साबित किया कि वे सिर्फ सैनिक नहीं, एक योद्धा हैं।

1944 का साल था। द्वितीय विश्व युद्ध अपने चरम पर था। जापानी सेना बर्मा में ब्रिटिश और मित्र देशों की फौजों को पीछे धकेल रही थी। रामसरूप की बटालियन, 2/1 पंजाब रेजिमेंट, को बर्मा के जंगलों में भेजा गया। वहाँ का माहौल डरावना था—घने जंगल, कीचड़ भरे रास्ते, और हर कदम पर मौत का साया। लेकिन रामसरूप के चेहरे पर कभी शिकन नहीं आई। अपने सैनिकों से कहते, "डर को दिल में जगह मत दो, हमारी वर्दी ही हमारी ताकत है।" उनकी बातों में ऐसा जादू था कि जवान उनके पीछे आँख मूँदकर चल पड़ते।

25 अक्टूबर 1944 की सुबह। बर्मा का टिड्डिम इलाका, जहाँ केनेडी पीक नाम की पहाड़ी पर जापानी सेना ने मोर्चा जमा रखा था। ऊँची चोटी, चारों तरफ बंकर, मशीनगन और तोपें—यह जगह किसी किले से कम नहीं थी। रामसरूप को अपनी प्लाटून के साथ इस दुश्मन के गढ़ पर हमला करने का हुक्म मिला। रात भर सैनिकों के साथ योजना बनाई। "हम सुबह तड़के हमला करेंगे, दुश्मन को सोचने का मौका नहीं देंगे," उन्होंने कहा। उनकी आँखों में चमक थी, और सैनिकों के दिल में भरोसा।

सूरज उगने से पहले हमला शुरू हुआ। रामसरूप सबसे आगे थे। गोलियाँ चल रही थीं, धुआँ चारों तरफ फैल रहा था। उन्होंने अपनी टुकड़ी को बंकर की ओर बढ़ाया। एक-एक कदम पर खतरा था, लेकिन उनकी रणनीति तेज़ थी। पहला बंकर फतह कर लिया। तभी एक गोली उनके पैर में लगी, फिर दूसरी। खून बहने लगा, लेकिन वे रुके नहीं। "आगे बढ़ो!" उनकी आवाज़ गूँजी, और सैनिकों ने देखा कि उनका सूबेदार घायल होकर भी डटा हुआ है।

पहली जीत के बाद टुकड़ी ने साँस ली ही थी कि जापानियों का जवाबी हमला शुरू हो गया। तीन लहरों में 60 सैनिक आए—ग्रेनेड फेंकते, मशीनगन चलाते। स्थिति बेकाबू हो रही थी। रामसरूप ने देखा कि अगर अब कुछ न किया तो सब खत्म हो जाएगा। घायल पैरों के बावजूद वे उठे, एक लाइट मशीनगन उठाई, और दुश्मन की ओर दौड़ पड़े। उनकी संगीन चमकी, और चार जापानी सैनिक उनके हाथों ढेर हो गए। सैनिकों ने देखा—उनका सूबेदार खून से लथपथ है, फिर भी शेर की तरह लड़ रहा है।

लड़ाई अपने चरम पर थी। रामसरूप की जाँघ में एक और गोली लगी। दर्द से उनका शरीर काँप रहा था, लेकिन हौसला नहीं डगमगाया। वे फिर उठे, एक जापानी को संगीन से मारा, दूसरे को गोली से ढेर किया। तभी एक मशीनगन की बौछार उनके सीने और गले में लगी। खून की धार बह निकली। वे घुटनों पर गिरे, लेकिन आँखों में वही आग थी। "लड़ते रहो!"—यह उनका आखिरी हुक्म था। कुछ पल बाद, 25 साल की उम्र में, रामसरूप सिंह ने रणभूमि पर आखिरी साँस ली।

उनकी शहादत ने टुकड़ी को हिला दिया, लेकिन प्रेरणा भी दी। सैनिकों ने दोगुने जोश से हमला किया और जापानियों को पीछे हटने पर मजबूर कर दिया। केनेडी पीक पर तिरंगा लहराया, और यह जीत रामसरूप के खून से लिखी गई।

जंग खत्म हुई। रामसरूप की वीरता की खबर ब्रिटिश अफसरों तक पहुँची। उनकी बहादुरी ऐसी थी कि दुश्मन भी हैरान था। ब्रिटिश सरकार ने उन्हें मरणोपरांत विक्टोरिया क्रॉस से नवाज़ा—राष्ट्रमंडल का सबसे बड़ा सम्मान। जब उनके शव को लाने की बात आई, तो भारी गोलीबारी के बीच उनकी पूरी कंपनी आगे आई। "हम अपने सूबेदार को अकेला नहीं छोड़ेंगे," सैनिकों ने कहा। यह था रामसरूप का रुतबा।

रामसरूप की शहादत की खबर खेरी तलवाना पहुँची। गाँव में मातम छा गया, लेकिन गर्व भी था। वे शादीशुदा नहीं थे, उनका परिवार उनका गाँव और उनकी वर्दी थी। आज खेरी तलवाना को "फौजी गाँव" कहते हैं, जहाँ हर घर से सैनिक निकलता है। 12 अप्रैल को उनकी जयंती और 25 अक्टूबर को शहादत दिवस पर गाँव में मेला लगता है। लोग उन्हें महाराणा प्रताप का वारिस मानते हैं।

105

मेजर रामास्वामी परमेस्वरन: एक वीर की अनकही कहानी

मुंबई की हलचल भरी गलियों में 13 सितंबर 1946 को एक सितारा पैदा हुआ, जिसका नाम रखा गया रामास्वामी परमेस्वरन। उनके माता-पिता, के.एस. रामास्वामी और जानकी, तमिलनाडु से थे, लेकिन रोज़ी-रोटी की तलाश में मुंबई आ बसे थे। घर में तमिल संस्कृति की महक थी, और माँ-पिता की सख्ती के बीच रामास्वामी का बचपन बीता। छोटी उम्र से ही उनके मन में कुछ अलग करने की चाह थी। स्कूल में वे पढ़ाई में अच्छे थे, लेकिन खेल और दोस्तों के बीच उनकी हँसी-खुशी ही उनकी पहचान थी। साउथ इंडियन एजुकेशन सोसाइटी हाई स्कूल में 1963 तक पढ़ाई पूरी की, फिर कॉलेज की राह पकड़ी। विज्ञान में स्नातक की डिग्री लेते वक्त उनके मन में एक सपना पनप रहा था—देश की सेवा करने का सपना।

कॉलेज के दिनों में जब दोस्त भविष्य की योजनाएँ बनाते, रामास्वामी अक्सर चुपचाप सुनते और सोचते। एक दिन अखबार में सेना भर्ती का विज्ञापन देखा, और बस, उनके दिल ने कह दिया—यही है

मेरी मंजिल। परिवार को बताया तो माँ की आँखें नम हुईं, लेकिन पिता ने गर्व से कंधा थपथपाया। चेन्नई की ऑफिसर्स ट्रेनिंग अकादमी में कदम रखा, और 16 जून 1972 को वे सेकंड लेफ्टिनेंट बनकर निकले। महार रेजिमेंट की 15वीं बटालियन में उनकी पहली पोस्टिंग हुई। यहाँ से शुरू हुआ एक ऐसे सैनिक का सफर, जिसका नाम इतिहास में सुनहरे अक्षरों में लिखा जाना था।

रामास्वामी का सैनिक जीवन आसान नहीं था। ट्रेनिंग के दौरान पसीने की नदियाँ बहाईं, पहाड़ों पर चढ़े, जंगलों में रातें गुज़ारीं। लेकिन उनकी हिम्मत कभी नहीं डगमगाई। सैनिकों के बीच वे "पैरी साहब" बन गए—एक ऐसा नाम जो प्यार और सम्मान का प्रतीक था। 1974 में लेफ्टिनेंट बने, फिर 1979 में कैप्टन और 1984 में मेजर। हर कदम पर उन्होंने खुद को साबित किया। पूर्वोत्तर भारत में उग्रवादियों के खिलाफ अभियानों में उनकी बहादुरी की चर्चा होने लगी। सैनिक उन पर जान छिड़कते थे, क्योंकि वे कभी अपने जवानों को अकेला नहीं छोड़ते थे।

1981 में उनकी ज़िंदगी में एक नया रंग आया—उमा। एक कवयित्री, जिसकी नज़रों में सपने थे और शब्दों में जादू। दोनों का विवाह हुआ, और घर में हँसी की गूँज बनी। लेकिन रामास्वामी का पहला प्यार उनकी वर्दी थी। उमा समझती थीं कि उनका पति सिर्फ उनका नहीं, देश का भी है।

1987 का साल था। भारत और श्रीलंका के बीच समझौता हुआ, और भारतीय शांति सेना को श्रीलंका भेजा गया। ऑपरेशन पवन का मकसद था तमिल टाइगर्स (एलटीटीई) को काबू करना और शांति लाना। मेजर परमेस्वरन की 8 महार बटालियन इस मिशन का हिस्सा बनी। श्रीलंका की धरती पर कदम रखते ही उन्हें अहसास हो गया कि यह जंग आसान नहीं होगी। जाफना के जंगल, दलदल और गाँव—हर जगह खतरा छिपा था। लेकिन मेजर का हौसला बुलंद था।

25 नवंबर 1987 की वह काली रात। मेजर अपनी टुकड़ी के साथ कांतारोदाई इलाके में एक खोज अभियान से लौट रहे थे। रात का सन्नाटा, हवा में ठंडक, और सैनिकों के कदमों की हल्की आवाज़। तभी अचानक गोलियों की बौछार शुरू हुई। एलटीटीई के उग्रवादियों ने घात लगाई थी। उनके पास एके-47, मशीनगन और रॉकेट लॉन्चर

थे। सैनिकों में हड़कंप मच गया, लेकिन मेजर ने एक पल को भी नहीं गँवाया। "पीछे से घेरो, इनका रास्ता काटो!"—उनकी आवाज़ में ऐसा जोश था कि सैनिकों का डर काफूर हो गया।

मेजर ने खुद मोर्चा संभाला। अंधेरे में उग्रवादियों की ओर बढ़े, गोलीबारी के बीच अपनी टुकड़ी को दिशा दी। तभी एक गोली उनकी छाती में लगी। खून बहने लगा, दर्द असहनीय था, लेकिन उनके चेहरे पर हार की एक रेखा भी नहीं उभरी। पास ही एक उग्रवादी था, जिसने गोली चलाई थी। मेजर ने लपककर उससे राइफल छीनी और उसे ढेर कर दिया। घायल शेर की तरह वे गरजे—"आगे बढ़ो, इन्हें खत्म करो!" सैनिकों ने देखा कि उनका "पैरी साहब" खून से लथपथ है, फिर भी लड़ रहा है।

उनके इस साहस ने टुकड़ी में नई जान फूँक दी। उग्रवादी घबरा गए। पाँच मारे गए, हथियार छिन गए, और घात नाकाम हो गई। लेकिन इस जीत की कीमत बहुत बड़ी थी। मेजर की साँसें थम रही थीं। आखिरी बार उन्होंने अपने सैनिकों को देखा, एक हल्की मुस्कान दी, और फिर हमेशा के लिए शांत हो गए।

उस रात का सूरज जब उगा, तो खबर फैली—मेजर रामास्वामी परमेस्वरन शहीद हो गए। उनकी वीरता की गूँज श्रीलंका से भारत तक पहुँची। सरकार ने उनके बलिदान को देखते हुए उन्हें मरणोपरांत परमवीर चक्र से सम्मानित किया। यह सम्मान सिर्फ एक मेडल नहीं था, बल्कि एक कहानी थी—एक ऐसे सैनिक की, जिसने अपनी जान की परवाह न करते हुए देश का मान बढ़ाया।

उनकी पत्नी उमा ने जब यह खबर सुनी, तो आँसुओं के बीच गर्व भी था। वे जानती थीं कि रामास्वामी का जीवन देश के लिए था। उनके सैनिक आज भी उन्हें याद करते हैं। "पैरी साहब गए, लेकिन हमें जीना सिखा गए," एक जवान ने कहा।